Herderbücherei

Band 1020

Über das Buch

Seit mehr als einem halben Jahrhundert beeinflußt die Tiefenpsychologie das Selbstbildnis des modernen Menschen. Aus Erinnerungen, Träumen und unbewußten Fehlhandlungen werden seelische Traumata und Ichschwächen aufzudecken versucht und daraus Beeinträchtigungen des gegenwärtigen Lebens und Erlebens abgeleitet. Aber ist dies wirklich der richtige Weg zur Gesundung und inneren Stabilisierung? Die Zweifel daran wachsen.
Mit seinem logotherapeutischen Gedankengut hat Viktor E. Frankl die entscheidende Blickwende in der Psychologie herbeigeführt. Er zeigte, daß es für ein sinnerfülltes Leben wichtiger ist, statt in die „Tiefen der Seele" in die „Höhen des Geistes" zu schauen, und statt seelische Schwächen freizulegen, geistige Kräfte zur Entfaltung zu bringen; daß also die Tiefenpsychologie ergänzt und überwunden werden kann in einer Art „Höhenpsychologie".

Über die Autorin

Die Autorin des Taschenbuches arbeitet seit mehr als zehn Jahren nach diesem Konzept mit großem Erfolg. So ist es ihr immer wieder gelungen, selbst verzweifelten Menschen neue Wege aufzuzeigen und ihnen über eine Einstellungsänderung die Werthaftigkeit des Lebens ins Bewußtsein zu rufen. Die Anschaulichkeit ihres Berichtes mit den vielen praktischen Beispielen und Hinweisen sowohl für den Ratsuchenden als auch für den Ratgebenden macht es dem Leser leicht, diese Erfahrungen in das eigene Leben und in den eigenen Wirkungsbereich zu übertragen.

Elisabeth Lukas

Von der Tiefen- zur Höhenpsychologie

Logotherapie in der Beratungspraxis

Mit einem Vorwort von Werner Scheid

Herderbücherei

Originalausgabe
erstmals veröffentlicht als Herder-Taschenbuch

Herder Freiburg · Basel · Wien
Herstellung: Freiburger Graphische Betriebe 1983
ISBN 3-451-08020-6

MEINEM LEHRER
ZUM
78. GEBURTSTAG

„Wo ist jene therapeutisch interessierte Psychologie, welche die höheren Schichten menschlicher Existenz in ihren Aufriß einbeziehen würde und in diesem Sinn – und im Gegensatz zum Worte von der Tiefenpsychologie – den Namen *Höhenpsychologie* verdienen würde?"

Viktor E. Frankl
1938 im „Zentralblatt für Psychotherapie"

Inhalt

Vorwort von Prof. Werner Scheid 11

TEIL I
LOGOTHERAPIE FÜR DEN RATSUCHENDEN

1. Kapitel
Psychotherapie für den Laien – ein Irrweg ohne Hoffnung? 15

2. Kapitel
Sinnsuche statt sozialer Isolation 43

3. Kapitel
Psychohygiene zwischen Streß und Muße 56

4. Kapitel
Selbstfindung durch Sinnfindung 71

5. Kapitel
Geistige Wahrnehmung: eine Sonde für Gut und Bös . . 85

6. Kapitel
Identitätsreifung als schöpferischer Prozeß 105

7. Kapitel
Liebe braucht Treue 121

8. Kapitel
Familie braucht Sinn 140

9. Kapitel
Patienten berichten über ihre Erfahrungen 168

TEIL II
LOGOTHERAPIE FÜR DEN RATGEBENDEN

1. Kapitel
Keinen Mut zur Logotherapie? 191

2. Kapitel
Persönliche Sinnerfüllung – ein Kriterium menschlicher Existenz 207

3. Kapitel
Gefährdete Sinnerfüllung – ein Kriterium therapeutischen Eingreifens 224

4. Kapitel
Indikationen und Grenzen der Franklschen Methodik . 249

5. Kapitel
Ist die Paradoxe Intention logotherapiefremd? 273

6. Kapitel
Der Konflikt, eine Frage von Wahlmöglichkeit und Werthierarchie 287

7. Kapitel
Maßlosigkeit im existentiellen Vakuum: die Sucht 314

8. Kapitel
Beratungstaktik und Persönlichkeitsstruktur 332

9. Kapitel
Drama mit kleinen Kunstfehlern – die Gruppentherapie und ihre Alternative 359

10. Kapitel
Des Menschen Eintritt in die Selbstverantwortlichkeit . 393

Auswahl aus dem Schrifttum über Logotherapie und Existenzanalyse 417

Vorwort

Frau Dr. Elisabeth Lukas ist durch mehrere Monographien – erschienen im Verlag Herder – und durch zahlreiche Vorträge allgemeiner bekannt geworden. Sie wurde schon in ihrer Studienzeit Schülerin des bedeutenden Wiener Psychotherapeuten Viktor E. Frankl. Von seiner Logotherapie ausgehend führte sie in einer weitgehend eigenständigen Entwicklung das Werk ihres Lehrers fort und ist heute als Leiterin einer Beratungsstelle in München tätig. Im alltäglichen Umgang mit hilfesuchenden Menschen hat Frau Dr. Lukas eine weit ausgreifende Erfahrung erworben, die sie dazu befähigt, von einer hohen gedanklichen Ebene aus allgemein gültige Erkenntnisse zu entwickeln. Das vorliegende Werk zeugt von solider, empirisch belegter Sachkenntnis, die auch den mit der Materie vertrauten Leser in ihren Bann zieht, umso mehr, als die Darstellung sich durch Klarheit und eine vorbildliche Diktion auszeichnet, die zumal auch die auf Wesentliches beschränkten „Krankenprotokolle" einbezieht. Kleine, der Anschaulichkeit dienende Parabeln sprechen für eine hohe künstlerische Begabung, wie sie nur den begnadeten Erzählern eignet. – Der sich auf Freud und seine Schüler berufenden Tiefenpsychologie mit ihren immer wiederkehrenden Spekulationen über frühkindliche seelische Traumen und dem ermüdenden und langweiligen Aufspüren von Verdrängungen, Frustrationen und Triebkonflikten erteilt die Autorin bei allem vorsichtigen Formulieren eine unmißverständliche Absage. Ihr kommt es darauf an, dem hilfesuchenden Menschen, er ist im allgemeinen ja nicht „Patient" wie im Kernland der Medizin, zum Erkennen seines Lebenssinns zu verhelfen und die ihm eigenen geistigen Kräfte zu nutzen, um Werte außerhalb seiner selbst im Akt der Selbsttranszendenz zu erkennen und so zu einer Dereflexion mit sinnvollen Aufgaben zu gelangen. Manche gängigen Meinungen, die recht oft für eigennützige Intentionen mißbraucht werden, entlarvt die Autorin als Fälschung. Dies gilt etwa von der falsch verstandenen „Selbstverwirklichung“, die – von Egoismus und Egozentrizität getragen – dazu dient, sich Pflichten im Dienste anderer Menschen und außerhalb der eigenen Person zu entziehen. Auch die Gruppentherapie in einer Form, die nicht zur Terminalphase der Logotherapie gehört, verdächtigt die Autorin mit vollem Recht als ein der Menschenwürde entgegenstehendes Vorgehen egozentrischen Gepräges. Dabei werden manche andere psychotherapeutische Vehikel, etwa aus dem Bestand der Verhaltenstherapie, durchaus in das logotherapeutische Vorgehen aufgenommen.

Hiermit entfällt der Verdacht, daß sich die Logotherapie auf sektiererhafte Wege begibt und dort verdorrt. Vielmehr ist die Logotherapie, wie die Autorin überzeugend darlegt, ein besonders wichtiger, noch nicht hinreichend genutzter Baustein in der heutigen Psychotherapie. Dieser bekäme eine Zuwendung zu den positiven Kräften des Hilfesuchenden, ein Erkennen des Daseinssinnes zweifellos besser, als eine unfruchtbare Rückschau auf die Vergangenheit und die von ihr angeblich ausgehenden Mächte. Der Autorin ist für ihren schönen und höchst kundigen Beitrag zu den Problemen und zur Praxis der Logotherapie aufrichtig zu danken. Wir wünschen dem wichtigen Werk eine möglichst weite Verbreitung bei allen mit Fragen der Psychotherapie beschäftigten Persönlichkeiten: bei Ärzten, zumal Psychiatern, bei Psychologen, wo auch immer sie wirken, bei Lehrern, Geistlichen, Erziehern und schließlich beim großen Kreis der hilfesuchenden Laien.

Köln im Frühjahr 1983

Dr. med. Dr. med. h.c. *Werner Scheid*

em. o. Professor für Neurologie und Psychiatrie
ehem. Direktor der Universitätsnervenklinik Köln

TEIL I

Logotherapie für den Ratsuchenden

1. Kapitel

Psychotherapie für den Laien – ein Irrweg ohne Hoffnung?

Die Beziehung des Laien zur Psychotherapie ist heute, nach mehr als einem halben Jahrhundert intensiver Entwicklung dieser jungen Wissenschaft, fragwürdiger denn je. Ein kleines Beispiel aus der Alltagspraxis soll andeuten, woran dies liegt.

Das Telefon klingelt in meiner Beratungsstelle in München, eine Frau aus Berlin ist am Apparat. „Frau Doktor", sagt sie zu mir, „ich leide so sehr unter meiner *Substanzlosigkeit,* alles Schöne in meinem Leben *verdränge* ich, und beim Umgang mit anderen Menschen *regrediere* ich ..., was soll ich dagegen tun?"

Ich weiß nichts über diese Frau, und dennoch kommt mir sofort ein fürchterlicher Verdacht, nämlich daß da wieder einmal einem unschuldigen Laien ein psychologisches Fachbuch in die Hände gefallen ist. Ich frage sie danach und prompt bestätigt sich meine Annahme. Die Frau ist ca. 50 Jahre alt, eine gewesene Lehrerin, verheiratet, hat einen Sohn großgezogen und hängt jetzt ein bißchen „zwischen allen Stühlen". In den vor Jahren aufgegebenen Beruf kommt sie nicht mehr hinein, der Sohn ist ihrem erzieherischen Aufgabenbereich entwachsen, und die Ehe hat sich auch ein wenig abgenützt. Man könnte sagen, eine ganz normale Lebenskrise, wie sie eben auftreten kann und gemeistert werden muß, indem man sich neue Lebensinhalte sucht und neue persönliche Ziele steckt. Doch diese Frau suchte Hilfe bei der Psychologie, und was sie fand, das versetzte sie in Angst und Schrecken. In einem tiefenpsychologischen Buch hatte sie Beschreibungen abwegiger Veranlagungen und Infantilismen entdeckt, die, je mehr sie sich selbst daraufhin zu beobachten begann, umso besser auf ihre eigene Situation zu passen schienen. Sie beschaffte sich noch andere Bücher und stellte immer weitere Abnormitäten bei sich selber fest, bis sie nicht mehr aus noch ein wußte und davon überzeugt war, seelisch leer und krank zu sein. Dazu kam, daß sie bei all den diffizilen Symptombeschreibungen in ihrer Lektüre kaum einen Hinweis gefunden hatte, was man denn, wenn man schon unter „Substanzlosigkeit", „Verdrängungsmechanismen" oder „Regression" leidet, dagegen unternehmen könne, und deshalb also ihr Hilferuf an mich: „Was soll ich tun?"

Nun, ich konnte ihr nichts anderes sagen als dies: „Stellen Sie Ihre psychologischen Bücher vorläufig in den hintersten Winkel Ihrer Wohnung, vergessen Sie, was Sie gelesen haben, vergessen Sie Substanzlosigkeit und Regression, Infantilismus und sonstige Schreckensvokabulare, und hören Sie um Himmels willen auf, sich selbst zu beobachten! Viel wichtiger ist, daß Sie darangehen, Ihr Leben neu zu gestalten, denn bedenken Sie: *Heute ist der erste Tag vom Rest Ihres Lebens!* Und es steht allein in Ihrem Ermessen, was Sie aus diesem „Rest Ihres Lebens" machen und ob Sie ihn mit sinnvollen Aufgaben füllen, ja vielleicht sogar zum schönsten und reifsten Abschnitt Ihres Lebens werden lassen. Sehen Sie sich ein bißchen um, in der Außenwelt, im Bekanntenkreis, überall werden Sie gebraucht, wenn Sie nur bereit sind, sich zu öffnen, sich einem Werk oder einem Akt der Nächstenliebe zu widmen, sei es in der Gemeindearbeit, in der Nachbarschaftshilfe, im schulischen Bereich oder im musischen Bereich, überall gibt es Einsatzmöglichkeiten, die Sie glücklich machen würden, wenn Sie nur *hinsehen* und den Blick lösen vom zerstörerischen Wühlen im eigenen Ich!"

Dieser Frau gelang es, meinen Rat zu befolgen, sie wurde nicht gebrochen durch die Macht der Fachbücher, andere dagegen doktern jahrelang an ihrer eigenen Seele herum und verstricken sich immer mehr in beängstigende psychologische Thesen, aus denen sie oft keinen Ausweg mehr finden.

Es soll hier keineswegs der Eindruck entstehen, daß *jedwede* Literatur über Psychologie und Psychotherapie abzulehnen sei oder gar negativen Einfluß auf den Leser ausübe, denn das ist in Wahrheit nicht der Fall. Eines aber ist gewiß: von psychologischen Fachbüchern geht eine enorme suggestive Ausstrahlung aus, weil sie über Phänomene berichten, die jeder von uns aus innerster Erfahrung allzugut kennt: über die heimlichen Wünsche und Sehnsüchte, über die Träume und Illusionen, über die seelischen Schwächen und Nöte, über die Enttäuschung, über den Haß, über die Todesangst.

Wie stark Suggestivwirkungen sind, weiß die Industrie schon lang und nützt sie zum Absatz ihrer Produkte nach Kräften aus, und wenn wir auch über die Tricks der Werbung geringschätzig lächeln mögen, so ahnen wir doch meist nicht, wie sehr wir trotz allem ihrer Manipulation unterliegen. Dennoch ist die kommerzielle Nutzung der Suggestivwirkungen verglichen mit dem Nachhall psychologischer Fachliteratur noch relativ harmlos, denn das Schlimmste, das die Werbung bewirken kann, sind sinnlose Masseneinkäufe von Gütern, die niemand braucht. Aber ein psychologisches Fachbuch kann das Leben eines Menschen verändern, und zwar zum Guten oder zum Schlechten.

Eine Mutter erzählte mir folgende, recht anschauliche Episode: Als ihr Sohn noch sehr klein war, mußte sie einmal in eigener Sache zum Arzt gehen und nahm den Jungen mit, da sie ihn nicht allein zu Hause lassen konnte. Nachdem der Arzt die Mutter versorgt hatte, erlaubte er sich einen kleinen Scherz mit dem Jungen, indem er diesem einen Finger verband und ernsthaft dazu erklärte, der Kleine sei jetzt auch krank wie seine Mutter und müsse deshalb ebenso ärztlich behandelt werden. Als die Mutter mit ihrem Sohn nach Hause kam, wollte sie ihm den Verband vom Finger abnehmen, aber der kleine Kerl weigerte sich, erklärte steif und fest, er sei wirklich krank, und verlangte, ins Bett gelegt zu werden. Unschlüssig, was sie tun solle, legte ihn die Mutter nieder und nahm an, es werde ihm sowieso bald langweilig werden. Aber als sie ein wenig später nachsehen kam, hatte der Junge über 38° Fieber, und sie mußte tatsächlich einen Kinderarzt holen, der, ohne eine besondere Diagnose erstellen zu können, fiebersenkende Zäpfchen verschrieb. Am nächsten Tag war alles wieder in Ordnung.

Das Beispiel macht deutlich, wie stark Suggestivwirkungen

sind, und das nicht nur bei Kindern. Ich habe zahlreiche Erwachsene erlebt, die ähnlich wie dieser Junge quasi auf einem Krankheitskurs festgelegt waren und demzufolge in eine echte Krankheit hineingeschlittert sind; und derjenige, der ihnen als Auslöser sozusagen den Pseudoverband um den Finger gewikkelt hatte, war nicht selten ein psychologisches Buch oder gar ein Psychologe selbst gewesen.

In der Psychotherapie sind die suggestiven Einflüsse noch um ein Vielfaches wirksamer, ja, sie potenzieren sich geradezu, denn je geschwächter, labiler und unsicherer jemand ist, umso leichter wird er ein Opfer der Suggestion. Man kennt heute in der Psychotherapie den Begriff der *iatrogenen Neurosen* und meint damit Neurosen, die allein dadurch hervorgerufen worden sind, daß jemand eine Person als „neurotisch“ oder als sonst irgendwie abnormal eingestuft hat; ja wir wissen sehr wohl, daß es seelisch Kranke gibt, die „überhaupt nur krank geworden sind, weil ein Psychiater sie einmal dafür gehalten hat“.

Allerdings erwähnte ich schon, daß wir nicht alle Bücher, nicht alle Psychologen und nicht alle Psychiater in einen Topf werfen dürfen. Das Sprichwort: „Wo viel Licht ist, ist viel Schatten“ besagt zugleich, daß dort, wo viel Schatten ist, auch ein starkes Licht sein muß. Die Suggestion ist – in den richtigen Händen – eine starke Heilmacht und kann sehr fruchtbar ins therapeutische Geschehen miteingebaut werden, und genauso hat die psychologische Fachliteratur die immense Chance, im Positiven ein Gegengewicht zu setzen zum eher nihilistischen und resignativen Trend unserer Zeit. Im Grunde könnten psychologische Fachbücher, wie immer sie beschaffen sind, einem gesunden Volke gar nicht schaden, weil sich nämlich der gesunde Menschenverstand des einzelnen aufbäumen würde gegen verzerrte und unwürdige Interpretationen seiner selbst, das heißt, ein durch und durch gesundes Volk würde einfach jene Art von Literatur, der nur negative Einflüsse entströmen, gar nicht lesen. Aber dafür ist unsere abendländische Kultur und der zivilisationsgeschädigte Mensch in ihr nicht mehr gesund genug, die körperliche und seelische Degeneration ist zu weit fortgeschritten, sie macht uns alle leicht verwundbar und empfänglich für die Botschaften der Angst und Verzweiflung. Der moderne Mensch läßt sich bei aller Aufgeklärtheit und Nüchternheit sehr schnell verunsichern, entmutigen, gedanklich vergiften.

Umso mehr aber braucht er, wenn er schon suggestibel ist, und wenn er schon nicht mehr von Natur aus immun gegen ungesunde Einflüsse ist, die Stützung durch eine positive und lebensbejahende Wissenschaft, und umso nötiger ist heute der Mut der Fachleute, die Wirkung der von ihnen vertretenen Thesen kritisch zu überprüfen und die Verantwortung zu begreifen, die speziell auf der Psychologie und Psychotherapie ruht.

Die Kunst, und damit auch die künstlerische Literatur, kann sich der Gestimmtheit der Träger ihrer jeweiligen Epoche nicht entziehen, sie ist ein „Spiegel des Zeitgeistes" und als ein solcher nicht immer schön, aber immer wahr. Pessimistische Menschen bringen pessimistische Kunstproduktionen hervor, und disharmonische Gemüter schaffen eben disharmonische Kreativität. Die Psychologie aber, und auch die Psychotherapie, sind nicht nur Spiegel ihrer Gesellschaft, sie sind auch so etwas wie *Leitbilder* ihrer Gesellschaft und als solche Manipulatoren des Menschenbildes. Diese Wissenschaften sind daher nicht ausschließlich dazu da, um Symptome aufzuzeigen, wie es auf ihre Weise auch die Kunst zu tun vermag, sondern sie sind aufgerufen, auch *Therapie* zu leisten, und insofern, als Therapie geleistet werden muß, kann dies nicht in einer ewigen Bespiegelung der gegenwärtigen Massenneurosen und der zunehmenden Abnormitäten geschehen, sondern muß durch die Darstellung von Problem*lösungen*, von *Auswegen* und *Hilfen* erfolgen. Bei einer verantwortungsvollen Psychotherapie überwiegt die Hilfestellung vor der Diagnosestellung, und bei einer verantwortungsvollen Psychologie dominieren die sinnvollen Möglichkeiten eines Menschenlebens vor seinen emotionalen Entgleisungen.

Dem Laien, der in irgendeiner Form psychologischem Gedankengut begegnet, möchte ich deswegen raten, zunächst etwas auf Distanz zu gehen und dem Tenor der angebotenen Interpretationen zu lauschen. Er sollte sich innerlich fragen:

„Was wird hier wirklich ausgesagt?“ Im Prinzip gibt es nämlich *drei unterschiedliche Formen* von psychologischen Aussagen in der heutigen Psychologie, und wer ein bißchen hellhörig ist, kann sie leicht voneinander unterscheiden. Wer sie aber voneinander unterscheiden kann, kann auch zwischen Licht und Schatten in der Psychotherapie unterscheiden.

Die erste Form psychologischer Aussagen möchte ich die *symbolistische Art* nennen, weil es sich dabei stets um die Deutung von Symbolen handelt bzw. um die Umdeutung von menschlichen Gefühlen oder Verhaltensweisen in Symbole. In diesem Sinne produziert sich Psychologie als Entlarvungs- und Demaskierungsmaschinerie, die hinter allen menschlichen Äußerungen, und seien sie noch so harmlos, unbewußte, tiefsitzende und meist sehr brutale Motive wittert, welche das Tageslicht der Vernunft scheuen und daher nur in versteckten Symbolen ein Ventil finden, um sich bemerkbar zu machen. Der Hang zur Mystik, aus deren Wiege die Psychologie einst hervorging, ist im Symbolismus unverkennbar: Zigarren verwandeln sich in Penissymbole, Gebete in Angstschreie vor dem eigenen Vater, Scherben einer zerbrochenen Vase in heimliche Selbstmordsehnsüchte, und schlichte Fröhlichkeit wird zu einem sublimierten Minderwertigkeitskomplex. Merkwürdigerweise ist die symbolistische Grundaussage fast immer eine negative, obwohl es theoretisch ja auch positive Symbole geben könnte, doch scheinen diese in der Psychologie kaum auf; fast immer lautet die Grundaussage symbolistischen Denkens so: „Du bist schlechter als du denkst!“

Und woher weiß der Psychologe oder Psychotherapeut um das „Schlechtsein“ seines Klienten oder Patienten? Er weiß es hauptsächlich aus zwei Quellen: aus dessen *Träumen* und aus dessen *Kindheitserinnerungen*. Schauen wir uns einmal die Sache mit den Träumen an: Ein normaler, gesunder Mensch hat in der Früh, wenn er aufgestanden ist, die Träume der vergangenen Nacht längst schon vergessen. Träume haben eine biologisch wichtige Funktion, die heute zwar noch nicht ganz aufgeklärt ist, von der wir aber wissen, daß sie im gesunden Schlafrhythmus nicht fehlen darf. Es gibt Experimente, bei denen man das Träumen künstlich unterbunden hat, und das Ergebnis waren erhebliche Schlafstörungen. Träumen ist also wichtig und gesund, und das Vergessen der Träume im wachen Zustand ist genauso wichtig und gesund, sonst hätte es die Natur sehr wohl anders eingerichtet. Aber man kann diesen natürlichen Ablauf von Schlafen, Träumen, Aufwachen und Vergessen auch stören, indem man die Träume überbewertet und übersensibel beobachtet bzw. versucht, gedanklich zu rekonstruieren, was man des nachts geträumt hat. Insbesondere die symbolistische Vorgangsweise der Psychologie hält den Menschen dazu an, seine Träume zu registrieren und zu erforschen, was als Rückwirkung sofort vermehrte und beängstigendere Träume erzeugt. Es gibt Psychotherapeuten, die ein richtiges Traumtraining mit ihren Patienten inszenieren, um eben Material für ihre Symboldeutungen zu erhalten, und die dann die tollsten und wildesten Träume aus ihren Patienten herauspressen.

So wurde mir zum Beispiel berichtet, daß ein junger Mann nach zahlreichen psychotherapeutischen Sitzungen einmal von ein paar Rasierklingen geträumt hatte, die neben einem Tabaksbeutel gelegen waren, woraufhin sein Psychotherapeut in Jubelrufe ausgebrochen sei, denn endlich, so sagte dieser, habe sich der Kastrationskomplex des jungen Mannes, den er, der Therapeut, längst vermutet habe, deutlich gezeigt: der Tabaksbeutel sei natürlich das Symbol der Männlichkeit, und die Rasierklingen seien Ausdruck der geheimen Angst vor einer masochistischen Selbstverstümmelung. Alle Beteuerungen des jungen Mannes, er habe nie im Leben an dergleichen gedacht, halfen nun nichts mehr, der Kastrationskomplex wurde felsenfest diagnostiziert mit der Folge, daß der junge Mann so verunsichert wurde, daß er plötzlich ernste Schwierigkeiten im Liebesleben bekam, die er niemals vorher gekannt hatte.

Das ist ein typisches Beispiel für die symbolistische Form psychologischer Aussagen, von denen man sich immer fragt, ob die Deutung wohl tatsächlich ins Schwarze trifft, denn schließlich sind Rasierklingen und Tabakutensilien normale häusliche Gebrauchsgegenstände, von denen man auch per Zufall träumen kann, wie von allen anderen Dingen des täglichen Einerleis.

Vor allem aber fragt man sich noch etwas ganz anderes bei symbolistischen Aussagen, nämlich *welchen Gewinn sie erbringen?* Was hatte der junge Mann von seinem „Wissen" um seinen Kastrationskomplex? Ich habe nicht herausfinden können, was diese Diagnose ihm genützt hat, aber ich fürchte, daß sie ihm nicht allzu gut bekommen ist. Man sollte meinen, daß der Symbolismus in der modernen Psychologie überwunden ist, aber leider ist dies nicht der Fall, und ich rate jedem, ihm zu mißtrauen, wo immer er ihm begegnet. Mir hat sich einmal ein Kollege vorgestellt, der sich um seine Mitarbeit in unserer Beratungsstelle bewarb, und ich bat ihn bei diesem Vorstellungsgespräch, er solle mir ein Ereignis aus seiner bisherigen Tätigkeit schildern. Der Psychologe berichtete mir, er habe früher im sozialpsychiatrischen Dienst gearbeitet und dabei einen Mann kennengelernt, der schwerkrank im Bett darniederlag. Dieser Mann habe ihm eines Tages erzählt, er habe geträumt, der Tod sei im Fenster seines Krankenzimmers erschienen und habe versucht, ihn mit sich hinauszuziehen. Gespannt wartete ich, was mein Kollege dem Patienten darauf geantwortet hatte. Aber was für eine Antwort gab er ihm doch! Er versuchte den schwerkranken Mann zu einer mindestens zwei Jahre dauernden psychoanalytischen Behandlung zu überreden, damit man entdecken könne, woher der starke Todestrieb komme, der ihn offensichtlich beherrsche!

Das sind die Momente, da mir die Schamröte in die Wangen steigt angesichts meines Berufsstandes und der damit verbundenen Wissenschaft. Statt ein paar Worte des Trostes zu schenken, um die Todesfurcht des Kranken zu mildern, wird ihm unterstellt, daß er von geheimen, zerstörerischen Kräften beherrscht wird, deren Aufdeckung mühsam und langwierig ist und eine genaue Analyse seiner gesamten Vergangenheit erfordert, eine Behandlung, die den Kranken bestimmt nicht aufmuntern wird, abgesehen davon, daß er sie aller Voraussicht nach gar nicht zu Ende erleben würde.

Soviel zu den Träumen; nun noch ein Wort zu den Kindheitserinnerungen, die mit großer Beliebtheit als Deutungsgrundlage symbolistischer Aussagen verwendet werden. Heute weiß man aus Hunderten und Tausenden von Polizeiprotokollen, daß sich die Zeugenaussagen nach Unfällen oder Verbrechen in einem ganz erstaunlichen Maße voneinander unterscheiden, ja, daß sie oft sogar einander widersprechen, und zwar selbst dann, wenn es sich um ehrliche Zeugen handelt und das zu schildernde Vorkommnis noch nicht lange zurückliegt. In der Psychologie aber berücksichtigt man solche Erfahrungen wenig, es ist anscheinend unbekannt, daß Kindheitserinnerungen außerordentlich verschwommenen und subjektiven Zeugenaussagen gleichen und daher nur bedingten Wahrheitsgehalt besitzen, denn in jenen Psychotherapien, in welchen auf Kindheitserinnerungen zurückgegriffen wird, wird schier alles auf die Goldwaage gelegt, was nur irgendwie nach Kindheitstrauma aussieht, und wenn es noch so banal sein sollte. Eine Patientin mittleren Alters braucht auf der Couch des Psychiaters nur ergeben zu hauchen, daß sie einen strengen Vater gehabt habe, und die Diagnose ist schon sonnenklar, zumindest für den sie behandelnden Psychiater. Diese Patientin *muß* selbstverständlich neurotisch sein, weil die persönliche Entfaltung ihres Ichs gewaltsam unterdrückt worden ist.

Dazu möchte ich erzählen, was ich einmal in einem Kinderheim, das ich gelegentlich psychologisch betreue, erlebt habe. Aus diesem Heim wurden mir vier Geschwister vorgestellt, die allesamt Schulprobleme hatten und etwas minder begabt waren; ich sollte sie testen und die beste schulische Laufbahn für jedes Kind empfehlen. Die vier Kinder im Alter zwischen sieben und 14 Jahren hatten bis vor drei Jahren bei ihren Eltern gelebt und waren dann von einem Tag auf den anderen ins Kinderheim gekommen, weil sich die Eltern scheiden ließen und keiner der Elternteile die Kinder übernehmen wollte.

Im Zuge der Untersuchung sprach ich mit jedem Kind einzeln und ließ mir auch von jedem berichten, wie es seine Situation im Kinderheim einschätze bzw. den seltenen Kontakt zu den Eltern empfinde. Wie erstaunt aber war ich, als ich von jedem Kind eine andere Schilderung seiner Eltern erhielt und eine andere Begründung für deren Verhalten. Während ein Mädchen den Vater als übermäßig streng einschätzte, was nach üblicher psychologischer Deutung sehr verdächtig klingen müßte, meinte die nur um 1 Jahr jüngere Schwester, der

Vater sei stets freundlich und zu Späßen aufgelegt gewesen, und während der ältere Bruder den Vater als eher vielbeschäftigten Mann einstufte, der für die Kinder wenig Zeit gehabt hatte, meinte der Jüngste, nur der Vater habe ihm jemals Spielsachen geschenkt und niemand sonst. Jedes Kind hatte sein Elternhaus in anderer Erinnerung, und wenn man auch die Möglichkeit in Betracht ziehen muß, daß sich die Eltern den einzelnen Kindern gegenüber etwas unterschiedlich verhalten haben mögen, so ist es doch unwahrscheinlich, daß sie solch gegenteilige Rollen innerhalb der Familie gespielt haben sollen. Wenn ich mir diese vier Kinder als Erwachsene auf psychoanalytischen Couchen liegend und ihre Kindheitserinnerungen ausbreitend vorstelle, was Gott verhüten möge, so kann ich nur hoffen, daß die symbolistische Denkungsart in der Psychologie bis dahin ausgestorben sein wird, denn ansonsten wird es wüste Fehlinterpretationen der familiären Situation dieser Kinder geben, die ihre Eltern in so unterschiedlicher Erinnerung haben.

Die Erinnerung des Menschen ist kein photographischer Film, der alles in wahrheitsgetreuen Relationen festhält, sondern eine Serie von eher willkürlich herausgegriffenen Blitzlichtern auf einem dunklen, nebulosen Hintergrund; und je nachdem, welche Blitzlichter jemand gesammelt hat, und in welche Richtung jemand vorwiegend geblickt hat, ergibt sich in der Gesamtheit ein Bildablauf mit bunt gemischten Eindrücken von diesem oder jenem Akzent. Bleiben wir also vorsichtig bei allen psychologischen Spekulationen und Deutungen von so dünnen geistigen Spinngeweben wie Träumen oder Erinnerungen und begegnen wir jenen „psychologischen Entlarvern" mit Skepsis, die nichts anderes auszusagen haben, als daß der Mensch im Grunde ein sexuell und materiell gieriges, aggressives, destruktives und egoistisches Wesen voller Komplexe sei, was er sich zwar schäme zuzugeben, was er aber in den Symbolzeichen seiner Handlungen, Gedanken und Emotionen nicht verbergen könne. Hier soll nicht irgendwelchen optimistischen Illusionen das Wort geredet werden, aber an einem solchen Pessimismus wird niemand genesen.

Die zweite Art von Aussagen in der psychologischen Wissenschaft und Fachliteratur ist dem Symbolismus verwandt, wirkt aber etwas gemäßigter und rational begründbarer, was sie nur umso gefährlicher macht. Als Goethe seinen Mephistopheles zum Faust sagen ließ:

> Du bist am Ende – was du bist.
> Setz dir Perücken auf von Millionen Locken,
> Setz deinen Fuß auf ellenhohe Socken,
> Du bleibst doch immer, was du bist.

ahnte er nicht, daß er damit seinem „Geist, der stets verneint" eine Weisheit in den Mund legte, wie sie von der bedenklichsten psychologischen Literatur unserer Tage vertreten wird, nämlich die Ansicht, es habe sowieso alles keinen Sinn, was immer man tue oder wonach immer man strebe, man bleibe doch der, der man sei, und man sei eben eine schwächliche, von Trieben gepeitschte, von Automatismen dirigierte Kreatur, die sich dem Diktat unbewußter Mächte oder ihren Konditionierungsprozessen folgend dahinquält in der Hoffnung auf einen Funken Lust.

Es ist ein wahrlich mephistophelischer Gedanke, im Gewande der Wissenschaft dem Menschen jede geistige Wachstumsmöglichkeit abzusprechen und ihn zu einem Sosein ohne Entwicklungsperspektiven zu verurteilen. Vor allem aber ist es ein Irrtum ohnegleichen, denn kaum jemand anderer als wir Psychologen und Psychotherapeuten ist so sehr und so oft in der Lage, des puren Gegenteils des mephistophelischen Wortes ansichtig zu werden, nämlich der Tatsache, daß ein Mensch am Ende eben nicht mehr der ist, der er war, sondern der geworden ist, der er werden wollte. Wir beobachten wiederholt, daß eine innere Wandlung, ein geistiges Reifen und Wachsen auch aus Schwäche, Krankheit, Not und Leid heraus möglich ist, ja nicht nur das, sondern daß das Leiden und die Not ein solches Wachstum geradezu fordert, und wir dürfen diese Wahrheit nicht verschweigen oder gar abstreiten, wenn wir nicht schuldig werden wollen an unseren Mitmenschen.

Varianten der *mephistophelischen Aussage,* wie ich sie nennen möchte, nämlich der Aussage: „Du bleibst immer, was du bist!", finden sich zahllose in der Psychologie. Eine Mutter hat

Probleme mit ihrem Kind, sie sucht Hilfe beim Erziehungsberater. Dieser stellt fest, daß das Kind von der Mutter ursprünglich nicht geplant gewesen war, jedenfalls nicht zu dem Zeitpunkt, als es kam. Ab sofort wird der Erziehungsstil der Mutter nur mehr betrachtet unter dem Aspekt, daß sie ihr Kind innerlich ablehnt; selbst große mütterliche Fürsorge wird umgedeutet als Kompensation von heimlichen Haßgefühlen. Das Teuflische an der Sache aber ist, daß es logisch und daher glaubwürdig klingt! Während der Traum von den Rasierklingen und der damit verbundene masochistische Geheimwunsch, sich zu kastrieren, wenigstens noch ein Quäntchen unglaubwürdig klingen und deshalb eine gute Chance haben, den Widerstand des gesunden Menschenverstandes herauszufordern, hat das inadäquate Verhalten der Mutter einem unerwünschten Kinde gegenüber einen einsehbaren und nachfühlbaren Zusammenhang, und trotzdem wird eines vergessen: der Zusammenhang *muß nicht* existieren.

Die Mutter muß nämlich in Wirklichkeit nicht mehr dieselbe sein, die sie während der Schwangerschaft war, sie kann an ihren Mutterpflichten gereift sein, ihre Liebe zum Kind kann inzwischen gewachsen sein, ihre damalige Ablehnung des Kindes kann längst überholt sein, so daß sie heute glücklich ist, dieses Kind zu besitzen. Auch Faust ist an seinen Zweifeln und seiner schweren Schuld gewachsen, allen Prognosen des Mephistopheles zum Trotz, und vielleicht war es das, was der greise Goethe in seiner Weisheit der Menschheit noch zurufen wollte. Der Mensch muß sich nicht gleichbleiben, nicht als Verbrecher, nicht als Kranker, nicht als Alter, immer hat er noch eine Möglichkeit, an sich zu arbeiten, sich zu wandeln. Ja wir wissen heute, insbesondere dank jener „Höhenpsychologie", mit der wir uns noch intensiv beschäftigen werden, daß es bis zum letzten Atemzug möglich ist, ein Schicksal, das man nicht mehr ändern kann, dadurch zu meistern und mit Sinn zu erfüllen, daß man sich selber ändert.

Jedes Jahr werden erschreckende Zahlen zur Selbstmordstatistik in der Bundesrepublik veröffentlicht, und jedes Jahr sind es mehr Opfer, obwohl unser Land keinesfalls an der Spitze aller Länder steht. Da liest man zum Beispiel, daß 110 Kinder unter 15 Jahren, 1500 Jugendliche bis 25 Jahren und mehr als 13 000 Erwachsene im Laufe eines Jahres den Freitod gewählt haben. Die Stimmung, daß es keine lebenswerte Zukunft gibt, breitet sich immer weiter aus; mittlerweile sind es laut einer Umfrage des Caritas-Verbandes bereits 42% aller Jugendlichen, die spontan erklären, das Leben komme ihnen ziemlich sinnlos vor. Das alles ist die Saat einer Psychologie, die dem Menschen jedes innere Wachstum abgesprochen und ihn damit seiner kostbarsten Ziele beraubt hat.

„Werde, der du bist!“, „Genieße, was du hast!“, „Verwirkliche dich selbst!“, „Lebe deinen Bedürfnissen!“ ... solche und ähnliche Schlagworte täuschen allzu leicht über ihren wahren Aussagegehalt hinweg, der da lautet: „Es ist sinnlos, nach Höherem zu streben, du erreichst es nie!“

Ein Mann ärgert sich über seinen Chef, klar, daß er seine Wut an Frau und Kindern ausläßt. Klar? Eine Frau war schon als Mädchen in der Schule sehr schüchtern. Klar, daß sie sich im Berufsleben nicht durchzusetzen vermag. Klar? Eine Frau war Prostituierte und findet dann einen lieben Mann, der sie heiratet. Klar, daß sie nicht richtig zärtlich zu ihm sein kann. Klar? Ein junger Mann hat eine sehr autoritäre Erziehung erlebt. Klar, daß er nunmehr selbst seine Untergebenen wegen jeder Kleinigkeit anbrüllt. *Ist das alles klar?* Du bist am Ende – was du bist, du kannst nicht aus deiner Haut, du kannst nicht anders ... was für eine bequeme Ausrede, was für eine hoffnungslose Philosophie! Während der symbolistische Ansatz eine menschliche Äußerung umdeutet in das Symbol einer andersartigen unterschwelligen Motivation, wird im mephistophelischen Ansatz des Nicht-anders-Könnens menschliches Verhalten als die notwendige und unumgängliche Fortsetzung vergangener Ereignisse erklärt, und während im ersteren Fall psychologische Fehlinterpretationen nicht selten sind, kommt es im zweiten Fall zur psychologischen Entschuldigung menschlicher Fehler am laufenden Band. Kein Wunder, wenn das Sinnlosigkeitsgefühl heute mehr und mehr um sich greift und sogar schon unsere Jugend erfaßt: der Gedanke, daß all unser Fühlen und Handeln symbolische Bedeutung habe, war wenigstens noch aufregend und interessant, aber der Gedanke, daß wir unseren eigenen Gefühlen und Handlungsweisen niemals entkommen können, sondern ihnen ausgeliefert sind bis zum Tode, ist nicht mehr so amüsant, er ist einfach trostlos.

Wer also bei der Berührung mit der Psychotherapie, sei es in Büchern, sei es in Gesprächen, den beiden genannten Grundaussagen „Du bist schlechter als du denkst!" oder „Du bleibst immer, was du bist!" begegnet, der bewahre sich ein gesundes Maß an Skepsis, denn es handelt sich wirklich um Irrwege ohne Hoffnung. Mein Lehrer, Viktor E. Frankl, hat diese beiden Irrwege unter den wissenschaftlichen Begriffen des *Reduktionismus* und *Pandeterminismus* aufgezeigt und ihre Fragwürdigkeit wiederholt an Krankengeschichten nachgewiesen. Denn man ist nicht nur „so alt, wie man sich fühlt", man ist auch „so seelisch gesund, wie man sich fühlt", und wenn eben alle geistigen Werte auf Sexualsymbole oder auf sublimierte Minderwertigkeitskomplexe u. dgl. reduziert werden, wie es der Reduktionismus symbolistisch-psychologischer Aussagen macht, oder wenn der geistige Reaktionsspielraum des Menschen gleich Null erklärt wird, weil die jeweilige Vergangenheit sein ganzes Leben und Verhalten determiniert, wie es der Determinismus mephistophelisch-psychologischer Aussagen macht, dann trägt dies nicht dazu bei, im Volk ein sicheres Bewußtsein seelischer Gesundheit hervorzurufen, im Gegenteil: Wer bis dahin nicht durch schlechte Erfahrungen oder durch die Weltpolitik verunsichert worden ist, der wird es durch die Psychologie.

Rudolf Lassahn schreibt dazu folgende Kritik*: „Blickt man auf die aktuellen ‚Reizwörter' in Wissenschaft und Lehre, drängen sich Angst, Aggression und Frustration in den Vordergrund. Wir stehen vor einer einseitigen Polarisierung des Humanen auf negative Sachverhalte. Psychoanalyse, ursprünglich von Befunden bei kranken Menschen ausgehend, und Soziologie beeinflussen diesen Prozeß. Der einzelne und das Böse, die Gesellschaft und das Böse – das ist seit langem the-

---

* Lassahn, R., Über die Freude in der Erziehung, in: Pädagogische Rundschau 7/1975, S. 553.

matisierter Gegenstand der sozialen Handlungswissenschaften. Wir kennen viele Untersuchungen über die Aggression, aber nicht über die Gegenkraft, die Liebe; wir thematisieren das Böse, aber nicht das Gute, wir bekamen die vaterlose Gesellschaft vorgestellt, aber nicht die Freude, einen Vater zu haben; wir wissen inzwischen genau, was Frustrationen sind, doch der Gegenbegriff, die Freude, ist in unserer Wissenschaftssprache der Gegenwart so gut wie nie zu finden."

Nun, wir werden uns jetzt dem Positiven in der Psychologie und Psychotherapie zuwenden, denn, was Rudolf Lassahn vielleicht nicht wußte, es gibt noch eine dritte Art von psychologischen Aussagen in der heutigen Wissenschaft, eine Gegenbewegung zu all den düsteren Behauptungen des Reduktionismus und Pandeterminismus, nämlich die *Humanistische Psychologie,* zu deren wichtigsten Vertretern die *Logotherapie von Viktor E. Frankl* zählt.

Als Schülerin von Viktor E. Frankl weiß ich um die Möglichkeiten und Grenzen der Logotherapie, also jener Lehre, die im Gegensatz zur Tiefenpsychologie gerne als „Höhenpsychologie" bezeichnet wird, weil sie ihr Augenmerk nicht in die Tiefen seelischer Abgründe, sondern in die Höhen des menschlichen Geistes richtet. Aber der Leser möge deswegen nicht glauben, daß ich für die Logotherapie „Reklame" machen will und etwa gar aus Konkurrenzgründen alle anderen psychotherapeutischen Schulen verdamme. Mir geht es nur um eines, und das habe ich bereits im August 1969 in einem Brief an meinen Lehrer geschrieben, mir geht es um die *Rehumanisierung der Psychologie,* genauso, wie es ihm zeitlebens um die *Rehumanisierung der Psychiatrie* gegangen ist*. Rehumanisierung aber bedeutet, daß wir eines Tages wieder eine menschliche und menschenwürdige Psychologie und Psychiatrie haben sollten, die geeignet ist, der Menschheit auf ihrem dornigen Weg zur Vervollkommnung weiterzuhelfen, statt ihr ununterbrochen ihre Unvollkommenheit vor Augen zu führen.

Wie ich schon einmal erwähnte, muß dort, wo viel Schatten

* Vgl. Viktor E. Frankl: „Man's Search for Meaning", Boston 1963.

ist, auch ein starkes Licht sein, und gerade die Psychologie wäre wahrhaftig prädestiniert, als Lichtquelle in einer Zeit zu fungieren, in der es buchstäblich jederzeit Nacht werden kann über dem Menschengeschlecht. Die heftige Welle der Friedensbewegung beweist, wie groß die Angst vor einem drohenden Atomkrieg ist, und das nicht zu Unrecht; Väter und Mütter fragen sich heute, ob sie überhaupt noch Kinder in die Welt setzen sollen, und welcher Zukunft sie diese einmal überantworten müssen, alte Leute sind mitunter froh, schon alt zu sein, und junge Leute zweifeln daran, ob es sich überhaupt lohnt zu leben. Aber, wie Franz Flössner so treffend sagte, „nicht das Schwert erschlägt, sondern der Mensch" *, oder ins Moderne übersetzt: nicht die Atomraketen werden uns vernichten, sondern die Menschen, die sie gebaut und gezündet haben. Und ob diese Zündung zu unserem vielleicht letzten Krieg erfolgen wird oder nicht, das wird hauptsächlich von *psychologischen* Faktoren abhängen, und nur zu einem geringen Teil von anderen wie ökonomischen, politischen oder sozialen. Denn überlegen wir uns: wann ist der Mensch bereit, Waffen einzusetzen, die einem Bumerang gleich auch ihn selber treffen? Die Antwort ist unschwer zu finden, sie klingt heraus aus vielen Abschiedsbriefen von Selbstmördern, und sie lauert hinter fast allen Wahnsinnstaten der Geschichte: der Mensch ist immer dann bereit zur Vernichtung einschließlich seiner selbst, wenn er absolut keinen Sinn mehr sieht im Leben und keinen Wert mehr entdecken kann in seiner Umwelt. Wenn vor seinem geistigen Auge nichts mehr da ist, das ihm erhaltungswürdig oder aufbauungswürdig erscheint, dann reicht auch die Kraft des Selbsterhaltungstriebes nicht aus, um ein Unglück zu verhindern.

Das heißt, wenn es uns gelänge, den einzelnen wieder zu sensibilisieren für die Sinnmöglichkeiten des Daseins und für die Wahrnehmung des Wertvollen, Guten und Schönen rings um uns, das trotz allem besteht, so könnten wir der Menschheit

* Aus Franz Flössner: „Das Lächeln der Auguren", Kurt Breuer Verlag, Wiesbaden.

einen großen Dienst erweisen. Wer um einen tieferen Sinn seines Lebens weiß, der setzt sein Leben – und das anderer Menschen – nicht leichtfertig aufs Spiel, im Kleinen wie im Großen; wer um ein Warum weiß, kämpft *für* das Leben.

Die heute in unseren Industrieländern vorherrschenden Gefühle einerseits der Zukunftsangst und andererseits der Sinnlosigkeit des Lebens sind gleichermaßen gefährlich, denn wie Angst schnell in Panik umkippt, und diese wiederum den idealen Boden für Kurzschlußhandlungen darstellt, so mündet das Sinnlosigkeitsgefühl schnell ein in ein „existentielles Vakuum“, wie Frankl es nennt, in eine Massenlethargie, die alle positiven Kräfte lähmt und erst recht den Weg ebnet in den Massenselbstmord. Vielleicht hat die Logotherapie, die sich ja schon seit einigen Jahrzehnten weiterentwickelt, gerade zum richtigen Zeitpunkt begonnen, publik zu werden, vielleicht kann sie noch intensiv mitwirken, den Wettlauf zu gewinnen, in dem die konstruktiven und destruktiven Elemente unserer Zeit miteinander stehen, vielleicht kann sie helfen, der psychologischen Kettenreaktion von Haß und Gewalt Einhalt zu bieten, ehe die physikalische Kettenreaktion der Atomwaffen in Gang gekommen ist.

Die humanistische Psychologie und speziell die Logotherapie (die eigentlich eine Psychotherapie ist, aber eine Psychotherapie auch für die Nöte des gesunden Menschen) haben eine grundsätzlich andere Aussage zum Menschenbild, als die bisher besprochenen psychologischen Varianten. Der symbolistischen Aussage: „Du bist schlechter als du denkst!“ und der mephistophelischen Aussage: „Du bleibst immer, was du bist!“ halten sie die humanistische Aussage: „Du kannst dich ändern, wenn du willst!“ entgegen.

Was da aufleuchtet, das ist jener Funke von Freiheit, der dem Menschen und nur dem Menschen gegeben ist, nämlich die Freiheit, zur Welt und zu sich selbst Stellung zu nehmen, sich *einzustellen* zu allem, dessen der menschliche Geist gewahr wird.

Tausendfache Bedingungen prägen unser Leben, tausendfache Tatsachen können wir uns nicht aussuchen, geschweige denn, aus der Welt schaffen, aber wie wir uns innerlich zu diesen Bedingungen und Tatsachen einstellen, das schreibt uns niemand vor, nicht einmal unser eigenes Ich. Kann sein, daß jemand von uns nachts von Rasierklingen und Tabaksbeuteln träumt, aber ob er sich deswegen Sorgen macht oder darüber lacht, das entscheidet nur er selbst; und genauso kann es sein, daß eine Mutter ein unerwünschtes Kind aufziehen muß, aber ob sie dies mit innerem Groll oder mit aufrichtiger Opferbereitschaft tut, das entscheidet wiederum nur sie selbst. Lassen wir uns nicht einreden, der Mensch sei nur ein *reaktives* Wesen, er reagiere blindlings und mechanisch auf seine inneren Triebe oder auf äußere Reize, nein, das ist die Beschreibung eines Roboters, aber nicht eines Wesens aus Fleisch und Blut, ausgestattet mit einer geistigen Dimension. Der Mensch reagiert, natürlich, aber zugleich bezieht er Stellung sowohl zu dem, worauf er reagiert, als auch zu seiner eigenen Reaktion, und diese seine Stellungnahme fließt wiederum mit ein in seine nächste Reaktion. Dadurch kommt es, daß, wenn man 10 Menschen betrachtet, die unter nahezu denselben Bedingungen aufgewachsen sind, diese 10 Menschen 10 verschiedene Lebensläufe einschlagen und zu 10 verschiedenen Persönlichkeiten werden. Sogar Geschwister mit ähnlichem Erbgut entwickeln sich unterschiedlich, und was die berühmte Zwillingsforschung anbelangt, so liefert sie uns beide Belege: die Belege für die identischen Genanlagen von (eineiigen) Zwillingen in der Ähnlichkeit von Habitus und Verhaltensweisen, und die Belege für die geistige Einstellungsvariationsbreite in der trotz allem bestehenden individuellen Unterschiedlichkeit.

„Du kannst dich ändern, wenn du willst!", das ist ein therapeutisches Leitmotiv, dem der Laie vertrauen kann, und wo immer es anklingt, in der logotherapeutischen oder auch nicht-logotherapeutischen Literatur, in den ärztlichen, psychologischen oder pädagogischen Beratungen, darf er hoffen, auf dem richtigen Weg zu sein. Mißverstehen wir uns nicht, das ist keine Überschätzung des Willens; man sagt zwar, daß der Wille Berge versetzen könne, aber auch die Logotherapeuten wissen, daß der Willenskraft eines Menschen Grenzen gesetzt sind. Es geht hier gar nicht um eine „Versetzung der Berge":

die Berge und Täler, das Auf und Ab des Lebens, das sind unsere Bedingungen, und auch die Zeit, in der wir leben, mitsamt ihrem dahinschwindenden und nicht sehr glücklich machenden Wohlstand und ihrer aufkeimenden Angst vor der Zukunft, auch sie ist eine unserer Bedingungen – aber keine Macht der Welt schreibt uns vor, wie wir uns zu diesen unseren Bedingungen einstellen, ob wir uns vor Verzweiflung zu Boden werfen, oder ob wir stolz erhobenen Hauptes daran gehen, das Beste aus ihnen zu machen.

Ich habe Menschen gesehen, denen das Schicksal eine immense Bürde aufgeladen hat, und ich sah sie *aufrecht* gehen, und ich habe andere Menschen gesehen, deren Schultern frei waren von jeder Last, und trotzdem krochen sie *gebückt* dahin. In der Psychiatrie gibt es schwere Erkrankungen, die sich durchaus dem Willenseinfluß eines Patienten entziehen, und doch besteht, solange die geistige Dimension des Patienten noch ein wenig intakt ist, ein minimaler Spielraum, sich zur eigenen Krankheit positiv oder negativ einzustellen, und schon dieser Spielraum genügt manchmal, um der Krankheit doch noch eine Wendung zum Guten abzuringen. So habe ich eine Frau mit einer unheilbaren endogenen Depression gekannt, die ihr Schicksal akzeptiert hat und bereit war, die cyklisch wiederkehrenden depressiven Phasen geduldig über sich ergehen zu lassen. Sie malte sich ein Schild, welches sie während der Anfälle von grundlosen Weinkrämpfen und Traurigkeit auf ihr Nachtkästchen stellte, und auf welchem stand: „Jetzt kann es mir nur noch besser gehen!“ Jeder, der sie besuchte, mußte über das Schild lächeln, und so, sagte sie, würde sie wenigstens hie und da lächelnde Gesichter sehen, wenn sie schon selbst nicht zu lächeln vermochte. Was für eine großartige Haltung kommt darin doch zum Ausdruck, allen Schicksalsfaktoren zum Trotz! Ich möchte behaupten, daß es diese Frau nur auf Grund ihrer tapferen Haltung fertigbrachte, in den gesunden Zwischenphasen zwischen den Depressionen ein vollkommen normales und zufriedenes Leben zu führen, was wenigen endogen depressiv Kranken gelingt. An diesem Beispiel kann man ersehen, daß es oftmals nicht möglich ist, per Willenskraft eine Krankheit zu besiegen oder eine Not abzuwenden, aber eine Verbesserung der eigenen Einstellung zu Krankheit und Not ist fast immer noch denkbar.

Mein Lehrer, Viktor E. Frankl, schrieb dazu in einem seiner Briefe an mich: „Wenn sich eine ausweglose Situation nicht äußerlich bewältigen läßt, dann bleibt nur die Flucht nach oben, in die Selbstgestaltung, ins innere Wachsen an einer hoffnungslosen Situation, deren hilfloses Opfer man geworden ist. Ich pflege da stets daran zu erinnern, daß die in einem Wald dicht stehenden Bäume gezwungen sind, nur umsomehr in die Höhe zu wachsen!"

Nun, als Naturliebhaberin kann ich bestätigen, daß in den Hochwäldern meiner Heimat die schönsten und höchsten Tannen dort zu finden sind, wo sie so gedrängt beieinander stehen, daß kein Lichtstrahl mehr bis zu den Tiefen ihres Grundes vordringt, und kein Wanderer sich mehr seinen Weg querfeldein bahnen kann. Aber als Psychologin kann ich ebenso bestätigen, daß die beeindruckendsten Menschen, die ich je kennen lernen durfte und vor denen ich mich in Ehrfurcht beuge, vorwiegend in den Reihen der Leidenden zu finden waren, und zwar unter denjenigen, die von solch bitteren Schicksalsschlägen getroffen worden waren, daß man glauben sollte, sie müßten notgedrungen verzagen, und die gerade umgekehrt in dieser Situation begannen, über sich selbst hinauszuwachsen. So habe ich zum Beispiel in einer meiner Dereflexionsgruppen – so genannt nach einer spezifischen Methode der Logotherapie, der Dereflexion – eine Dame gehabt, die an einer unheilbaren Krankheit litt und dies sehr wohl wußte. Diese Dame unterstützte mich bei meiner Bemühung, in den Gruppengesprächen positive Akzente zu setzen, enorm, ja es gelang ihr oft, auch sehr deprimierte Gruppenteilnehmer zur Wahrnehmung von irgendetwas Positivem oder Wertvollem in ihrer Umwelt zu führen. Eines Tages nahm ich die genannte Dame beiseite und drückte ihr meine Anerkennung und meinen Dank für ihre fast kotherapeutisch zu nennende Mitwirkung aus, da sagte sie zu mir: „Wissen Sie, Frau Doktor, seit ich mit meiner Krankheit und ihren absehbaren Folgen lebe, lebe ich viel intensiver als vorher, es ist fast, als wäre ich noch einmal geboren worden. Ich sehe die vielen schönen Dinge rings um mich, die ich früher nie gesehen habe, ich lausche auf die Worte meiner Mitmenschen, ich freue mich über jeden Tag, den ich erleben kann, ich danke Gott für all das, was ich noch tun kann. Früher, als ich gesund war und keinen Augenblick lang ernsthaft daran gedacht habe, daß das Leben einmal aufhören wird, da bin ich durch die Tage gehetzt wie blind, taub und geistlos, jetzt aber ist mir jeder Augenblick kostbar, und deswegen tut es mir so leid zu beobachten, wie andere ihr Leben gleichgültig oder gar mißmutig vertun, und ich möchte ihnen helfen, sich rechtzeitig auf das ungeheure Geschenk, lebendig zu sein, zu besinnen, damit es für sie nicht eines Tages zu spät dazu ist." Ich konnte nur staunen über die innere Größe und den Heldenmut dieser Frau, da war jedes meiner Worte überflüssig, und ich drückte ihr bloß stumm die Hand. „Du kannst dich ändern, wenn du willst!" – diese Frau hat es bewiesen, bewiesen in einer unabänderlichen Lage, sie hat uns gezeigt, wessen der Mensch fähig ist.

Das Leben ist eine unüberschaubare Serie von Möglichkeiten, von denen jeweils immer nur eine herausgegriffen und verwirklicht werden kann. Ist aber diese eine Möglichkeit herausgegriffen und verwirklicht worden, dann ist sie es ein für alle Mal, sie ist sozusagen „unverlierbar" in die Wirklichkeit hineingerettet und nichts kann sie mehr ungeschehen machen*. Worauf es nun ankommt, ist nicht, daß wir soviel Lustgewinn oder materiellen Nutzen in unser Leben hineinpferchen, wie nur geht, denn wäre dem so, dann müßten wir bei Krankheit und Not wirklich verzweifeln. Es kommt vielmehr darauf an, die *jeweils sinnvollste* aller Möglichkeiten des Augenblicks zu entdecken und gerade diese eine zu verwirklichen und keine andere. Wer auf ein sinnerfülltes Leben zurückblicken kann, hat keine Furcht vor dem Tode, denn das, was schmerzt, ist nicht nur der Abschied, sondern das sind die Versäumnisse von sinnträchtigen Gelegenheiten, die man ungenützt hat verstreichen lassen. Deshalb ist es wichtig, jeder Situation und jeder Stunde so etwas wie einen Sinngehalt

* Viktor E. Frankl: „Zeit und Verantwortung", Deuticke Verlag, Wien 1947.

abzuringen: die Stunden der Freude festzuhalten als eine Quelle der Kraft, aus der man unbegrenzt schöpfen kann, für sich und für andere Menschen, und die Stunden des Schmerzes zu verstehen als eine Herausforderung des Schicksals, an der man die Kräfte des Geistes zu messen vermag.

Es ist daher nicht so wichtig in der Psychotherapie, alle psychischen Schwächen und Traumen eines Patienten *aufzudekken,* und es ist auch nicht vernünftig, alle seine Nöte und Probleme *zuzudecken,* wesentlich ist, das gesamte Potential seiner geistigen Kräfte zu *entdecken,* denn wo geistige Kräfte mobilisiert werden können, besteht immer eine gute Chance, über das Psychophysikum zu triumphieren. Das folgende Fallbeispiel ist die Erzählung eines solchen geistigen Triumphes, denn wenn ich schon die Logotherapie als eine weder „aufdekkende" noch „zudeckende" sondern speziell „entdeckende" Psychotherapie zu bezeichnen wage, dann muß ich auch derjenigen Patienten gedenken, die es uns überhaupt erst ermöglichen, zu behaupten, daß es in jedem Menschen – und sei er noch so seelisch krank – etwas zu „entdecken" gibt.

Der Herr, von dem ich kurz berichten möchte, kam zu mir, als er nicht mehr weiter wußte. Als verantwortungsvoller Abteilungschef einer großen Firma hatte monatelang unheimlicher Streß auf seinen Schultern gelastet und diverse kleinliche Intrigen hatten ihn fertig gemacht; um sich über Wasser zu halten, hatte er zu dem denkbar ungünstigsten Mittel gegriffen, das es gibt, nämlich zum Alkohol, was ihn wiederum in einen peinlichen Verkehrsunfall mit Führerscheinentzug verwikkelte, dazu kamen erhebliche häusliche Schwierigkeiten, die zu tätlichen Auseinandersetzungen mit den zwei ältesten Söhnen und zur Scheidungsklage der Ehefrau führten, ja sogar zu einer unschönen nächtlichen Szene, bei der die Polizei geholt wurde, welche den angetrunkenen, randalierenden Mann kurzerhand für einige Tage auf der Psychiatrie internierte. Er wurde entlassen mit dem Ratschlag, sich tunlichst in psychotherapeutische Behandlung zu begeben, da sonst seine Berufslaufbahn alsbald zu Ende sein werde. Neben all diesen psychischen Verwirrnissen rebellierte auch der Körper des Mannes, die Verdauung klappte nicht, Nierensteine stellten sich ein und Schweißausbrüche kennzeichneten die schlaflosen Nächte.

Als wir unsere therapeutischen Gespräche aufnahmen, war der Patient 6 Wochen krankgeschrieben, und ich hatte also 6 Wochen Zeit, um eine generelle Regeneration der körperlichen und seelischen Gesundheit dieses Mannes anzukurbeln; an sich eine ausreichend lange Zeit, aber nur dann, wenn ein Patient bereit ist, mitzumachen. Der Herr, von dem ich berichte, war jedoch erschöpft, resigniert, zu allem und jedem in Opposition. Daher bat ich zuerst die Ehefrau zu einem ernsten und langen Gespräch, in welchem ich ihr darlegte, daß wir eine Phase der Besinnung für ihren Mann brauchten, und daß sie diese unterstützen könne durch ein ruhiges, neutrales Verhalten ohne Vorwürfe und ohne eheliche Debatten, die Scheidungsklage wäre im Moment nicht durchzufechten. Wir vereinbarten auch, daß sie keinen Alkohol zu Hause aufbewahren solle und die Erziehung der Kinder vorläufig allein leisten müsse, da ihr Mann Schonung und Stille benötige. Daraufhin verordnete ich dem Patienten täglich 4–5 Stunden in einer einsamen Gegend spazieren zu gehen und seine Gedanken wandern zu lassen, wohin sie wollten, bloß solle er nicht über sich selbst und seine Probleme nachgrübeln. „Worüber soll ich denn nachdenken, wenn nicht über mich und meine Situation?“ fragte er mich, woran deutlich zu erkennen ist, wie sehr seine geistige Freiheit damals blockiert war. „Suchen Sie sich etwas zum Nachdenken!“ riet ich ihm, „etwas Interessantes, worüber Sie noch nie nachgedacht haben, und erzählen Sie es mir bei unserem nächsten Gespräch!“

Als er wiederkam, hatte er über die Technik und insbesondere über die Rolle des Autos nachgedacht. „Eigentlich ist Spazierengehen sehr schön“, sagte er, „ und es hat tatsächlich seine Reize, wenn man keinen Führerschein besitzt.“ Auch das Schlafen sei besser geworden, seit er soviel spazieren gehe. Fürs nächste Mal gab ich ihm ein kleines Büchlein mit, das er lesen und über das er nachdenken solle, es enthielt allerlei besinnliches Gedankengut. Als er wiederkam, war er sehr erstaunt über die anregende Wirkung geschriebener Worte, außer Fachzeitschriften hatte er in den letzten Jahren nie etwas gelesen. „Ich möchte, daß Sie jetzt selbst etwas schreiben“, sagte ich zu ihm, „und zwar drei Protokolle. Als erstes schreiben Sie einen Bericht, so als wären Sie eines ihrer Kinder, das später einmal seine Kindheitserinnerungen beschreibt. Stellen Sie sich vor, Sie steckten in der Haut eines Ihrer Söhne oder einer Ihrer Töchter, die schon erwachsen seien, und Sie würden gefragt: „Woran erinnerst du dich, wenn du an zu Hause denkst, an deine Jugendzeit?“ Schreiben Sie in der Ich-Form alles nieder, was Ihnen einfällt, und seien Sie ganz ehrlich!“ Der Mann fertigte das Protokoll recht ungern an, aber er brachte es mir. Als er es mir gab, standen ihm doch wahrhaftig Tränen in den Augen. Da stand zu lesen: „Ich hatte eine liebe Mutter, aber von meinem Vater habe ich kaum etwas gesehen. Wenn ich ihn sah, dann war er betrunken, oder er tobte, oder, wenn ich Glück hatte, dann war er bloß unansprechbar ...“

Das zweite Protokoll, das ich den Mann anzufertigen bat, war eines aus der Sicht seiner Frau. Er sollte gedanklich in ihre Gestalt schlüpfen und einen Bericht schreiben über das Thema: „Meine Jahre als Frau und Mutter“. Fast schon dachte ich, der Patient werde sich diesmal weigern, aber er war ehrlich wie zuvor, und in dem Protokoll stand das Bekenntnis einer großen Liebe, die nur wenig Gegenliebe gefunden hatte.

„Ich weiß, welches Protokoll ich als letztes schreiben soll“, sagte der Mann zu mir, „ich soll die Bilanz meines eigenen Lebens ziehen.“ „Ja“, antwortete ich, „jetzt schlüpfen Sie in Gedanken in die Haut von sich selbst als alter Mann. Sie halten Rückblick auf Ihr Leben und versuchen festzustellen, was die wichtigen und wertvollen Ereignisse und Erlebnisse Ihres Lebens waren, und was unwichtig und überflüssig gewesen ist. Überprüfen Sie die wahre Ernte Ihres Lebens und trennen Sie sie von den Stoppelfeldern der Vergänglichkeit.“ Nach einer Woche war der Mann wieder bei mir. „Ich fange ein neues Leben an“, sagte er, „ich habe verstanden, was Sie mir zeigen wollten! Dieses Protokoll, es darf nie geschrieben werden. Es darf *von der Wirklichkeit* nicht so geschrieben werden, wie ich es jetzt schreiben müßte, wenn ich ehrlich sein wollte. Aber noch sind die Kinder nicht erwachsen, noch ist meine Frau nicht alt, noch neigt sich mein Leben nicht dem Ende zu. Gestern habe ich einen Ausflug mit meiner Familie gemacht. Mit der Bahn. Es war ein ganz normaler Ausflug, wie ihn zahlreiche Familien gemacht haben, aber für mich war er etwas Besonderes: die Kinder freuten sich, meine Frau beobachtete mich prüfend, ich habe mir Zeit genommen, ihnen zuzuhören, Zeit genommen, die Landschaft zu betrachten, zu Mittag Zeit genommen, ganz langsam ein Glas Apfelsaft zu trinken und den Fruchtgeschmack zu erspüren, es war ein wunderbarer Tag – ein Tag nach einer unendlichen Folge unglücklicher Tage im Protokoll der Wirklichkeit. Ich werde es doch schaffen ...?"

Mittlerweile kann ich bestätigen: der Patient hat es geschafft. Es ging nicht von heute auf morgen, aber der „Wille zum Sinn" *, nämlich zu einem sinnvollen Leben, war geweckt, und mit *dem* Grundkapital kann man fast wirklich „Berge versetzen". Wir fanden Wege, wie er den Klauen des Alkohols entrinnen konnte, was nicht so schwierig war, weil es sich um keine Sucht im üblichen Sinne gehandelt hatte, sondern nur um eine zeitweise Flucht aus dem Streß, was jedoch nicht minder schlecht hätte ausgehen können. Wir fanden auch Wege, die Ehe zu kitten und die Familie zusammenzuhalten. Als der Mann nach 6 Wochen an seinen Arbeitsplatz zurückkehrte, tat er dies mit dem festen Vorsatz, sich in keine Hektik mehr hineintreiben zu lassen, ja sogar lieber den Arbeitsplatz zu wechseln, als neuerlich zu erkranken. Und gerade vor Beendigung dieses Buches bekam er wieder seinen Führerschein ausgehändigt, was für ihn ein Zeichen seiner Wiederherstellung ist. Bis auf die Nierensteine, die noch ab und zu Beschwerden verursachen, hat sich auch der Organismus des Patienten regeneriert, und da für den nächsten Sommer ein ausgiebiger Erholungsurlaub für die ganze Familie geplant ist, hoffe ich, daß dann die letzten Spuren der vorjährigen Krise verblaßt sein werden.

Das alles klingt fast wie ein Wunder, und dabei gab es ab dem Moment gar keine großen Probleme mehr, als der Mann

* Viktor E. Frankl: „Der Wille zum Sinn", 3. Auflage, Huber Verlag, Bern 1982.

erkannt hatte, daß er am Steuerrad seines Lebens eine Kurskorrektur vornehmen müsse und – könne. Keine noch so sorgfältige Analyse der Umstände, wie es zu seiner seelischen Erkrankung gekommen sei, hätte dies vermocht, und schon gar nicht eine Serie psychologischer Erklärungen, wonach er sich unbewußten Mächten folgend nicht anders hätte verhalten können. Und hätte sich ein Psychotherapeut gar darauf gestürzt, die Angstträume des Patienten zu interpretieren, die dieser damals in den Nächten unruhigen Schlafes produziert hatte, so wäre er heute noch nicht fertig damit und hätte den Genesungsprozeß bloß hinausgeschoben.

Nur der Appell an den „Willen zum Sinn", die Bereitschaft zu entdecken, welche sinnvollen Möglichkeiten im Leben dieses Mannes ihrer Verwirklichung harren und unwiederbringlich verloren sind, wenn er sie nicht hier und jetzt noch ergreift*, nur ein Wachrütteln in Hinblick auf innere Sammlung und geistige Besinnung hatte die Chance, an den Grundfesten seiner Motivation einzugreifen und von dort aus seine volle Mitarbeit zu gewinnen. Es ist eine der ernsteren aber manchmal notwendigen Forderungen der Logotherapie, dem Patienten zuzurufen:

Lebe so, als ob du zum zweiten Mal lebtest
und das erste Mal alles so falsch gemacht hättest,
wie du es zu machen – im Begriff bist!**

Eine Warnung, die nur sinnvoll ist in Verbindung mit einem Menschenbild, das dem Menschen eben die Freiheit zuspricht, sich zu ändern und der zu werden, der er sein möchte.

Psychotherapie ist eine junge Wissenschaft.
Psychotherapie ist viele Irrwege gegangen.
Aber es gehört zum Menschsein dazu, Irrwege zu gehen, und trotzdem sind wir auf unseren Irrwegen seit Jahrtausenden von einem Stern geleitet worden, der auch heute noch nicht ver-

---

* Max Scheler spricht in solchen Zusammenhängen von „Situationswerten".
** Viktor E. Frankl: „Ärztliche Seelsorge", Deuticke Verlag, Wien 1946.

glüht ist: vom Licht der Hoffnung. Diesem Licht können wir getrost folgen, in der Psychotherapie wie im Leben schlechthin, die Hoffnung lassen wir uns nicht nehmen!

KOMMENTAR

Dieses Kapitel ist aus einem Vortrag hervorgegangen, den ich im Januar 1982 in Cuxhaven gehalten habe. Das Thema war gewünscht worden, weil sich im Zusammenhang mit dem Firmenjubiläum eines großen Buchvertriebes die Frage gestellt hatte, nach welchen Kriterien ein verantwortungsbewußter Buchhändler Kunden beraten könne, die in kritischen Lebenslagen psychologische Ratgeber suchen und sich im „Blätterwald" des heutigen Psychobooms nicht mehr zurechtfinden. Offenbar gibt es gegenwärtig so viel und so widersprüchliche Literatur zum Problem der emotionalen und cognitiven Lebensbewältigung, daß diese immer komplizierter und gekünstelter erscheint, und sich der Laie vor lauter Ratschlägen bald keinen Rat mehr weiß.

Das Echo auf meine Worte, die eigentlich nichts anderes bezweckten, als den gesunden Menschenverstand wieder auf den ihm gebührenden Platz zu rücken, war groß: Die Zuhörer standen nach dem Vortrag Schlange, um mir ihre diversen Sorgen anzuvertrauen. Darunter war auch ein Mann, der mir mit bewegter Stimme zuflüsterte, daß seine Frau bereits 1000 Therapiestunden erhalten habe, und es ihr trotzdem immer schlechter gehe. 1000 Therapiestunden, die ein Vermögen kosten und sichtlich nichts nützen? Jeder Therapeut hat Fälle, in denen er nicht helfen kann, in denen vielleicht niemand helfen kann. Aber jeder Therapeut muß auch Schluß machen, wenn seine Möglichkeiten erschöpft sind, denn jenseits seiner positiven Möglichkeiten lauern die negativen Folgen einer geschäftsgierigen und inhumanen Psychologie. Und von 1000 Therapiestunden wird nicht ein Kranker gesund, sondern eher noch ein Gesunder krank!

Einen Monat später erschien im Februarheft des „Spiegels" ein Artikel zur Lage der Psychologie in Deutschland. Da stand zum ersten Mal zu lesen: „Manchem wird geschadet ...", da wurde zum ersten Mal in der Geschichte dieser Wissenschaft und ihrer etwas älteren Schwester, der Psychotherapie, öffentlich und allgemein verständlich eingestanden, daß laut mehrerer zitierter Studien „eine Fülle von gefährlichen Zwischenfällen bei der Seelen-Therapie beobachtet wurde", und zwar Verschlechterungseffekte bei mindestens 10% aller Patienten. „In die Depression oder gar zum Selbstmord getrieben werden mitunter sogar psychisch durchaus stabile Mitmenschen, die sich einer Seelen-Analyse aussetzen ..."

Als ich Ende der 60er Jahre mit der Logotherapie Bekanntschaft schloß, habe ich mich gewundert, daß ihr Begründer nicht müde wurde, vor der Erzeugung iatrogener Schäden, *also vor durch Psychotherapeuten selbst heraufbeschworenen – wenn auch unbeabsichtigten – Schädigungen von Patienten zu warnen. Heute weiß ich, daß es eine der wichtigsten Lehren meiner Berufsausbildung war, erkennen zu können, wo die heilenden Quellen der Psychologie fließen, und wo andererseits Dämme gegen ihre zerstörenden Fluten errichtet werden müssen. In der Logotherapie jedenfalls gibt es Grundsätze, die, solchen Dämmen ähnlich, unheilvolle Psychologisierungen von vornherein ausschließen und es dem Therapeuten verbieten, über die gerade noch gut verträgliche Dosis therapeutischer Intervention hinauszugehen.*

Ja, wenn ich irgendwie darauf stolz bin, logotherapeutisch arbeiten zu können, dann ist es nicht die illusionäre Einbildung, wesentlich bessere Erfolge erzielen zu können als Kollegen mit anderem methodischem Rüstzeug, sondern das sichere Bewußtsein, eine Methodik zu besitzen, die niemandem, aber auch wirklich niemandem Schaden zufügt.

2. Kapitel

Sinnsuche statt sozialer Isolation

Wenn man aus einer jahrelangen psychologischen Praxis eines lernt, dann ist es dies, daß offenbar kein Zusammenhang zwischen dem objektiven Wohlergehen des Menschen und seiner subjektiven Zufriedenheit besteht. Manchmal bekommt man sogar fast den Eindruck einer *negativen Korrelation* zwischen beidem, so als wäre gerade das Gutgehen psychisch schwer zu bewältigen, während Leid, Kummer und Not die inneren Kräfte eines Menschen erst richtig zur Entfaltung bringen.

Als neutraler Beobachter, der darauf „getrimmt" ist, seelische Probleme lösen zu helfen, gewöhnt man sich zwar an die Widersprüchlichkeit der menschlichen Natur, sucht aber immer wieder nach tieferliegenden Ursachen und Umweltphänomenen, die Erklärungen anbieten könnten für das Unbegreifliche. Dennoch, der Mensch *ist nicht* restlos erklärbar, so erfreulich dies ist, und so gefährlich dies sein mag. Wenn heute tausende Familien der westlichen Kultur, denen es unvergleichlich besser geht als anderen Familien in Entwicklungsländern, sich gegenseitig die Hölle auf Erden bereiten und auf brutale Weise auseinanderbrechen, wobei die einzelnen Familienmitglieder je nach ihrer seelischen Disposition „durchdrehen", was von Gewalttaten bis zum Suizid, vom Drogenkonsum bis zum hysterischen Anfall alles beinhalten kann, dann ist das genauso wenig zu erklären, wie die Tatsache, daß es überall und auch bei uns wahrlich bemitleidenswerte, arme und vom Schicksal getroffene Personen gibt, die ihre Situation mit einer Tapferkeit und Würde tragen, daß man nur staunen kann.

Am ehesten vermag noch das Menschenbild der Logotherapie Überlegungen anzubieten, die uns verstehen lassen, warum die innere Zufriedenheit eines Menschen nicht identisch ist mit seinem äußeren Erfolg, warum psychische Stabilität nicht mit Wohlstand erkauft werden kann, und umgekehrt, warum ein Leid nicht jeden gleichermaßen umwirft, sondern manchen sogar zu einem höheren geistigen Niveau reifen läßt.

Frankl geht davon aus, daß jeder Mensch einen „Willen zum Sinn“ in sich trägt, ein geistiges Kraftpotential, welches sich in einem *sinnvollen* Leben erfüllen möchte. Wird dieser „Wille zum Sinn“ frustriert, wird also das eigene Leben als „sinnlos“ wahrgenommen, kommt es zu einer tiefen inneren Verzweiflung, einer „existentiellen Frustration“, wie Frankl es formuliert, die wiederum zur Basis wird für alle so unbegreiflich anmutenden Folgereaktionen, die in keinem Verhältnis zum äußeren Rahmen stehen. Wenn junge Menschen aus gutem Elternhaus plötzlich ohne Grund irgendwelche Verbrechen begehen, wenn wohlsituierte Leute, denen viel Schönes offen stünde, das Leben wegwerfen oder ehemals brave Schüler dem Terrorismus und Fanatismus verfallen, findet sich bei einigem Nachforschen stets zumindest *eine* Wurzel des Geschehens in der „existentiellen Frustration“, die diese Menschen erfaßt hat und ihnen das wohlgeordnete Leben nicht mehr lebenswert erscheinen läßt. Zwar kann man nicht behaupten, daß das sich in den letzten Jahren erschreckend ausbreitende Sinnlosigkeitsgefühl Alleinursache von allen Perversitäten und Psychopathologien ist, mit denen unsere zivilisierte Menschheit zu kämpfen hat, aber viele dieser Fehlentwicklungen kämen gar nicht in solchem Maße zur Ausprägung oder könnten wenigstens weitgehend beschränkt gehalten werden, wenn der einzelne mehr Sinnorientierungspunkte in seinem Leben fände, die ihm Halt gäben.

Somit dürfen wir uns nicht täuschen lassen und die rational einsichtige aber eben *nicht* zutreffende Ansicht blindlings übernehmen, daß man schwache oder benachteiligte Personen oder Personengruppen nur entsprechend – finanziell oder auch menschlich – unterstützen müsse, um ihnen zu einem „besseren Leben“ zu verhelfen; das allein ist nicht entscheidend. Die Personen *selbst* müssen zusätzlich ihren „Willen zum Sinn“ mobilisieren, erst dann werden sie in der Lage sein, das Hilfsangebot sinnvoll zu nützen und auch eigene Beiträge zur Problembewältigung zu liefern. Solange sie jedoch Hilfsangebote erhalten, denen sie in einem als „sinnlos“ empfundenen Leben keinen positiven Stellenwert zuzusprechen vermögen, wird es zu keiner zufriedenstellenden Kooperation und auch zu keiner sozialen Integration kommen.

Wir Psychotherapeuten stehen zu unseren Patienten in einem sehr ähnlichen Verhältnis, wie eine Gesellschaft ihren Außenseitern gegenübersteht: beide wollen wir eine Normalisierung und Wiedereingliederung ins positive Leben bei den uns anvertrauten Menschen erreichen und müssen uns zu diesem Zwecke geeignete Methoden einfallen lassen. Die Erfahrung, die nun viele Psychotherapeuten gemacht haben, korrespondiert mit der berühmten „Fadenkreuz-These“ von Frankl, nämlich daß Glück und Erfolg bzw. Leid und Mißerfolg nicht parallel, sondern *orthogonal* zur psychischen Verfassung und inneren Sinnerfüllung stehen:

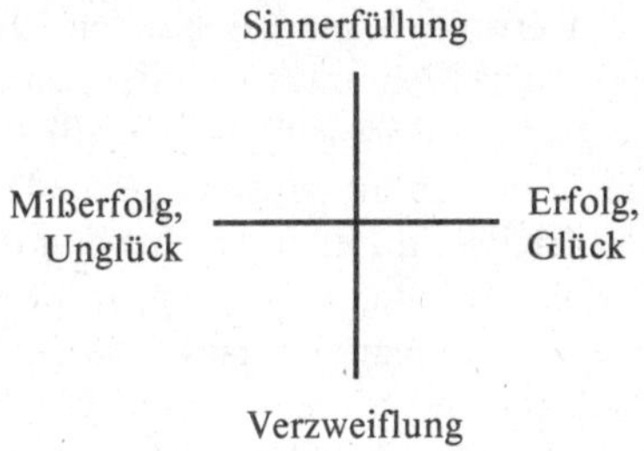

Analog dazu wird die Gesellschaft lernen müssen, daß auch die soziale Integration und Eingliederung oder Desintegration und Isolation auf einem Kontinuum zu suchen sind, das nicht identisch ist mit den psychischen Bewältigungsmöglichkeiten des einzelnen:

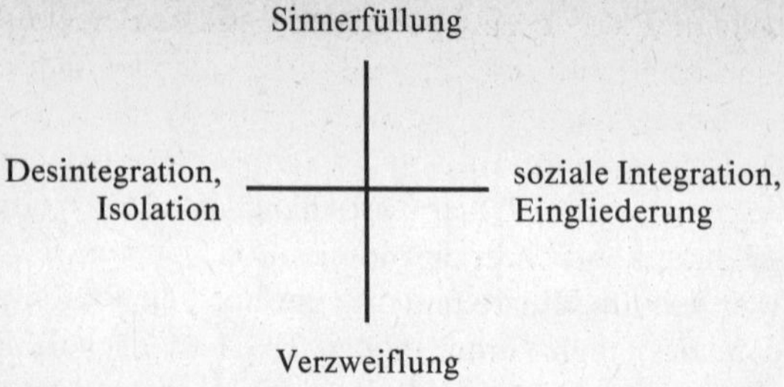

Was mehr noch als äußere Hilfen oder Geldmittel zu einer Achsenverschiebung in Richtung „Sinnerfüllung“ beitragen kann, ist eine *psychohygienisch gesunde Einstellung,* die dem Patienten (oder auch Problemgruppen) nahezubringen versucht werden soll. So kann man in der Psychotherapie manche Symptome allein mittels *Einstellungsmodulation,* einer spezifisch logotherapeutischen Methode, heilen, und ähnlich mag es auf breiter Gesellschaftsebene gelingen, ungesunde Einstellungen in gesunde zu transformieren und auf diese Weise Schwierigkeiten zu verringern, ohne daß deren äußeren Gegebenheiten geändert zu werden brauchen oder können. Ein Beispiel aus der Psychotherapie soll dies verdeutlichen*:

Eine junge Frau kommt in die psychologische Praxis und erklärt, sie sei völlig frigide und könne nichts empfinden in der Liebe für ihren zweiten Mann, weil ihr erster Mann sie heftig gequält und körperlich mißhandelt habe. Die Patientin befindet sich damit „in den Klauen ihrer eigenen Hypothese“, denn solange sie sagt: Ich bin frigide, ich bin unfähig zu lieben, *weil* ..., solange gibt es keine Heilung für sie, denn nichts kann ungeschehen machen, was ihr mit ihrem ersten Mann widerfahren ist. Sie ist in ihre Abhängigkeit verstrickt, sie fühlt sich determiniert von diesem Trauma, sie identifiziert sich mit ihrem Symptom, das heißt, nach ihrem Selbstverständnis ist ihr Symptom eine ihr unwiderruflich zugehörige Eigenschaft.

Zum Symptombild der sozialen Isolation gibt es oft ähnliche Abhängigkeitshypothesen bei Gastarbeitern, Flüchtlingen,

* Das Beispiel ist meinem Herderbüchlein „Auch dein Leben hat Sinn“ (Fallbeispiel Nr. 16) entnommen.

Minderheiten und anderen davon betroffenen Personengruppen. Sie sagen sich: Wir sind in der Fremde, wir sind nicht unter unseresgleichen, also *müssen* wir isoliert leben, und keine Brücke führt zum Nächsten. Damit sprechen sie sich selbst noch mehr Fremdheit zu, als von den Umständen her notwendig wäre, sie stehen ihrer eigenen Integration im Wege. Vor allem aber ist ihre Einstellung genauso ungesund wie die der geschilderten jungen Frau; denn wenn man sich freiwillig gedanklich in eine Abhängigkeit von Tatsachen begibt, die nun einmal nicht zu ändern sind, dann und erst dann verfestigt sich diese Abhängigkeit tatsächlich und läßt keinen Lösungsweg mehr offen.

Logotherapeutisch würde man der jungen Frau gegenüber folgendermaßen argumentieren: „Das Leid, das Sie erlebt haben, ist absolut kein Grund dafür, daß Sie Ihren jetzigen Mann nicht lieben können. Denn zwischen Ihrem ersten und Ihrem zweiten Mann besteht kein Zusammenhang, es sind unterschiedliche Menschen, sie betreffen unterschiedliche Zeitphasen in Ihrem Leben, und Sie selbst sind heute in einem anderen Reifestadium als in der Vergangenheit. In Wirklichkeit lieben Sie Ihren jetzigen Mann und möchten ihm Ihre Liebe auch geben, sonst wären Sie nicht zur Beratung gekommen. In Wirklichkeit ist es sogar *umgekehrt:* Nur *weil* Sie in der Vergangenheit schlimmes Leid kennengelernt haben, können Sie in der Gegenwart ermessen, wie nett Ihr jetziger Ehepartner zu Ihnen ist! Aber gerade deswegen können Sie eine viel dankbarere und bessere Ehefrau sein als viele andere, die ihre Ehe leichtsinnig mit sinnlosen Streitereien aufs Spiel setzen, weil sie noch nicht erfahren haben, wie schrecklich eine unglückliche Gemeinschaft sein kann!"

Es muß also die Einstellung der jungen Frau: „Ich kann nicht mehr richtig lieben" umgewandelt werden in die Einstellung „Ich kann meinen jetzigen Mann *besonders* innig lieben, weil ich auch schon eine andere Version von Ehe kennengelernt habe". Dies nämlich ist nicht nur die psychohygienisch gesündere Einstellung zum unveränderbaren Tatbestand, die neue Denkhaltung hat auch eine gute Chance, daß die Frigidität schlagartig nachläßt, und die junge Frau aus ihrem neuen

Selbstverständnis heraus und im Bewußtsein, ihren Mann „besonders lieben zu können“, auch sexuell das Hemmnis überwindet, um ihre Liebe zu dokumentieren. Dadurch kommt es zu einer *Symptomreduzierung allein durch die Einstellungsmodulation,* obwohl das Symptom selbst gar nicht methodisch behandelt worden ist.

Dieses Fallbeispiel demonstriert die Wichtigkeit der persönlichen inneren Einstellung von Menschen, deren Schicksalsweg mit einem Leid behaftet ist, das nicht oder nur wenig zu ändern ist. Ganz ähnlich ergeht es Personengruppen, die, aus welchen Gründen immer, in der Fremde leben: Sie finden nun einmal nicht die Bedingungen ihrer Heimat vor, und es lassen sich diese auch kaum künstlich herstellen. Gewiß kann man zum Beispiel mohammedanischen Gastarbeitern eigene Gebetshäuser zur Verfügung stellen, aber dadurch sind das Gastland und seine Bevölkerung für sie nicht minder fremd, es gibt ihnen nur die Möglichkeit, unter ihresgleichen gewohnte Gebräuche aufrecht zu erhalten. Es ist keine Brücke zum Nächsten, sondern, wenn man so will, ein ghetto-internes Zugeständnis. Um eine Brücke zwischen Gast und Gastland oder zwischen Außenseiter und Gemeinschaft zu bauen, bedarf es eher einer Einstellungsmodifikation auf beiden Seiten, nämlich einer Bereitschaft, das Positive der gegebenene Situation zu suchen und die spezifischen Sinnmöglichkeiten dieser Situation zu finden.

Ähnlich, wie wir es bei der jungen Frau gesehen haben, die in der Therapie lernen mußte, daß gerade ihre frühere Leiderfahrung einen Beweggrund darstellt, um ihre jetzigen günstigeren Lebensumstände zu *schätzen* und darüber *glücklich* zu sein, statt daran weiterzuleiden und neues Leid zu schaffen, genauso sind Personen, die in einer sozialen Isolation leben, aufgerufen, sich bewußt zu machen, was das Positive ist, das sie jetzt – verglichen zu früheren, vertrauteren Gegebenheiten – besitzen. Das Erwähnen der mohammedanischen Gastarbeiter bringt z. B. die Tatsache in Erinnerung, daß diese Leute oft vor sehr schlechten Lebensbedingungen aus ihrer Heimat „geflüchtet“ sind und eine sehr begehrte Wohlhabenheit dafür eingetauscht haben, natürlich um den Preis, sich anpassen zu müssen. Aber selbst die ihnen abverlangte Anpassung, etwa die Erlernung der deutschen Sprache, läßt sich im Licht einer positiven Einstellung akzeptabel interpretieren, etwa als eine *Chance,* den eigenen Wissensstand um ein Vielfaches zu vergrößern und einen Kulturkreis kennenzulernen, der ihnen anderenfalls vielleicht für immer verschlossen geblieben wäre.

Ein Gastarbeiter, ein Angehöriger einer Minderheit oder ein Flüchtling, der eine solch lebensbejahende, gesunde Einstellung entwickeln kann, daß er den ihm abverlangten Verzicht auf Vertrautheit (den der Aufenthalt in der Fremde stets bedeutet) als Preis dafür ansieht, daß er eben viel Neues kennenlernen darf, und auch manches Positive und Wertvolle geschenkt bekommt, das ihm anderenfalls unerreichbar gewesen wäre (wie Sicherheit, Arbeit, gute Schulen für die Kinder u. a.), der wird sich ganz anders in seiner neuen Umwelt bewegen und alsbald gar nicht mehr wirklich „fremd" sein. Über seine Dankbarkeit wird er *Freude* gewinnen, über seine Aufgeschlossenheit *Freunde,* beides wird ihm helfen, sich die wichtigste Voraussetzung für eine soziale Integration zu erarbeiten: *Toleranz.*

Es soll mit alledem nicht gesagt sein, daß nicht auch die sozial integrierte Umwelt ihren Beitrag zur Problemlösung zu leisten hätte. Wie der Ehemann der geschilderten jungen Frau bis zu ihrer völligen Wiederherstellung Verständnis und Behutsamkeit aufbringen wird müssen, so muß der normal integrierte „Bürger" die schwierige Situation des Außenseiters berücksichtigen. Doch auch dies hängt wiederum von einer gesunden inneren Einstellung ab, die sich am *Sinn* der Herausforderung orientiert und nicht an egoistischen Kalkulationen.

Eine Gesellschaft, die „Fremdkörper" aushalten muß, erleidet zwangsläufig eine gewisse Irritation, andererseits aber bekommt sie eine immense Zufuhr an „frischem Blut" und „frischen Ideen". So könnte sie der Überalterung durch „Inzucht" und der Degeneration durch Wiederkauen der eigenen jahrhundertealten Kulturtradition bei einigem Geschick entgehen; die Aufhebung der Isolation ihrer „Fremdkörper" führt zur Aufhebung ihrer eigenen Isolation in der völkergeschichtlichen Entwicklung. Es wird zeitweise die Frage gestellt, ob speziell unsere westliche Kultur imstande ist, die vielen Extremgruppen zu verkraften, wie sie vom Negerproblem in den USA angefangen bis zum Gastarbeiterproblem in der EG verkörpert werden. Mit derselben Berechtigung dürfte allerdings auch die Frage gestellt werden, was aus der weißen Menschenrasse geworden wäre *ohne* Mischung ihrer Strömungen und ohne Auseinandersetzung mit der negroiden Rasse. Daß sie in irgendeiner Form harmonischer miteinander und untereinander zu leben befähigt gewesen wäre, ist nicht bewiesen.

Der Weg vom Vielgötterglauben zum Glauben an den *einen* Gott, der alles in sich vereinigt, was dem menschlichen Geist in seiner Beschränktheit unbegreiflich ist, war lang. Es war ein dornenreicher Weg, und er ist noch nicht überall auf der Erde zu Ende gegangen. Der Weg vom nationalen Egoismus zum Wissen um die *eine* Menschheit ist nicht minder lang und nicht minder dornenreich. Dieser Weg ist nirgends zu Ende gegangen. Mag sein, daß die Mischung der Völker, auch wenn sie unvermeidlich Härten und Fremdheitsgefühle für den einzelnen im Gefolge hat, eine *notwendige* Voraussetzung dafür bedeutet, daß dieser Weg mehr und mehr gangbar wird. „Soll ein Sinn gefunden werden, der für alle gilt", schreibt Frankl, „dann muß die Menschheit, nachdem sie vor Tausenden von Jahren den Monotheismus hervorbrachte, den Glauben an den einen Gott, nunmehr einen weiteren Schritt folgen lassen, nämlich das Wissen um die eine Menschheit. Mehr denn je brauchen wir heute einen Monanthropismus." *

Zurück zum einzelnen, der das Problem der Fremde bewältigen muß. Wir haben gesagt, er kann es nur in einer *positiven,* nicht in einer negativen Einstellung. Ja, es ist sogar anzunehmen, daß die negative Einstellung die Verfremdung und Vereinsamung fördert, während die positive Einstellung diese auf das schicksalhafte Minimum reduziert. Verfremdung und Vereinsamung sind im Grunde keine ausgesprochenen Charakteristika artdifferenter Personen in der Bevölkerung, wie z. B. Ausländer, Mormonen, Homosexueller usw., wenngleich sol-

---

* Viktor E. Frankl: „Anthropologische Grundlagen der Psychotherapie", Huber Verlag, Bern, Stuttgart, Wien, 1975.

che Minderheiten schnell in die Isolation gedrängt werden und sich auch leicht dazu verführen lassen, mitzumachen. Dennoch findet sich selbst in der „ganz normalen“ Bevölkerung ein nicht unerheblicher Prozentsatz von sozial isolierten und vereinsamten, kontaktschwachen Menschen, die sozusagen „den Anschluß verloren haben“. Dazu gehören bei uns vielfach alternde Menschen, deren Kinder erwachsen geworden sind und das Haus verlassen haben, und deren Ehepartner vielleicht getrennt lebt oder gestorben ist. Oder „Singles“, wie man Alleinstehende neuerdings nennt, die eine feste Bindung scheuen und im Laufe der Zeit mehr und mehr bindungsunfähig werden. Verfremdung aber gibt es auch in der Kleinfamilie, die sich abkapselt und beharrlich versucht, ihre Angelegenheiten allein zu regeln. Die Tendenz zur Privatisierung und der Verlust der vom pädagogischen Standpunkt aus fast unersetzbar zu nennenden Großfamilie bedeuten einen ungesunden Entwicklungsschub ins *Antisoziale,* der unvermeidlichen Kehrseite der modernen Egozentrierung des emanzipierten Menschen.

All dies jedoch ist kein *Zwang,* es sei denn, man empfindet das Vorbild der Masse als Zwang. In Wahrheit ist es nur ein *Trend,* geradezu ein *Modetrend,* und genau wie bei der Mode muß man eben nicht jeden Trend mitmachen. Wichtig ist nur, daß der einzelne einen Trend als solchen „durchschaut“ und sich die Wahlmöglichkeiten vergegenwärtigt, die er uneingeschränkt besitzt, nämlich die Freiheit, sich dem Trend anzuschließen oder sich ihm zu widersetzen.

Auch alternde Menschen haben noch viel zu geben, wenn sie sich nicht in ihre vier Wände vergraben, sondern stattdessen bemühen, auch der späten Lebensphase einen Sinn abzuringen. Wie sehr werden zum Beispiel allerortens Großmütter gebraucht, um Kleinkinder zu beaufsichtigen und zu unterhalten, oder wie oft könnten auch Großväter jungen Menschen noch mit Rat und Tat zur Seite stehen, selbst dann, wenn es nicht ihre eigenen Enkelkinder sind. Ein solches Hilfsangebot in der Nachbarschaft würde der Vereinsamung sofort entgegenwirken und manch dankbares Wort der „ewig gestreßten“ jungen Eltern als Lohn einbringen.

Singles wiederum hätten gerade deswegen die Möglichkeit, mitmenschliche Kontakte zu knüpfen, weil sie eben nicht gebunden sind. Sie können sich Gemeinschaftsreisen anschließen, wenn sie Lust haben, oder in Hobbyklubs engagieren, sie können an Fortbildungskursen teilnehmen oder ihr Zuhause in einen Künstlertreffpunkt verwandeln – keine familiären Grenzen sind ihnen gesetzt, die ihre Aktivität zur Rücksichtnahme verpflichten. Sie können sich auch karitativ betätigen, und wer dies ehrlichen Herzens will, der findet sogar in unserer Wohlstandszeit unzählige Ansatzpunkte dafür, vom Sammeln von Hilfsgütern angefangen bis zur Schaffung einer Telefonkette zwischen alleinstehenden Personen oder bis zur Betreuung von Pflegefällen, für die sonst niemand Zeit hat. Natürlich ist es bequemer, zu Hause zu sitzen und sich über die zunehmende Vereinsamung im heutigen Gesellschaftssystem zu beklagen, als selbst etwas Mühe auf sich zu nehmen und den Mitmenschen die Hand entgegenzustrecken, aber beides kann man nicht haben: Bequemlichkeit *und* zufriedenstellende Kontakte. Die Beziehung zu anderen Menschen wird nur über die *Investition von eigenen Beiträgen* geschaffen, sie fällt einem niemals in den Schoß, nicht in der Liebe, nicht in der Ehe, nicht in der Gemeinschaft. Sozietät ist eine Kategorie innerer Sinnerfüllung*, sie ist eine Aufgabe, die wie jede Aufgabe die Bereitstellung eigener Kräfte erfordert.

Dasselbe gilt für die Kleinfamilie, die, um die wesentlichste Funktion einer Familie wahrzunehmen, über sich selbst hinausreichen muß. Die Funktion einer Familie ist es nämlich vorrangig, den Kindern ein Modell darzustellen, nach dem sie sich im positiven Sinne orientieren können, wenn sie einmal erwachsen sind. Ein solches Modell, wenn es lebensnah und lebensgültig sein soll, muß Interaktionen zwischen Menschen unterschiedlichen Alters und unterschiedlicher Persönlichkeit in ausreichendem Maße enthalten, damit die heranwachsenden Kinder möglichst *viele* Kommunikationsvorbilder mit in

---

* Vgl. dazu die Zusammenstellung von 9 „Sinnkategorien" in meiner Dissertation „Logotherapie als Persönlichkeitstheorie", die als ein Kapitel des Buches „Der Wille zum Sinn" von Viktor Frankl im Huber Verlag erschienen ist (3. Auflage 1982).

ihr Leben nehmen können. Eine Kleinfamilie, die sich isoliert, wird dieser Aufgabe nicht gerecht und es steht zu befürchten, daß die jungen Menschen, die ihr entstammen, im Bezug auf soziales Verständnis zum Teil Entwicklungsdefizite behalten.

Deswegen ist es schon im Interesse der Kinder angezeigt, daß Kleinfamilien Berührungspunkte (etwa über die Schule oder im Urlaub) nützen, um zwischenfamiliäre Kontakte zum Gedankenaustausch und zur gegenseitigen Unterstützung zu arrangieren; und wieder gilt die Feststellung, daß dies nicht schwierig ist, wenn der Wille dazu vorhanden und der Sinn dessen erfaßt ist. Einsamkeit muß genauso wenig sein wie Privatisierung, beides wird erst dann unumgänglich, wenn der „Wille zum Sinn" vom Hang zur Bequemlichkeit und von der Sucht nach Konsumation überlagert wird, und wenn der Andere aus dem eigenen Blickfeld entschwindet, weil nur mehr das Ich im Brennpunkt der Aufmerksamkeit steht. Niemand ist letztlich einsamer als der Egoist, und niemals ist der Mensch sich selbst fremder als dann, wenn er keinen Sinn mehr in seinem Leben erkennen kann. *Die eigentliche Verfremdung ist die Sinnentleerung des menschlichen Daseins.*

Deswegen möchte ich abschließend sagen: Wer Probleme sucht, wird Probleme finden, wer hingegen Aufgaben in seinem Leben sucht, wird Sinnerfüllung finden. Und Sinnerfüllung macht soziale Isolation erträglich oder hebt sie ganz auf, jedenfalls führt sie über die kleinlichen Belange des eigenen Ichs mit all seinen Schwächen weit hinaus. Ein sinnerfülltes Leben ist ein Weg, der *immer* offen steht – für alle und jeden.

KOMMENTAR

Dieses Kapitel ist auf Bitte eines Redakteurs für die Zeitschrift „Caritas in Nordrhein-Westfalen" (Nr. 3/81) geschrieben worden, welche sich damals intensiv mit dem Ausländerproblem in Deutschland befaßte. Man war auf mich gekommen über eines meiner Bücher, das, wie sich der Redakteur ausdrückte, dem Menschen „ein erstaunliches Maß an Selbstverantwortlichkeit" zuspricht im Gegensatz zu den üblichen psychologischen Konzepten, die eher dazu neigen, Verantwortung abzunehmen und Ver-

haltensweisen, seien sie noch so grausam, zu entschuldigen. Und in der Tat hat die Psychologie in Laienkreisen den Ruf, daß sie für jedes Versagen und Vergehen eine passende Erklärung zur Hand habe, die dieses als unvermeidliche Folge vorhergehender Ereignisse interpretiere und damit dem freien Willen einer Person entziehe. So sprach mich zum Beispiel vor einiger Zeit ein alter Herr in einem Eisenbahnabteil an, der dieselbe Strecke wie ich fuhr und gerade Zeitung las. Er erwähnte eine Notiz, in der kurz berichtet wurde, daß ein 17jähriger Metzgerlehrling von der Polizei gefaßt worden war, als er zum 10. Mal in fremden Wohnhäusern Brände legte. „Da steht, daß der junge Mann in nervenärztlicher Behandlung ist", fuhr der Mitreisende seufzend fort, „na, der hat Glück, der kommt bestimmt ungeschoren davon! Dem passiert nichts, dafür sorgt schon sein Seelendoktor!" Ähnlich reagierte die Öffentlichkeit im Juni 1982, als der Reagan-Attentäter Hinckley, der immerhin mehrere Personen schwer verletzt hatte, auf Grund von psychiatrischen Gutachen freigesprochen wurde, obwohl es auch Gutachter gab, die ihn als voll verantwortlichen, kaltblütigen Täter schilderten. Spöttische Stimmen merkten dazu an, „jemand könnte meinen, daß Hinckley sich selbst nie finden wird, wenn man ihn den Psychiatern und Psychologen überläßt."

Es ist also eine weitverbreitete Laienansicht, daß die Psychologie für alles die passenden Ausreden liefere, und es gibt Fachkritik, sogar aus dem tiefenpsychologischen Lager, die sie unterstützt. So schreibt Albert Görres wortwörtlich: „Jesus konnte Schuld nur vergeben, Freud, der Moses und die Propheten überbietende Messias aus Wien, hat sie radikal gelöscht, indem er sie zur Illusion erklärte. Wo keine Freiheit – die Psychoanalyse ist eine deterministische Psychologie –, da keine Schuld; wo kein Gott, da keine Sünde; wo kein unendlicher Geist, da kein frevelnder Hochmut des endlichen Geistes." *

Nun weiß gewiß niemand, wie er sich einen unendlichen oder einen endlichen Geist vorstellen soll, sicher dünkt jedoch den meisten von uns zu sein, daß es so etwas wie Geistiges *gibt, und daß der Mensch einen, wenn auch kleinen, Anteil daran besitzt. Da*

* Albert Görres: „Kennt die Psychologie den Menschen?" Piper Verlag 1978.

sich aber alles, was mit Geistigem zu tun hat, kaum definieren und schon gar nicht wissenschaftlich messen und wägen läßt, empfinden die psychologischen Forscher im allgemeinen eine ausgesprochene Scheu, sich damit zu befassen. Sie bleiben lieber auf dem sicheren Boden untersuchbarer und beschreibbarer psychischer Phänomene aus dem Emotionalbereich, wie es Ängste, Aggressionen, Begierden, Eifersüchteleien usw. sind.

Dieser „Rückzug" auf sicheres Wissensgebiet hat jedoch seinen Preis: Wer die geistige Dimension aus dem Menschenbild streicht, erhält einen „geistlosen Torso", nämlich jenes automatisch reagierende Wesen, das niemals schuldig werden kann, weil es für seine Gedanken, Einstellungen und Handlungen eben nicht verantwortlich ist. Er produziert die „geistlose Psychologie", die alles erklären kann, Brandstiftung genauso wie Attentate, Amokläufe genauso wie Vergewaltigungen, schier alles, bloß nicht die Tatsache, daß es unabhängig davon auch freie menschliche Entscheidungen gibt, und zwar Entscheidungen, die unbezweifelbar entgegen *dem Druck von Ängsten, Aggressionen, Begierden oder Eifersüchteleien getroffen werden.*

Heute bemüht sich manche psychologische Richtung, die Logotherapie Viktor Frankls zu einem Analogon oder Derivat ihrer selbst einzuebnen, so als ob der logotherapeutische Ansatz nur die eigenen Aussagen in unterschiedlichen Worten wiederhole. Dieser Versuch aber wird nie gelingen, denn es gibt keine einzige psychologische Theorie, die jemals den Mut gehabt hat, die geistige Dimension des Menschen gleichermaßen ernsthaft in ihre Forschungen miteinzubeziehen, wie es die Logotherapie seit Jahrzehnten gewagt hat, und es gibt auch keine psychologische Praxis, die über Entdeckungen aus solchen Forschungen in ähnlicher Fülle verfügt, um sie zu Heilungszwecken fruchtbar zu machen.

Eine der bedeutendsten Entdeckungen logotherapeutischer Forschungsarbeit aber ist die Erkenntnis, daß sich Freud, der „unübertreffliche Messias aus Wien" geirrt hat, als er die Willensfreiheit des Menschen für null und nichtig erklärte. Mögen wir noch so determiniert sein in unserem emotionalen Erleben und Reagieren, innerhalb des kleinen Stückchens geistigen Spielraumes, den wir besitzen, sind wir frei – und verantwortlich.

3. Kapitel

Psychohygiene zwischen Streß und Muße

Schopenhauer hat einmal gesagt, daß das menschliche Leben ständig zwischen zwei Extremen hin- und herpendle, nämlich zwischen Not und Langeweile. Wie wahr dieses Wort ist, wissen wir heute aus der psychotherapeutischen Praxis, denn es sind keinesfalls nur materiell oder seelisch not-leidende Personen, die verzweifeln und aus dieser Verzweiflung heraus psychisch erkranken, nein, auch permanente Langeweile kann durchaus in Verzweiflung einmünden und in der Folge psychische Entgleisungen heraufbeschwören. Frankl und andere Wissenschaftler haben in Amerika wie in Europa nachgewiesen, daß rund 20% der Bevölkerung in unserer westlichen Industriewelt an sogenannter „existentieller Frustration“ leiden, also an einer mißmutigen und unzufriedenen Grundstimmung, die auf Langeweile, Leere- und Sinnlosigkeitsgefühle zurückgeht und allmählich die gesamte geistige Aktivität eines Menschen lähmt.

Es ist allerdings nicht das Anliegen der Logotherapie, aufzuzeigen, was alles an krankmachenden und unglücklichen Einflüssen in der Gegenwart besteht, wie man es oft bei den üblichen psychologischen Interpretationsversuchen findet. Man könnte vielerlei Argumente aufzählen, warum der moderne Mensch zum Teil innerlich so leer und unausgefüllt dahinlebt, obwohl ihm doch relativ großer Wohlstand und gute Verwirklichungsmöglichkeiten zur Verfügung stehen, zumindest verglichen mit Vertretern wesentlich ärmerer Bevölkerungsschichten in anderen Ländern; dennoch, solche Erklärungen würden zwangsläufig mehr deprimieren als helfen. Viel wichtiger als negativistische Zeit- und Gesellschaftsanalysen ist heute ein Konzept zur *Behebung* der „existentiellen Frustration“, ein Konzept zur *Rückbesinnung* auf innere Werte und zur *Neuorientierung* des Menschen nach Sinn und Vernunft, und diesbezüglich bietet gerade die Logotherapie ganz konkrete und zielgerichtete Vorgangsweisen an, wie wir sie sonst in der gegenwärtigen Psychologie kaum finden.

So vermag sie auch eine psychohygienisch gesunde Einstellung zu den beiden Extremen Not und Langeweile anzudeuten, insofern als beide – aus einem positiven Blickwinkel heraus – sogar als Stimulatoren für die Mobilisierung geistiger Kräfte angesehen werden können und in dieser Funktion menschliche Kräfte entfalten statt lähmen. Not kann schließlich ein Impuls dafür sein, daß jemand all seine Fähigkeiten konzentriert einsetzt, um diese Not zu überwinden, und dabei über seine eigenen Schwächen hinauswächst. Ebenso kann Langeweile ein Impuls dafür werden, nun endlich die Fesseln der eigenen Passivität zu sprengen und sich des Aufgabencharakters des Lebens wieder bewußt zu werden, der den Menschen nach Erfüllung seiner selbstgewählten Ziele streben läßt. „Das Tun ist nicht etwa dazu da, daß wir der Langeweile entgehen“, schreibt Frankl in seinem Buch „Ärztliche Seelsorge“, „sondern die Langeweile ist dazu da, daß wir dem Nichtstun entgehen und dem Sinn unseres Lebens gerecht werden.“

Nun ist einer der Gründe, warum heute so viele Menschen der „existentiellen Frustration“ anheimfallen, selbstverständlich darin zu suchen, daß die Arbeitsentlastung gegenüber früheren Zeiten plötzlich emporgeschnellt ist, und das nicht nur durch die 40-Stunden-Woche, die in absehbarer Zeit vielleicht eine 35-Stunden-Woche sein wird, sondern auch durch die vielen technischen Hilfen im Haushalt, Spiel und Hobby. Es ist immer wieder dargelegt worden, daß die Verkürzung der Arbeitszeit und die allgemeine Arbeits*entlastung* auch eine Unfähigkeit zur sinnvollen Freizeitgestaltung bewirke, daß also der arbeitgewohnte Mensch, der sich zunehmend einem unstrukturierten Freiraum gegenüber sieht, zunächst in eine Art Vakuum fiele, in dem er keine Alternativen zur Arbeit erkennen könne. Andererseits ist es doch merkwürdig, daß im selben Atemzug immer wieder über die Druck- und Streßvariablen in unserer Gesellschaft geklagt wird, über *Belastung*sfaktoren also, die beim Schulstreß unserer Kinder beginnen und bei der Doppelfunktion der berufstätigen Mütter und der Managerkrankheit der Väter enden. Alle Welt wettert gegen den Streß und langweilt sich in der Freizeit zu Tode – wie ist dies Paradoxon zu verstehen?

Ich glaube, ich kann aus meiner jahrelangen psychotherapeutischen Praxis zumindest eine Erklärung dafür anbieten, die einigen Nachdenkens wert ist. Es hat sich nämlich bei der Nachbetreuung von psychisch kranken Patienten, die wieder genesen sind, gezeigt, daß sie eigentlich beides sehr gut bewältigen, sowohl die Belastung durch eine Arbeit, als auch die Entlastung in der Freizeit, vorausgesetzt, daß *der Streß eine Beziehung zur Zukunft* und *die Muße eine Beziehung zur Vergangenheit* hat. Dies bedeutet folgendes:

Arbeit braucht in gewisser Weise immer so etwas wie ein Ziel, das Schaffen des Menschen ist zukunftsorientiert, es geschieht etwas, das einer Vollendung zustrebt. Natürlich ist in vielen modernen Berufssparten das Ziel nicht mehr wirklich greifbar für den Arbeitnehmer, denn er selbst dreht ja nur an einem ganz kleinen Rädchen im großen Getriebe des Unternehmens, aber selbst da lassen sich meist noch persönliche Zukunftswünsche formulieren, die ein wenig Zugkraft besitzen: eine Gehaltserhöhung, die Übernahme einer verantwortungsvolleren Tätigkeit, Anerkennung oder Gewinn. Noch klarer sichtbar wird die Zielorientierung bei jedem schöpferisch-gestalterischen Prozeß, sei es im manuellen oder geistigen Bereich; wer sich Einbaumöbel selber zimmert, oder wer seine Familienchronik niederschreibt, möchte etwas in die Zukunft hinein schaffen, und der Gedanke an die spätere Vollendung seines Schaffens gibt seiner gegenwärtigen Tätigkeit Sinn.

Ist also eine solche Zukunftsorientierung gegeben, dann wird Streß kaum als belastend empfunden, im Gegenteil, es wird eher als bedrückend wahrgenommen, wenn jemand von außen diese zukunftsorientierte Arbeit stört und unterbricht. Ein Maler z. B., der an einem Portrait arbeitet, kann höchst ungehalten werden, wenn er den Pinsel beiseite legen soll, um sich mit einem Imbiß zu stärken. Er ist innerlich erfüllt von seiner Aufgabe, die nach Fertigstellung drängt, und das Arbeiten macht ihm Freude, auch wenn er vielleicht schon stundenlang daran gesessen ist.

Ganz anders ist es mit der Zeit der Muße, die verständlicherweise keine Zukunftsorientierung haben kann. Sie ist ja die Pause zwischen den Schaffensperioden, die der Erholung und Kräftesammlung dient. Dennoch bedarf auch müßig verbrachte Freizeit eines gewissen Sinnzusammenhanges, und zwar mit der vorangegangenen Tätigkeit, die unterbrochen oder vollendet worden ist.

Es besteht heute ein sehr starker Trend, in der Freizeit „abschalten" zu wollen und sich gedanklich nicht mehr mit der Arbeit zu befassen, doch ist dies nur bedingt gesund. Der Mensch ist kein Automat, der auf Knopfdruck umschalten kann, weder von unglücklich auf glücklich und umgekehrt, noch von tätig auf untätig und umgekehrt. Jeder Wechsel braucht eine Übergangsphase, und jeder erzwungene abrupte Umschwung ist schädlich. Die schönste Muße ist die, die auf eine sehr intensive Schaffensperiode folgt, welche zu einem guten Ergebnis geführt hat: die Zufriedenheit mit der vorangegangenen Tätigkeit und dem erreichten Ziel überstrahlt die Pause danach, die man sich gönnt, um wieder zu Kräften zu kommen. Wer müde nach des Tages Arbeit nach Hause kommt, aber zufrieden auf sein Tagewerk zurückblicken kann, wird den Feierabend genießen. Der Maler, der das Portrait endlich seinen Vorstellungen gemäß zu Ende gebracht hat, wird sich vielleicht erschöpft, aber innerlich voll stolzer Freude ausruhen. Der Hobbybastler, dessen Zimmereinrichtung im Eigenbau gelungen ist, wird sich behaglich ausstrecken im Bewußtsein, sein Vorhaben ausgeführt zu haben.

Wehe aber nun, wenn Streß keine Zukunft oder Muße keine Vergangenheit hat! Wenn Arbeit ziellos geschehen muß, und die Pause keine zufriedene Resonanz auf eine vorangegangene Tätigkeit in sich birgt. Dann und nur dann wird Streß so unerträglich, weil man nicht weiß, *wozu* er gut sein soll, und dann auch wird müßige Freizeit so schrecklich langweilig und nichtssagend, weil man nicht weiß, *wovon* sie denn ein Ausruhen bedeuten soll. Die ganze innere Erfüllung, die den schaffenden Menschen, der auf ein Ziel hin arbeitet, durchdringt, ist ohne das Ziel verloren, und genauso fällt jene tragende innere Zufriedenheit in der Pause weg, wenn diese auf ein Nichtstun oder auf eine ungeliebte Routinearbeit hin erfolgt. Arbeit, die nicht verknüpft ist mit dem Wunsch, *etwas leisten zu wollen,* und Freizeit, die nicht verbunden ist mit dem Bewußtsein, *etwas geleistet zu haben,* ist im menschlichen Leben nicht befriedigend.

Wir müssen bei diesen Erwägungen mit dem Begriff der „Leistung" vorsichtig umgehen, denn schnell ist die Assoziation mit Schlagworten wie „Leistungsdruck" und „Leistungsgesellschaft" hergestellt. Doch Leistung muß keinesfalls immer als eine fremdbestimmte gemeint sein, als eine von jemandem auferzwungene oder aus jemandem herausgepreßte. Das, was heute von vielen, vor allem jungen Menschen heiß ersehnt wird, nämlich die Chance zur „Selbstverwirklichung", ist auch eine Chance, das leisten zu dürfen, was einem selbst vorschwebt; und ähnlich ist es mit dem persönlichen Rückblick auf das eigene Leben: auch dieser wird geprägt von der Erinnerung an diejenigen Phasen, von denen wir glauben, etwas Positives und Sinnvolles geleistet zu haben.

Deshalb können wir eines festhalten: Freizeit, und zwar beglückende freie Erholungszeit, setzt eine zuvor abgelaufene Periode intensiven Engagements voraus, zumindest aber bedarf sie einer gewissen Ermüdung durch zuvor geleistete Arbeit, wenn sie ihren Pausen- und Regenerationscharakter wahren soll. Eine Muße, die hingegen nicht auf eine Schaffensperiode folgt, sondern auf eine Zeitspanne, in welcher der Betreffende sowieso schon nicht ausgelastet war, die also keinen Kontrast zur Arbeit und Pflichterfüllung bietet und nur allenfalls weniger fest strukturiert ist als die Zeit zuvor, eine solche Muße trägt in sich immer das Gefahrenmoment, zu Langeweile und Unzufriedenheit zu führen. Konkret heißt dies, daß wir, um in der Freizeit wieder Sinn zu finden, zuerst der Arbeit wieder Sinn geben müssen.

An diesem Punkt unserer Überlegungen angelangt entdekken wir, daß eigentlich nicht so sehr die Arbeitszeitverkürzung und Arbeitsentlastung, sondern vielmehr die *Sinnentfremdung* unserer Arbeit jene Gefahrenquelle darstellt, die in ihrem Sog Langeweile und Überdruß in der Freizeit nach sich zieht.

Wie eng die Zusammenhänge sind, zeigt uns wiederum die Psychotherapie, die sogar Begriffe wie „Arbeitslosigkeitsneurose“ * oder Sonntagsneurose in ihrem Vokabular hat, also Erscheinungsformen psychischer Erkrankungen kennt, die genausogut als „Freizeitneurosen“ bezeichnet werden können, denn sowohl Arbeitslosigkeit wie auch Wochenenden sind ja nichts anderes als Freizeitreservoire. Nun gibt es zwei Möglichkeiten, das Problem zu lösen, nämlich entweder durch eine Aufwertung von Intensität und Sinnhaftigkeit der pflichtgemäßen Arbeit, oder aber durch eine neue funktionale Ausgestaltung der Freizeit; und gerade letzteres ist die Aufforderung der Stunde, wenn wir uns mit der gegenwärtig massiven Freizeitproblematik beschäftigen, denn die vorliegenden Arbeitsbedingungen können vom einzelnen nur relativ selten geändert werden. Die Freizeit aber kann jeder für sich gestalten, es steht jedermann weitgehend offen, was er aus seiner täglichen Erholungspause macht, und wenn wir nur wissen, worauf es ankommt, könnte es uns auch gelingen, das Optimale aus dieser Chance herauszuholen, nämlich Freizeit zu einem Sinnerlebnis werden zu lassen.

Ich habe erwähnt, daß die These von der Zukunftsorientierung von Streß und der Vergangenheitsorientierung von Muße den logotherapeutischen Forschungen zur Nachbetreuung von Patienten entstammt, und ich will nun auch verraten, wie der praktische Psychotherapeut damit arbeitet. (Zwar kann nicht immer von der Situation psychisch kranker Personen auf Gültigkeiten bei gesunden Menschen geschlossen werden, doch handelt es sich in der Nachbetreuung schließlich um wiedergesundete Personen, und somit sind Schlußfolgerungen auf den normalen Durchschnittsmenschen legitim.)

---

* Die von ihm so benannte Arbeitslosigkeitsneurose wurde von Frankl erstmalig in seiner Arbeit „Wirtschaftskrise und Seelenleben“ beschrieben – eine Arbeit, die sich auf seine Erfahrungen mit jungen Arbeitslosen stützte und bereits vor einem halben Jahrhundert, nämlich 1933, in der „Sozialärztlichen Rundschau“ (Jahrgang 43) erschien.

Der Therapeut, der also ehemalige Patienten ins weitere Leben entläßt, muß darauf achten, daß diese einem möglichst ausgewogenen Rhythmus von Belastung und Entlastung überantwortet werden, denn wenn ihm dies nicht gelingt, ist die Rückfallgefahr groß. Daß solche Rekonvaleszenten nicht gleich übermäßig *be*lastet werden dürfen, etwa im beruflichen Bereich, ist leicht einzusehen, doch daß sie auch nicht übermäßig *ent*lastet werden dürfen, mag erstaunlich klingen. Ich habe es jedoch wiederholt erlebt, daß eine zu gut gemeinte Schonung genesener Personen deren neugewonnene Gesundheit schnell ins Wanken gebracht hat, weil es eben zu einer unausgefüllten Freizeit und Muße ohne Vergangenheitsbezug kam, was Lustlosigkeit bis zur Verzweiflung erzeugte.

Nun kann der Therapeut eines machen, nämlich die Freizeit des zu Entlassenden nochmals funktional unterteilen in einen *aktiven* und einen *passiven* Teil. Der aktive Teil soll dann praktisch die fehlende Rolle einer sinnvollen und zielgerichteten Arbeit übernehmen, die der Betreffende in seiner alltäglichen Beschäftigung vermutlich nicht ausreichend findet, und der passive Teil behält die ursprüngliche Funktion der Freizeit als Phase der Ruhe und Entspannung bei. Wenn dieses Vorhaben gut geht, gewinnt der Betreffende Freude an seiner Leistung im aktiven Teil – wobei Leistung in ihrem besten Sinne verstanden sein soll – und auf Grund dessen auch wiederum Zufriedenheit mit der vollbrachten Leistung im nachfolgenden passiven Teil, in welchem er sich ausruht. Es wird also die natürliche und psychohygienisch gesunde Konstellation eines Wechselspieles zwischen sinnerfüllter Arbeit und davon emotional überstrahlter Erholungspause künstlich aufgebaut, indem ein Engagement in der zu langen und unausgefüllten Freizeit geweckt wird, welches Arbeitsfunktion übernimmt und die anschließende Pause zwar verkürzt, aber als zufriedenstellend erleben läßt.

Dieser „therapeutische Trick“ kann im Alltag jedes einzelnen angewandt werden, wenn es darum geht, Freizeit nicht nur „irgendwie“ zu verbringen, sondern zu einem Sinnerlebnis zu machen. Teilen wir die Freizeit in einen aktiven und einen passiven Teil, und geben wir dem aktiven Teil Vorrang – der passive Teil wird dann automatisch zu einem positiven Erlebnis. Womit aber füllen wir den aktiven Teil?

Die in den früheren Beispielen erwähnten Personen, die sich sozusagen einer zusätzlichen privaten Aufgabe widmen, wie derjenige, der seine Familienchronik schreibt, oder derjenige, der als Hobby Portraits malt oder seine Wohnungseinrichtung bastelt, solche Leute wissen um die Kunst, der Freizeit einen aktiven und bereichernden Teil abzugewinnen. Oft jedoch stehen wir Menschen gegenüber, die sich sehr wohl bewußt sind, daß sie „etwas" mit ihrer Freizeit anfangen sollten, die aber überhaupt nicht wissen, was. Dabei strömen heute von überall her Vorschläge zur Freizeitgestaltung auf uns ein, und man sollte meinen, daß es nicht an kreativen Impulsen fehlt. Was in Wirklichkeit fehlt, sind auch nicht die Impulse von außen, sondern es ist eine ganz bestimmte Einstellung von innen, die sogenannte *Selbst-Transzendenz,* ein Begriff, der aus dem logotherapeutischen Gedankengut stammt und näher erklärt werden muß.

Was die Logotherapie zu einer so humanen und sinnzentrierten Psychotherapieform werden ließ, ist, wie schon mehrmals erwähnt, das ihr zu Grunde liegende Menschenbild, das sich vom tiefenpsychologischen und lerntheoretischen Ansatz unterscheidet. Die Bedeutung dieses grundsätzlichen Verständnisses des Menschen für unser Leben ist groß, denn wie wir uns selbst verstehen, handeln wir. Verstehen wir uns als ein Wesen, das ständig auf innere oder äußere Reize *reagiert,* wie es dem Menschenbild der Lerntheorie entspricht, dann halten wir uns für abhängig von all diesen Reizen, die unser Leben bestimmen. Verstehen wir uns als ein Wesen, das ständig seine in ihm aufgestauten Triebe *abreagieren* möchte, wie es dem Menschenbild der Tiefenpsychologie entspricht, dann halten wir uns für ausgeliefert an unsere Triebbedürfnisse. Frankl aber stellt in seiner Logotherapie dem lerntheoretischen Modell des „auf Reize reagierenden Menschen" und dem tiefenpsychologischen Modell des „Triebe abreagierenden Menschen" das Bild vom Menschen als einem „in die Welt hinein agierenden Wesen" entgegen, ein Bild, demzufolge der Mensch nicht vollkommen abhängig ist von äußeren Reizen und inneren Trieben, sondern an der Gestaltung seines Lebens in geistiger Freiheit mitzuwirken vermag.

„Der Mensch ist ein in die Welt hinein agierendes Wesen", dieser Kernsatz bedeutet, daß sich der Mensch kraft seines Willens auch über seine eigenen Unzulänglichkeiten und Abhängigkeiten erhebt, daß er eben nicht wie eine Marionette an seinen Schicksalsfäden zappelt, sondern durchaus eigene Aktionen durchführen kann, allen Schicksalsfäden zum Trotz. Gewiß, der Freiheit des Menschen ist ein Limit gesetzt, doch nur auf biologischer, psychologischer und soziologischer Ebene, die *geistige Dimension des Menschen* jedoch bleibt unangetastet, solange er zu denken vermag. Niemand und nichts kann uns die geistige Freiheit rauben, wenn wir sie uns nicht selbst beschränken! Sogar ein körperlich gelähmter oder ein in seiner Zelle gefangener Mensch hat noch die geistige Freiheit, die innere Einstellung zu seinem Schicksal selbst zu wählen, und kann dadurch über Sinn und Wert seiner so reduzierten Existenz bestimmen: er kann aus ihr eine Tragödie oder ein heroisches Vorbild für andere machen.

Was solcherart den Menschen im Unterschied zu allen anderen Lebewesen befähigt, auch über sich und sein Schicksal zu triumphieren, ist eine Kraft, die den Philosophen aller Zeiten aufgefallen ist, und die Frankl als Fähigkeit zur Selbst-Transzendenz bezeichnet. Als ein in die Welt hinein agierendes Wesen geht es dem Menschen nämlich gar nicht ausschließlich um sein Selbst, wie in der Psychologie lange Zeit angenommen worden ist, sondern im Wesentlichen um etwas außerhalb seiner selbst Liegendes, das er als den gegenwärtigen Sinn seines Lebens ansieht. Blenden wir nochmals zurück zu den als Beispiel genannten Personen, die ihre Freizeit aktiv ausfüllen; der Maler etwa, der am Portrait malt, denkt er dabei an *sich?* Der an der Familienchronik Schreibende, der an seiner Einrichtung Arbeitende, denken sie vorrangig an *sich?* Ist es nicht vielmehr so, daß diese Personen innerlich so sehr auf *das entstehende Werk* konzentriert sind, daß sie kaum Hunger oder Ermüdung verspüren und am liebsten nicht gestört werden wollen, bloß um dic Sachc um ihrcr selbst willen zu Ende zu bringen? Selbst-Transzendenz ist ein Sich-selbst-Vergessen um einer Sache willen oder auch einer anderen Person zuliebe, auf die alles Denken und Fühlen hingerichtet ist, so daß das Ich mehr und mehr in den Hintergrund tritt. Wir Psychotherapeuten wissen heute, daß nichts jenem kaum zu beschreibenden Zustand, genannt „Glück“, so nahe kommt, wie die geistige Hingabe an etwas außerhalb uns selbst Liegendes, jene Hingabe, genannt Selbst-Transzendenz.

Wenn wir nach diesem kleinen Exkurs über logotherapeutisches Grundlagenwissen zu unserem Freizeitproblem zurückkehren, dann werden wir verstehen, warum es nicht die äußeren Impulse zur Kreativität sind, die fehlen, sondern um die innere Einstellung des modernen Menschen geht. Das Fehlen der Selbst-Transzendenz, die massive Egozentrierung in unserer heutigen industrialisierten Gesellschaft ist es, die es uns erschwert, unsere Freizeit als sinnvoll zu erfahren. Denn in dem Moment, da wir Freizeit als eine Zeitspanne ansehen, die *uns* zu befriedigen hat, die *unserem* eigenen Vergnügen dienen soll, die nur dazu da ist, *uns* glücklich zu machen, in dem Moment verflüchtigt sich das Glück, und zurück bleibt gähnende Leere. Glück ist, wie Frankl wiederholt gezeigt hat, ein Nebeneffekt selbsttranszendentaler Aktion, der einem geschenkt wird, wenn man am allerwenigsten danach hascht, im Gegenteil, er wird einem geschenkt, wenn man über sich selbst hinausblickt, auf andere, geliebte Personen, auf eine Aufgabe, die es zu erfüllen gilt, auf ein Ziel, das erreicht werden soll, oder im Ringen um eine positive Einstellung zu seinem Schicksal. Wer Glück als Hauptzweck anstrebt, findet kein Glück, und wer Freizeit zum Selbstzweck macht, wird in seiner Freizeit keine Zufriedenheit finden.

Welche Hilfestellung können wir also geben, wenn wir es mit Personen zu tun haben, die mit ihrer Freizeit nichts anzufangen wissen, die sie als „sinnlos“ erleben? Ich kann nur als Therapeutin sprechen, wie ich diesem Problem oft und oft in der Nachbetreuung ehemalig psychisch Kranker begegnet bin, und wie ich immer wieder erkennen mußte, welch enge Verbindung zwischen einem positiven Wechselspiel von Arbeit und Freizeit oder auch Streß und Muße einerseits und psychischer Gesundheit und Stabilität andererseits besteht. Eine als sinnlos erlebte Freizeit darf nicht mit Ruhe und Beschaulichkeit gefüllt werden, sonst fehlt das aktive Element in ihr. Eine als sinnlos erlebte Freizeit darf nicht dem eigenen Vergnügen allein gewidmet werden, sonst fehlt die Möglichkeit zur Selbst-Transzendenz, und das ichbezogene Denken läßt sie nur noch viel sinnloser erscheinen als vorher. Wer auszieht, um sich in der Freizeit möglichst gut zu unterhalten, um sich optimal zu erholen, um sich zu entspannen und auszuruhen, wird fast immer enttäuscht werden, denn unterhalten und erholen kann man sich nicht auf Befehl, und das persönliche Glücklichsein läßt sich schon gar nicht erzwingen.

Umgekehrt muß es sein, nicht Mittel müssen gesucht werden, um die Freizeit möglichst angenehm zu gestalten, sondern die Freizeit selbst muß als ein Mittel genützt werden, etwas ganz *anderes* zu gestalten: um ein Hobby zu betreiben, um eine Aufgabe zu erfüllen, um sich einem Engagement hinzugeben, um eine Sache oder eine Idee zu verwirklichen oder einem anderen Menschen eine Freude zu bereiten, aber jedenfalls nicht nur, um dem eigenen Konsumdenken zu dienen. Ich habe eine Patientin mit sehr schweren psychogenen Depressionen gekannt, die sich den ganzen Tag langweilte, weil ihr nichts Freude machte, bis durch Zufall in ihrer Nähe ein Ausländer-Flüchtlingslager errichtet wurde. Die Frau begann, sich beim Aufbau dieses Lagers und insbesondere bei der Beschaffung von Spielmaterial für die Flüchtlingskinder zu engagieren, sie erbettelte in ihrem gesamten Bekanntenkreis abgelegte Kleider und Spielsachen und war nachts oft noch lange auf, um die Sachen auszubessern und zu erneuern. Das weder erwartete noch beabsichtigte Ergebnis dieser intensiven Tätigkeit war, daß die seit Jahren bestehende depressive Stimmung der Patientin mit einem Schlag verschwand, und sie sich auch nicht mehr langweilte. Sie gönnte sich selbst kaum eine Pause, und doch wurde ihre Freizeit von ihr plötzlich als sinnvoll erlebt.

Ein anderes Beispiel ist eine Beamtin, die ich kannte, die nahe daran war, ihr Leben wegzuwerfen, weil sie sich müßig und überflüssig vorkam. Ihre tägliche Arbeit war eintönig und für sie uninteressant, und ihre Freizeit war unausgefüllt. Doch im Laufe unserer logotherapeutischen Gespräche kam sie auf die Idee, kostenlose Weiterbildungskurse für junge Menschen anzubieten, und zwar für Anfänger, die auch gerade dabei waren, die Beamtenlaufbahn anzutreten. Da sie sich sehr viel Mühe gab, die Kurse lebendig und abwechslungsreich zu gestalten, bekam sie viele positive Rückmeldungen, und die Treue und Begeisterung ihrer Schüler erfreute sie sehr. Plötzlich bekam ihr Leben einen ganz neuen Sinn, ihre Abende und Wochenenden waren voll ausgefüllt, und sie dachte im entferntesten nicht mehr daran, sterben zu wollen.

Ich könnte noch viele andere solche Beispiele aufzählen*, in denen sich immer wieder dasselbe Grundprinzip bewährte, ein Prinzip, das uns emanzipierten und selbstbewußten modernen Menschen vielleicht etwas fremd geworden ist, aber trotzdem nicht weniger Gültigkeit hat: das Prinzip der Selbst-Transzendenz. Der Mensch lebt nicht vom Brot allein – diesen altbekannten Satz kann man umformulieren: Der Mensch lebt auch nicht nur *für* sein Brot allein, er braucht neben seinem Broterwerb noch etwas, das ihm einen ganz speziellen Inhalt gibt, einen persönlichen Wirkungskreis, den nur er selbst in dieser Form verwirklichen kann, und niemand anderer für ihn. Was aber würde sich günstiger dafür anbieten als die Freizeit, und zwar gerade eine lange Freistellung von Pflichtaufgaben und notwendigen Arbeiten, wie es unsere heutige Freizeit ist, um ein solches persönliches Engagement zu suchen, zu finden, zu erfüllen?

Unsere Freizeit ist nicht eine Zeit, die qualvoll über die Runden gebracht werden muß, damit der Tag vergeht, keineswegs, sie ist eine Chance, die Hunderten von Generationen vor uns nicht gegeben war, eine fast einmalige Chance, weil wir nicht wissen, wie lange sie uns noch zur Verfügung steht, und ob unsere Kinder noch daran teil haben werden. Wir jedenfalls haben tatsächlich die Möglichkeit, den uralten und ewig neuen Traum des Menschen Wirklichkeit werden zu lassen, selbst ein ganz klein wenig am Schöpfungsprozeß mitgestalten zu dürfen, indem wir die *Freiheit* haben, zu handeln, und die *freie*

---

* Die beiden Beispiele sind ausführlich beschrieben in meinem Herder-Taschenbuch Nr. 825 (Fall Nr. 8) und Nr. 905 (Fall Nr. 19).

Zeit haben, zu handeln. Was so manches Mal fehlt, ist die *Motivation,* zu handeln, aber nur solange, als das eigene Wohlergehen einziges Motiv unserer freien Aktivität ist. Sobald sich der Blick vom Ich abwendet und der Außenwelt rings um uns zuwendet, werden wir wieder der vielen Aufgaben gewahr, die jede Situation in sich birgt, und die darauf warten, vom einzelnen erkannt und aufgegriffen zu werden.

Gehen wir also aktiv in die Freizeit; das Ausspannen, das Faulenzen, das Fernsehen und Radiohören kann auf den späteren, passiven Teil verschoben werden. Gehen wir aktiv und mit offenen Augen in die Freizeit, springen wir über unseren eigenen Schatten!

Lassen wir Bequemlichkeit und Selbstliebe hinter uns und schauen wir nach, wo wir gebraucht werden, wo wir etwas Nützliches und Sinnvolles schaffen können, wo Fähigkeiten in uns brach liegen, die es wert wären, zum Einsatz zu kommen. Öffnen wir die Augen für die Mitmenschen, für die Natur, für die Welt, in der wir leben. Es wird niemanden geben, dessen Blick nicht auf etwas fällt, für das er sich persönlich engagieren könnte. Die Mühe lohnt sich immer, sie lohnt sich in der Faszination des aktiven Teiles genauso wie in der Ruhepause danach, in der wohlverdienten Muße des passiven Teiles, der nachfolgt.

Erholung und Entspannung muß auch sein, gewiß, wer wollte dies abstreiten, ab und zu ein wenig Stille und Ruhe ist sogar eine unumgängliche Notwendigkeit in der aufreibenden Hektik unseres Alltags. Aber wahrhaftig tiefe Ruhe finden wir nur in der Zufriedenheit mit uns selbst, und diese wiederum ist der Lohn unseres aktiven und positiven Einsatzes auf dem Platz, auf dem wir nun einmal stehen. Die Sinn- und Sinnlosigkeitserfahrung in der Freizeit gleicht in gewisser Weise sogar der Sinn- und Sinnlosigkeitserfahrung unserer gesamten Existenz, denn auch der Tod, die tiefste und endgültigste Ruhepause, die wir kennen, ist bitter, wenn wir auf ein ungenütztes und leeres Leben zurückblicken müssen, und sanft und gütig, wenn er von der Zufriedenheit eines erfüllten Lebens überstrahlt werden kann.

KOMMENTAR

Dieses Kapitel entstammt einer Sendung des Saarländischen Rundfunks. Und zwar bin ich im Sommer 1981 gebeten worden, im Abendstudio zur Freizeitproblematik zu sprechen, und später hat man mir freundlicherweise erlaubt, den Text zu veröffentlichen. Nach Aussage der Studioleitung fand die Sendung ein starkes Echo, es gingen „zwischen 40 und 50 ausschließlich positive Anfragen" ein, darunter beeindruckende Brieflein wie etwa das folgende: „Für Ihren begeisternden Vortrag … danke ich bestens. Einmal mehr wurde an diesem Abend bestätigt, daß das Glück in uns selber steckt, daß es nicht die äußeren Dinge und Gegebenheiten sind, die uns bedrücken oder beglücken, sondern unsere innere Einstellung zu den Einflüssen unserer Umwelt. Ihrer Arbeit wünsche ich guten Erfolg, und nach den Schaffensperioden recht erholsame Mußestunden …"

Ich erzähle davon nicht, um mich „im Glanz meines Erfolges zu sonnen", keineswegs, denn es ist in Wahrheit gar nicht „mein" Erfolg. Es ist vielmehr die gesunde Komponente *des logotherapeutischen Gedankengutes, die Menschen mit einem gesunden Weltempfinden immer wieder bezaubert und eine Saite in ihnen berührt, deren Klang ihnen naturgemäß vertraut ist.*

Die Überbetonung der „verheerenden Auswirkungen" des Stresses, und genauso die Hilflosigkeit gegenüber dem überreichen Freizeitangebot der letzten Jahrzehnte ist zum Beispiel so ein Tatbestand, der dem Gespür eines gesunden Menschen widerspricht. Wer nämlich fest im Leben steht, weiß, daß man Höhen und Tiefen, Anstrengungen und Entspannungsphasen nicht zu einem alles gleich machenden, verschwommenen Durchschnittszustand reduzieren darf, um dem Leben nicht „seine Würze" zu nehmen. Als ein Wesen mit einer geistigen Dimension brauchen wir die Spannung, ja sogar die Anspannung, den Einsatz unserer Kräfte, um zu verwirklichen, was uns Sinn gibt. Ohne diesen Spannungsbogen zwischen Sein und Soll, ohne „Noodynamik", wie die Logotherapie es nennt, wäre unser Leben schal und leer. Aber genauso brauchen wir die Entspannung, und zwar nicht Entspannung im Sinne von Freizeitvertreib, sondern als absolute Stille, Einsamkeit, Abstinenz; die Pause zur

Klärung der Gedanken und Gefühle in einem Akt der Besinnung. Oft ist es die Erkenntnis der Atempause, die uns Richtung gibt für den nächsten Kräfteeinsatz.

Wenn daher die Tiefenpsychologie behauptet, das einzig erstrebenswerte Ziel im Leben sei der Zustand eines vollkommenen inneren Gleichgewichtes, hergestellt durch die Abreaktion aufgestauter Triebkräfte und durch die Erfüllung möglichst vieler seelischer Bedürfnisse, dann erlaubt sich die „Höhenpsychologie" ein Fragezeichen dahinter zu setzen. Dem gesunden Menschen geht es nicht primär darum, um seines eigenen inneren Gleichgewichtes willen alle nur denkbaren Spannungen loszuwerden, sondern es geht ihm um die Interaktion mit anderen Menschen, um die Schaffung von Werken und Aufgaben oder um die Entdekkung neuer Wege in seiner Umwelt, jedenfalls um etwas, das nicht nur mit ihm selbst zu tun hat. Es geht um die Brücke zur Außenwelt, die dem Innenleben erst Sinn gibt. Ein Mensch, der im Gegensatz dazu nur nach seinem inneren Gleichgewicht strebt, erreicht vielleicht eine gewisse emotionale Ausgeglichenheit, aber um den Preis einer geistigen Unbeweglichkeit, ja einer geistigen Lähmung; denn da er keinerlei Interesse daran hätte, jemals wieder irgendetwas bei sich oder gar in seiner Umwelt zu ändern, und da er eine Änderung sogar fürchten müßte, weil sie sein kostbares Gleichgewicht ins Wanken bringen könnte, so wäre er dazu verurteilt, in seinem „befriedigten Zustand" zu verharren, ohne neue Initiativen zu setzen. Das aber ließe ihn „wunschlos unglücklich" werden in einer Existenz ohne Sinn, in einem Sein ohne Soll.

Zufriedenheit ist ein zartes Pflänzchen, das wachsen muß. Es keimt empor aus den seinsgebundenen Schollen der Gegenwart, es hat seine Wurzeln in den modrigen Tiefen der Vergangenheit, und es muß aufstreben zu den luftigen Höhen der Zukunft. Wollte es jemand beschneiden, wollte es jemand festnageln auf eine Idealhöhe, es könnte leicht verwelken.

4. Kapitel

Selbstfindung durch Sinnfindung

Wer gelegentlich Spaziergänge im Park macht, um Singvögel zu füttern, weiß um jenes Geheimnis, dem in der Psychotherapie erst die Logotherapie Viktor Frankls wieder auf die Spur gekommen ist, nämlich daß sich im Leben nicht alles auf direktem Wege erreichen läßt. Manches benötigt einen Umweg. Und mancher Umweg ist wertvoller als das zu erreichende Ziel selbst. Der Vogelliebhaber jedenfalls weiß, daß er die Hand nicht ausstrecken darf nach seinen Lieblingen, ja, daß er diese auf Nimmerwiedersehen verscheuchen würde, wollte er nach ihnen greifen. Hat er aber Geduld und kann mit dem Futter auf der offenen Handfläche warten, wird seine Mühe belohnt werden: früher oder später wird sich ein kleiner gefiederter Held auf seine Hand wagen und das Dargebotene annehmen.

Ganz genauso ist es mit dem Traum von der *Selbstfindung,* den der moderne Mensch zu träumen begonnen hat, als das Chaos rings um ihn begann, und den er nicht ausgeträumt haben wird, bis das nächste Chaos über ihn hereinbricht. In einer Welt, in der nichts mehr Bestand hatte und alles in Frage gestellt worden war, wollte er „sich selbst" finden. Aber was hat er gefunden? Gleicht er nicht mehr und mehr einem Spaziergänger, der sehnsüchtig zum Wipfel der Bäume hinaufblickt und jene Singvögel vergebens sucht, die seinem zu heftigen Zugriff entflohen sind?

„Seit 20 Jahren suche ich mich selbst und finde nichts", sagte eine in Therapie-und Encounter-Gruppen sehr erfahrene Patientin zu mir. Eine von vielen. Und meine Aufgabe ist es, sie wachzurütteln, aus dem Traum zu erwecken, der ihre Sinne umfangen hält, und ihr die Richtung zu weisen zu sich selbst. Die Richtung aber ist ein Umweg, und der führt über die *Sinn-*

fülle ihrer Existenz. „Hören Sie heute noch auf, sich selbst zu suchen", rate ich der Patientin, „Sie vergeuden nur Ihre wertvolle Lebenszeit! Sehen Sie sich um, was sehen Sie?" Noch ist die Patientin wie blind; der Blick, der lange Zeit auf ihr Inneres gerichtet war, ist die Außenwelt nicht mehr gewöhnt. Aber das logotherapeutische Gespräch wird ihre Sinne schärfen und ihren Blick klären. Wir sprechen von anderen Menschen, von Erlebnissen, von Plänen, die nicht einmal noch im Entstehen sind, aber die Zukunft erschließen könnten. Wir sprechen von der Arbeit, die darauf wartet, getan zu werden, und den Möglichkeiten des Augenblicks, die genützt oder versäumt werden können, je nach dem. Langsam, ganz langsam vermag die Frau mir zu folgen. Es stellt sich heraus, daß vieles in ihrem Leben vernachlässigt worden ist: ihr Freundeskreis, die Hausmusik, die sie früher so geschätzt hat, die unglaubliche Kreativität ihrer Mädchenjahre. „Wie ist das bloß alles gekommen?" fragt sie mich. Wir ringen uns durch, die Frage umzuformulieren: „Was kann der Sinn dessen sein, daß alles so gekommen ist?" Nun, der Sinn kann darin liegen, daß sie selbst sich ändern, daß sie eine andere werden sollte. Eine andere werden ... die Frau sieht einen Berg vor sich, den sie nicht besteigen kann. Und doch wollen wir gemeinsam den Aufstieg beginnen, Schritt für Schritt. Am Anfang steht ein kleiner Plan für jeden Tag. Drei Dinge stehen auf dem Programm:

1. Eine nette Begegnung mit einem anderen Menschen. Es kann auch eine gedankliche Begegnung sein, ein geschriebener Gruß, ein Telefongespräch. Allerdings soll sich die Patientin bei dieser Begegnung auf den anderen Menschen konzentrieren, ihn sozusagen bewußt wahrnehmen, ihm zuhören, seine Situation überdenken, das richtige Wort für ihn finden.
2. Eine konstruktive Handlung. Wir grübeln nicht darüber nach, was „konstruktiv" ist, denn die Patientin versteht sehr wohl, was ich meine. Eine kleine Tätigkeit, die einen Sinn hat, die zu irgendetwas führt, die etwas Neues in die Welt schafft. Für die man Ideen braucht, auch Anstrengung und manchmal sogar etwas Selbstüberwindung.
3. Eine besinnliche Pause, die mit Meditation gefüllt wird, und zwar mit „gegenständlicher" Meditation. Es wird etwas betrachtet, erlauscht, erfühlt. Der rötlich-schimmernde Abendhimmel eignet sich dafür genauso wie die aufgelegte Schallplatte, der Besuch einer Ge-

mäldeausstellung genauso wie der Blick aus dem Fenster auf den Großstadtbetrieb. Es ist Besinnung, die sich am Objekt festhält, auch wenn sie auf das Subjekt zurückstrahlt.

Der Plan erweist sich als schwierig, aber durchführbar, es folgt eine Zeit heilsamen Umlernens. Immer, wenn die Frau zu mir zur Beratung kommt, frage ich sie: „Was haben Sie erlebt, was haben Sie getan, was haben Sie mit Ihrem „geistigen Auge" gesehen?" Sie kann mir mehr und mehr berichten. Alte Freundschaften haben sich erneuert, lang vergessene Übungen auf dem Akkordeon wurden wieder aufgenommen, ihr Interesse sensibilisiert sich für die Umwelt, in der sie lebt. Die Tage werden voller, ausgefüllter, die Stunden inhaltsreicher und wertvoller. Ein halbes Jahr vergeht und der Moment kommt, da mir die Patientin berichtet, sie brauche sich überhaupt keinen Tagesplan mehr aufzustellen, denn zwischenmenschliche Kontakte, aktive Tätigkeiten und besinnliche Pausen seien ihr mittlerweile zur Selbstverständlichkeit geworden. Es gibt wöchentliche Hausmusikabende im Freundeskreis, einen lehrreichen Fortbildungskurs auf der Volkshochschule und sogar gelegentliche Theaterbesuche, die stets noch lange nachwirken und ihre Phantasie anregen. „Mir geht es so gut wie schon lange nicht", berichtet die Frau, „es kommt mir vor, als wäre ein Alptraum vorüber." Nachdenklich betrachte ich die Frau und freue mich mit ihr. Aber sie soll mir ehrlich die Wahrheit sagen. „Was ist nun mit Ihrer Suche nach sich selbst?" frage ich sie und sie lächelt. „Seltsam", antwortet sie, „als ich aufhörte, mich zu suchen, begann ich, mich zu finden ..."

Würden doch nur alle Psychotherapeuten auf ihre Patienten hören, welche am eigenen Leib, oder noch besser, an eigener Seele erfahren haben, daß es *Selbstfindung* gibt, aber nicht über den direkten Weg der *Selbstsuche,* sondern über den heilenden Umweg der *Sinnsuche!* Doch leider lehren nicht die Patienten, die alle Höhen und Tiefen von Verzweiflung und Gesundung durchlebt und durchlitten haben, das Menschenbild der Psychologie, sondern hochgelehrte Seelenforscher, die sich auf dem Experimentierfeld des menschlichen Lebens tummeln, als wäre es ein Spielplatz. Die Ideen von der Selbstfindung, Ichstärkung und Selbsterkenntnis um jeden Preis geistern durch ihre Reihen, und daß sich Vögel nicht mit der Hand haschen lassen, ist ihnen unbekannt – nun ja, Seelenforscher gehen vielleicht auch selten im Park spazieren.

Zum Glück jedoch gibt es unter den Fachleuten und Wissenschaftlern heute zunehmend mehr Vertreter einer wohlverstandenen humanistischen und sinnorientierten Psychologie, wie es die Logotherapie ist, und deshalb besteht Hoffnung, daß auch im Populärverständnis des heutigen Menschen allmählich die Einsicht durchsickert, daß man das Ich nicht vergötzen darf, wenn man das Selbst entfalten will. Auch eine Rosenknospe würde sich nie zu voller Blüte entfalten, würde sie nicht dem Lichte zustreben, sondern starr in ihrer eigenen, geschlossenen Form verharren.

Wer ständig sein Ich betrachtet, konserviert es und stoppt auf diese Weise jede weitere Entwicklung ab; zu sehr damit beschäftigt, sich selbst zu erkennen, verspielt er die Chance, sich selbst zu verwirklichen. Das Selbst läßt sich nicht verwirklichen, indem es beachtet und analysiert wird, im Gegenteil, „in seine Bestandteile zerlegt" bleibt nichts davon übrig. Wer damit beginnt, sich selbst zu erforschen, dem schwindet das Material in den Händen wie ein Stück Eis auf der warmen Herdplatte. Das Selbst ist nämlich kein starres „Etwas" mit festumrissenen Eigenschaften und Merkmalen, festhaltbar in Wort und Schrift, Idee und Geist. Man denke nur an eine einzige Eigenschaft, die man oft an sich selbst beobachtet hat, und gestehe sich ein, daß es auch Situationen gab, in denen diese Eigenschaft *nicht* zum Tragen gekommen ist oder hätte kommen müssen. Frankl beschreibt den Neurotiker unter anderem als jemanden, der stets meint, er „sei eben so und könne also nicht anders", obwohl er in Wirklichkeit „sehr wohl anders kann, also überhaupt nicht ‚irgendwie' ist". Erst mit der Einsicht in diese Tatsache kann der Gesundungsprozeß beginnen.

Und auch die Gesundung des modernen Menschen, der unter dem Alptraum seiner Selbstfindungshypothese stöhnt, und dem sein Ich vor lauter Beachtung und Überbewertung zwischen den Fingern zerrinnt, kann nur mit der Einsicht beginnen, daß das Leben selbst sein Ich formt, und er deswegen anfangen muß *zu leben,* und zwar aktiv, produktiv, kreativ, der Außenwelt zugewandt, statt in einer inneren Schau zu erstarren.

Das Selbst ist kein starres „Etwas", sondern gleicht eher einer Flüssigkeit, die *in jede Form* gegossen werden kann, und unsere Aufgabe ist es nicht, die Flüssigkeit vor unserem inneren Auge auszuschütten, um sie zu erforschen, sondern vielmehr, das best- und schönstmögliche Gefäß für sie zu schaffen, indem wir unser Leben sinnvoll gestalten. Nur ein sinnvolles Leben ist ein erfülltes Leben und zugleich ein „selbstverwirklichtes" Leben, nämlich eines, in dem ein Mensch ganz und gar er selbst geworden, zu seinem einmaligen und unverwechselbaren Selbst gekommen ist. Die größten Persönlichkeiten waren stets diejenigen, die sich so sehr einer Aufgabe widmeten, daß sie sich selbst vergaßen! Die erfolgreichsten Menschen sind diejenigen, die sich um den Erfolg überhaupt nicht kümmern, sondern ein sinnvolles Ziel vor Augen haben, für das sie sich einsetzen*; die glücklichsten Menschen sind diejenigen, die keinen einzigen Gedanken an das zu erstrebende Glück verschwenden, sondern sich ganz der Freude des Augenblicks hingeben. Wer nach Erfolg und Glück greift, greift unweigerlich ins Leere – oder, wie Frankl es formuliert: Der „Wille zur Macht" steht genauso sich selbst im Wege wie der „Wille zur Lust". Wer hingegen die „Sache an sich" ersehnt, erhofft, erkämpft, erleidet ..., dem kann Erfolg und Glück dazugeschenkt werden.

Sogar die Liebe, das ureigenste und vielfältigste menschliche Phänomen, das es gibt, ist jeweils so intensiv, so intensiv die Zuwendung *zum anderen* ist; die Selbstbefriedigung hat immer schon einen leeren Beigeschmack gehabt, auch die durch eine narzißtisch orientierte Psychologie heraufbeschworene „geistige Masturbation". „Wem es um die Lust geht, dem vergeht sie auch schon ...", schreibt Frankl in seinen Büchern.

---

* Einer meiner ehemaligen Patienten schrieb mir in einem seiner Dankesbriefe den aufschlußreichen Satz: „Seitdem mir die früher für mich selbst wichtig erscheinenden Dinge alle egal geworden sind, rennt mir der Erfolg förmlich hinterher ..."

Der Irrtum ist so gewaltig, wie seine Aufdeckung schwierig ist. Wir können nämlich zweierlei statistisch nachweisen, zwei „Trends“, die ineinander übergreifen wie Zahnräder einer Maschine. Zum einen hat sich an großen Studentenquerschnitten wiederholt gezeigt, daß signifikant viele Studenten der Psychologie und benachbarter Fachgebiete selber psychisch relativ instabil und wenig in sich gefestigt sind, was vermuten läßt, daß sie sich, ihrer Schwächen bewußt, vom Studium zugleich Information und Hilfe hinsichtlich ihrer eigenen Probleme erwarten. Dagegen ist selbstverständlich nichts einzuwenden, nur dürfen wir annehmen, daß bei solchen heranreifenden Fachleuten der Blick vorwiegend auf das Selbst gerichtet ist, mehr jedenfalls, als etwa bei Physikern oder anderen Naturwissenschaftlern, die sich eher mit der Materie und den sie bewegenden Kräften auseinandersetzen.

Nun wissen wir zum anderen, daß psychisch labile und kranke Personen, die Rat, Betreuung und Behandlung durch den Fachmann brauchen, oftmals in erheblichem Maße egozentriert sind und darin signifikant von der Durchschnittspopulation abweichen. Sie können vielfach gar nichts anderes mehr wahrnehmen, als ihr eigenes Zustandsbild und den Kummer, der sie bedrückt, was wiederum verständlich ist durch ihre schwache psychische Tragfähigkeit, die den normalen Anforderungen des Lebens nur bedingt gewachsen ist.

Zwei Tatsachen, zwei Zahnräder, die sich berühren. Extrem ichbezogene und auf ihre persönlichen Probleme fixierte Personen suchen Rat und Hilfe bei Fachleuten, die teilweise ebenfalls ihr Ich im Blickfeld haben und mit ihren eigenen Schwächen ringen. Wen wundert es, daß in den therapeutischen Gesprächen alle Gedanken um eine Analyse des bewußten oder unbewußten Ichs kreisen und verbissen nach Wegen gesucht wird, dieses Ich zu formen und zu stärken? Es fehlt das Du, es fehlt die Außenwelt, es fehlt die Sinnhaftigkeit und der Aufgabencharakter der menschlichen Existenz. Aber wer sollte den ersten Schritt tun, wer *kann* den ersten Schritt tun, der Patient oder der Therapeut?

Nicht nur das, je verbissener über das Selbstbefinden des einzelnen in allen vergangenen und gegenwärtigen Schattierungen geredet und herumgeredet wird, desto mehr verblaßt dieses, wie wir bereits aus dem Vergleich mit den Vögeln wissen, die auf die Bäume entschwinden, wenn nach ihnen gehascht wird. Zurück bleiben noch hilflosere Patienten und frustrierte Therapeuten, und einer ist mit dem anderen unzufrieden, weil er dessen Erwartungen nicht erfüllt hat.

Ich will allerdings nicht behaupten, daß dies in jedem Fall so sein muß; es gibt auch sehr gut verlaufene Psychotherapien, sonst müßten wir ja in unserem Beruf resignieren. Doch meine Kritik richtet sich gegen jene unglückselige und weitverbreitete Vorstellung, daß *am Anfang* jeder psychologischen Intervention der Ruf „Erkenne dich selbst!" stehen müsse, und daß *erst nach* dieser Selbsterkenntnis Taktiken zu einer verbesserten Lebensweise zu entwickeln seien.

Man erkennt sich selbst *durch seine Lebensweise,* das Selbst wird gestaltet, *indem man lebt!* Man malt nicht, um sich selbst auszudrücken, sondern man drückt sich selbst aus, indem man malt. Man spricht nicht mit anderen Leidensgenossen, um sich selbst klarer zu sehen, sondern man sieht sich selbst klarer, wenn man andere Menschen tröstet. Man macht nicht seine Arbeit möglichst gut, um sich selbst zu finden, sondern man findet sich selbst unter anderem dadurch, daß man sich in seine Arbeit hineinkniet. Die *Umkehrung* des vielzitierten Rufes nach Selbsterkenntnis ist in Wahrheit die beste Chance, das Selbst zu entdecken! Eine „Mutter Teresa" sucht nicht ihr Selbst in den indischen Slums, im Gegenteil, sie fragt nicht ein einziges Mal nach eigenen Bedürfnissen und verwirklicht dennoch – und vielleicht deswegen – eine an Werten unglaublich reiche und sinnerfüllte Existenz*.

Mir ist der Fall einer älteren Krankenschwester bekannt, die aufopfernd ihren Beruf ausübte und stets noch ein bißchen mehr für die Kranken da war, als sie hätte sein müssen. Unzäh-

---

* Es ist interessant festzustellen, daß Maslow (immerhin der Begründer der Humanistischen Psychologie), der vielleicht wie kein anderer die Idee von der Selbstverwirklichung propagiert hat, in seinen letzten Schriften Frankl vollkommen und ausdrücklich beipflichtet, indem er erklärt, Selbstverwirklichung lasse sich nicht zum Ziel machen, sondern am sichersten erreichen in der Hingabe an „selbst-*lose*" Ziele.

lige Nachtwachen hatten ihr Gesicht gezeichnet, und vom ständigen Herumlaufen war ihr Rücken gebeugt, aber an Ausdauer, Energie und Güte war sie jeder jüngeren Kraft auf ihrer Station überlegen.

Doch eines Tages nahm ein Psychologe seine Tätigkeit im Krankenhaus auf und begann, den Schwestern Supervision zu erteilen. In den Supervisionsstunden sollten sie ihm offenbaren, welche unbewältigten Probleme sie bei ihrer täglichen Arbeit bedrückten, und sich selbst eingestehen, welche Neid-, Haß-, Eifersuchts- und andere -gefühle sie plagten. Als die ältere Krankenschwester diese Stunden der Selbstbetrachtung für überflüssig hielt und meinte, die Zeit lieber den schwerkranken Patienten widmen zu wollen, wurde sie von dem Psychologen als „hoch neurotisch" klassifiziert und als ein typisches Beispiel für jemanden hingestellt, der an einem gefährlichen „Helfersyndrom" leidet und sich zwangsweise einbildet, stets anderen Menschen helfen zu müssen. Der Arzt wurde eingeschaltet und die Krankenschwester durch sanftes Zureden genötigt, sich in psychotherapeutische Behandlung zu begeben.

In den daraufhin folgenden therapeutischen Gesprächen, die derselbe Psychologe vornahm, wurde nun der bisherige Lebenslauf der Krankenschwester nach neurotischen Fehlentwicklungen durchleuchtet, wobei besonderes Gewicht auf die Tatsache gelegt wurde, daß sie unverheiratet geblieben war und offensichtlich ohne einen Mann zu Hause lebte. Daß sie erklärte, ihr Verlobter sei im Krieg gefallen, und sie habe sein Andenken bewahrt und sei eben allein geblieben, genügte bei weitem nicht als „Erklärung". Nein, es wurden allerlei sexuelle Komplexe diagnostiziert, die ihrerseits verdrängt worden seien und schließlich zu einer Ersatzbefriedigung in der Arbeit geführt haben sollen, womit der Ursprung des „Helfersyndroms" entdeckt zu sein schien. Die Krankenschwester wollte dies nicht akzeptieren, sie meinte schlicht, ihre Arbeit habe ihr immer schon Freude gemacht, doch je mehr sie widersprach, desto kritischere Diagnosen wurden angedeutet – sogar von leichten Wahnvorstellungen war schon die Rede.

Kernpunkt der Therapie aber war die eindringliche Mahnung, sie müsse endlich damit aufhören, immer nur für andere da zu sein, und müsse damit beginnen, *an sich selbst* zu denken, ihre eigenen Wünsche und Bedürfnisse zu erforschen, ihren heimlichsten Gedanken und Träumen nachzusinnen, um letztendlich herauszufinden, nach welcher Befriedigung sie sich zutiefst in ihrem Inneren sehne. Von den vielen Spekulationen über ihr eigenes Ich wurde die Frau ganz verwirrt und zweifelte bald an ihren bisherigen Handlungen und Motiven. Sie grämte sich, wurde unfreundlich und verschlossen, lächelte ihre Patienten nicht mehr an und sprach ihnen nicht mehr Mut zu. Alles war ihr verdächtig als ein „Ausdruck unbewußter Komplexe", und je mehr sie über sich und ihre Beweggründe nachgrübelte, desto düsterer und leerer schien ihr auf einmal ihr ganzes Leben. Die Schwermut, die sie befiel, wurde wiederum sofort als „neurotische Depression" interpretiert, und zum ersten Mal tauchte die Frage auf, ob sie dem Klinikbetrieb noch gewachsen sei oder nicht lieber in Pension gehen solle. Dann habe sie auch mehr Zeit *für sich selbst* und könne sich besser „erholen" als unter der ständigen Arbeitsbelastung. Die Krankenschwester wollte keineswegs zu arbeiten aufhören, aber in ihrer Lethargie und Verzweiflung war sie bereit, alles zu tun, was man ihr vorschlug, nur um ihre frühere seelische Ausgeglichenheit wiederzuerlangen.

Doch jemand, der jahrzehntelang tagtäglich von anderen Menschen gebraucht worden ist und darin seine persönliche Erfüllung gefunden hat, wird nicht deswegen „ausgeglichen", weil er plötzlich einsam zu Hause sitzt und *über sich selbst* nachdenken kann, von niemandem gebraucht und mit keiner sinnvollen Aufgabe konfrontiert. Nach einem Jahr lustlosen und zurückgezogenen Dahinlebens starb die pensionierte Krankenschwester an erloschenem Lebenswillen, und der Psychologe, der sie ehedem behandelt hatte, bemerkte dazu, wie gut es doch gewesen sei, daß er sie in der Supervisionsgruppe getroffen hatte und ihr dadurch „in ihren Nöten noch ein wenig hatte beistehen" können.

Ich sagte, der Irrtum ist so gewaltig, wie seine Aufdeckung schwierig ist. Was wir in der Psychotherapie brauchen, das sind „selbstlose" Therapeuten, denn nur sie werden „Selbstlosigkeit“ bei Patienten anerkennen, ja sogar erwecken. Selbstlosigkeit bedeutet dabei nicht falsches Märtyrertum, und das Aufhören mit dem Gerede von der Selbsterkenntnis bedeutet auch nicht, daß es keine Fehleinschätzungen seiner selbst gäbe, und daß solche nicht korrigiert werden müßten. Selbstlosigkeit bedeutet einfach, etwas anderes im Blickfeld zu haben, als ausschließlich sich selbst: einen oder mehrere andere Menschen, eine Aufgabe, ein Ziel, die „Sache an sich“. Solange die erwähnte Krankenschwester ihre Arbeit und ihre zu versorgenden Patienten im Blickfeld gehabt und diese ihre Aufgabe mit Liebe und Hingabe erfüllt hatte, solange war sie nämlich wirklich ganz sie selbst. Gerade in ihrer besonderen Hingabe an ihre Arbeit hatte sie „sich selbst gefunden“, und deshalb benötigte sie auch keine Supervision, denn wer sich selbst in einer Aufgabe gefunden hat, leidet nicht an dieser Aufgabe, im Gegenteil, er findet die Erfüllung seines Lebens darin. Da mag die Aufgabe noch so schwer sein – Kräfteeinsatz und Glück sind keine Gegenpole! Erst als sie gezwungen wurde, permanent über sich selbst nachzugrübeln, und als die Echtheit ihrer Motive auf dem tiefenpsychologischen Altar geopfert worden war, erst da begann die geistig-seelische Depression der Frau.

Unser Selbst gleicht eben einer Flüssigkeit, die wir durch unser Leben in eine bestimmte Form gießen, und die auch des Gefäßes – Symbol für die Sinnhaftigkeit unseres Lebens – bedarf; man soll sie nicht ausschütten vor dem inneren Auge, nur um sie besser erkennen zu können. Man würde mit ihr die Sinnhaftigkeit des Lebens in Frage stellen.

Selbst-lose Psychotherapie, welch ein Wagnis wäre sie in einer Zeit der Selbstliebe und Selbstbespiegelung, des übersteigerten Selbstbewußtseins und der verlorengegangenen Selbstidentität! Doch es gibt Experimente, logotherapeutische Experimente, die das Wagnis als lohnend erkennen lassen, wie zum Beispiel die logotherapeutische Methode der Dereflexion beweist.

Man kann nämlich mit Ratsuchenden auch über etwas anderes sprechen, als über ihr mehr oder weniger gestörtes Ich, man kann sie herausfordern, sich der Sinnfrage ihres Lebens zu stellen. Man braucht sie nur bitten sich vorzustellen, ihr Leben wäre in den nächsten Minuten zu Ende, und sie sollten sich in einer intensiven Rückschau überlegen, erstens, was sie für die wertvollsten Ereignisse oder Erlebnisse ihres bisherigen Lebens hielten, und zweitens, worum ihnen leid täte, daß es sich nicht mehr habe verwirklichen lassen, weil ihr Leben nun zu Ende sei.

Schon so eine einfache Woge der Besinnung mag das Wesentliche an Land spülen, das Sinnvolle vom Sinnlosen trennen, das Entscheidende gegenüber dem Unwichtigen kennzeichnen. Im Anblick des Todes schrumpfen nämlich alle Bedürfnisse des Selbst auf ein Minimum zusammen, und übrig bleibt die klare Aussage eines Lebens: das, was ein Mensch an wertvollem Geschehen in seine Vergangenheit „hineingerettet" hat – um mit Frankl zu sprechen –, und das niemand und nichts ihm mehr rauben, nämlich ungeschehen machen kann.

Die zweite Frage aber erschließt uns die Chance der Zukunft, denn wenn wir wissen, worum uns leid täte, daß wir es nicht mehr vollendet oder überhaupt nicht angefangen haben, wenn wir jetzt Abschied nehmen müßten, dann wissen wir auch, was wir zu tun haben, wenn uns noch ein „morgen" geschenkt ist. Oftmals wird von Menschen, die in eine ernste Krise geraten sind, ein „Wendepunkt ihres Lebens" wahrgenommen, sobald sie der Krise heil entronnen sind, und das Schicksal ihnen einen neuen Anfang gewährt. Das kommt daher, weil sie sich während der durchlebten und durchlittenen Krise die Frage nach dem Sinn des Lebens stellen mußten, und in dieser geistigen Auseinandersetzung nicht nur den Prozeß der Sinnfindung, sondern über diese Sinnfindung automatisch auch eine Selbstfindung erfahren haben. Wer erfaßt hat, welchen persönlichen Zielen und Aufgaben, welchen Wertverwirklichungen er sein restliches Leben weihen möchte, hat sich selbst gefunden. Eine ernste Krise, auch eine bloß vorgestellte, zwingt uns stets, die sonst gierig zupackende Hand eine Weile ruhig zu halten – gerade lange genug, daß sich die scheuen Vögel von allein darauf setzen …

Selbstfindung gibt es also, durchaus. Sie ist ein Attribut des menschlichen Geistes, sozusagen die höchste Erfüllung eines menschlichen Lebens. Aber Selbstfindung gibt es nicht per se, gibt es nicht auf Bestellung, gibt es nicht mittels Tricks und Gewalt. Selbstfindung entsteigt nicht der Zauberkiste einer ichbezogenen Psychotherapie, auch wenn noch so viele Therapeuten honorar-reich von dieser Illusion leben. *Selbstfindung kommt ganz von selbst,* und es gibt nur einen Weg zu ihr, und das ist der Umweg über die Sinnfindung.

Wer den Sinn seines Lebens sucht, wird zu sich selbst finden.

KOMMENTAR

Dieses Kapitel ist aus einer Diskussionsgrundlage entstanden, die ich einmal im Kollegenkreis vorgelegt habe zum leidigen Thema „Supervision". Seit Jahren nämlich werde ich mit Anfragen, ob ich nicht da oder dort Supervision geben möchte, überhäuft, und seit Jahren wehre ich mich beharrlich, jene Art von Supervision durchzuführen, die ursprünglich der tiefenpsychologischen Doktrin der Lehranalyse entsprungen ist und immer noch ihr Gewicht auf die Selbstbeobachtung des Therapeuten legt. Wie geht es ihm heute, dem Therapeuten? Wie fühlt er sich, von welcher unbewußten Stimmung wird er gerade beherrscht? Wie verkraftet er seine schwere Arbeit, der Ärmste? Wie erträgt er die Probleme anderer Leute? Wie verbirgt er seine eigenen Ängste – denn selbstverständlich hat er welche –? Ist es nicht traurig, dieses grenzenlose Selbstmitleid mancher Psychotherapeuten, die sich ihre eigene Frustration anscheinend nicht wegzutherapieren vermögen und deswegen wieder und wieder darüber reden müssen?

Auf der anderen Seite gibt es unzählige tapfere Leute im Dienste der Sozialarbeit, die ihre tägliche Arbeit verrichten ohne ständig über irgendwelche Frustrationen nachzugrübeln und ohne das fremde Leid, das sie mittragen, als eigene Belastung zu deklarieren: Altenpfleger, die die letzten Stationen menschlicher Gebrechlichkeit miterleben, Krankenschwestern, die alle Qual der menschlichen Kreatur kennen, Heimpersonal, das Tag und Nacht einsatzbereit sein muß, Notärzte, die menschliche Wracks zusammenflicken, oder Katastrophenhelfer, die Tote aus Trümmern bergen. Merkwürdig, diese Leute haben keine Supervision nötig, sie werden ganz allein mit den Anforderungen ihres Berufes fertig. Sie haben aber auch ein sehr einfaches Rezept dafür: sie denken an das Du und nicht an das Ich. Dieses Rezept würde ich gerne allen supervisionswilligen Psychotherapeuten verschreiben …

Dabei gäbe es auch eine sinnvolle und nützliche Art von Supervision, nämlich den fachlichen Erfahrungsaustausch, der es den unerfahreneren Kollegen ermöglichen würde, vom Wissen der erfahreneren zu profitieren. Bei einer solchen Art von Supervision bliebe der Ratsuchende auf dem Platz, der ihm in der Psychotherapie zukommt: auf dem ersten *Platz. Er ist es, der vorrangig Hilfe braucht, und nicht der Therapeut! Doch weiß ich aus meiner jahrelangen Praxis, daß die Supervisionsfreudigkeit schnell nachläßt, wenn man konkretes Fachwissen statt fortwährende Selbstreflexionen anbietet.*

Manchmal jedoch ist eine Supervision im negativen Sinne sogar heilsam, weil sie die Widersinnigkeit der Selbstbespiegelung und Selbstinterpretation aufzeigt und auf deren Initiatoren zurückschlägt. So erging es einer lieben Kollegin von mir, die längere Zeit eine Supervisionsgruppe besuchte und einmal auf die Idee kam, einen selbstgebackenen Kuchen in die Gruppe mitzubringen. In stundenlangen Diskussionen über den Kuchen kam die Supervisionsleitung zu dem Schluß, daß meine Kollegin an einem erheblichen Minderwertigkeitskomplex leiden müsse, weil sie offenbar das Bedürfnis habe, sich Freundschaften durch Geschenke zu erkaufen, und daß nur ein Eingeständnis dieser Tatsache sie retten könne. Meine Kollegin hat das geforderte Geständnis nie abgelegt, aber sie ist auch nie mehr auf die Idee gekommen, den anderen Gruppenteilnehmern eine Freude machen zu wollen, und erst in der Zusammenarbeit mit mir hat sie wieder ab und zu etwas Selbstgebackenes mitgebracht, das wir uns stets ohne jeden psychologischen Hintergedanken bestens schmecken ließen, während wir bestmögliche Therapiepläne für unsere gemeinsamen „Sorgenkinder" besprachen. Zur Erinnerung an ihre Erkenntnisse aus der Supervision hat sie später ein kleines Gedichtchen verfaßt, das lautet:

„Was den seelisch Kranken fehlt,
ist nichts als Krankheitseinsicht,
was den seelisch Gesunden fehlt,
ist nichts als Leidensdruck,
was den Menschen schlechthin fehlt,
ist nichts als Problembewußtsein,
und was den Psychotherapeuten fehlt,
ist – ein gesunder Menschenverstand!"

und das ich mit einem lachenden und einem weinenden Auge gelesen habe. Lachend, weil ich viel Wahres in der Polemik entdeckte, und weinend, weil es mein Beruf ist, der durch den Kakao gezogen wird, mein Beruf, der mir so viel bedeutet. Die Therapeuten sind nämlich nicht alle Egozentriker, Gott sei Dank! Nachdem meine Sekretärin an einer „Fortbildung für Sekretärinnen in Psychologischen Beratungsstellen" teilgenommen hatte, von der ich in meiner Naivität glaubte, sie werde lernen, mit schwierigen Patienten umzugehen, berichtete sie mir folgendes: Sie habe stattdessen gelernt, mit schwierigen Therapeuten umzugehen. Aber sie habe auch gelernt, daß es solche und solche Therapeuten gibt, und daß man sie nicht alle miteinander vergleichen könne. Die problemlosesten jedenfalls seien diejenigen, die sich auf ihre Arbeit konzentrieren, weil sie sie lieben …

5. Kapitel

Geistige Wahrnehmung: eine Sonde für Gut und Bös

Es gibt drei Phänomene, die bei seelischen Störungen sehr oft miteinander vereint vorzufinden sind: Egozentrierung, Negativierung und Hyperreflexion. Sie bilden zusammen eine teuflische Dreierkombination, nämlich das, was wir Psychologen als eine „Falle" bezeichnen. Und „Falle" ist dabei im wahrsten Sinne des Wortes gemeint als ein Fangmechanismus, der seinen Gefangenen umso fester umschließt, je mehr dieser zappelnd versucht, sich zu befreien. Ehe ich jedoch den Fangmechanismus erkläre, möchte ich die drei Begriffe genauer definieren:

Egozentrierung ist nicht notwendigerweise dasselbe wie Egoismus, obwohl natürlich Parallelen bestehen. Dennoch muß Egozentrierung nicht bedeuten, daß ein persönlicher Vorteil – auf Kosten anderer – angestrebt wird. Wie in den vorangegangenen Kapiteln schon wiederholt dargelegt, bedeutet Egozentrierung einfach das Bloß-sich-selber-Sehen, während alles andere ringsum verblaßt, es ist die Überbeachtung des eigenen Ichs, die Überbeschäftigung mit dem Selbst, die jedes mitmenschliche Du und die gesamte Vielfalt der Umwelt in den Schatten stellt.

Negativierung ist auch nicht notwendigerweise dasselbe wie Pessimismus, obwohl wiederum Parallelen erkennbar sind. Aber während die pessimistische Einstellung auf die Zukunft abzielt, die in den schwärzesten Farben gemalt wird, dämpft die Negativierung die Farbenpracht aller Bilder und Zeiten: sie rückt stets das Negative ins Blickfeld, das Negative der Vergangenheit genauso wie das Negative der Gegenwart. Dadurch verzerrt sie die Perspektiven der subjektiven Weltsicht; das Schlechte, Böse, Traurige erhält überdimensionale Proportionen, während das Gute, Erfreuliche und Schöne kaum aufscheint.

Hyperreflexion schließlich ist ein Ausdruck aus dem logotherapeutischen Vokabular und bedeutet nichts anderes als ein ungesundes und fast zwanghaftes Kreisen der Gedanken um ein und dieselbe Sache, ein Kleben an etwas, das einen nicht mehr losläßt und zunehmend gefangen nimmt. Das kann ein unfruchtbares Grübeln über einen Tatbestand sein, der sich doch nicht ändern läßt, oder ein verzweifeltes Anklammern an eine trügerische Hoffnung sein, auf jeden Fall ist es die Überbewertung eines einzelnen Lebensfaktums, das allein wichtig erscheint, während alles andere automatisch in den Hintergrund tritt.

An Hand der drei Definitionen kann man leicht einen gemeinsamen Nenner erkennen, der alle drei Phänomene charakterisiert: sie schränken, jedes auf seine Art, die geistige Wahrnehmung eines Menschen erheblich ein und zentrieren ihn entweder auf sich selbst (Egozentrierung) oder auf alles Negative (Negativierung) oder auf ein einzelnes Detail seines Lebens, das fast ausschließlich seine Aufmerksamkeit erzwingt (Hyperreflexion).

Nehmen wir dazu folgendes praktisches Beispiel an: Eine ältere Frau ist nicht ausgefüllt, hat wenig zu tun und langweilt sich oft. Aus der Sinnleere heraus beginnt sie sich vermehrt mit sich selbst zu beschäftigen, so schaut sie etwa 20 oder 30 mal am Tag in den Spiegel und betrachtet forschend ihr Gesicht. Der Mechanismus der Egozentrierung ist angelaufen. Bei ihren Selbstbetrachtungen entdeckt sie viele Falten und Runzeln an den Schläfen und um den Hals und ist sehr unglücklich darüber, weil sie darin Vorboten des nahenden Alters sieht. Bald kommt sie sich richtig alt und verbraucht vor, denn im Vergleich zu den anderen Frauen ihrer Umgebung findet sie immer wieder etwas Neues an sich selbst, das ihr nicht gefällt. Der Mechanismus der Negativierung ist angelaufen.

Sie beginnt, Tag und Nacht darüber nachzugrübeln, was sie gegen das hereinbrechende Alter unternehmen könne, läuft von Kosmetiksitzung zu Kosmetiksitzung, cremt sich ein, läßt sich „liften", wendet alle möglichen Tricks an, um jünger auszusehen, und wird nur immer enttäuschter. Die Falle der Hyperreflexion ist über ihr zugeschnappt und läßt sie nicht mehr los, denn je verkrampfter sie über ihr Alter nachdenkt, desto verzweifelter und verbissener wird sie, und desto älter und unschöner sehen ihre Gesichtszüge auch aus. Das ist eben das Gefährliche am Fallenmechanismus, daß jeder Befreiungsversuch noch tiefer in die Gefangenschaft hineinführt. Was kann der Frau helfen? Ist es ihr „Schicksal", alt zu werden, oder hat sie noch ein wenig „Freiheit", dem Schicksal zu trotzen bzw. sich mit ihm auszusöhnen?

Um den Schlüssel zu finden, der die Falle wieder öffnet – und die Logotherapie hat einen ganz ausgezeichneten „Universalschlüssel" für solche Fälle geschmiedet! –, müssen wir den Fallenmechanismus etwas genauer kennen lernen. Die Feder, die ihn schließt, hängt nämlich nur an einer einzigen Bedingung, und zwar an dem, was wir als Gemeinsames in den drei Phänomenen gefunden haben: an der geistigen Wahrnehmung des Menschen. *An der Auswahl dessen, dem Beachtung geschenkt wird.*

Ein kleines Experiment aus der Verhaltenspsychologie soll die ungeheure Bedeutung dieser Aussage untermauern*:

Es war 9 Uhr 20 vormittags in einer Klasse mit Anfängern. 48 Schüler, 2 Lehrer. Zwei Räume mit einer beweglichen Zwischenwand standen der Klasse zur Verfügung. Die Tische der Kinder waren in 6 Gruppen zu je 8 Kindern aufgeteilt. Sie hatten eine Aufgabe bekommen, die sie an ihrem Platz ausführen sollten, während die beiden jungen und begabten Lehrer einzelnen kleinen Gruppen das Lesen beibrachten.

Die Beobachter betraten den Raum, setzten sich und notierten in den folgenden 20 Minuten in Abständen von je 10 Se-

---

* Aus dem Buch „Spielregeln für Eltern und Erzieher" von Wesley C. Becker aus der Reihe „Leben lernen" Nr. 9 im Verlag J. Pfeiffer, München, 1977.

kunden die Zahl der Kinder, die nicht an ihrem Platz waren. Die Beobachtungen wurden 6 Tage lang angestellt. Die Beobachter notierten auch, wie oft die Lehrer die Kinder baten, sich zu setzen oder zu ihren Plätzen zurückzukehren.

Während dieser ersten 6 Tage waren etwa alle 10 Sekunden 3 Kinder von ihren Plätzen entfernt. Die Lehrer sagten in den 20 Minuten etwa 7mal „setzt Euch".

Dann trat etwas Merkwürdiges ein. Die Lehrer wurden gebeten, öfters zu den Kindern „setzt Euch" zu sagen. Während der nächsten 12 Tage sagten die Lehrer in je 20 Minuten 27,5mal „setzt Euch". *Die Kinder standen öfters auf* – im Durchschnitt standen alle 10 Sekunden je 4,5 Kinder. Wir machten noch einen Versuch. In den nächsten 8 Tagen sagten die Lehrer in 20 Minuten wieder nur 7mal „setzt Euch". Die Zahl der Kinder, die den Platz verließen, ging auf einen Durchschnitt von je 3 Kindern je 10 Sekunden zurück. Dann baten wir die Lehrer *noch einmal,* öfters zu den Kindern „setzt Euch" zu sagen (28 mal in 20 Minuten). *Die Kinder standen wieder öfters auf.* Viermal alle 10 Sekunden.

Zum Schluß baten wir die Lehrer, es überhaupt zu unterlassen, „setzt Euch" zu sagen, und statt dessen das Arbeiten und das Sitzenbleiben zu loben. Sie machten das gut, und weniger als 2 Kinder standen je 10 Sekunden – die niedrigste Zahl, die je beobachtet worden war.

Was in diesem Experiment statistisch nachgewiesen wurde, ist die sogenannte „Kritikfalle", also die Tatsache, daß verstärkte Kritik erst recht jenes Verhalten erzeugt, das kritisiert wird. Weil dann aber das kritisierte Störverhalten verstärkt auftritt, wird es zunehmend mehr kritisiert, und diese Kritik verstärkt es wiederum, woraus logischerweise kein Entkommen ist, es sei denn, man reduziert die Kritik *trotz* häufigem Störverhalten und lenkt die Aufmerksamkeit auf das Positive, was naturgemäß nicht leicht ist. Erschwerend kommt dazu, daß Kritik oftmals einen kurzfristigen Erfolg zeitigt, der über den Fallenmechanismus hinwegtäuscht. So bewirkt das „setzt Euch" der Lehrer im genannten Experiment tatsächlich ein momentanes Hinsetzen der Kinder, wenn es sie auch motiviert, später umso häufiger aufzustehen, und dieses momentane Hinsetzen kann die Täuschung hervorrufen, daß die Kritik durchaus sinnvoll und notwendig sei. Im Endeffekt aber bewirkt sie das Gegenteil, weil sie die Lehrer zwingt, das Negative zu beachten und nicht das Positive, und weil *stets das, was wir geistig beachten, Verstärkung erfährt*. Überprüfen wir statistisch, um wieviel sich das Negative verstärken kann, wenn man es bloß beachtet:

In einem Versuch verwandelten wir eine „gute" Klasse für ein paar Wochen in eine „schlechte". Wir veranlaßten den Lehrer, die Kinder nicht mehr zu loben. Als der Lehrer die Kinder nicht mehr lobte, nahm das unerwünschte „Störverhalten" von 8,7% bis zu 25,5% zu. Der Lehrer rügte das „Störverhalten" und unterließ es, das Verhalten der Kinder zu loben, die sich mit ihrer Arbeit beschäftigten.

Als wir den Lehrer baten, die Kinder anstatt 5mal in 20 Minuten 16mal in 20 Minuten zu rügen, war das Störverhalten sogar noch stärker. Es nahm bis zu einem Durchschnitt von 31,2% zu und lag an manchen Tagen bei über 50%. *Das „Störverhalten" nahm durch die Aufmerksamkeit, die man diesem Verhalten schenkte, noch zu.* Als die Kinder wieder gelobt wurden, kehrte auch die Arbeitswilligkeit wieder zurück.

Der Versuch zeigt, daß man unerwünschtes Störverhalten bei Kindern innerhalb weniger Wochen von 8,7% bis auf die beängstigende Höhe von über 50% hinaufschrauben kann, und zwar lediglich durch die Aufmerksamkeit, die man diesem Verhalten schenkt! Aber was bedeutet das für die Phänomene der Egozentrierung, Negativierung und Hyperreflexion?

Jemand, der hauptsächlich sich selbst beobachtet, hauptsächlich das Negative im Blickfeld hat und ständig gedanklich darum kreist, der schenkt ja all seine Aufmerksamkeit dem Negativen in und um sich selbst und schraubt damit das Negative in gewaltige Höhen, in Ausmaße, die es ihm gar nicht mehr erlauben, an etwas anderes zu denken, als eben daran! Die alternde Frau, die nichts anderes als ihr Altwerden beobachtet, zerstört sich die Reste ihrer Schönheit selbst und läßt denjenigen Teil in ihr, der tatsächlich bereits dem Alter zugehört, von 8,7% auf über 50% hinaufschnellen, wenn wir uns der symbolischen Vergleichszahlen aus der Experimentalpsychologie bedienen wollen. Welch eine Tragik!

Aus der „Kritikfalle", die sich eher auf die Interaktion zwischen mehreren Menschen bezieht, wie etwa zwischen Lehrern und Schülern oder auch zwischen Ehepartnern, wird unter dem Phänomen der Egozentrierung schnell eine „Selbstkritikfalle", die sich auf die ganze Variationsbreite zwischen ständiger Unzufriedenheit und ungesundem Mitleid mit sich selbst beziehen kann, aber in jedem Fall das Negative hervorhebt und das Positive ignoriert. Zur krankmachenden „Hyperreflexionsfalle" fehlt dann nur noch ein Schritt: die Gewichtung. Gibt es neben dem Alterungsproblem der Frau in unserem Beispiel noch andere Lebensinhalte, denen ebenfalls ihr Interesse gehört, wird sie sich mit großer Wahrscheinlichkeit der Falle entziehen können, existiert aber neben diesem sehnsüchtigsten Anliegen, jünger zu wirken, nichts an Wichtigkeit in ihrem Leben, auf das sie ihr Sinnen und Trachten gleichermaßen richten könnte, wird sie in die schrecklichste aller Fallen, in die „Hyperreflexionsfalle", hineintaumeln.

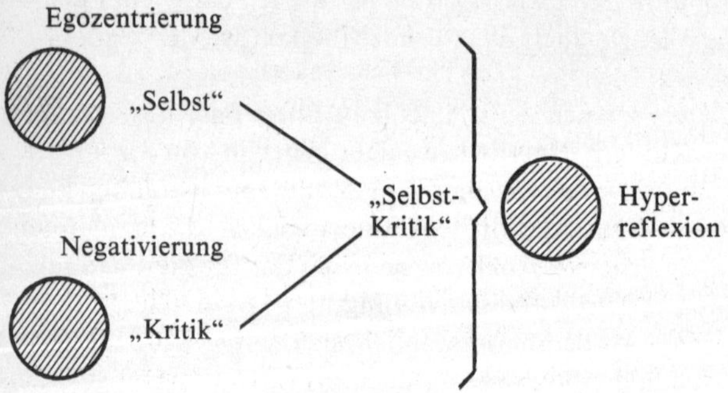

Ich hatte einmal einen Patienten, dessen Hauptproblem seine schlechte Zeiteinteilung war. Statt spontan aus Einsicht, Notwendigkeit oder Vergnügen heraus jeweils das zu tun, was dem Augenblick entspricht, dachte er immer erst lange darüber nach, was er alles zu tun habe, bzw. was er alles längst hätte tun sollen, was dazu führte, daß er sich kaum entscheiden konnte, irgendetwas zu tun. Er verbrachte die meiste Zeit mit nutzlosen Grübeleien darüber, und wenn er dann später feststellte, daß er wieder einmal nichts vorangebracht hatte, verfiel er in heftige Selbstvorwürfe, die ihn nochmals Zeit und Kraft kosteten und von dem eigentlich wichtigen Tun abhielten. Zwischendurch hatte er „lichte Momente“, in denen er beschloß, sich zusammenzureißen und endlich Ordnung in das Chaos seiner diversen Vorhaben zu bringen, aber sie zeitigten nur kurzfristige Erfolge ähnlich dem vorläufigen Hinsetzen der Kinder nach der wiederholten Aufforderung der Lehrer im genannten Experiment. Langfristig jedoch reagierte er immer wieder mit passiver Unentschlossenheit, weil er sich durch seine permanente Selbstkritik als im Grunde unfähig zu sinnvoller Zeiteinteilung hielt und seine Bemühungen daher von vornherein für hoffnungslos ansah. Die Kritik an sich selbst schwächt eben den Widerstand gegen die kritisierte Schwäche.

Der Mann hatte aber neben seinem Zeiteinteilungsproblem auch gesunde und intakte Lebensbereiche, aus denen er viel Freude schöpfen konnte: einen Beruf, den er sehr gern mochte, und bei dem seine Unentschlossenheit nicht zum Tragen kam, weil ihm ein exakter Arbeitsrhythmus vorgeschrieben war, und eine Frau, die ihn sehr unterstützte und ermutigte. Gefährlich wurde sein Problem daher erst, als er eines Tages plötzlich keinen Halt in den intakten Lebensbereichen mehr fand, weil sie zufällig eine Zeit lang ausfielen. Er war auf Urlaub in einem Kurort, und seine Frau wurde wegen einer Familiensache nach Hause gerufen. Er hatte also den ganzen Tag frei, nichts besonderes zu tun, und blieb allein mit seiner Unfähigkeit, die Zeit sinnvoll zu nützen. Nach einigen Tagen stand er kaum mehr auf, weil er sich nicht entschließen konnte, was er nach dem Aufstehen anfangen sollte. Er begann, sein Problem so stark zu hyperreflektieren, daß er den ganzen Tag nur darüber nachgrübelte und weder den einladenden Sonnenschein vor dem Fenster noch die vielen schönen Kurangebote des Ortes wahrnahm; alles war für ihn bedeutungslos außer seiner eigenen Verzweiflung, die ins Unermeßliche stieg. Seine Störungen waren bald so massiv geworden, daß er neben ihnen an sonst gar nichts denken konnte, aber je mehr er sich auf seine Störungen konzentrierte, desto massiver wurden sie: er saß in der Hyperreflexionsfalle.

Als seine Frau wiederkam, ging sie mit ihm sofort zum Arzt, und über diesen Umweg kam der Mann schließlich zu mir. Ich aber brauchte nichts anderes zu tun, als jenen Schlüssel zu benützen, den die Logotherapie zum Öffnen von Hyperreflexionsfallen vorbereitet hat: die Anwendung der *Dereflexion*.

Um zu verstehen, was Dereflexion ist, müssen wir noch einmal kurz auf das verhaltenspsychologische Experiment mit der Schülerklasse zurückblenden. Wir haben dem Ergebnis zweifellos entnommen, daß Lob günstiger als Strafe ist, eine der zentralen Aussagen der Verhaltenstherapie. Aber die Logotherapie geht in ihrer wissenschaftlichen Aussage noch einen Schritt weiter, sie fragt stets nach den ureigentlichsten menschlichen Motiven, nach dem „Willen zum Sinn". Wann erscheint es einem Lehrer sinnvoll, zu rügen und zu strafen? Doch wohl dann, wenn er *negatives* Schülerverhalten *bemerkt*. Und wann erscheint es einem Lehrer sinnvoll, zu loben und anzuerkennen? Doch wohl dann, wenn er *positives* Schülerverhalten *bemerkt*. Wenn sich also Schüler abwechselnd erwünscht und unerwünscht verhalten – wie es sicher der Realität entspricht –, dann wird die Neigung des Lehrers, zu loben oder zu strafen, wesentlich von seiner persönlichen Neigung, das Positive oder das Negative zu *sehen*, abhängen. Das heißt, dasjenige, dem er vorwiegend seine Beachtung schenkt, wird sein Verhalten beeinflussen; die Auswahl, die er aus allen Eindrücken einer Schulklasse trifft, entscheidet über die Auswahl, die er bei seinen eigenen Reaktionsmöglichkeiten trifft. Ein Lehrer, der vornehmlich positives Verhalten bei seinen Schülern beachtet und negatives übergeht, wird naturgemäß mehr *Grund* zum Loben vorfinden, als ein Lehrer, der vornehmlich das negative Verhalten seiner Schüler im Auge behält.

Demnach ist unsere geistige Wahrnehmung so etwas wie eine „Sonde für Gut und Bös", die darüber entscheidet, was von beidem letzten Endes wirklich bei uns ankommt, welche Impulse aus uns selbst oder aus der Außenwelt unser innerstes Denken, Fühlen und Begreifen erreichen und auf unser Handeln Einfluß nehmen, und welche am Wege dazu ausgeschieden oder vernachlässigt werden. Wer mit seinem „geistigen Auge" vermehrt das Positive „sieht", wird vermehrt wahren Grund zur Lebensfreude haben, wer hingegen grundsätzlich das Negative „sieht", wird ebenso wahren Grund zu Trauer und Resignation haben.

Am Ende der Experimentbeschreibung steht der einfache aber bedeutungsvolle Satz: „Als die Kinder wieder gelobt wurden, kehrte auch die Arbeitswilligkeit zurück." Dieses „wieder loben" ist in einem Experiment problemlos, man straft oder lobt ja um des Experimentes und um der Forschung willen. Wie aber sieht es in der Wirklichkeit aus? Angenommen, eine Schulklasse ist tatsächlich „verdorben" und die Kinder zeigen „ein durchschnittliches Störverhalten von 31,2%, das an manchen Tagen bei über 50% liegt". Nun soll der Lehrer die Kinder „wieder loben" – kann er das überhaupt? Auch ein Lehrer ist nur ein Mensch, und über eine unfolgsame, unruhige Kinderschar, die andauernd von ihren Plätzen aufspringt, ist kein Lehrer glücklich. Wahrscheinlich ärgert er sich sogar gewaltig, und da soll er plötzlich loben? Genauso geht es den in der Hyperreflexionsfalle gefangenen Patienten: sie haben wirklich massive Störungen und Schwierigkeiten und sollen trotzdem aus der Egozentrierung und Negativierung aussteigen und sich gedanklich mit etwas ganz anderem beschäftigen, sozusagen mit allem, nur nicht mit dem Negativen, das sie selbst betrifft. Können sie das überhaupt?

Die Logotherapie sagt: ja, sie können es. Lehrer können auch schlimme Kinder loben, Egozentriker können auch an anderes denken, und Pessimisten können auch etwas Gutes erwarten, wenn sie zuvor ihre geistige Wahrnehmung ein wenig korrigieren. Die „Sonde für Gut und Bös" muß von Bös auf Gut umschwenken, sie muß das Negative links liegen lassen und das Positive ins Blickfeld rücken, sie muß der bestehenden Einseitigkeit eine neue, bewußt angestrebte Einseitigkeit entgegenstellen, die den gesunden Ausgleich schafft: *Dereflexion.*

Die alternde Frau braucht eine Aufgabe, die sie innerlich erfüllt, die sie außer Atem bringt und ihr gar keine Zeit läßt, in den Spiegel zu schauen, eine Aufgabe, die sie nicht bloß von ihrem Problem ablenkt, sondern die ihr wahrhaftig Sinn gibt und deswegen ihre Aufmerksamkeit ganz auf sich zieht. Ebenso braucht der unentschlossene Patient eine Aufgabe, der er sich – ob mit guter oder schlechter Zeiteinteilung – in seiner Freizeit voll widmen kann, eine Aufgabe, die seine Gedanken durchdringt und sein Herz öffnet, die ihn morgens aus dem Bett springen läßt in der Vorfreude, sie zu erfüllen. Und sogar der Lehrer, der seinen ABC-Schützen das Lesen beibringen muß, braucht eine Aufgabe, die hinter und über dem Alltäglichen steht, ein Werk, an dessen Vollendung er seine Kräfte messen kann, und wenn die Schüler noch so unruhig sind, dann erst recht.

Eine zutiefst sinnvolle Aufgabe vereinigt alle Kriterien in sich, die der Egozentrierung, Negativierung und Hyperreflexion entgegenwirken: sie führt weit über das eigene Ich hinaus, weil sie stets einen Teil der Außenwelt miteinbezieht, der verändert oder verbessert werden soll; sie wird als positiv erlebt, denn wäre dem nicht so, würde sie auch nicht als sinnvoll erlebt; und sie erfordert die volle Gedankenkraft desjenigen, der sich mit ihr befaßt, und verunmöglicht ihm deshalb jegliche Hyperreflexion um ein kleinliches Randproblem. Im dereflektorischen Heilungsprozeß ist daher nichts anderes zu tun, als *eine sinnvolle Aufgabe aufzuspüren* und sich ihr mit aller Liebe hinzugeben, deren man fähig ist; sogleich schnappt das Schloß der Hyperreflexionsfalle auf und gibt den menschlichen Geist wieder frei.

Was allerdings als sinnvolle Aufgabe in Frage kommt, das hängt ganz von den gegebenen Umständen, von den persönlichen Wahlmöglichkeiten und nicht zuletzt von der geistigen Wahrnehmung ab, die als „Sonde“ ausgesandt werden kann, um statt dem „Bösen“ das „Gute“ und statt dem Sinnlosen das Sinnvolle zu finden. Ein Lehrer könnte es sich zum Beispiel zum Ziel setzen, bei jedem ihm anvertrauten Kind die besten Eignungen und Begabungsschwerpunkte zu erkennen und einer optimalen Förderung zuzuführen. Das würde bedeuten, daß er neben dem Pflichtlernstoff, den er den Kindern zu vermitteln hat, auch noch Anregungen in den Unterricht bringt, die den Begabungen seiner Schüler entgegenkommen, etwa im musisch-kreativen oder im sportlichen Bereich. Durch solche

Anregungen jedoch, die das Gewicht auf die guten Anlagen der Kinder legen, würde nicht nur der Lehrer das Problem einer unruhigen Klasse weniger hyperreflektieren, auch die Klasse selbst würde zu mehr Ruhe finden, weil gerade die kleinen Zusatzangebote zum Lernstoff das Interesse von Kindern wecken.

Oder die alternde Frau könnte sich neuen Aktivitäten widmen, zum Beispiel der Pflege von Tieren, der Beaufsichtigung von Kindern, der Organisation von Teerunden für Freundinnen, ihrer Weiterbildung, ehrenamtlichen Pflichten, Seniorenreisen und dergleichen mehr; Aktivitäten, die erst so richtig beweisen würden, wie jung sie innerlich geblieben ist, und wieviel jugendlichen Elan sie sich trotz ihres Alters und ein paar unwichtiger Hautrunzeln noch bewahrt hat. Die Anerkennung, die sie bei der Wahrnehmung solcher Aufgaben als Echo aus der Umwelt zurückbekäme, würde zugleich eine Lebensfreude auf ihr Gesicht zeichnen, die ihr mehr Schönheit verliehe als alle Schönheitsmittel es vermöchten.

Ähnlich hat mein Patient gelernt, den Kummer mit seiner Zeiteinteilung zu vergessen, als ich ihn ermutigte, sein langersehntes Traumhobby endlich in Angriff zu nehmen, das er von Jahr zu Jahr auf das nächste Jahr verschoben hatte. Und zwar war es bereits ein Bubentraum von ihm gewesen, fernsteuerbare Flugzeuge zu bauen und in weiten Bogen über sich kreisen zu lassen, und da sich mittlerweile die Technik enorm weiterentwickelt und eine immense Vielfalt an neuen Möglichkeiten eröffnet hatte, war es höchste Zeit für ihn, mit der Verwirklichung seines Traumes zu beginnen. Statt Beruhigungsmedikamente zu schlucken verschrieb ich ihm, am selben Tag anschließend an unser Beratungsgespräch sogleich ein Spezialgeschäft aufzusuchen und sich eingehend über den Zusammenbau und die elektronische Ausstattung von Modellflugzeugen zu informieren, bzw. sich bis zum nächsten Tag einen ungefähren Kostenplan für die Anfangsausrüstung zu erstellen. Tags darauf rief er mich an und gab mir den verlangten Plan am Telefon durch, woraufhin er den Auftrag bekam, die Grundbauteile zu besorgen und sich – ohne sich um irgendwelche Tageseinteilung zu kümmern – unverzüglich an die Arbeit zu machen. Nach einer Woche berichtete seine Frau, daß sie ihren Mann noch nie so „zeitlos vertieft“ in eine Arbeit gesehen habe, wie jetzt. Das Flugzeug wurde gebaut, und wenn es auch bei seinem Jungfernstart etwas ramponiert in einem Akker landete, erfüllte es doch seinen tieferen Sinn, nämlich die Hyperreflexionsfalle aufzusperren, glänzend. Als ich mich einige Monate später wieder einmal mit dem Mann unterhielt, der inzwischen längst an seinen Arbeitsplatz zurückgekehrt war, verriet er mir, daß ihn wohl manchmal noch der Gedanke beschleiche, er könne mit seiner Freizeit nichts Rechtes anfangen, aber dann gehe er zu seinem mittlerweile 3. Flugzeug und streichle es ganz sanft an den Flügeln, und dabei durchströme ihn ein richtig kindliches Glücksgefühl: daß er nämlich durchaus etwas Sinnvolles in seiner Freizeit schaffen könne und gar nicht der „unfähige Versager“ sei, der er lange geglaubt hat zu sein.

Das Schicksal ist oft weit weniger mächtig, als wir meinen, wenn es uns gelingt, ein positives dereflektorisches Gegengewicht zu setzen zu den schmerzlichen unveränderbaren Tatsachen. Körperliche Negativa, wie zum Beispiel das Alter, psychische Negativa, wie zum Beispiel die innere Schwäche der Unentschlossenheit, oder äußere Negativa, wie zum Beispiel eine Schar unfolgsamer Kinder, können durch Positiva aufgewogen werden, die wir mittels unserer geistigen Wahrnehmung „auskundschaften“ und mittels unserer geistigen Energien verwirklichen. „Wo ein Wille, da ist auch ein Weg“, sagt ein altes Sprichwort, und logotherapeutisch könnte man ergänzen: „Wo ein Wille zum Sinn, da ist auch ein Weg zum sinnerfüllten Leben.“ Es gibt nichts, absolut nichts, worin unsere „Sonde für Gut und Bös“ nicht auch etwas Gutes entdekken könnte, und sobald sich etwas Gutes zeigt, können wir auch innehalten im Kritisieren, Lamentieren, Hyperreflektieren und uns dem Aufgabencharakter des Lebens wieder zuwenden, der uns den eigentlichen Freiraum jenseits von Schicksal und Zufall erschließt: die Freiheit des Geistes.

Eine schöne Metapher vergleicht das menschliche Leben mit einem Mosaikbild, das sich aus unzähligen Steinchen verschiedenster Schattierungen zusammensetzt. Es gibt große und kleine darunter, strahlend helle, kristallfarbene, die Lichtpunkte unseres Lebens symbolisieren, und traurig düstere, schwarze, die Unglück und Leid bedeuten. Am Ende des Lebens fügt sich das Mosaik zu einem vollkommenen Bild bestimmter Formen und Farben zusammen, das unsere unverwechselbare Existenz widerspiegelt in der Einmaligkeit und Einzigartigkeit seiner Gestalt: das Bild eines jeden Menschen ist anders und auf seine Weise niemals mehr wiederholbar.

Nun werden gewisse Steine, helle wie dunkle, sozusagen vom Schicksal „ins Mosaik geworfen" und bleiben auf klebrigem Grunde haften, ohne daß wir sie verrücken können. Es sind die Gegebenheiten, die sich unserem Zugriff entziehen: das Erbgut, das sich niemand aussuchen kann, das Elternhaus, die Zeit, die Kultur, in die wir hineingeboren werden, die Gesamtheit der Bedingungen, die uns gesetzt sind. Manchmal wird einem ein dunkler Stein direkt „vor die Füße geknallt", es geschieht etwas Schreckliches, etwas Unfaßbares, und man kann sich nicht wehren. Aber genauso fallen auch lichte Steine ins Bild, glückliche Zufälle, die ganz ohne unser Zutun geschehen, wenngleich wir sie natürlich gerne geschehen lassen.

Zwischen diesen schicksalhaften Steinen bleiben jedoch Plätze frei, kleine Zwischenräume, auf denen kein Mosaikstein liegt. Plätze, die gefüllt werden können mit Entscheidungen und Beiträgen unserer persönlichen Wahl, welche wir bewußt und willentlich treffen. Abseits vom Mosaik liegen nämlich ringsum lose Steinchen zu unserer freien Verfügung herum, helle, dunkle, bunte, die die zahlreichen Möglichkeiten symbolisieren, die uns fast in jeder Lage gegeben sind. Diese Steinchen können wir aus eigener Kraft und nach Gutdünken ins Bild setzen, um das endgültige Mosaik mitzugestalten. Dabei kann, um auf unser Thema zurückzukommen, folgendes passieren:

1. Jemand sieht nur das eigene halbfertige Mosaik mit seinen aufgeklebten Steinchen und blickt nicht nach außen, wo noch freie Steine, sprich Wert- und Sinnverwirklichungsmöglichkeiten, ungenützt herumliegen; er ist fixiert auf das

Sosein seines Ichs, ohne sein Andersseinkönnen gedanklich durchzuspielen: die *Egozentrierung*.

2. Jemand sieht nur die dunklen Steine, sowohl im Mosaik, als auch außerhalb, er ist „farbenblind" für die hellen Schattierungen und setzt deshalb auch selbst nur dunkle Steine in sein Lebensbild: die *Negativierung*.
3. Jemand hat einen einzigen schwarzen Stein vor Augen, auf den er wie gebannt starrt, ohne den Blick davon lösen zu können, und je länger er ihn anstarrt, umso tiefer fällt er der Verzweiflung anheim: die *Hyperreflexion*.

Wie hilft nun die Logotherapie? Es gibt keine wissenschaftliche Definition, die ihre typische Vorgangsweise so einsichtig klar zum Ausdruck brächte, wie diese metapher-interne Beschreibung: Der Logotherapeut führt die Hand eines Menschen behutsam über dessen Mosaikbild und tastet gemeinsam mit ihm ab, wo „Leerstellen" sind, wo es also Bereiche zwischen den festgeklebten Steinen gibt, die noch der freien Wahl des Betreffenden offen stehen. Das bedeutet, daß er zunächst den Freiraum eines Lebens aufzeigt und zugleich die Verantwortung, diesen Freiraum mit passenden Inhalten zu füllen, ja, daß er unter Umständen einen Patienten erst vom deterministischen Fatalismus loseisen muß, ehe er ihn einer Heilung zuführen kann. Während der Phase des „Abtastens" macht der Logotherapeut immer wieder auf die hell schimmernden Steine aufmerksam, die das Mosaik durchziehen, damit sie tief ins Bewußtsein dringen und nicht übersehen werden.

Als nächsten Schritt nimmt der Logotherapeut den Patienten an der Hand und führt ihn abseits vom Mosaik in die verschiedenen Richtungen der Umwelt hinaus, wo er ihn lehrt, nach freiliegenden Steinen Ausschau zu halten, die in dessen Mosaik passen könnten. Das bedeutet, daß er sich mit ihm auf „die Suche nach Sinn" begibt, um gemeinsam mit ihm sinnvolle Möglichkeiten zu entdecken, die jede Situation in sich birgt. Auch dabei weist er besonders auf die hellfarbigen Steine hin, die gelegentlich unter dunklen Schatten versteckt schwer sichtbar sind.

Hat der Patient dann innere Freiräume erkannt, die er, ohne es bisher gewußt zu haben, besitzt, und hat er äußere Inhalte gefunden, die ideal geeignet sind, jene Freiräume sinnvoll zu ergänzen, ja, ist er auf dem beglückenden Weg, sein Mosaikbild aktiv mitzugestalten, dann gehört es zur abschließenden Aufgabe des Logotherapeuten, seinem Schützling noch eine letzte Weisheit mit ins Leben zu geben, ehe er ihn in die Selbstverantwortlichkeit entläßt. Es ist die Akzeptierung der unverrückbaren, dunklen Steine. Um nämlich eine strahlend helle Figur in einem Bild zum Leuchten zu bringen, *bedarf* es sogar eines dunklen Hintergrundes; kein weißer Stein kommt neben verwaschenen Grautönen zur Geltung!

So bedarf auch das Mosaik unseres Lebens der Kontraste, um wahrhaft reifen zu lassen, was in uns verborgen ist, bedarf der Herausforderung durch das Schicksal, um das Potential unserer geistigen Kräfte zur Entfaltung zu bringen. Die großartigsten menschlichen Leistungen, die beeindruckendsten „Heldentaten" hätten zum überwiegenden Teil niemals stattgefunden, wären sie nicht aus einem unveränderbaren Leiden erwachsen, wobei mit „Helden" nicht Sieger historischer Schlachten gemeint sind, sondern der Gelähmte, der sein Leben vom Rollstuhl aus meistert, oder die verlassene Mutter, die ihre Kinder unter Opfern großzieht.

Auch das sollen unsere Patienten wissen, wenn sie am Mosaik ihres Lebens weiterbauen, daß sie nicht nur die Wahl haben, selber helle Steine in ihr Bild zu setzen, sondern daß sie auch die Chance haben, diese just an die Kanten dunkler Schicksalssteine anzufügen, um sie durch den entstehenden Kontrast zur vollen Wirkung zu bringen. Denn welch anderer Stein überstrahlt das ganze Mosaik so sehr, wie ein weißer, der mitten in eine Fülle von schwarzen gebettet wurde?

Die Logotherapie orientiert sich an den hellen Augenblikken des Lebens und weiß doch um den Sinn der dunklen.

KOMMENTAR

Dieses Kapitel entstammt den Notizen eines Seminars, das ich im Mai 1982 zusammen mit Dr. Joseph Fabry, dem Leiter des Logotherapie-Institutes von Berkeley/Kalifornien, in der Nähe Münchens gehalten habe. Dabei fanden die bildhaften Gleichnisse, mit deren Hilfe wir logotherapeutisches Gedankengut zu vermitteln versuchten, starken Anklang und halfen den Seminarteilnehmern zu einem relativ raschen Verständnis der dargebotenen Hilfen. In diesem Zusammenhang wurden wir gefragt, ob es auch logotherapeutische „teaching tales" gäbe, ähnlich denen von Milton Erickson, dem berühmten amerikanischen Hypnotiseur und Therapeuten, der seine Patienten durch „Geschichten erzählen" heilte. Wir verneinten wahrheitsgemäß, doch am Abend desselben Tages setzte ich mich hin und schrieb eine solche „teaching tale", ein logotherapeutisches Märchen, nieder. Hier ist es:

Ein kleiner Junge lag zwischen den mächtigen Wurzeln einer uralten Eiche im tiefen Wald und blinzelte in das Blätterdach über ihm. Die Luft war lau, und der glühende Sonnenball am Firmament konnte im dichten Grün ringsum eher erahnt und erspürt als wirklich gesehen werden. Die Wärme verströmte sich im Geflecht der Zweige und Blätter, im Duft der Kräuter und Farne wie eine allgegenwärtige, unsichtbare Kraft, die überall zu finden ist und nirgends – es war Sommer. Der Junge fühlte sich wohlig träge, weil er zuvor über reiche Erdbeerhalden spaziert war und ohne die geringste Anstrengung so viele süße Früchte in sein Mäulchen hatte stecken können, daß er sich noch gar nicht rühren wollte. Auch hatte er sich an einer glasklaren Quelle erfrischt und danach eine Burg aus Sand gebaut, mit Fenstern aus schmucken Kieseln und zackigen Zinnen aus Bucheckern, was ihm besonders viel Spaß gemacht hatte. In seinen dämmrigen Halbträumen ließ er den Gedanken freien Lauf, und diese bauten die Burg nochmals auf, mit funkelnden Edelsteinfenstern und Türmen von gigantischen Dimensionen. Die zarten Sonnenstrahlen, das gutgemundete Mahl und die leuchtenden Fantasien hüllten das Kind in einen wonnigen Schlaf, der es hinübertrug in eine andere Welt.

Später stapfte der Junge gut ausgeruht und voller Lebenslust den Pfad entlang, der ihn zu seinem Elternhaus führen sollte. Doch kaum war er eine kurze Strecke gelaufen, schimmerten ihm dunkelblaue Perlen aus dem Dickicht entgegen. Er kletterte auf einen kleinen Hang, an dem es etwas wärmer war als in den grünen Moosburgen hinter ihm, weil sich das Blätterdach geöffnet hatte und helles Mittagslicht hereinflutete. Der Hang stand voller Heidelbeeren, und man brauchte nur mit den Händen über die niedrigen Gebüsche streichen, um sie voll mit süßem, blauen Saft bedeckt wieder herauszuziehen. Da lachte der Junge, und sein Herz jauchzte vor Freude, denn er hatte schon ein wenig Durst verspürt, und nun ergötzte er sich daran, seine kleinen, klebrigen Finger abzulecken, die mühelos die prallen, saftigen Beeren erhaschten.

Lange verweilte der Junge an diesem Hang, und während sich seine Wangen im Flutlicht der Sonne röteten, und Handflächen, Ärmchen und Mundwinkel immer bläulicher zu werden begannen, erlebte er das überschwengliche Glück eines zufälligen, seligen Fundes. Selbst abends, als er in der Ferienhütte seiner Eltern gebadet und geschrubbt wurde, spielte noch ein verschwiegenes Lächeln um seine Lippen, als er des überquellenden Hanges mit seinen lustspendenden Geschenken gedachte.

Auf diese Weise verstrichen mehrere Tage mit stets neuen Entdeckungen, und bald kannte der Junge eine Menge schöner Lieblingsplätze im Wald, die ihn unterhielten, labten oder zur Ruhe einluden, und nie ging er heim, ohne daß seine Taschen gefüllt waren, sei es mit knorrigen Wurzeln, bunten Steinen oder eßbaren Beeren. Doch eines Tages war der Himmel verhangen und ein Sturm fegte über das Land. Die Bäume duckten sich, und die Blätter flüsterten aufgeregt vor sich hin, denn viele von ihnen wurden ziemlich brutal von den Ästen gerissen und taumelten verstört durch die Luft. „Zu früh", wisperten sie, „es ist noch nicht Herbst!" Die Eltern schlossen die Fenster und Türen der Hütte und warteten auf das Ende des Sturmes, und der Junge wartete mit ihnen. Er saß den ganzen Tag am Tisch und blätterte in einem abgegriffenen Bilderbuch, aber seine Gedanken waren draußen mitten im Sturm und tanzten mit den Blättern um die Wette. Endlich des Nachts hörte das Getöse langsam auf, und nur vereinzelt hörte man noch Ästeknacken und leises Grollen in der Ferne.

Bei Anbruch des Morgens war die Ruhe wieder eingekehrt, und wenn auch die Sonne nur sehr zögernd hinter den Wolken hervorlugte, so konnte man doch immerhin ins Freie marschieren. Der Junge freute sich darauf und lief schnell aus der Enge der Hütte hinaus in den Wald. Er lief zu den Wurzeln der uralten Eiche, aber der Boden dort war mit feuchtem Sand überstreut und wirkte sehr ungemütlich. Der Junge suchte die Erdbeerhalde und den Heidelbeerhang, aber die Früchte waren verschwunden, der Sturm hatte sie alle mit sich fortgerissen. Die zum Teil entlaubten Gebüsche zeigten ihre Dornen und stachen ihm die Füße wund, und das Blätterdach über seinem Kopf schwankte düster und unheimlich.

Er lief weiter und weiter voller Optimismus, denn er kannte seinen Wald und war überzeugt, auch jetzt etwas Neues und Schönes darin zu entdecken, doch soviel er auch suchte, der Weg führte in immer unwegsameres Gelände, die Landschaft wurde immer unfreundlicher und verschlossener, und selbst der Bach hatte seinen Klang verändert. Statt des gewohnten verspielten Raunens dröhnte er zu Tal, gefolgt von einem seltsamen Echo, das beängstigend nachhallte. Der Wald hatte sein gütiges Gesicht von dem Jungen abgewandt und trug starre, herbe Züge, die niemanden an sich heranließen.

Als der Junge viele Stunden gewandert war und keinen einzigen hübschen Platz zum Rasten gefunden hatte, wurde er verärgert und weinerlich. „Wieso ist heute alles so fremd und abweisend?“ rief er zornig aus, „was habe ich denn getan, womit ich das verdient habe?“ Und er kehrte heim zu seinen Eltern, um sich zu beklagen. „Da bist du bei uns an der falschen Adresse“, lachten seine Eltern ihn aus, „da mußt du dich schon beim Schicksal beschweren, welches uns das schlechte Wetter beschert hat, und nicht bei uns, denn wir können nichts dafür!“ „Wo ist das Schicksal?“ fragte der Junge, „Ich will gehen und mich beschweren.“ „Das Schicksal findest du nicht“, sagten die Eltern, „das Schicksal steht uns Menschen nicht Rede und Antwort, es entzieht sich unseren Bitten und Klagen". „Ich gehe trotzdem und werde es suchen", antwortete der Junge und stampfte wütend mit dem Fuße auf, „ich will Antwort haben, wieso der Wald so verändert ist. Ich will meinen schönen, sonnigen, früchtespendenden Wald zurückhaben!" Und er lief davon, ehe die Eltern ihn zurückhalten konnten.

Erst als sich die Abenddämmerung senkte und die Schatten immer länger und bedrohlicher wurden, merkte der kleine Mann, daß er Stunden um Stunden bergan gestiegen, und der Wald langsam hinter ihm zurückgeblieben war. Allmählich fühlte er sich müde und verzagt, die Beine taten ihm weh, und sein Zorn war verraucht. Nur mehr eine unendliche Traurigkeit war in seinem kleinen Antlitz zu lesen, und mit hängenden Schultern setzte er sich auf einen großen Stein, der ihm den Weg versperrte. „Ich will trotzdem mit dem Schicksal sprechen", murmelte er vor sich hin, aber sein Murmeln war bloß ein heiseres, unverständliches Flüstern ohne jede Hoffnung. Da stand mit einem Mal eine Gestalt vor ihm, die er nie zuvor gesehen hatte, und die er auch nicht zu beschreiben vermochte. Sie schien sich ständig zu verändern und doch in ihrer Wesensart gleichzubleiben, sie dünkte ihn mächtig zu sein, aber nicht übermächtig. „Hier bin ich", sagte die Gestalt, „du kannst mit mir sprechen."

Der Junge fühlte sich seltsam schwerelos wie im Traum, und er war sich auch gar nicht gewiß, ob er nicht träumte, aber er versuchte dennoch zu sprechen. „Du hast mir den Wald verdorben mit dem Sturm, den du geschickt hast", sagte er mutig, wenn auch seiner Sache nicht mehr so sicher wie früher. „Warum hast du das getan? Warum wolltest du mich strafen?" Da beugte sich die Gestalt zu ihm hinab und berührte ihn ganz sacht, und es war ihm, als schwebe er weit über die Erde empor und blicke aus großer Höhe hinab auf das Land. Alles, was er kannte, der Wald, die riesige Eiche und das Häuschen seiner Eltern schienen auf einmal winzig klein und unwichtig im milden Glanz der Sterne. „Ich habe dir viele Sonnentage geschickt", sprach die Gestalt zu ihm, „Erdbeeren und Heidelbeeren habe ich für dich gehütet, und die Lüfte gebeten, den Atem anzuhalten, wenn du im Moosbeet schliefst. Damals hast du mich nicht gesucht, um mich zu fragen, warum ich dies tat, oder um mich zu fragen, wofür ich dich be-

lohnte." – Es entstand eine Pause, und der Junge blickte minutenlang nachdenklich vor sich hin. Schließlich flüsterte er mit gesenktem Kopf: „Danke für die Erdbeeren und Heidelbeeren!" während Tränen in seinen Augen aufstiegen. Die Gestalt aber beugte sich noch näher zu ihm hinab, und fast meinte der kleine Kerl, sie habe ihm einen Kuß auf die Lider gehaucht, denn das Naß in seinen Augen war plötzlich wie weggewischt. „Du sollst nicht glauben", sprach die Stimme zu ihm, „daß ich dich belohne oder bestrafe. Ich halte Früchte für dich bereit, damit du lachst und fröhlich bist, und ich lege dorniges Gestrüpp in deinen Weg, damit du lernst, die Füße zu heben und darüber zu steigen. Ich sende dir wärmende Sonnenstrahlen, auf daß du die Welt umarmst und liebst, und ich sende dir peitschende Regenwetter, auf daß du reifen und stark werden kannst. Und wisse", fuhr die Gestalt fort und ließ dabei den Jungen langsam auf den Stein am Waldesrand zurückgleiten, „solange du die Anmut des Sommers genießt, und solange du die Gewalt des Sturmes auf deiner Stirne brennen fühlst, solange bist du am Leben."

In diesem Moment empfand der Junge den Pulsschlag des Lebens so stark in seiner Brust, wie noch nie zuvor, und stolz hob er den Kopf, um dem Schicksal ins Angesicht zu sehen, doch wie sehr er auch seine Augen rieb, er sah niemanden mehr. Da stand er auf und lief mit großen, weitausholenden Schritten durch den finsteren Wald nach Hause zu, ohne auf die unheimlichen Geräusche der Nacht zu horchen und ohne über die Unebenheiten des Weges zu stolpern. Immer noch waren seine Sinne mit dem Erlebnis der Begegnung zwischen Wachen und Träumen beschäftigt, und immer noch konnte er, wenn er es wollte, den Blick aus der Höhe auf die kleinlichen Belange der Erde in Erinnerung rufen. Als er nur mehr wenige Schritte von seinem Elternhaus entfernt war, wo man schon bange auf ihn wartete, bewegten sich noch einmal seine Lippen in der kühlen Nachtluft und formten die Worte: „Und das Schicksal ist doch gut ...", aber schnell hob er die Hand vor den Mund, so als ob er ein tiefes Geheimnis in seinem Herzen verschließen wollte.

6. Kapitel

Identitätsreifung als schöpferischer Prozeß

Wenn es darum geht, den qualitativen Unterschied zwischen tierischem und menschlichem Denkvermögen - oder in neuester Zeit auch zwischen Computer und menschlichem Gehirn - zu definieren, pflegt man im allgemeinen auf die schöpferischen Möglichkeiten des Menschen hinzuweisen, die den Tieren - und zumindest bisher auch noch den Computern - verschlossen sind. Nur der Mensch ist unseres Wissens zu schöpferischen Ideen und Handlungen fähig, und daher ist er auch der einzige, der sich selbst als „durch einen Schöpfungsakt entstanden" vermuten kann, denn nur die eigene Schöpfungskraft erlaubt ihm den Analogieschluß auf einen Schöpfer.

Somit umfaßt der qualitative Unterschied zwischen Tier und Mensch - bzw. Maschine und Mensch - neben dem künstlerisch/kreativen Wirkungsbereich auch das Gedankengut der Religion und Philosophie, das ebenfalls auf subhumaner Stufe nicht denkbar ist.

Zu diesem Exklusivitätsanspruch des Menschen hinsichtlich seiner Schöpfungskraft und ihrer Folgen zählt aber noch ein weiterer cognitiver Bereich, der niemandem auf Erden sonst gegeben ist, nämlich das Erkennen und Gestalten der eigenen Identität. Das Tier ist nicht nur nicht in der Lage, Kunstwerke um ihrer selbst willen zu produzieren oder die Existenz einer höheren Dimension zu erahnen, es ist auch nicht fähig, sich selbst als tierisches Sein einzuschätzen. Es kann sein Ich nicht ausdrücken (in der Kunst), es kann sein Ich nicht ableiten (von etwas Höherem) und es kann sein Ich nicht identifizieren (durch eine sinnvolle Einordnung der eigenen Existenz in der Welt).

Wenn wir die Entwicklung eines heranwachsenden Kindes von einem ursprünglich instinktgetriebenen Reflexwesen zu einem geistig reifen Menschen beobachten, erkennen wir bald, daß sich dieser „qualitative Sprung", der einen prinzipiellen Unterschied zwischen Tier und Mensch – oder Maschine und Mensch – darstellt, nämlich der Sprung in die schöpferische Aktionsfähigkeit bei jedem jungen Menschen aufs Neue vollzieht, und zwar durchaus nicht immer langsam und übergangslos, sondern oftmals im wahrsten Sinne des Wortes „sprunghaft".

Das beginnt damit, daß sich in das reine Kopieren und Imitieren von Handlungen eines Tages etwas Eigenständiges mischt: das Kind stellt eine Kombination her, die ihm in dieser Form nicht vorgegeben worden ist. Das kann z.B. beim Zusammenstecken von Bauklötzchen geschehen, die zu einem anderen Gebilde zusammengefügt werden, als es die Vorlage vorschreibt. Das kann auch im Sprachgebrauch geschehen, in welchem plötzlich Wörter eigener Erfindung auftauchen, oder beim täglichen Spaziergang, bei dem auf einmal neue Wege eingeschlagen werden. Es obliegt dann dem Geschick des Erziehers, den Sprung in die schöpferische Aktion des Kindes zu fördern und zu bremsen zugleich. Zu fördern deshalb, weil Selbständigkeit, Ideenreichtum und Kreativität Kennzeichen einer positiven und gesunden Entwicklung sind und als solche auf jeden Fall begrüßt werden müssen, zu bremsen aber deshalb, weil ein gewisser „Wildwuchs an Individualität" dem Kind in seiner gesellschaftlichen Zugehörigkeit schaden kann, wie etwa beim Gebrauch selbsterfundener Wörter oder bei der Mißachtung allgemein gültiger Regeln des Zusammenlebens. Der schwierige Prozeß der Reibung zwischen Anpassung und Eigenpersönlichkeit, zwischen der Übernahme von Althergebrachtem und der Schaffung von etwas Neuem hat mit dem ersten Schritt, der in der Kindheit vom Kopieren und Imitieren weg ins Schöpferische hinein unternommen worden ist, begonnen und hört so schnell nicht wieder auf, ja in manchem Leben kommt dieser Prozeß nie ganz zum Stillstand.

Wenn man die Beobachtung des heranreifenden Kindes fortsetzt, wird man nach dem ersten Aufflackern der eigenständigen Kreativität, das schon lange vor der Pubertät einsetzt und die Grundlage für spätere künstlerisch/gestalterische Produktionsentwürfe bildet, als nächsten qualitativen Schritt das Aufdämmern der Suche nach einer persönlichen Weltanschauung vorfinden, welche ungefähr zur Zeit der Pubertät anfängt. Mit dem geistigen Heranreifen zum kritischen Denken kommt zum ersten Mal die reale Frage nach Gott und der Welt über die Lippen des jungen Menschen, der bisher eher desinteressiert nachgeplappert hat, was ihm vorgeredet worden ist. In der Pubertät aber ist nichts mehr unumstößlich gesichert, alles bisher Erfahrene und Geglaubte wird mit einem Fragezeichen versehen, das gesamte Umweltverständnis wird neu geprüft, neu erwogen, neu konstruiert. Wieder braucht der Erzieher großes Geschick, um den fragenden jungen Menschen zu positiven Antworten zu führen, ohne selbst definitive Antworten zu geben, wieder muß der schöpferische Drang des noch hin und her schwankenden Menschenkindes zugleich gefördert und gebremst werden, um Entfaltungsmöglichkeiten offen zu lassen, ohne Fehlentwicklungen Vorschub zu leisten. Jeder junge Mensch muß sich seine eigene Weltanschauung erringen, wenn er sich auch an überlieferten Maßstäben orientieren kann; sein Glaube an „das, was die Welt in ihrem Innersten zusammenhält", ist jeweils das Produkt eines mitunter sehr langwierigen geistigen Schöpfungsaktes, der sich von der Pubertät bis über den Eintritt ins Erwachsenenalter hinaus erstreckt.

So wie also das Kleinkind die Materialien der Außenwelt entdeckt und im Ansichtigwerden auch schon die Chance wahrnimmt, mit diesen Materialien die Außenwelt nach eigenen Ideen umzuformen, so entdeckt das erwachsenwerdende Kind die Transzendenz und nimmt ab dem Moment, da es sie gedanklich begreifen kann, die Chance wahr, sie nach eigenen Ideen umzudenken. Wenn zwei Menschen zum selben Thema ein Bild malen sollen, wird niemals dasselbe Werk entstehen, und wenn zwei Menschen ihren Glauben beschreiben sollen, werden sie auch niemals dieselbe Beschreibung liefern.

Ist die Entwicklung bis zum Eintritt ins Erwachsenendasein solchermaßen normal verlaufen, dann steht nunmehr der letzten und höchsten Stufe schöpferischer Verwirklichung des Menschen nichts mehr im Wege, nämlich dem Finden der eigenen Identität, was nichts weniger bedeutet als: dem Finden eines persönlichen Lebenssinnes. Erst auf der stabilen Basis der erworbenen Fähigkeit, kreativ schaffend wirken zu können, und erst auf einer tragfähigen weltanschaulichen Überzeugung aufbauend ist Raum gegeben für die persönliche Erfüllung des Daseins, eben für die „Einmaligkeit und Einzigartigkeit" einer menschlichen Existenz*, die in ihrer Art niemals identisch ist mit der Existenz eines anderen Menschen, und ihrem Wesen nach niemals wiederholbar oder ersetzbar ist, auch nicht in Millionen von Jahren und Geschlechtern.

Nach der Sichtbar-Werdung der Außenwelt und nach der Denkbar-Werdung der Transzendenz gelingt dem Menschen die Überschreitung seiner eigenen Grenzen: er „schafft sein Sosein in die Welt", indem er *sich selbst transzendiert*.

Qualitativer Unterschied
zwischen Tier und Mensch
(bzw. Computer und menschl. Gehirn)

↓

Die Fähigkeit zur Verwirklichung
schöpferischer Werte

↙ ↓ ↘

	durch Schaffung und Gestaltung von etwas Neuem (künstlerische Betätigung)	durch Vorstellung von etwas geistig Höherem (weltanschauliche Überzeugung)	durch Finden der eigenen Identität (persönliche Sinnerfüllung)
Reifungsalter:	ab der Vorpubertät	ab der Pubertät	ab dem Eintritt ins Erwachsenendasein
	↑	↑	↑
Reifungsstufe:	Die Außenwelt wird sichtbar	Die Transzendenz wird denkbar	Die Selbst-Transzendenz wird vollziehbar

* Viktor E. Frankl, „Die Sinnfrage in der Psychotherapie", Piper Verlag, München 1981

Wenn wir uns im folgenden mit dem Problem der Identitätsfindung und der Bewältigung von Identitätskrisen beschäftigen wollen, müssen wir uns stets vergegenwärtigen, daß die Identitätsfindung am Ende eines langen geistigen Entwicklungsprozesses steht und sozusagen den Höhepunkt geistiger Reifung im menschlichen Leben darstellt. Sind bei einem Menschen die vorangegangenen Stadien der Erweckung von eigenständiger Kreativität und der Auseinandersetzung mit philosophisch/ethischen Konzepten nicht zur Entfaltung gelangt, gibt es meist auch große Schwierigkeiten bei der Identitätsfindung. In diesem Fall ist es empfehlenswert, die versäumten Stadien schöpferischer Entwicklung und Manifestation nachzuholen, ehe sich der Betreffende an die bewußte und gewollte Sinngestaltung seines Lebens heranwagen kann. Es ist ein bewährtes psychotherapeutisches Rezept, Personen, die sich in einer Identitäts- oder Sinnkrise befinden, schöpferische Möglichkeiten aufzuzeigen und mit ihnen existentielle Fragen zu erörtern, um eben jene Basis zu schaffen, auf der erst eine sinnvolle menschliche Identität gefunden werden kann; und zwar ein Ich, das nicht abgeschnitten ist von der Außenwelt, und das nicht isoliert ist in seiner eigenen Veranlagung, sondern das *sich dadurch identifiziert, daß es sich transzendiert*.

Um dies näher zu erläutern, bedienen wir uns wieder der Erkenntnisse der Logotherapie, denen zufolge sich der Mensch jeweils in dem Maße verwirklicht, in dem er sich der Außenwelt öffnet und gleichsam über sich selbst hinausreicht. „Menschsein weist über sich selbst hinaus", schreibt Frankl in seinen Büchern, „es verweist auf etwas, das nicht wieder es selbst ist. Auf etwas oder auf jemanden. Auf einen Sinn, den es zu erfüllen gilt, oder auf anderes menschliches Sein, dem wir begegnen. Auf eine Sache, der wir dienen, oder auf eine Person, die wir lieben."

Das bedeutet praktisch, daß der schöpferische Entwurf des eigenen Lebens, so wie der junge Mensch, der nun ins Erwachsenendasein eintritt, künftig sein und leben möchte, nicht ausschließlich unter Berücksichtigung seiner eigenen Wünsche und Bedürfnisse konzipiert werden kann, sondern Elemente der Außenwelt und des weltanschaulichen Gefüges miteinbeziehen muß, auf die hin die eigene Aktivität gerichtet wird, und die wiederum rückwirkend der eigenen Aktivität Sinn verleihen. Sehen wir uns dies am Beispiel der Berufswahl an.

Wir sagten, daß der Beginn der Identitätsfindung mit dem Eintritt ins Erwachsenendasein zusammenfällt. Die Weichen für die Berufsfindung werden allerdings meist schon früher gestellt, wodurch sich der junge Erwachsene im allgemeinen einer Vorauswahl an beruflichen Möglichkeiten gegenübergestellt findet, die seinen Aktivitätsradius etwas einschränkt. So sehr immer wieder Bedenken dagegen laut werden, muß doch vom pädagogischen Standpunkt aus zugegeben werden, daß diese frühe berufliche Weichenstellung gar nicht so schlecht ist, denn sie bietet zunächst einmal einen festen Halt, die Grundlage einer Identifizierungsmöglichkeit. Wer mit 20 Jahren eine Bäckerlehre abgeschlossen hat, kann sich mit dem Berufsbild eines Bäckers identifizieren, wenn er dies will und Freude an der Arbeit gefunden hat, aber er muß es nicht. Er hat auch die Möglichkeit zu wechseln, wenn ihm ein anderes Berufsziel vorschwebt, welches er zutiefst anzustreben wünscht, denn nicht einmal in Zeiten großer wirtschaftlicher Not lassen sich Personen, denen es ernsthaft um die Erfüllung eines bestimmten Aufgabenbereiches geht, davon abhalten, mit allen Mitteln die Verwirklichung ihres beruflichen Traumzieles zu erkämpfen. Der besagte junge Mann also, der eine Bäckerlehre abgeschlossen hat, besitzt immer noch andere Wahlmöglichkeiten, obwohl eine Vorauswahl getroffen worden ist, aber er hat zugleich den Vorteil, daß ihm eine gewisse berufliche Identität bereits zur Verfügung steht, sollte er in seinen beruflichen Vorstellungen noch sehr schwankend und unsicher sein.

Unvergleichlich schwerer haben es die Zwanzigjährigen, die z. B. ein Gymnasium abgeschlossen haben, und denen „die ganze Welt offensteht“. Sie entbehren vorerst jeglicher Identifizierungsgrundlage, und wenn sie nicht bereits ein festes Ziel vor Augen haben, sondern vielleicht „irgendetwas“ studieren wollen, dann rutschen sie schnell in ein gefährliches „existentielles Vakuum" ab, das ihnen das ganze Leben als leer und sinnlos erscheinen läßt. Was nun zum entscheidenden Kriterium für ihre seelische Gesundheit und ihr weiteres Leben wird, ist das Maß, in dem sie in die Welt hinein schöpferisch aktiv werden können, eben fähig, sich zu *identifizieren durch transzendieren*. Gelingt es ihnen, sich relativ rasch für ein Sachgebiet zu interessieren oder sich in einer Tätigkeit zu engagieren, also einen bestimmten Wissens- oder Arbeitseinsatz zu ihrem persönlichen Anliegen zu machen, ist die Identitätskrise schnell überwunden. Ist ihnen jedoch alles gleichgültig und kann ihnen keinerlei Aufgabenstellung Interesse und Aufmerksamkeit entringen, dann kommen sie in Gefahr, sich treiben zu lassen mit unbekanntem Ziele, und sie treiben allzubald in die „existentielle Frustration". In wirtschaftlichen Notzeiten ist diese Gefahr geringer, weil die Nötigung zur Beschaffung des Lebensunterhaltes besteht, die einen gewissen Arbeitsaufwand erfordert; doch in Wohlstandszeiten ist die Gefahr einer Identitätskrise bei jungen Menschen, denen „alle Möglichkeiten offenstehen", sehr groß, denn je mehr berufliche Wahlmöglichkeiten vorhanden sind, desto schwerer ist die Wahl zu treffen und desto mehr wird in sich selbst hineingehorcht, um ja bloß alle eigenen Wünsche zu befriedigen, was jeder selbst-transzendentalen Öffnung zur Außenwelt hin entgegenwirkt.

Ein zufriedener Bäcker ist nicht einer, der ständig über sich selbst reflektiert, ob es ihm wohl paßt, frühmorgens aufzustehen, ob es ihn anstrengt, viel stehen zu müssen, ob es ihm genügend Freude macht, die Brote zu formen usw., nein, ein zufriedener Bäcker ist einer, der mit seinen Gedanken bei der Sache ist, sich bemüht, die Backwaren kunstvoll herzustellen, sich auf die Teigmischungen, die Formen und den herrlichen Geruch frischgebackenen Brotes konzentriert, einer, der erstklassige Ware und treue Kunden sehen möchte. Und ein zufriedener Arzt ist auch nicht einer, der in erster Linie daran denkt, ob ihm die Patienten genug Geld einbringen, ob ihm ihre Beschwerden lästig sind, und wie er sich am angenehmsten eine gutgehende Praxis einrichten kann, sondern einer, der Krankheit, Not und Tod den Kampf angesagt hat und bereit ist, bei diesem Kampf einen Teil seiner eigenen Persönlichkeit zu investieren.

Alle diese Leute können sich nicht zuerst mit ihrem Berufsbild identifizieren und danach Freude an ihrer Arbeit gewinnen, denn es ist in Wahrheit gerade umgekehrt: am Anfang steht das Engagement in der Arbeit, der schöpferische Impuls zur Gestaltung und Ausfüllung eines Wirkungsbereiches, und während das Ich zurücktritt vor den Anforderungen der Sache, während die Wichtigkeit und Sinnhaftigkeit des zu schaffenden Werkes die Aufmerksamkeit des Ausführenden fesselt und seine eigenen kleinlichen Belange in den Hintergrund drängt, geschieht das Wunder der Identifizierung: der Mensch nähert sich dem, der er sein möchte, er findet zu sich selbst.

Manches im Leben läßt sich nicht erzwingen, es wird einem höchstens geschenkt, und so ist es auch mit der beruflichen Zufriedenheit. Sie kann im komplizierten Verfahren der Berufswahl nicht direkt angestrebt und schon gar nicht erzwungen werden, aber sie kann einem „in den Schoß fallen", wenn man einen Platz im Leben gefunden hat, den man mit voller Kraft auszufüllen bereit ist.

Nicht anders ist es mit der Partnerwahl, die auch nur dann zum Aufbau der eigenen Identität beiträgt, wenn sie auf ein Du gerichtet ist, dem das Ich liebend begegnet; im *Dasein* für den anderen erstarkt das *Sosein* der eigenen Persönlichkeit. Nicht anders ist es bei der Lebensraumwahl, die ebenfalls wesentlich zur Findung der eigenen Identität beiträgt, aber auch wiederum nicht dadurch, daß sie sich an den eigenen Wunschvorstellungen allein orientiert, sondern eher an der Form, wie sie gestaltet wird, um einen konkreten Zweck zu erfüllen, der dem Menschen wichtig oder sinnvoll erscheint. Das Handeln nach dem Diktat der Eigenbedürfnisse und vitalen Triebe fließt selbstverständlich und legitimerweise immer in alle menschlichen Aktionen mit ein, aber es entbehrt den schöpferischen Funken, es ist sozusagen ein „Handlangerdienst" im Auftrag der Natur. Daß ein sexueller oder aggressiver Überdruck abfließen *muß,* wie tiefenpsychologisch behauptet wird, ist nicht einmal erwiesen, jedenfalls aber ist es keine kreative, sondern eine automatenhafte Funktion: der Mensch handelt dabei nicht auf Grund seines freien Willens und seiner eigenen Ideen, sondern den Steuerungsmächten des Unbewußten folgend, als wäre er ihr Sklave. Ein schöpferischer Impuls aber ist kein Handlangerdienst im Auftrag einer egozentrierten Triebdynamik, er kommt im Gegenteil einem selbst-transzendentalen Auftrag gleich, der den Menschen über sein Ich und die Befriedigung seiner Bedürfnisse hinausführt, Zielen zustrebend, die sich eben nur Geistigem erschließen.

Wenn wir uns nun von diesen Erkenntnissen der Logotherapie ausgehend die Frage stellen, wie denn beim Erziehungsgeschehen eines Kindes der Boden vorbereitet werden kann für das Gelingen der späteren Identitätsfindung, müssen wir uns darauf konzentrieren, den schöpferischen Impuls schlechthin zu wecken, zu fördern und in gesunde Bahnen zu lenken. Sehr viel wird heutzutage in Hinblick darauf getan beim Kleinkind, dessen erwachende Kreativität in einer Fülle von pädagogisch-didaktischem Material ein positives Echo findet. Wo es die Eltern vernachlässigen, wird das schöpferisch/gestalterische Element im Kindergarten und in der Schule nachgeholt, und es gibt sogar schon Auswüchse ins negative Extrem, nämlich daß vor lauter freiem Gestalten wichtige kulturelle Lernprozesse der Kinder etwas zu kurz geraten, z. B. das Erlernen von ein wenig Selbstdisziplin, adäquater Umweltorientierung oder der nötigen Sorgfalt im Umgang mit Personen und Dingen. Alles in allem jedoch ist es eine erfreuliche Entwicklung, daß sich die Wichtigkeit der kindlichen Kreativitätsförderung in Erzieherkreisen herumgesprochen hat.

Wie sieht es nun mit der Fortsetzung des schöpferischen Impulses bei den Pubertierenden aus? 13- bis 17jährige mögen zwar auch noch ganz gerne basteln, malen und werken, aber sie wollen zugleich um einen Sinn-Hintergrund wissen. Sie sind auf der Suche nach Zusammenhängen, und was sie vom Erzieher intuitiv erbitten, ist weniger die Anregung, *wie* mit irgendwelchem Material schöpferisch umgegangen werden kann, als vielmehr die Erklärung, *wozu* gewerkt werden soll, oder *für welche Zielsetzung* Kräfte mobilisiert werden sollen. Noch ist die Fähigkeit zur Selbst-Transzendenz nicht herangereift, noch wird nach der Welt gefragt als einem Gebilde, das

„mir nützt oder nicht nützt“, das „mich erfreut oder nicht erfreut“, dessen Gestalt also nur betrachtet wird durch die infantil-subjektive Brille. Aber mit zunehmender geistiger Entwicklung kommt diese Brille langsam zum Verrutschen, und eine Distanz bricht auf zwischen dem Ich und einer als objektiv denkbaren Außenwelt. Hierbei könnte der Erzieher große „Entwicklungshilfe“ leisten, indem er mithilft, besagte Brille von den Augen des Heranwachsenden zu ziehen.

Jetzt sind Gespräche wertvoll, die sich „um Gott und die Welt“ drehen und dem jungen Menschen so viele Informationen über die mannigfachen Gedankengebäude der Menschheit zur Verfügung stellen wie nur möglich. Die Glaubensansätze der großen Weltreligionen, ihre Unterschiede und ihr Gemeinsames, sollten genauso ein Gesprächsthema bilden wie die Darwin'sche Evolutions- oder die Einstein'sche Relativitätstheorie, die Ideologien der großen politischen Richtungen sollten nicht weniger diskutiert werden als die großen technischen Errungenschaften der Menschheit und ihre Folgen für den einzelnen. Natürlich wird nicht bei jedem Pubertierenden die gleiche cognitive Basis zum Verständnis solcher umfassenden wissenschaftlichen Themen vorliegen, aber zwischen den kreativen Malereien eines Volksschülers und denen eines Michelangelos ist auch ein himmelhoher Unterschied, und doch wird niemand deswegen das Malen eines Volksschülers als sinnlos beurteilen.

Auch die Gespräche mit den Heranwachsenden über die verschiedenen Wissensgebiete und aktuellen Zeitprobleme als Zugang zur objektiven Welt sind keinesfalls sinnlos, sondern elementare Bausteine, mit denen der junge Mensch später einmal in einem durchaus schöpferischen Akt seine eigene Interpretation von der Welt entwerfen wird. Was die Pädagogen als „Material mit starkem Aufforderungscharakter“ zur Kreativitätsförderung der Kleinen bezeichnen, also Farben, Holzplatten, Stifte und sonstige Werkutensilien, das sind die gedanklichen Informationen aus Büchern und Gesprächen über die physikalischen, geschichtlichen oder biologischen Zusammenhänge der Welt und ihrer Bewohner für die Großen. Leider aber sind sich die Erzieher heute dessen nur sehr beschränkt bewußt, und so hört die Kreativitätsförderung beim Basteln und Malen auch schon wieder auf, statt daß sie damit beginnt und im späteren Verlauf der Erziehung einmündet in eine „geistige Kreativitätsförderung“, die noch viel wichtiger und fruchtbarer wäre für die nachfolgenden Entwicklungsstufen als die Auseinandersetzung mit stofflichem Material.

Wenn während der Pubertätsreifung die Frage nach der Transzendenz nicht aufbricht, bleibt der Jugendliche leicht in einer infantilen Egozentrierung stecken, die ihn seinem Selbst verhaftet, des Bezuges zur Außenwelt beraubt und unter Umständen sogar hindert, als Erwachsener den so unumgänglich notwendigen Schritt in die Selbst-Transzendenz zu leisten. Diesen Schritt aber kann ihm kein Erzieher mehr abnehmen, es ist der Eigenbeitrag, den jeder Mensch zu seiner Reifung beisteuert, denn auch die Erziehung hat ihre Grenzen, und einmal muß jeder Mensch in die Selbstverantwortlichkeit eintreten.

Entwicklungsverlauf vom bloßen Dasein zum bewußten Sosein:

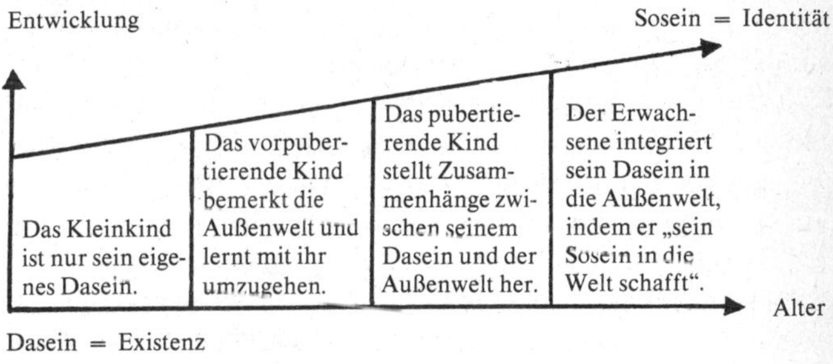

Wenn man also die Identitätsfindung als eine schrittweise Verwirklichung schöpferischer Impulse und Werte ansicht, dann muß man den Pädagogen ans Herz legen, solche Impulse nach Kräften zu fördern, wie man den Psychotherapeuten ans

Herz legen muß, solche Werte aufleuchten zu lassen in der therapeutischen Interaktion. Allzusehr ist gegenwärtig die Neigung vertreten, stets nur Probleme zu diskutieren, am liebsten gar die „Probleme mit sich selbst", sowohl mit den Jugendlichen in der Erziehung als auch mit den Ratsuchenden in der psychologischen Praxis. Dies jedoch entspricht keiner „geistigen Kreativitätsförderung", sondern macht den schöpferischen Funken zunichte, der da glimmt, denn eine übersteigerte Beschäftigung mit dem Selbst führt nirgendwo anders hin als in seelische Krankheit und Abnormität.

So macht etwa das Beispiel der Berufsfindung, welches vorhin bereits erwähnt worden ist, deutlich, daß der Erzieher mehr leisten muß, als gelegentlich die Frage zu stellen, zu welcher Arbeit ein Jugendlicher Lust verspüre. Nicht die Lust, wohl aber die Einsicht in die Sinnhaftigkeit einer Arbeit wird es dem Heranwachsenden später ermöglichen, sich mit einem Berufsbild zu identifizieren, und diese Einsicht in die Sinnhaftigkeit einer Arbeit wird aus dem Weltverständnis entspringen, das der junge Mensch sein eigen nennt. Wenn der Erzieher die spätere berufliche Identifikation seines Schützlings anpeilen will, wird er mit diesem über die Notwendigkeit von Arbeit und Zusammenarbeit, von Aufgabenteilung und Spezialisierung, von Gelderwerb und persönlicher Berufung sprechen müssen. Vor allem aber wird er die Aufmerksamkeit des Jugendlichen auf vorbildhafte Beispiele der Vertreter unterschiedlicher Berufsgruppen lenken müssen und nicht vergessen dürfen, von den Idealen zu sprechen, die den einzelnen Arbeitsgebieten zu Grunde liegen, wenn sie auch von der Realität oft relativiert werden. Die Jugend von heute ist ausgehungert nach Idealen, und sie gäbe einen Großteil ihrer materiellen Güter zusammen mit all den Problemanalysen der Erwachsenen über die Krisen der Jugendlichen her, wenn sie dafür wieder Material für einen geistigen Schöpfungsprozeß ihrer „Sturm- und Drang-Periode" bekäme, geistiges Material, bestehend aus Wert- und Sinnzusammenhängen, die es ihr erleichtern würden, eine persönliche Aufgabe im Leben zu finden und daran zu reifen und zu wachsen.

Ähnlich ergeht es manchen Erwachsenen, die in ihrer Identitätsfindung Schwierigkeiten haben, weil sie aus einer inneren Leere heraus das Leben für leer und nichtig ansehen, statt mutig und vertrauensvoll in die Sinnfülle des Lebens hineinzugreifen und der eigenen Unvollkommenheit die vollen Hände eines positiven Wirkens entgegenzuhalten.

Seit ewigen Zeiten hat der Mensch mit seiner Unvollkommenheit gehadert, immer wieder hat er seine Anklage gegen Himmel gerufen, warum er so verletzbar, so schwach, so fehlerhaft geraten sei, er, der doch die „Krönung der Schöpfung" verkörpern sollte – wenn er sich auch dessen längst nicht mehr sicher ist. Aber könnte es nicht sein, daß gerade *die Unvollkommenheit des Menschen sein eigener schöpferischer Spielraum ist,* daß gerade die Unzulänglichkeit seiner Existenz ihm die Chance auftut, schöpferisch tätig werden zu können und sich sozusagen Tag für Tag „selbst neu zu erschaffen", indem er an sich arbeitet, indem er sich ändert, indem er seinen eigenen Fehlern trotzt? Jeder Mensch trägt ein Bild der Vollkommenheit in sich, und jeder Mensch hat die Kraft, sich diesem Bilde zu nähern, nämlich sein Dasein zu transzendieren in Richtung auf ein bewußtes und willentliches Sosein.

Nur auf diesem Wege, in der Annäherung an sein inneres Bild der Vollkommenheit, findet er zugleich seine Identität. Nichts anderes meinte Angelus Silesius, als er die bekannten Worte niederschrieb:

> In jedes Menschen Herz steht ein Bild
> des', was er werden soll,
> und wird er das nicht ganz,
> wird nie sein Friede voll.

KOMMENTAR

Dieses Kapitel ist als „Pädagogischer Rundbrief" für Einrichtungen der Heim- und Heilpädagogik in Bayern im Februar 1982 erschienen und mit Bewilligung des zuständigen Landesverbandes zur Veröffentlichung freigegeben worden.

Grundlage dafür war die in Erzieher-, aber auch in Elternkreisen seit langem schwelende, bange Frage: „Wie ist unsere Jugend? Wie möchte sie sein? Wie könnte sie sein?" Ein Schlagertext der Berliner Damenkapelle „Insisters" lautet: „Wenn du nichts mehr blickst und nicht mehr gerne fickst, wenn die Asche alle ist, schluck noch 'ne Pille, setz dir 'nen Schuß und mach mit der Scheiße Schluß!" Auch die meisten anderen Texte der deutschen Schlagermusik sind geprägt von Kälte, Düsternis, Zukunftsangst. Ist das die Lebenssicht unserer Jugend? Ein Journalist kommentierte die Krawalle in Frankfurt folgendermaßen: „1927 hat man Charles Lindbergh zugejubelt. 1981 wehrten sich Alternative gegen den Ausbau des Frankfurter Flughafens. Wir haben die technischen Probleme gelöst und die menschlichen vernachlässigt." Wie konnte der Jubel so schnell in Haß, wie konnte die Hoffnung so bald in Resignation umschlagen?

Gertrud Höhler, Professor an der Universität Paderborn, erklärte auf der Kölner Messe im März 1982 zur Problematik der jungen Generation:

„Falsch verstandene Liebe sorgt für ‚Mühelosigkeit und allseitige Polsterung' jungen Lebens und provoziert auf diese Weise die ‚Haltung von Fordernden'. Wir haben die Jugend gelehrt, auf alles, was ihr zufällt, ein Recht zu haben. Nun wundern wir uns, daß sie sich auch Rechte nimmt, die ihr nicht zustehen ... Wer wie unsere Kinder ins Schlaraffenland geboren worden ist, entbehrt ‚die lustvolle Spannung von Wunsch und Ziel, von Erwartung und Erfüllung'. Die Lustlosigkeit vieler junger Menschen auf die eigene Zukunft hängt mit diesen Versäumnissen in ihrer Kindheit zusammen. Wer nie die Wegstrecke zwischen Plan und Gelingen auskosten durfte, der wird sich weder seiner eigenen Kräfte bewußt, noch wird er fähig, sich als ein Wesen mit Zukunft zu erleben."

Die Identitätskrise der jungen Menschen unserer Zeit ist offenbar größer als wir ahnen, und sie ist es deshalb, weil sie eine Wert- und Sinnkrise ist und nicht bloß eine Krise aus wirtschaftlicher oder sozialer Not. Im Gegenteil, es dürfte, wie auch Gertrud Höhler anklingen ließ, sogar das Fehlen von äußerer Not und offenen Bedürfnissen die innere Misere heraufbeschworen haben; das „Zu viel Haben" hat das „Zu wenig Sein", das Betonen des „Anspruchs auf Lust“ hat die „Dauerstimmung Frust“ nach sich gezogen. Arme junge Menschen – das Schlaraffenland des Wirtschaftswunderparadieses hat sie nicht glücklich gemacht! Arme Erwachsene, die sich so geplagt haben, das Schlaraffenland aus Träumen und Schweiß für ihre Kinder aufzubauen, und die nun derem scharenweisen Auszug aus dem Paradies, das keines war, hilflos zusehen müssen!

Dabei hat die Logotherapie das alles kommen gesehen und hat rechtzeitig versucht, die Bremsen zu ziehen; und immer noch stehen wir Logotherapeuten mit unserer ganzen Kraft auf dem Bremspedal und bemühen uns wahrlich, die geistig/seelische Talfahrt des modernen Menschen in seiner goldenen Karosse aufzuhalten oder wenigstens zu verlangsamen, damit er Zeit gewinnen kann, zur Be-sinnung zu kommen. „Die Leute hierzulande haben genug, wovon sie leben können, aber sie wissen kaum, wofür sie zu leben vermöchten“, schreibt Frankl*, „sie verfügen über die nötigen Mittel zum Leben – sozusagen über die Lebens-Mittel –, aber was ihnen fehlt, ist ein Lebenszweck.“ Was nützt ihnen die Überproduktion von Lebensmitteln, wenn kein Lebenszweck dahintersteht, was nützt ihnen die erkämpfte Freiheit, wenn sie nicht wissen, wofür sie frei sein wollen, ja was nützt ihnen letztlich sogar das Überleben von Energiekrisen, ökologischen Katastrophen oder militärischen Konflikten, wenn sie nicht wissen, wozu sie überleben sollen? Ohne das Wissen um einen höheren Sinn lautet das Fazit eben: „... und mach mit der Scheiße Schluß!“, wie unsere Teenager singen.

Eines aber ist trotz allem tröstlich; nämlich zu wissen, daß wir ein ‚Bremspedal‘ besitzen, eine innere Stimme, die uns zuflüstert, wohin wir das ‚Lenkrad‘ einschlagen sollen: unser Gewissen. Zugegeben, es ist eine leise Stimme, doch nicht einmal die grelle Schlagermusik unserer Tage kann sie ganz übertönen. Das Gewissen ist nach logotherapeutischer Deutung „die Fähigkeit, Sinn aufzuspüren“ und wird demgemäß als das „Sinn-Organ“ des Menschen bezeichnet, das wie alles Menschliche auch irren kann, das aber dennoch der optimale Maßstab ist, nach dem wir

---

* Enquete „Sinn finden in Beruf und Freizeit“, eine Dokumentation der Vereinigung österr. Industrieller, 1980.

uns bei unserer Sinnsuche orientieren können. Und mit „wir" meine ich Jugendliche genauso wie Erwachsene. Das Gewissen hat nämlich eine besondere Eigenart: es fragt nach der Verantwortung, die der einzelne für sich und seine Umwelt trägt, und unter diesem Gesichtspunkt sieht selbst das Schlaraffenland anders aus: es verliert den Pesthauch des Konsumationszwanges und verwandelt sich in ein verpflichtendes Erbe, das genützt werden kann und muß, um der positiven Entwicklung des Lebens aller zu dienen. Unsere Jugendlichen brauchten nicht aus dem falschen Paradies auszuziehen, wenn sie mit voller Kraft daran gingen, ein echtes zu schaffen, und wir Erwachsene brauchten uns nicht über die Frustration der Jugend zu entsetzen, wenn wir bereit wären, unsere eigene Frustration zu überwinden und uns diejenigen existentiellen Werte wieder bewußt zu machen, die wir in unserem Innersten zutiefst erahnen. Adam und Eva sind zwar vor sehr langer Zeit aus dem göttlichen Paradies vertrieben worden, aber das Andenken daran haben sie mitgenommen und weitergegeben bis in die heutige Generation. Dieses Andenken mag genügen, um unserem verantwortlichen Wirken eine Richtung zu geben.

7. Kapitel

Liebe braucht Treue

Zu keinem anderen Thema hat die Psychologie in dem knappen dreiviertel Jahrhundert ihres Bestehens soviel Verwirrung in Laienkreisen gestiftet, wie zum Thema Sexualität, Erotik, Liebe. Dabei ist das Allerverwirrendste die Uneinheitlichkeit ihrer wissenschaftlichen Aussagen, die sich um den Sexualtrieb ranken, ohne ihm eine humane Dimension geben zu können. Das hängt damit zusammen, daß wir in der Psychologie ein bruchstückhaftes Menschenbild haben, das der Komplexität menschlichen Seins bei weitem nicht gerecht wird, und in dem viel zu lang die humane Dimension überhaupt ausgeklammert war. Der Mensch besteht nämlich nicht nur aus Leib und „Seele", wobei „Seele" im psychologischen Sinne als Psyche, als Ursprungs- und Sammelbecken aller Triebe, Affekte und Gemütsverfassungen verstanden wird, sondern der Mensch ist auch ein geistiges Wesen und wird als solches erst zur individuellen, unverwechselbaren Person. Es war das größte Verdienst der Logotherapie zu erkennen, daß wir den ganzen Menschen niemals begreifen, wenn wir uns nur mit seiner Psychophysis befassen, wenn wir also Organismus und Gefühlsleben analysieren und daraus Schlüsse ziehen für die Gesamtheit Mensch. Die humane Dimension *ist* die geistige Dimension, und fehlt sie in einer psychologischen Konzeption, verzerren sich auch deren übrigen Aussagen ins Unmenschliche. Auf unser Thema „Liebe" bezogen bedeutet diese Dreidimensionalität des Menschen folgendes:

Laufen zwischen Mann und Frau sexuelle Handlungen ab, liegt aber sonst keine innige Beziehung vor, so steht der körperliche, der leibliche Aspekt im Vordergrund. Der Körper des anderen übt eine gewisse Anziehungskraft aus, er stimuliert den eigenen Körper, der wiederum eine gewisse Bereitschaft zur sexuellen Entladung mitbringt. Auf dem Niveau ist der Partner selbstverständlich austauschbar, weil *Körper* eben austauschbar sind, es geht um ein vorübergehendes Haben, Besitzen, Gebrauchen.

Laufen aber zusätzlich oder unabhängig davon auch psychische Phänomene wie Verliebtheit, erotische Zärtlichkeiten und die kleinen Spielchen eines Flirts ab, so geschieht eine Interaktion zwischen zwei Menschen verschiedenen Geschlechts, die an deren Stimmung und Gemütsverfassung gebunden ist. Es ist eine tragfähige Beziehung, die solange trägt, als die verliebte Stimmung anhält, bzw. als der Partner imstande ist, seinerseits stimmungsmäßige Resonanz zu bieten. Auf dem Niveau kommen wir über das Haben und Besitzen schon hinaus, denn das *Gefühl* ist mitbeteiligt, und das Gefühl für einen anderen Menschen transzendiert bereits die eigene Triebbefriedigung in Richtung auf ein Du.

Aber Affektlagen sind insofern nicht stabil, als sie abhängig sind von diversen inneren und äußeren – in der psychologischen Forschung in unüberschaubarer Menge eruierten – Einflüssen, die zu jedem Augenblick unseres Lebens bestehen und größere oder kleinere Schwingungen unserer Affektlage herbeirufen. Es kann ein mißverständliches Wort genügen oder eine Schlechtwetterperiode, ein Versagenserlebnis oder sonst eine psychische Belastung, um positive Affekte in negative umzukippen, und damit steht und fällt auch die erotische Beziehung der Verliebtheit.

Steigen wir nun noch eine Dimension höher in den geistigen Bereich, der in der Psychologie so lange negiert und erst von Frankl dem psychologischen Menschenbild eingegliedert worden ist: im geistigen Bereich begegnen zwei Menschen einander mit Liebe. Da kann alles dabei sein, die sexuelle Stimulation, die gefühlsmäßige Affektion, aber da ist noch etwas, das die körperliche und psychische Schicht des Partners durchdringt und das *existentielle So-Sein* des anderen meint, dessen Wesen, unabhängig von Aussehen und Schönheit, von Stimmung und Laune, ja sogar von Anwesenheit und Nicht-Anwesenheit oder von Leben und Tod. Mit einem geliebten

Menschen kann man innere Zwiesprache halten, ob er nah oder fern ist, ob er alt oder jung ist, ob er potent oder impotent ist, ob er einem nützt oder nicht nützt, ihm gegenüber gilt ein anderer Maßstab, nämlich der einer bleibenden und unveränderbaren Wertschätzung als Akt einer *geistigen Intentionalität**.

Es soll hier nicht der Eindruck entstehen, daß ich Liebe in irgendeiner Form idealisieren will; Liebe ist nur *ein* Element in der unbegrenzten Wert- und Sinnfülle, die sich dem menschlichen Leben darbietet, sofern sie von dem Betreffenden wahrgenommen wird. Wenn ein Priester sein Leben dem Glauben weiht oder ein Pädagoge seine persönliche Aufgabe in der Erziehung von Kindern und Jugendlichen sieht, steht dieselbe geistige Intentionalität dahinter, derselbe „Wille zum Sinn", der den Menschen und nur den Menschen befähigt, die eigenen Seinsschichten zu durchdringen auf einen Sinngehalt hin, der nicht wieder er selbst sein kann. Sexualität meint sich selbst, Verliebtheit meint sich und den anderen, Liebe meint den anderen. Sexuelle Lust verlöscht jeweils mit ihrer Befriedigung, Verliebtheit wechselt mit dem nächsten Stimmungsumschwung, Liebe bleibt bestehen.

Werfen wir einen Blick auf die psychosexuelle Reifung des Jugendlichen, so finden wir die drei geschilderten Niveaustufen wieder als einzelne Reifestadien in der Entwicklung zum selbstverantwortlichen, liebesfähigen Menschen. Der erste Anstoß zum Interesse am anderen Geschlecht ist zweifelsohne hormonell bedingt, wird also vom körperlich erwachenden Sexualtrieb gesteuert. Ohne daß es den jungen Menschen klar bewußt wird, empfinden sie plötzlich eine starke Neigung zum Kontakt mit den Gleichaltrigen des anderen Geschlechts, deren Aussehen ihnen auf einmal nicht mehr ganz gleichgültig ist. Zu diesem Zeitpunkt ist es aber eine ausgesprochene Fehlentwicklung, wenn es bereits zu sexuellem Verkehr kommt, weil weder psychisch noch geistig Möglichkeiten vorhanden sind, das Geschehen zu verarbeiten und ins eigene Leben ein-

* Vgl. das Kapitel „Vom Sinn der Liebe" im Buch „Ärztliche Seelsorge" von Viktor E. Frankl, Deuticke Verlag, 11. Auflage, Wien 1982.

zuordnen. Es gibt sogar Untersuchungen, die nachweisen, daß zu frühe sexuelle Erfahrungen eine spätere Einschränkung des geistigen Horizontes und manchmal auch eine Verkümmerung psychischer Gefühlsqualitäten nach sich ziehen.

Auf das Erwachen der körperlichen Regungen setzt nun das Mittelstadium der Verliebtheit ein, das durch Partnersuche und Partnerwechsel sowie durch ein stimmungsmäßiges Auf und Ab gekennzeichnet ist. Es kommt zum gemeinsamen Gedankenaustausch, zum Austausch von Küssen und Zärtlichkeiten, zum Wunsch, sich abzusondern oder Händchen haltend durch die Gegend zu spazieren. Auch allgemeine Unterhaltungen wie Tanz, Sport und Spiel sind wichtige Treffpunkte gegenseitiger Kontaktaufnahme. Dieses Mittelstadium beginnender aber noch unausgereifter Erotik ist ein für die jungen Menschen außerordentlich bedeutsames Stadium, denn hier gabeln sich ihre zukünftigen Wege, die überall hinführen können, in die Katastrophe genauso wie in das erfüllte Glück einer personalen Liebesbeziehung. Wenn wir den Jugendlichen in dieser kritischen Zeit helfen wollen, dann können wir es nur dadurch, daß wir fördern, was automatisch in diesem Stadium langsam eintreten sollte, nämlich das *Wegschauen von sich selbst* und das *Hinschauen auf den anderen*. Oder anders ausgedrückt: der zielgerichtete Trieb soll sich zu einem personengerichteten Streben wandeln (Frankl).

Diese angestrebte Wandlung ist nicht nur auf die psychosexuelle Reifung beschränkt, denn praktisch muß der heranwachsende Mensch in allen Lebensbereichen irgendwann einmal entdecken, daß es nicht mehr um sein eigenes Wohlbefinden allein geht, wie es in seiner Kindheit der Fall gewesen ist – weshalb er ja auch elterliche Betreuung gebraucht hat –, sondern daß zunehmend die Außenwelt an ihn herantritt mit der Aufforderung an ihn, sich in diese Außenwelt positiv miteinzubringen. So ist z. B. auch die Berufswahl und Berufsfindung ein Übergangsstadium, das von den ursprünglich ichbezogenen Abwägungen, etwas gerne oder nicht gerne zu tun, hinführen soll zum reifen Pflichtbewußtsein, bei dem es um *die Sache an sich* geht, die einen persönlichen Einsatz notwendig macht, ob dieser nun angenehm oder weniger angenehm ist. Die innere Einstellung „um einer Sache willen" muß genauso erst gelernt werden, wie die zwischenmenschliche Beziehung, die „um einer geliebten Person willen" stattfindet. Der Wandel vom kindlichen Geschrei nach Befriedigung der eigenen Bedürfnisse bis hin zum erwachsenen Begreifen von persönlichen Aufgaben und Sinnerfüllungen im Leben, um deretwillen eigene Bedürfnisse sogar in den Hintergrund treten können, ist die Menschwerdung schlechthin – erst wer diesen Wandel an sich selbst vollzogen hat, ist ein reifer Mensch. Gewiß, manche Menschen vollziehen diesen Wandel nie, wie wir sehr gut aus der Praxis der Psychotherapie und Psychiatrie wissen, aber dann bleiben sie eben auf einer infantilen Stufe stehen, auf der die psychischen Stimmungen dominieren und wenig Spielraum bleibt für die Entfaltung der geistigen Freiheit.

Ist es nun jungen Menschen gelungen, das Zwischenstadium der affektiven Verliebtheit zu durchlaufen und zur personalen Liebe heranzureifen, gestaltet sich die Beziehung, die sie zu einem anderen Menschen aufgebaut haben, nahezu zwangsläufig monogam. Denn wenn es jemandem a priori um eine bestimmte andere Person und nicht um sich selbst geht, dann ist diese Person unaustauschbar und auch von Äußerlichkeiten unberührbar, nicht einmal eine entstellende Operation oder ein ähnlich einschneidender Eingriff des Schicksals dürfte der Liebesbeziehung etwas anhaben. Dann erübrigt sich auch die heute oftmals aufgeworfene Frage nach der Ehe mit oder ohne Trauschein, denn in Wirklichkeit ist es ja so: nicht auf den Trauschein, sondern auf die *Treue* kommt es an! Und der Trauschein ist nur ein Symbol der versprochenen Treue, ein passender Rahmen für ein Bild, das zwei Menschen fürs Leben verbunden darstellt.

Das Bild ist noch viel eher ohne Rahmen denkbar, als der Rahmen ohne Bild, denn der Trauschein allein kann keine Ehe zusammenschweißen, die aus falschen Motivationen heraus geschlossen worden ist, und deren Partner einander auf suberotischem Niveau begegnen. Ist Liebe aber ein Akt geistiger Intentionalität, also hingerichtet auf die geistige Wesenheit eines Du, dann kommt der ganzen gefühlsmäßigen Abstimmung und dem sexuellen Verlangen nach dem Partner, das selbstverständlich parallel dazu existiert, nicht primär eine Befriedigungs-, sondern eine *Ausdrucksfunktion* zu: in der körperlichen Vereinigung und in der psychischen Harmonie kommt die geistige Berührung zum Ausdruck.

Geistige Aktivität jedoch wird nicht von der Emotionalität getragen, sondern vom Willen, und insofern könnte man sagen, daß hinter einer echten Liebesbeziehung auch stets ein Stück „Wille zu dieser Beziehung" steht. Der Trauschein ist dann nichts anderes als ein Dokument des Willens: wer wahrhaft liebt, der hat den festen Willen, diese Liebesbeziehung aufrecht zu erhalten, was immer geschehen mag, und kann diesen Willen auch ohne weiteres in einem symbolischen Akt bekräftigen.

Das alles ist im Grunde nichts Neues, wir müssen nur einen Faktor berücksichtigen, der bei unseren Überlegungen nicht übersehen werden darf, und das ist der Zeitgeist, der gegenwärtige Trend in unserer westlichen Kultur. In den letzten Jahrzehnten lief eine Entwicklung an, die zwei gesellschaftlich und individuell relevante Kraftpotentiale entmachtet hat, und zwar den *Willen* und die *Autorität*. Aus der Psychotherapie wissen wir, daß alles, aber auch alles unternommen wurde, um die Willenskraft des Menschen abzuwerten oder am liebsten gar zu verleugnen. Der Mensch wurde dargestellt als ein total fremdbestimmtes Wesen, abhängig von seinen Anlagen, von seinen Kindertagen, von seinen Umwelteinflüssen und diversen soziologisch-ökonomischen Faktoren, die alle seinen Werdegang unausweichlich festlegen, ohne daß er überhaupt noch kraft seines Willens ein Mitspracherecht dabei hätte. Von den Fachleuten wurde in allen Details beschrieben, wieso jemand neurotisch, aggressiv, depressiv, suizidgefährdet, drogenabhängig, kriminell oder sonst abnormal werden *müsse*, und wie wenig ein Patient daran schuld sei, am besten gar nicht, vielmehr seien die Eltern und Verwandten, die Lehrer, die Gesellschaft, der Staat und alles mögliche daran schuld, aber jedenfalls nicht der Betreffende. Dies ist nichts anderes als eine Entmündigung des Menschen, der unfähig gesprochen wird, sein Schicksal selbst in die Hand zu nehmen und es trotz vielleicht bestehender ungünstiger Umstände aus eigenem Willen zum Positiven zu lenken.

Nun, und aus der Pädagogik hören wir ähnliches in bezug auf das Phänomen der Autorität, das nicht minder abgewertet und abgeleugnet worden ist, und zwar so sehr, daß heute kein Fachmann es wagt, den Begriff auch nur zu erwähnen. Es soll nicht bestritten werden, daß Autorität mißbraucht werden kann, aber eine sinnvolle Autorität bedeutet die Führung noch unreifer Individuen durch reife Individuen, bedeutet Anleitung, Hilfe und Vorbild im richtigen Moment und im entscheidenden Lebensstadium. Wer den Willen des Menschen schwächt, liefert ihn seinen eigenen Abhängigkeiten aus, und wer die Autorität reifer Personen schwächt, liefert andere ihrer Unreife aus; somit haben wir heute einen hohen Anteil abhängiger, haltloser, unreifer Personen in der Bevölkerung, die trotz des Wohlstandes, den sie besitzen, dem Leben nicht gewachsen sind.

Für unser Thema spielen diese Vorgänge eine große Rolle, denn der Trauschein ist, wie gesagt, ein Dokument des Willens, des bewußten Ja-Sagens zueinander ein für allemal. Ein Volk jedoch, dem vom psychologischen Menschenbild her der eigene feste Wille ausgeredet worden ist, und dem statt dessen als wichtigstes Ziel im Leben die Erfüllung all seiner materiellen oder triebdynamischen Bedürfnisse proklamiert worden ist, ein solches Volk ist verunsichert in seiner Entscheidungsfähigkeit und wird schwankend in seinen Zielvorstellungen. Das Ergebnis ist eine junge Generation, bei der einem die schreckliche Vision erfassen könnte, daß die jungen Menschen vielfach nicht mehr wissen, was sie wollen, ja, daß sie allenfalls wissen, was sie *nicht* wollen. In diesem Zusammenhang steht auch so manche „Ehe auf Probe“, die durch Unverbindlichkeit und komplikationslosen Partnerwechsel gekennzeichnet ist. „Wenn wir uns nicht mehr vertragen, können wir jederzeit auseinandergehen“, heißt es dann recht sachlich und vernünftig, und doch ist es unendlich traurig, daß von Anbeginn einer Liebes- und Partnerschaftsbeziehung an auch schon das Scheitern dieser Beziehung und die mögliche Auflösung der Partnerschaft gedanklich ins Kalkül gezogen wird, wobei jeder sich am besten absichern möchte. Außerdem widerspricht dies der *einzigen* und *wichtigsten* Voraussetzung einer personalen und erfüllenden Beziehung: jenem geistigen Auf-den-anderen-hingerichtet-Sein, das ich schon mehrmals erwähnt habe, und das vom Ich wegführt zum Du. Wie könnte man vorrangig an das Du denken, wenn man sich zuerst einmal selbst absichern möchte? Beides zugleich ist unvereinbar.

Nun kann weder die Psychologie noch die Pädagogik zur Legalisierung eheähnlicher Verhältnisse aufrufen, das Kunstwerk entsteht nicht aus der Formgebung des Rahmens. Das *Bild* muß auf der verblaßten Leinwand wieder sichtbar werden, das Bild eines Wesens, das kraft seiner geistigen Dimension sich selbst transzendieren kann, das lebt, aber nicht nur *von* etwas lebt oder einfach *dahin*lebt, sondern das *für* etwas lebt, für etwas oder für jemanden. Wenn es der Psychologie gelänge, bloß dies den heutigen Menschen nahezubringen, wenn es der Pädagogik gelänge, bloß dies der Jugend zu erklären, nämlich daß Liebe dort beginnt, wo das Selbst zurücksteht, daß Liebe bei weitem mehr ist als sexuelle Begierde und gefühlsmäßiger Zauber, daß ein Willensakt mitbeteiligt ist, der den Liebespartner sozusagen als Idee verewigt, was immer Zeit und Schicksal aus ihm machen, dann wäre schon viel gewonnen. Dann wäre auch der passende Rahmen nur mehr der äußere Vollzug dessen, was innerlich vollzogen worden ist.

Da jedoch die Psychologie viel an Glaubwürdigkeit eingebüßt und die Pädagogik viel an Autorität verloren hat, so fragt es sich, ob wir Fachleute heute überhaupt imstande sind, ein menschenwürdiges „Bild der Liebe“ zu vermitteln. Es gibt allerdings zwei Arten, etwas zu lernen: erstens durch die Vermittlung von Ansichten und Informationen sowie durch lehrreiche Vorbilder von Personen, die eine Autorität im besten und positivsten Sinne bedeuten, und zweitens durch eigene Erfahrungen, an denen man reift. Und es ist leicht einzusehen, daß im Zeitalter der schwindenden Autorität die zweite Möglichkeit zunehmend an Gewicht bekommt. Diese zweite Möglichkeit gefällt uns zwar nicht so gut, denn die notwendigen Selbsterfahrungen sind bitter, und wir würden sie gerne verhindern; dennoch müssen wir uns bewußt bleiben, daß es der ursprünglichste Weg des Menschen war, aus seiner eigenen Lebenserfahrung zu lernen, und daß ihn dieser Weg bei seiner kognitiven Ausstattung durchaus zu einem annehmbaren Ziel führen kann, notfalls sogar auf Umwegen, die den Pädagogen erschüttern.

Eine *Leid*erfahrung ist eine *Reife*erfahrung, und insofern sollte nicht immer versucht werden, jungen Menschen jedes Leid zu ersparen, im Gegenteil, je weniger Autorität sie anerkennen, desto mehr eigenes Leid müssen sie erleben, um denselben Lern- und Erfahrungsgewinn zu erzielen.

Auch hierin besteht keine Einigung in der Psychologie, aber es gibt eine Reihe von Forschungsergebnissen, die beweisen, daß ein Leid nicht, wie früher geglaubt, unbedingt traumatisierenden Charakter haben muß und einer lebenslänglichen seelischen Verletzung gleichkommt, sondern daß Kummer, Not und Leid auch sehr heilsame Komponenten einer Persönlichkeitsnachreifung im Erwachsenenalter beinhalten können. Oft sind es die wertvollsten Menschen, die durch eine frühere Schuld geläutert wurden oder aus einem Fehltritt, den sie zutiefst bereuen, als „andere“ hervorgegangen sind, woraus wir ersehen, daß auch die unvermeidbaren Schattenseiten unseres Lebens ihren Sinn haben.

Daher wage ich zu behaupten, daß man junge Menschen leider manchesmal in ihr eigenes Unglück laufen lassen muß im Vertrauen darauf, daß sie über diesen Umweg letztlich eine höhere Stufe ihrer Entwicklung erklimmen werden. Eltern, Erzieher und Pädagogen dürfen aber deswegen keinesfalls resignieren und meinen, daß alles, was sie den jungen Leuten gedanklich anbieten, vergebens sei; denn das Entscheidende am Lernprozeß, der über die schmerzliche Selbsterfahrung erfolgt, ist ja dies, daß im nachhinein, nach dem Irrtum, nach dem Unglück, nach der Fehleinschätzung die *Rückbesinnung* kommt, und die kommt um so eher, als Erinnerungen verfügbar sind an Hinweise zum rechten Weg.

Ist jemand bei seinem ersten eheähnlichen Partnerschaftsversuch kläglich gescheitert, dann wird eventuell all das für ihn interessant, was er zuvor pauschal und hochmütig abgelehnt hat, jene Werte, die ihm von verschiedener Seite als notwendige Voraussetzung für ein sinnvolles Zusammenleben aufgezeigt worden sind, und die ihm, wie er jetzt selbst einsieht, gefehlt haben. Wenn wir also mitunter das Gefühl haben, das Bild der personalen und verantwortungsbewußten Liebe nicht mehr weitergeben zu können, dann dürfen wir uns in unseren Bemühungen nicht beirren lassen; zumindest vermitteln wir Erinnerungsspuren, die eines Tages über die persönliche Lebenserfahrung eines Menschen hinaus späte Früchte bringen mögen, und auf diese Art doch noch ihr Gutes haben. *Leiderfahrung und Rückbesinnung* ist der bittere aber anscheinend unerläßliche Weg zum geistigen Wachstum, nicht nur unserer heutigen Jugend, sondern möglicherweise unserer gesamten industrialisierten, technisierten und zivilisierten Welt.

In meinen bisherigen Ausführungen habe ich in dem großen Fragenkomplex um Liebesbeziehungen und gesellschaftliche Sanktionierung ein Element ausgelassen, das der Sachlage eine entscheidende Wende gibt, und zwar das aus der Liebesbeziehung hervorgehende *Kind*. Wir haben festgestellt, wenn wir nicht mehr über eine positive Autorität Werte zur Lebensgestaltung aufzeigen können, müssen wir die (eventuell auch negative) Lebenserfahrung insbesondere junger Menschen sozusagen als Lehrmittel zulassen. In dem Moment aber, da ein Kind mit ins Spiel kommt, geht die negative Lebenserfahrung der Eltern auf seine Kosten. Hier kollidieren zwei Anliegen miteinander, die mindestens gleich ernst zu nehmen sind, nämlich das Anliegen, erwachsene Personen mögen – wenn nichts anderes hilft – wenigstens über ihr eigenes Leid zu einer besseren Lebensbewältigung nachreifen, und das Anliegen, ihre unschuldigen Kinder mögen vor Unglück bewahrt bleiben.

Als Erziehungsberaterin mit langjähriger Praxis neige ich dazu, vorrangig für das Wohl des Kindes einzutreten, und das heißt konkret: kein Kind, wenn man keine harmonische Familie bieten kann! Damit aber begebe ich mich auf das Glatteis eines Problembereiches, der Zündstoff in Kirche und Gesellschaft ist, nämlich in die Diskussion um Empfängnisverhütung und Familienplanung. Das Erstaunliche ist, daß die Psychologie durchaus Beiträge dazu anzubieten hat: dieselbe

Psychologie, die einerseits oft und oft gegen die Unterdrükkung oder Einengung des Sexualtriebes heftig Position bezogen hat, weiß andererseits in einer Vielfalt von Untersuchungsergebnissen darüber zu berichten, welche teilweise unaufholbaren Schädigungen Kinder erleiden, deren Elternhaus nicht intakt ist. Die gesamte tiefenpsychologische Literatur hat im wesentlichen nichts anderes aufgezeigt, als daß vor allem den ersten Lebensjahren eines Kindes höchste pädagogische Sorgfalt gewidmet werden muß, um nicht Fehlentwicklungen vorzuprogrammieren, die später nicht mehr aufzuhalten sind. Aber, wie so viel Widersprüchliches die Psychologie umgibt, ist es auch Tatsache, daß nahezu zur selben Zeit, als die Pioniere der Entwicklungspsychologie die heute unbestrittenen Themen über die Bedeutung der frühen Kindheit zu formulieren begannen, zugleich die Idee von der Emanzipation des modernen Menschen, und speziell der Frau, ihren Siegeszug antrat mit der unerwarteten Folge, daß massenweise Ehen auseinanderbrechen und immer mehr Mütter von Kleinkindern berufstätig sind, also de facto immer weniger Kinder die von den Psychologen gerade als so wichtig entdeckte Geborgenheit in einer liebevollen familiären Gemeinschaft von Anfang an erhalten.

So ist die Tiefenpsychologie leider zu einer fast ausschließlichen Retrospektion geworden, zu einer „Fehlersuche im nachhinein", statt prophylaktische Wirkung zu haben und Erziehungsfehler von vornherein verhindern zu können, was wahrscheinlich sinnvoller wäre. Jedenfalls kommen wir nicht daran vorbei, daß unreife, labile und in ihrer Liebe wenig gefestigte Eltern ihren Kindern durch eine unzureichende Erziehung mitunter schwere Schäden zufügen, die nicht so leicht wieder gutzumachen sind, und in Anbetracht derer man wahrhaft wünschen möchte, sie hätten lieber keine Kinder gezeugt. Das heißt aber nicht, daß eine leichtfertige Abtreibung in sozialen und familiären Belastungssituationen gerechtfertigt ist, denn die Formel „lieber tot als belastet" ist gar zu einfach. Wer will jeweils wirklich voraussehen, wie „unüberwindlich" groß die spätere Entwicklungsbeeinträchtigung eines unerwünschten Kindes sein wird? „Das hedonistische Kalkül ‚lieber Leben töten als es mit Belastungen seinen Weg gehen lassen' hätte manchen edlen und hervorragenden Menschen gehindert, ein solcher zu werden", schreibt Maria Simon von der Universitäts-Frauenklinik in Würzburg in einer Abhandlung zum Paragraphen 218 so treffend.

Die Gefahr ungewollter Schwangerschaften ist ja sowieso durch die Anwendung und Verbreitung der Pille und anderer Empfängnisregelungen weitgehend vermindert worden, so daß sich auch die eher beziehungsschwachen Paare heute relativ sicher fühlen bei ihrer sexuellen Begegnung, was diese natürlich noch mehr abkoppelt von den Bedingungen der Reife und geistigen Liebe. Aber vielleicht gibt es trotz allem eine Betrachtungsweise, die es erlaubt, auch die moderne „freie Liebe" unter den Aspekt der Verantwortlichkeit zu stellen, denn Freiheit und Verantwortung sind zwei untrennbar miteinander verbundene Seiten ein- und derselben Medaille, wie sich die Logotherapie seit langem darzustellen bemüht.

Unsere jungen Menschen wollen sich nichts mehr sagen lassen, sich nicht mehr gängeln lassen, wollen ihr Leben selbst leben und für voll genommen werden; gut, dann sollen sie selbst bestimmen, was sie tun, *und* dann sollen sie selbst verantworten, was sie tun. Das muß ihnen gesagt werden, immer in dieser Kombination, nämlich daß sie frei sind, aber nicht *von* etwas, sondern *zu* etwas: zur Gestaltung ihres Lebens in Eigenverantwortlichkeit. Die Illusion von der Freiheit als Freibrief zur Durchsetzung eigener Wünsche muß entlarvt werden, und die Sinne müssen dafür geschärft werden, daß solcherart verstandene „Freiheit des einen" das Ende der „Freiheit des anderen" bedeutet. Freiheit gibt es nur für den, der sich einer Ordnung unterwirft, die er selber anerkennt; frei ist, wer seine Freiheit freiwillig beschränken kann.

Junge Paare fordern uns heraus, sie fragen: „Warum sollen wir nicht miteinander Geschlechtsverkehr haben, wenn es Spaß macht?" Oder: „Warum sollen wir nicht miteinander leben, wenn es uns eine Zeitlang gefällt?" Nun, hier ist die Antwort: „Tut, was ihr verantworten könnt – zumindest vor euren geborenen und ungeborenen Kindern!"

Viele Werte sind in den Kriegs- und Nachkriegsjahren verloren gegangen, viele Traditionen sind zerbrochen, aber der *Schutz der Nachkommenschaft* ist ein so tief in uns verwurzeltes Instinktivgesetz, daß der Verfall eines Volkes schon sehr weit fortgeschritten sein muß, um dieses Grundgesetz ins Wanken zu bringen. Der Appell an die Verantwortlichkeit für die Nachkommen hat auch heute noch eine realistische Basis, findet auch bei den jungen Menschen noch einen Widerhall. Eine Diskussion über die Sinnhaftigkeit der Liebe und Ehe kann vielfach nur mehr am Boden der Verantwortlichkeit für das Kind erfolgen, denn die Verantwortlichkeit für den Partner ist in den egoistischen Strömungen unserer Zeit nahezu unkenntlich geworden.

Immerhin, wir Psychologen vermögen die durch ein versagendes Elternhaus bedingte Gefährdung von Kindern an genug Statistiken und Fallbeispielen aufzuzeigen, und folglich soll eine unzureichende Liebesbeziehung nicht zur Elternschaft führen, und genauso wenig sollen Eltern, die nun einmal ein Kind in die Welt gesetzt haben, ihre Beziehung zueinander leichtsinnig aufs Spiel setzen; beides widerspricht der besagten Verantwortlichkeit. Was daher den zur Liebe erwachenden Heranwachsenden begreiflich gemacht werden muß, ist die zweifache Verantwortung für das Kind, nämlich die *vor* der Empfängnis, die darin besteht, sich nicht oder nicht ungeschützt mit einem Partner einzulassen, zu dem allenfalls eine gewisse Verliebtheit, aber keine geistige Beziehung besteht – wodurch das Verhältnis keine Dauerhaftigkeit verspricht –, und andererseits die Verantwortung *nach* der Empfängnis eines Kindes, die darin besteht, den Willen zur Familie aufzubringen und den Partner, der Vater oder Mutter des eigenen Kindes ist, bewußt zu akzeptieren. Zur Verantwortlichkeit *vor* der Empfängnis eines Kindes ist das Abwarten einer geistigen Mindestreife wesentlich, zur Verantwortlichkeit *nach* der Empfängnis eines Kindes ist das Prinzip der Treue eine unterstützende Hilfe. Somit kann auch die Bedeutung des Trauscheins aus der Perspektive der Verantwortlichkeit für die Nachkommenschaft aufgerollt werden, indem man eine klare Funktionsunterscheidung vor und nach der Empfängnis eines Kindes trifft: *Vorher* ist der Trauschein nur der passende Rahmen für ein Bild echter menschlicher Liebe, die sich über die körperliche und psychische Ebene hinaus in einem Akt geistiger Intentionalität dokumentiert, *nachher* jedoch ist er ein Instrumentarium des Zusammenhalts einer Familie, die schon um des Kindes willen nicht auseinanderbrechen soll.

Oft höre ich Leute abfällig sagen, es sei doch Unsinn, „bloß wegen der Kinder“ eine Ehe aufrechtzuerhalten. Bei dieser Einstellung kann uns angst und bange werden, besagt sie doch, daß Kinder nicht mehr wert genug sind, um ihretwillen auch ein Opfer in Kauf zu nehmen. Gewiß wäre in jedem Fall zu wünschen, daß Eheleute mehr verbindet als nur das beidseitige Interesse am Kind und die beidseitige Verpflichtung, es gut zu erziehen, dennoch darf man wohl sagen, daß die Verantwortung für die gemeinsamen Kinder *Wert genug* ist, um die Eltern in der gemeinsamen Aufgabe aneinander zu schmieden, auch dann, wenn ihre gegenseitige Beziehung nicht ganz die große Liebe geworden ist, die sie werden sollte.

Die Gesundheit des Kindes muß vor den Eigeninteressen der Erwachsenen stehen; wenn uns *das* nicht mehr fraglos selbstverständlich ist, dann begeben wir uns unter das Niveau der Säugetiere, die bis auf wenige Ausnahmen dieses Grundgesetz instinktgesteuert befolgen. Die körperliche und geistig-seelische Gesundheit des Kindes hat Vorrang, und diese Gesundheit ist in Gefahr, wenn Vater und Mutter im Streit auseinandergehen, sich entfremden, sich trennen. Zwar wird allseits argumentiert, daß eine Trennung immer noch besser sei als ein unaufhörlicher Krach zu Hause, aber auch diesbezüglich klaffen die psychologischen und soziologischen Untersuchungsergebnisse weit auseinander. Ohne Zweifel passen manche Eheleute nicht zusammen und leben in ständigen Konflikten, andererseits läßt sich eine gewisse Anpassung auch lernen, und Krisen lassen sich bei einigem guten Willen überwinden.

Ich hatte einen Fall in der Beratungsstelle, bei dem es um dramatische eheliche Auseinandersetzungen ging, im Zuge derer die Frau beschloß, die Familie zu verlassen. Kurz nachdem sie diesen Entschluß kundgetan hatte, versuchte der 16jährige

Sohn dieser Eltern sich aufzuhängen, konnte aber gerade noch gerettet werden. Der Junge liebte beide Eltern und vermochte den Auszug der Mutter nicht zu ertragen. Meine Mitarbeiter und ich wurden vom Krankenhaus aus eingeschaltet, um mittels Familientherapie einer Wiederholung des Vorfalls vorzubeugen, und wir haben auch lange und ausführlich mit diesen Eltern gearbeitet, allerdings weniger im üblichen konfliktaufdeckenden Sinne, sondern mehr logotherapeutisch orientiert. Ich riet der Frau dringend, doch noch einige Jahre bei der Familie zu bleiben und das Beste aus dieser Situation zu machen; solange nämlich, bis der Junge erwachsen und in sich gefestigt sei, dann könne sie ja ihren eigenen Weg gehen. Ich habe also allen Eheproblemen zum Trotz an ihre Verantwortlichkeit für den Sohn appelliert, die noch einige Zeit lang bestand und die, wie sich so drastisch gezeigt hatte, mit einer Trennung der Eltern nicht vereinbar war. Die Mutter hat diesen Appell verstanden und sich innerlich darauf eingerichtet, noch zwei oder drei Jahre bei ihrem Manne auszuharren, und zwar nicht verärgert und verbittert, sondern voll guten Willens, bis sie von ihrer Mutterpflicht entlastet und frei sein würde für eine Neugestaltung ihres Lebens.

Das alles ist vor drei Jahren passiert, und der Junge ist mittlerweile längst volljährig geworden. Als ich kürzlich mit der Mutter wegen dem Berufsabschluß ihres Sohnes sprach, fragte ich nebenbei, wie es denn nun mit ihrem Vorhaben, den Mann zu verlassen, stünde. Da antwortete sie: „Ja wissen Sie, mein Mann und ich, wir haben uns wieder zusammengerauft, und jetzt auf unsere alten Tage wollen wir auch nicht mehr auseinandergehen. Im Gegenteil, wir scheinen mehr und mehr einander zu brauchen."

Die Eheprobleme konnten also überwunden werden, obwohl es in der kritischen Phase so ausgesehen hatte, als gäbe es dafür keinerlei Chancen mehr. Hätte allerdings der Junge nicht mit seiner Verzweiflungstat ein warnendes Signal gesetzt, wäre die geplante Trennung der Eltern vollzogen worden, und wer weiß, ob sie es nicht beide heute bereuen würden. Man kann durchaus bewußt und willentlich eine Ehe aufrecht erhalten *um der Kinder willen,* und das ist keineswegs die schlechteste Motivation, ist sie doch Ausdruck eines Verantwortungsbewußtseins jenseits von Gleichgültigkeit und Eigenliebe.

Haß ist sehr oft eine Form von Liebe, wenn auch eine ganz unglückliche und enttäuschte; dennoch, eine, die sich zurückverwandeln läßt, weil noch Gefühle für den anderen und Interesse am anderen vorhanden sind. Das Gegenteil von Liebe ist niemals Haß, sondern Gleichgültigkeit, und Gleichgültigkeit wandelt sich schwerer als Haß. Doch selbst wenn sich Ehepartner bereits ziemlich gleichgültig geworden sind, beide aber in der Liebe zu den Kindern eine gemeinsame Basis anerkennen, lohnt es sich für sie, die Lebensgemeinschaft aus Gründen der Wirtschaftlichkeit und Arbeitsteilung aufrecht zu erhalten und sich und die Kinder vor den Strapazen und Folgen eines Scheidungsverfahrens zu bewahren. Wenn dies auch zugegebenermaßen wirklich nicht die beste Begründung ist, um eine Ehe weiterzuführen, so erhält es wenigstens den Kindern ein Zuhause mit Mutter und Vater. Mag sein, daß die Eltern in diesem Fall kein optimales Vorbild zwischenmenschlicher Kommunikation liefern, aber sie sind zumindest da – wir Erziehungsberater sind heute bescheiden geworden, sehr bescheiden, wir freuen uns schon, wenn Vater und Mutter noch anwesend sind im Erziehungsprozeß. Bei unseren jährlichen Statistiken kommt zum Vorschein, daß im Durchschnitt mehr als zwei Drittel der uns mit seelischen Störungen vorgestellten Kinder nicht mehr mit ihrem leiblichen Vater zusammenleben, sei es, daß sie keinen Vater haben, sei es, daß Ersatz-Vaterfiguren vorhanden sind. Des weiteren weisen die Daten gewöhnlich darauf hin, daß über die Hälfte der uns vorgestellten Kinder tagsüber keine Mutter haben, weil ihre Mütter berufstätig sind. Eine solche Bilanz braucht nicht kommentiert zu werden, sie spricht eine allzu deutliche Sprache, und auch die beste Erziehungsberatung kommt dort an ihre Grenzen, wo die zu beratenden Erziehungspersonen nicht mehr verfügbar sind.

Der moderne Mensch will sich selbst verwirklichen – um ein aktuelles Schlagwort zu gebrauchen –, der moderne Mann bleibt nicht „um seiner Kinder willen“ in der Familie, er zahlt lieber Alimente, die moderne Frau bleibt auch nicht „um ihrer

Kinder willen" im Haushalt, sie finanziert lieber das vollgestopfte Kinderzimmer und notfalls das Paukstudio. Aber Verantwortung kann nicht mit Geld abgegolten werden, und Freiheit kann nicht mit dem Leid anderer erkauft werden, das ichbezogene Menschenbild führt sich eines Tages selbst ad absurdum. Weder die Fähigkeit zu lieben noch die Verantwortung für die Nachkommen sind vereinbar mit Selbstverwirklichung um jeden Preis, im Gegenteil, das Motiv, „um eines anderen Menschen willen" so und nicht anders zu handeln, ist immer noch höherstehend als jedes andere zur Vermehrung von Wohlstand und Eigenvorteil. Wenn wir Eltern belächeln, die „nur wegen der Kinder" beisammenbleiben und andererseits Eltern verstehen, die „wegen ihrer Selbstverwirklichung" Familie und Kind im Stich lassen, wenn wir den Trauschein als Dokument eines Willensprinzipes für überflüssig erklären, und den Partnerwechsel im Dienste des Lustprinzipes für vertretbar, ja wenn wir das Band zwischen Liebe und Treue lösen, dann rühren wir an der Substanz unserer Existenz, die nie so gefährdet war wie heute.

KOMMENTAR

Dieses Kapitel ist die Niederschrift eines Vortrages, den ich auf einer Fortbildungstagung für Lehrer gehalten habe, und der in der anschließenden Diskussion ein starkes Pro und Contra entfachte. Erstaunlicherweise waren die Pro-Stimmen nicht durchwegs bei älteren, konservativ eingestellten Kräften, und die Contra-Stimmen bei jüngeren, progressiven zu finden, wie man vielleicht hätte meinen können, sondern sie verteilten sich eher nach dem Erfahrungsschatz der Pädagogen. Lehrer mit einer vieljährigen Praxis stimmten meinen Ausführungen spontan zu, während Lehrer, die ihre Ausbildung erst vor kurzem abgeschlossen hatten, skeptisch blieben. Das hing damit zusammen, daß die erfahreneren Pädagogen schon viele tragische Schülerschicksale erlebt hatten, die durch familiäre Zerwürfnisse und Scheidungskrisen geprägt waren; an ihren zahlreichen Wortmeldungen wurde deutlich, wie sehr die Krisen der Eltern an den Krisen der Schüler ablesbar sind.

Kinder halten im allgemeinen viel aus, viel mehr, als die Tiefenpsychologie sich träumen läßt. Sie überstehen es ganz gut, die Mutter mit dem Vater teilen zu müssen, ohne ödipalen Komplexen zum Opfer zu fallen, und sie lernen auch schnell, die Zuwendung der Eltern mit Geschwistern zu teilen, ohne in Eifersuchtshysterien auszubrechen. Sie begreifen, nicht in die Hose zu machen, ohne deswegen ein Leben lang anale Phantasien zu produzieren, und sie akzeptieren Strafmaßnahmen, wenn sie ein elterliches Gebot übertreten haben, ohne von diesen „Umweltrepressalien“ geknickt zu werden. Auch Verzichte auf Spielsachen, Mithilfe im Haushalt, Schulstreß und Kämpfe mit Gleichaltrigen hinterlassen weniger seelische Narben, als man denkt, ja sie stählen sogar die kindlichen Kräfte, sich in Prüfungen zu bewähren.

Kinder halten wie gesagt viel aus, aber sie brauchen Vater und Mutter. Die Liebe und Beständigkeit ihrer Eltern ist ihr Rückgrat, und solange dieses nicht gebrochen ist, trotzen sie fast jedem Schicksalssturm. Wo aber Vater und Mutter sich entzweien, beginnt das Leid der Kinder, und es ist ein schlimmeres Leid als Schmerz und Hunger. Es ist eines der grausamsten Leiden der Kreatur überhaupt, angewiesen zu sein auf jemanden, der einen verläßt, und ich glaube nicht, daß ein Elternteil jemals wieder gut schlafen kann, der solches Leid eines Kindes als Schuld auf seine Schultern geladen hat.

Die Tiefenpsychologie erklärt den Erwachsenen, daß sie wegen der Leiden aus der eigenen Kindheit nicht verantwortlich sind. Die Höhenpsychologie erklärt den Erwachsenen, daß sie für die Leiden der eigenen Kinder verantwortlich sind.

Die Tiefenpsychologie will das Leiden der Kinder von gestern aufdecken, die Höhenpsychologie will das Leiden der Kinder von heute verhindern.

Die Tiefenpsychologie „benützt“ das Kinderleid zur Aufhebung von Schuldgefühlen Erwachsener, die Höhenpsychologie „benützt“ das Schuldgefühl Erwachsener zur Aufhebung von Kinderleid.

Wir Logotherapeuten glauben, daß es niemandem hilft, die ei-

gene Mutter oder den eigenen Vater anzuklagen, aber daß es uns allen hilft, aus den Fehlern unserer Eltern die eine Konsequenz zu ziehen: sie nicht zu wiederholen. Leid läßt sich nur vermindern, wenn jeder bei sich selbst beginnt, hier und heute.

8. Kapitel

Familie braucht Sinn

Wissenschaftler der Universitäten Frankfurt und Mannheim gingen vor kurzem der Frage nach, welche Entwicklung die deutsche Familie bis zum Jahr 2000 nehmen werde. Den Ergebnissen dieser Studie zufolge wird der Anteil der kinderlosen Frauen zwischen 20 und 50 Jahren von heute 30% auf 40% steigen und die Zahl der unvollständigen Familien, in denen also Vater oder Mutter fehlen, zunehmen. Ferner wird sich die Verschiebung von der 2-Kinder-Familie zur 1-Kind-Familie verdeutlichen, und jeder 5. Erwachsene wird in einem 1-Personen-Haushalt leben. Der Trend geht also nicht nur weg von der Großfamilie, er geht auch weg von der Kleinfamilie, er strebt insgesamt *weg von der Familie.*

Nun ist dies ein soziales Experiment, von dem wir nicht wissen, wie es enden wird. Es wäre zwar theoretisch denkbar, daß Menschen in einer losen Gemeinschaft, jeder für sich, nebeneinander leben und eine organisierte Form der Kinderaufzucht entwickeln, die der Verantwortlichkeit der einzelnen Mütter und Väter entzogen ist, doch kann man nicht behaupten, daß die Ansätze, die in diese Richtung bereits unternommen worden sind, in der Praxis geglückt seien. In Wirklichkeit ist bisher noch niemals eine bessere Erziehungsform für Kinder gefunden worden als in der Geborgenheit einer normalen Familie, so sehr man auch Ersatz-Erziehungsstätten wie Kinderheime, Pflegenester, Gemeinschaftskindergärten usw. ausprobiert hat.

Aber nicht nur die gesunde Kindererziehung scheint an die gesunde Familie gebunden zu sein, auch das seelische Wohlbefinden der Erwachsenen ist eng mit Verwandtschaft und Partnerschaft verknüpft. Das mag seinen Grund darin haben, daß ein positives Familienleben die Erwachsenen weitgehend motiviert, eine wechselseitige Beziehung von Geben und Nehmen aufrecht zu erhalten und ihren persönlichen Beitrag dazu zu leisten. Ohne den Rahmen einer Familie jedoch besteht wenig Notwendigkeit zu *geben,* und manchmal auch wenig Gelegenheit, zu *nehmen,* was beides in die Enge einer sozialen Isolation treibt, die stets mit Egozentrierung, Kontaktschwäche und Vereinsamung Hand in Hand geht. Das Singletum, wie es neuerdings aus Amerika zu uns herüberkommt und den Gipfel jeglicher Ungebundenheit darstellt, wird selten lange verkraftet, es wirkt sich seelisch ähnlich aus wie eine Amputation wichtiger Organe im körperlichen Bereich.

In der psychologischen Beratungspraxis habe ich die Folgen des langsam dahinschwindenden Familienzusammengehörigkeitsgefühles täglich vor Augen: die in ihrer Charakterentwicklung behinderten oder geschädigten Kinder aus zerbrochenen Familien wechseln mit den unausgeglichenen und vielfach sehr depressiven Erwachsenen, die zu einer echten Partnerschaft kaum mehr fähig sind und in ihren eigenen Problemen zu ersticken drohen. Ein Außenstehender soll dann raten, helfen, trösten, Beziehungen kitten oder Streit schlichten, kurz, berufsmäßig alle jene Funktionen erfüllen, die eine lebendige Familie durchaus intern bewältigen würde, wenn sie eben noch existieren würde, aber meistens wurde sie längst abgewürgt und außer Funktion gesetzt.

So könnten zum Beispiel die älteren Familienmitglieder wie Omas, Opas, Onkel und Tanten aus der Fülle ihrer eigenen reichen Lebenserfahrung heraus manchen bewährten Ratschlag für die jüngere Generation bereithalten, und umgekehrt vermöchten die jüngeren Familienmitglieder den älteren zu helfen, sich auch im modernen, technologischen Zeitalter zurechtzufinden, vorausgesetzt, daß die Kommunikation zwischen jung und alt überhaupt noch fließt und nicht alle zwischenmenschlichen Bindungen am Altar der üblicherweise hochstilisierten Generationskonflikte geopfert worden sind. Oder es wäre in jedem Fall günstig, wenn sich Eltern alle Erziehungsfragen betreffend miteinander aussprechen und absprechen könnten und durch ihr gemeinsames Interesse am

Entwicklungsgang ihrer Kinder verbunden wären; statt dessen aber sind sie oft untereinander uneinig, getrennt, geschieden, sich entfremdet oder gar verfeindet, und der erziehende Teil steht allein da mit seiner großen Verantwortung und den Attacken von seiten des anderen, die ihm den Erziehungsauftrag erschweren und manchmal sogar verunmöglichen.

Somit kommen immer mehr ratsuchende Menschen zum Fachmann und suchen bei ihm eine Hilfe, die sie in den Reihen der eigenen Angehörigen nicht mehr finden können, weil der Familiensinn verloren gegangen ist. Was kann der Fachmann dann tun? Er kann natürlich keine Familienbande ersetzen, ja er muß schon froh sein, wenn die Familienfähigkeit eines Kindes oder Elternteiles überhaupt noch vorhanden ist, aber etwas vermag er zu tun: er kann die *Sinnhaftigkeit* der Familie aufzeigen, den *Wert* der Familiengemeinschaft und die *Kostbarkeit* des Füreinanderdaseins. Ein Beispiel soll dies erläutern:

Eine Mutter brachte ihren kleinen 5jährigen Sohn auf die Beratungsstelle mit der Bitte an uns, ihn in Spieltherapie zu nehmen. Sie hatte irgendwo gelesen, die Spieltherapie unterstütze die Persönlichkeitsentfaltung eines Kindes und helfe ihm über Entwicklungskrisen hinweg. Selbstverständlich fragte ich nach, welche Entwicklungskrisen sie bei ihrem Sohn denn vermute, zumal dieser auf mich den Eindruck eines aufgeweckten und normalen Kindes machte. Da erzählte mir die Mutter, daß sie in Scheidung lebe und ununterbrochen heftige Auseinandersetzungen mit ihrem getrennt lebenden Ehemann habe, welcher den Jungen auch zeitweise übers Wochenende bei sich behalte und gegen sie, die Mutter, aufhetzen würde. Andererseits gab sie zu, daß sie selbst den Jungen oft vor dem Vater warnte und ihm alles Schlechte über diesen „bösen Mann“ ungeschminkt mitteilte. Nach den Wochenenden beim Vater pflegte das Kind regelmäßig nachts einzunässen und im Kindergarten Spielsachen mutwillig zu zerstören, so daß sich die Kindergärtnerin über seinen gegenwärtigen Zustand besorgt geäußert hatte.

Familientragödien wie diese gibt es heute unzählige, die Kinder sind den Konflikten der Eltern wehrlos ausgesetzt und inhalieren das Vorbild von Haß und Grausamkeit zwischen denjenigen Menschen, die ihnen nahestehen wie niemand sonst auf der Welt, nämlich zwischen Vater und Mutter. Wenn es nicht eher zum Weinen wäre, könnte man fast darüber lachen, daß Kinder in Therapie genommen werden sollen, weil sich ihre Eltern nicht mehr miteinander vertragen. Ich spiele dabei jedenfalls nicht mit, und so erklärte ich auch der geschilderten Mutter, daß ich es für einen Unsinn ansähe, ihren Sohn einmal wöchentlich für 1 oder 2 Stunden in Spieltherapie aufzunehmen, um sein Selbstvertrauen zu stärken, während in derselben Zeit vielleicht 10 oder 20 mal in der Woche sein „Urvertrauen zum Leben“ systematisch untergraben werde durch massive häusliche Streitigkeiten, die ihn tief in seiner kindlichen Seele treffen und verunsichern müßten. Nicht das Kind sei therapiebedürftig, sondern sie und ihr Mann brauchten fachlichen Rat, und deshalb bat ich sie, sich zu überwinden und zusammen mit ihrem Mann zu mir zum Gespräch zu kommen.

Als sie dann beide bei mir saßen, war es, als sei ein kalter Wind zur Türe hereingeweht, so eisig waren Blicke und Mimik der beiden Eheleute. „Sie wollen sich scheiden lassen“, begann ich die Beratung, „und Sie haben gewiß Ihre Gründe dafür, in die ich mich nicht einmischen möchte. Aber eines sollen Sie wissen: jede Scheidung ist in gewisser Weise ein Versagenserlebnis und bringt mit sich das Gefühl, sich getäuscht zu haben, gescheitert zu sein, vielleicht auch ein wenig schuldig geworden zu sein, was man sich natürlich nur ungern eingesteht, was einen innerlich aber noch lange bedrückt. Sie hätten nun die Chance, dieses Versagenserlebnis wesentlich zu mildern, ja in einen menschlichen Triumph zu verwandeln, wenn es Ihnen gelänge, über Ihren eigenen Schatten zu springen und dem Kind zuliebe vernünftig miteinander zu kooperieren, trotz Trennung und Scheidungsprozeß. Vernünftig kooperieren aber heißt, daß keine bösen Worte vor dem Kinde fallen, daß keine gegenseitigen Vorwürfe ihren Umweg über die Ohren des Kindes machen und kein Feilschen um Besuchs- und Gesprächskontakte mit dem Kind stattfindet. Für den Jungen sind Sie immer noch Vater und Mutter und bleiben es ein Leben lang, in seinem Herzen werden Sie nicht so schnell geschieden wie auf dem Papier."

Die beiden saßen etwas verlegen da und waren offenbar versucht, ihr Verhalten zu rechtfertigen, aber ich ließ mich darauf nicht ein. „Die Gesundheit Ihres Kindes", schloß ich meine Ausführungen, „ist es doch wert, daß Sie gemeinsam alle Anstrengung unternehmen, um sie zu erhalten und zu fördern, und allein diese gemeinsame Aufgabe sollte genügen, um Sie in Ihren Streitigkeiten vor dem Kind innehalten zu lassen und sich Ihrer Verantwortung als Eltern zu besinnen. Dadurch könnte der ganzen Scheidungsaffäre auch etwas Gutes entspringen, nämlich die Einsicht, daß wahre Elternschaft höher steht als persönliche Differenzen und über alle eigenen Schwächen hinaus verpflichtet, ein gutes Vorbild zu geben. Begraben Sie Ihren Haß, dem Kinde zuliebe, und die gute Entwicklung Ihres Sohnes wird Sie dafür belohnen!"

Drei Monate nach diesem Gespräch erinnerte ich mich bei der Durchsicht meiner Notizen an die Familie und rief unter der Telefonnummer der Mutter an, um mich zu erkundigen, wie es dem Kleinen gehe. Aber der Vater kam ans Telefon und bedankte sich für meinen Anruf. „Ich wohne zur Zeit wieder bei meiner Familie", sagte er und fügte etwas humorvoll hinzu: „Da wir ja sowieso wegen dem Jungen miteinander kooperieren müssen, so dachten wir, wir könnten die Scheidung gleich noch ein wenig aufschieben ..."

Ich sagte vorhin, daß der Fachmann etwas tun kann, nämlich die Sinnhaftigkeit der Familiengemeinschaft aufzeigen und die Kostbarkeit des Füreinanderdaseins zum Ausdruck bringen. Beides mußte allerdings auch in den Humanwissenschaften, vor allem in der Psychologie und Psychotherapie erst entdeckt werden, und diese Entdeckung verzögerte sich lange Zeit durch eine Reihe von Irrtümern, denen die Pioniere der modernen Psychologie am Anfang unseres Jahrhunderts unterlagen. Einer der gravierendsten Irrtümer war das Modell von der „Triebhydraulik", der zufolge Triebpotentiale wie Libido und Aggression im Menschen entstehen und sich beständig verstärken, bis sie entweder natürlich abreagiert werden können oder einen solchen Überdruck erzeugen, daß sie sich bei nächster Gelegenheit explosionsartig entladen, sozusagen ohne Rücksicht auf Verluste. Nach diesem Modell wäre der Mensch hauptsächlich damit beschäftigt, seinen emotionalen Überdruck loszuwerden und sich seiner triebhaften Potentiale zu entledigen; und würde er sie unterdrücken bzw. „verdrängen“, dann käme es zu einem gefährlichen Gefühlsstau mit pathologischer Auswirkung.

Ein solches triebdynamisches Menschenbild ist schon für das Leben des einzelnen bedenklich, für die Familie aber ist es der Tod. Denn wenn wir postulieren, daß in einer Familiengemeinschaft jedes Mitglied in erster Linie seine Triebe abreagieren und seine Eigenwünsche durchsetzen soll, um bloß keinerlei Bedürfnisse aufzustauen oder gar zu verdrängen, dann können wir das Buch der jahrtausendealten Familiengeschichte des Menschen zuklappen, denn dann ist die Familie über kurz oder lang ausgestorben.

Einer der ersten Wissenschaftler, der dies erkannte und dem entgegenzusteuern versuchte, war *Viktor E. Frankl,* und ihm ist es auch zu verdanken, daß wir heute eine Motivationstheorie besitzen, die nicht nur der wahren Struktur des Menschen wesentlich näher kommt als die alten Triebmodelle, sondern die auch „familienfreundlich“ ist. Er entdeckte, daß das viele Gerede von den aggressiven Potentialen, die alle abreagiert werden müssen, die Leute nur noch aggressiver macht, als sie es ohnehin schon sind, und daß ebenso die permanente Forderung nach sexueller Befriedigung um jeden Preis die Leute noch unbefriedigter sein läßt und noch liebloser und liebesärmer macht als zuvor, kurz, daß beides nicht der Realität entspricht. Auf menschlichem Niveau, meint Frankl, bestimmen nämlich nicht allein aggressive oder libidinöse Potentiale unser Denken und Handeln, auf menschlichem Niveau hassen oder lieben wir, und wir tun dies, weil wir einen *Grund* zum Hassen oder zum Lieben haben, und nicht bloß, weil uns dies von unseren Trieben so vorgeschrieben wird. Auf menschlichem Niveau ist stets ein *Sinn* miteingeschlossen, der unseren Gefühlen eine Richtung gibt; und ist einmal kein solcher Sinn vorhanden, stehen unsere Gefühle praktisch grundlos und sinnlos im Raum, dann sind wir krank. Nicht das gewaltsame

Unterdrücken von Gefühlen ist daher der zentrale, krankmachende Faktor in unserem Dasein, sondern *die Loslösung unserer Gefühle von jeglichem Sinnbezug;* das nicht mehr fugenlose Ineinandergreifen der Zahnräder von Cognition und Emotion, von Denken und Fühlen, ist es, das die Maschinerie unserer vitalen Kräfte zum Stocken bringt. Ein Beispiel mag dies veranschaulichen:

Angenommen, jemand glaubt, es sei ihm bitteres Unrecht zugefügt worden. Wird ihm nun dafür gestattet, eine Stunde lang nach Herzenslust mit Steinen durch die Gegend zu werfen, um sich „abzureagieren", wird ihn dies in Wahrheit kein bißchen erleichtern, im Gegenteil, es kann sein, daß er sich zutiefst verspottet vorkommt, denn der Grund seines Ärgernisses ist mit dem Steinepoltern nicht aus der Welt geschafft, und solange dieser Grund besteht, besteht auch sein Ärger. Wenn es hingegen gelingt, den Grund des Ärgernisses zu entschärfen, indem dem Betreffenden etwa aufgezeigt wird, daß das vermeintliche Unrecht ganz anders gemeint war oder sogar für irgendetwas gut war, dann löst sich die Aggression von selbst auf, ohne daß ein Tobsuchtsanfall als Abreaktion vonnöten ist.

Dasselbe Prinzip gilt im Positiven: auch Freude und Glück bedarf eines Grundes, sich zu freuen, und wenn ein solcher Grund fehlt, läßt sich ein glückliches Gefühl auch nicht künstlich herbeizaubern. Das heißt, auch Familienglück und -leid ist davon abhängig, wie sinnvoll oder sinnlos die Familiengemeinschaft erlebt wird, und ob es einen Grund für ein gemeinsames Leben oder wenigstens für ein gemeinsames Handeln gibt oder nicht. Für die beiden getrennt lebenden Eltern im vorhin geschilderten Fall gab es jedenfalls einen gemeinsamen Grund, ihren gegenseitigen Haß einzudämmen, und zwar die Gesundheit ihres Kindes, und sowie es möglich war, ihnen diesen wichtigen Sinngehalt vor Augen zu führen, ließ sich ihre Aggressivität regulieren. Nichts verbindet so sehr wie eine gemeinsame Aufgabe, und an dem Tag, an dem sich die Friedensforscher diese Erkenntnis zunutze machen werden, statt an komplizierten Aggressionsventilen herumzutüfteln, werden sie den Schlüssel zum Erfolg ihrer Bemühungen in Händen halten*. Ich habe den Namen Viktor Frankl erwähnt, und ich möchte dies mit allem Nachdruck tun, denn seine Logotherapie hat auch in der Familientherapie neue Perspektiven eröffnet. Heute läßt sich nämlich nichts mehr damit begründen, daß es eben aus der Tradition so gewachsen ist; die althergebrachten Spielregeln des Zusammenlebens bröckeln zunehmend ab, und die Suche nach neuen Kommunikationsformen wogt rings um uns wie das Auf und Ab einer stürmischen See. Wer heute das Familienleben wissenschaftlich bejahen will, muß es mit rationalen Argumenten begründen können, nicht nur das, er muß *die Sinnhaftigkeit aller persönlichen Verzichte und Opfer,* die ein Familienleben nun einmal dem einzelnen abverlangt, nachweisen können, und das ist in einer Zeit der jahrelangen Wohlstandsverwöhnung und psychologischen Selbstbespiegelung des Menschen nicht leicht. Allzu lange wurde uns eingetrichtert, uns zu emanzipieren, und das gilt nicht nur für uns Frauen, allgemein war der Tenor aller guten Ratschläge, sich bloß nichts gefallen zu lassen und jegliches Mißbehagen sofort lautstark zu bekunden, was eine Protestwelle ohne Ende ausgelöst hat. Es soll hier nicht geleugnet werden, daß Proteste notwendig und nützlich sein können, und daß ein gewisses Durchsetzungsvermögen zur aktiven Lebensbewältigung dazugehört, aber jedes Protestieren und Emanzipieren muß auch einmal aufhören, und zwar genau dann, wenn ein sinnvolles Ziel erreicht worden ist, das weiteren Protest überflüssig macht. Wer allerdings dann noch fortfährt in seinem Kritisieren und Protestieren, der bringt im Grunde nur mehr seine eigene Unreife zum Ausdruck, ein kindlich-egozentrisches Gehabe, das nicht ernst genommen werden kann.

Ich bin in Deutschland einem Amerikaner begegnet, der mir erzählte, er habe Jahre gebraucht, um sich nach einer länger andauernden psychotherapeutischen Behandlung, der er sich in Kalifornien unterzogen hatte, wieder zu normalisieren. Dort war ihm und seinen Mitpatienten ununterbrochen eingehämmert worden, nur ja jegliche Gefühlsregung auf der Stelle

* Vgl. Viktor E. Frankl, „Das Leiden am sinnlosen Leben" Herderbücherei Nr. 615 (6. Auflage, Freiburg 1981).

auszusprechen und jeden geringsten Gedanken der Abneigung oder Kritik jeder beliebigen Kontaktperson sofort ins Gesicht zu sagen*. Die Folge war, so berichtete der Amerikaner, daß ihm alle Leute aus dem Wege gingen und er bald vollkommen allein dastand, ohne Familienanschluß, ohne Freunde, ohne Arbeit. Er sei damals dem Selbstmord nahe gewesen, und nur seine Flexibilität, das in der Therapie gelernte Verhalten schnellstens wieder zu vergessen, habe ihn gerettet. So übertrieben dies klingt, für den Fachmann ist es fast Alltagsjargon zu hören, daß Gefühle ausgesprochen und Wünsche durchgesetzt werden müssen, denn lange Zeit wurde genau das für den Stein der Weisheit in der Psychotherapie gehalten.

Erst in der Logotherapie ist der „psychologische Egoismus", wie ich den eben beschriebenen Durchsetzungs- und Ichstärkungstrend der Tiefenpsychologie nennen möchte, überwunden worden, und damit wurde das Tor zur Familie wieder geöffnet, das zugeschlagen schien. Frankl geht davon aus, daß jeder Mensch ein gewisses Wertsystem besitzt oder zumindest auf der Suche danach ist, und daß die letztlich gefundenen Werte keinesfalls nur egoistischen Motivationen dienen, also zum Beispiel persönlichem Nutzen und Lustgewinn, sondern sich in der konkreten oder gedachten Realität *außerhalb* des Menschen befinden, wodurch sich der Mensch in seinem Wertstreben *nach außen hin* öffnet.

Ein solcher außerhalb des Selbst liegender Wert kann die Idee eines Werkes sein, das geschaffen werden soll, oder die Durchführung einer selbstgestellten Aufgabe, in die man viel Arbeit zu investieren bereit ist, es kann aber auch eine andere Person sein, die einem besonders lieb und teuer ist, und der man einen Teil des eigenen Wirkens weiht. Was aber bietet sich idealer an für einen solchen personalen Werthintergrund

---

* Zur Kritik dieses Trends in der amerikanischen Psychotherapie, wie er insbesondere in der Encounter-Group-Bewegung zutage tritt, hat Frankl Entscheidendes gesagt im Kapitel „Kritik der reinen Begegnung: Wie humanistisch ist die Humanistische Psychologie?", einem Kapitel seines Buches „Der Wille zum Sinn" (Huber Verlag Bern, 3. Auflage 1982), das hervorgegangen ist aus seinem vom Journal of the American Academy of Psychoanalysis angeforderten und in deren 1. Jahrgang, Nummer 1 (1973) erschienenen Beitrag „Encounter: The Concept and Its Vulgarization".

als die Familie? Die Eltern, denen man viel zu danken hat, der geliebte Partner, für den man sich aus freiem Willen entschieden hat, oder schließlich die Kinder, deren Schicksal man wesentlich mitbestimmt, das alles sind Werte in der Außenwelt, auf die hin der enge Kreis der Eigeninteressen und Eigenbedürfnisse überschritten werden kann und *muß,* soll sich der Sinn menschlicher Existenz in ihnen erfüllen. Nur ein Leben, in dem viele Werte verwirklicht werden, ist ein sinnerfülltes Leben, und nur ein sinnerfülltes Leben lohnt zu leben, das hat sich an unzähligen Krankengeschichten aus der Psychiatrie und Psychotherapie gezeigt.

Deshalb kann heute von psychologischer Seite durchaus bestätigt werden, daß es normal und vernünftig, also eben „sinnvoll" ist, auch einmal eigene Gefühle weniger wichtig zu nehmen und manche Kritik, die einem auf der Zunge liegt, unausgesprochen zu lassen, ja mitunter sogar einen ernsthaften Verzicht zu leisten, aber nur dann und ausschließlich dann, wenn es um die Verwirklichung eines Wertes geht, der einem viel bedeutet und anders nicht verwirklicht werden kann. Ohne lang darüber nachzudenken huldigen gute Mütter diesem Prinzip seit eh und je: sie bringen die täglichen Opfer für ihre Kinder ohne mit der Wimper zu zucken und finden es ganz selbstverständlich, denn die positive Entwicklung der Kinder ist ihnen ihre Opfer wert. Diese Selbstverständlichkeit sollten wir wieder erlangen, nämlich die Kraft, eigene Wünsche *durchzusetzen,* wenn sich dies problemlos verantworten läßt, und die Bereitschaft, eigene Wünsche *zurückzustellen,* wenn uns dies im Interesse eines höheren Wertes abverlangt wird. Beide anderen Extreme, sowohl das ständige Beharren auf den eigenen Wünschen als auch eine unnötige Aufopferung für andere Personen sind abwegig, und obwohl ersteres lange Zeit von einer unausgegorenen Psychologie, und letzteres noch längere Zeit von einer mißverstandenen Moraltheologie proklamiert worden ist, so sollten wir doch heute über solche extremen Auffassungen hinausgewachsen sein. Die Familie braucht in allem und jedem den Mittelweg, sie braucht ihn in der Kindererziehung zwischen den autoritären und antiautoritären Polen, und sie braucht ihn im Erwachsenenverhalten zwischen Egoismus und Martyrium, sie braucht eine Liebe zwischen Gleichgültigkeit und Vereinnahmung, und eine Intimität zwischen Sexgier und Frigidität, sie braucht immer und überall das fugenlose Ineinandergreifen von Cognition und Emotion, gesteuert von Maß und Sinn.

Im folgenden möchte ich zwei Familien vorstellen, denen ich im Laufe meiner Berufstätigkeit begegnet bin, und zwar eine funktionierende und eine nicht funktionierende Familie, und danach aufzuzeigen versuchen, worin sich beide wesentlich voneinander unterscheiden. Die eine Familie, die wir Familie A nennen wollen, besteht aus einer Oma, den beiden Eltern und zwei Kindern. Die andere, die Familie B sein soll, setzt sich nur aus den beiden Eltern und einem Kind zusammen. Familie A lebt in bescheidenen Verhältnissen, leidet jedoch keine Not, Familie B gehört dem sogenannten „guten Mittelstand" an. Auf Familie A ist der Schatten eines Leides gefallen, denn eines der beiden Kinder hat sich bei einem Sportunfall ein Auge ausgeschlagen. Die Mitglieder der Familie B sind alle gesund.

Allein diese Fakten, die wir bisher kennen, sprechen dafür, daß Familie B die etwas günstigeren Lebensbedingungen vorfindet: Wohlstand, Gesundheit und relativ viel Freiheit durch die geringe Mitgliederzahl. Schauen wir nach, ob diese günstigen Bedingungen ein harmonisches Familienleben bewirkt haben. Der Vater ist Manager in einem kleineren Betrieb, in welchem er die Verantwortung für den reibungslosen Geschäftsablauf zu tragen hat. Abends kommt er spät und recht abgespannt nach Hause und zieht sich in sein Arbeitszimmer zurück, wo er sich in die Lektüre von Fachzeitschriften vertieft. Gemeinsame Abendessen schätzt er nicht, weil er den ganzen Tag viel reden und verhandeln muß und danach seine Ruhe braucht. Am Wochenende ist er eher ansprechbar für seine Familie, erlebt aber oft, daß das Interesse an seiner Ansprechbarkeit gering ist – Frau und Tochter haben ihre eigenen Pläne für den Sonntag. So geht er zum Frühschoppen oder trifft sich mit Bekannten und verbringt viele Stunden des Wochenendes in diversen Lokalen.

Die Mutter ist Kosmetikerin und sehr modebewußt, sie legt

großen Wert auf ihr Äußeres und zieht sich stets schick an. Deswegen stört es sie gewaltig, daß ihre Tochter mit ungepflegten Haaren und alten, geflickten Jeans herumläuft, und es gibt andauernd Reibereien darüber. Wenn die Mutter gegen 5 Uhr nachmittags nach Hause kommt, ist die Tochter meistens „ausgeflogen" und nur schmutziges Geschirr in der Küche und unordentlich hingeworfene Schulsachen erinnern an ihre vorübergehende Anwesenheit. Auch das trägt nicht gerade zu einem ungetrübten Mutter-Kind-Verhältnis bei, und so sammelt sich bei der Mutter, während sie aufräumt und das Abendessen zubereitet, einiger Ärger an, der sich später über der Tochter entlädt, wenn diese endlich heimkommt. Die Folge ist, daß die Tochter ihr Essen nimmt und sich damit schnurstracks auf ihr Zimmer begibt, wo sie die Türe hinter sich zuschlägt. In Ermangelung eines Gesprächspartners setzt sich die Mutter dann vor den Fernseher und träumt, ihr Abendbrot kauend und in die Welt des Films entschwebend, von einem versäumten Leben in Glück und Zärtlichkeit.

Die Tochter ihrerseits ist ein echtes Kind unserer Zeit: frühreif, zu fast allen Normen in Opposition und bestens aufgeklärt, was ihre Rechte und Vorteile betrifft. Sie besucht die letzte Klasse der Hauptschule mit mittelmäßigem Erfolg und trifft sich in ihrer Freizeit mit Freunden, mit denen sie Mopedfahrten unternimmt oder ins Kino geht. Am Wochenende werden Ausflüge unternommen, die gewöhnlich in Diskotheken enden oder im Sommer auch in Freibädern und nahegelegenen Parks, wo Musik gehört, geraucht und geflirtet wird. Die Berufspläne des Mädchens sind vage und werden in der Kurzformel: „Alles Blödsinn!" zusammengefaßt, die Beziehung zu den Eltern wird mit „Ach *die* ..." umschrieben, seine Lebensphilosophie ist schnell erklärt, sie lautet: „Hauptsache, heute geht's mir gut!"

Das also ist Familie B, und es ist gewiß klar geworden, daß es sich um die nicht-funktionierende Familie handelt, um eine familiäre Gemeinschaft, die keine Gemeinschaft mehr ist, weil jeder seines eigenen Weges geht.

Wenden wir uns nun Familie A zu, die unter etwas schwierigeren Bedingungen lebt: mit einer alten Oma, die zwar geistig noch rüstig, aber körperlich nicht mehr ganz auf der Höhe ist, mit einem einäugigen Mädchen, das erhebliche Schulschwierigkeiten hat, mit einem kleinen Jungen, der sehr lebhaft ist und viel Aufmerksamkeit erfordert, mit einem nur mäßig verdienenden Vater und einer ziemlich gestreßten Mutter. In dieser Familie haben sich gewisse Gewohnheiten ausgebildet, die dazu bestimmt sind, in zuverlässiger Regelmäßigkeit einander zu entlasten. So hat zum Beispiel die Oma zwei Pflichten übernommen: am Vormittag hilft sie der Mutter in der Küche, indem sie ihr sitzende Tätigkeiten wie Kartoffelschälen oder Gemüseschneiden abnimmt, und am Nachmittag übt sie täglich 1 bis 1,5 Stunden mit dem behinderten Mädchen lesen; sie liest ihm vor und läßt sich Worte von ihm nachsprechen, wobei sie den Text mit kleinen Geschichtchen erklärt.

Dieses Mädchen wiederum hat ebenfalls eine Pflicht zu erfüllen, es paßt nämlich auf den kleinen Bruder auf, wenn die Mutter stundenweise zum Putzen geht, was sie tun muß, um das Haushaltsbudget ein wenig aufzubessern.

Der kleine Junge ist ein richtiger Springinsfeld, aber auch er hat eine Aufgabe übernommen, die er begeistert wahrnimmt, und zwar ist er Vaters Begleiter in der Freizeit. Sowie sich der Vater nach seiner Arbeit blicken läßt, weicht ihm der Kleine nicht mehr von der Seite: er kriecht mit ihm unters Auto, wenn der Vater etwas repariert, was oft vorkommt, weil der Wagen alt ist, und er schaut sich mit dem Vater jedes Fußballmatch im Fernsehen an, er versucht die Holzscheite aufzuschichten, die der Vater im Keller zersägt, und er schaut gebannt zu, wenn der Vater zur Abwechslung einmal eines davon verwendet, um mit seinem Messer einen Spielzeugkopf hineinzuschnitzen.

Der Vater bemüht sich offensichtlich, seinen Teil zum Haushalt beizusteuern, so kümmert er sich um die Heizung und um die Reparaturen, von denen es in der Wohnung einer mehrköpfigen Familie ja ständig welche gibt. Er war es auch, der sich vor Jahren einverstanden erklärt hat, die alte Oma in seiner Familie aufzunehmen, was für letztere bis heute eine große Hilfe bedeutet.

Die Mutter schließlich stellt das Zentrum der ganzen Familie dar, sie sorgt für alle, aber sie bekommt auch von allen etwas zurück, und sei es nur ein fröhliches Kinderlachen oder ein flüchtiger Kuß des Ehepartners im Vorübergehen. Wir sehen, Familie A ist im Unterschied zu Familie B eine funktionierende Familie und auf ihre Art sicher eine glückliche Familie, trotz der Geldknappheit und trotz dem Unfall, den das Mädchen gehabt hat.

Es soll aus dem Vergleich der beiden Familien keinesfalls die Schlußfolgerung abgeleitet werden, daß gute Lebensbedingungen unglücklich und schlechte Lebensbedingungen glücklich machen, was ich jedoch beweisen will, ist, daß Freud und Leid einer Familie nicht notwendigerweise von ihren äußeren Lebensbedingungen abhängen muß. Es existiert nämlich noch ein ganz anderer Faktor, der hinsichtlich des Wohlbefindens und der Zusammengehörigkeit einer Familiengemeinschaft eine große Rolle spielt, und ich frage mich, warum dieser so lange unentdeckt blieb in der Psychologie.

Familie A und Familie B unterscheiden sich bei näherer Betrachtung nicht bloß durch die Güte ihrer Lebensumstände, sie unterscheiden sich vielmehr in den *Funktionen,* die die einzelnen Familienmitglieder inne haben. In Familie B übt weder der Vater noch die Mutter noch die Tochter eine bewußte, klar erkennbare Funktion für einen anderen aus; die Eltern verdienen zwar das Geld, und die Mutter räumt auch noch auf und kocht das Essen, aber diese Beiträge werden nicht umgemünzt in persönliche Kontakte, sondern einfach zur Bedürfnisbefriedigung der Familie bereitgestellt – jeder nimmt sich davon, was er braucht, und geht. In Familie A hingegen *hat jedes Familienmitglied eine sinnvolle Funktion;* von der alten Oma angefangen bis zu dem kleinen Jungen steht jeder auf einem Platz, der ihn sozusagen unentbehrlich macht für andere Familienmitglieder, oder wo er zumindest eine große Lücke hinterließe, wäre er plötzlich nicht mehr da. Wie dem einäugigen Mädchen die Lesestunden mit der Oma fehlen würden, so würde dem Vater das aufgeregte Geplapper seines kleinen Begleiters fehlen, und wie der Mutter die Aufpasserdienste ihrer Tochter fehlen würden, so würde insgesamt der Familie Vater oder Mutter schmerzlichst fehlen, und das nicht nur wegen dem Ausfall von Einkommen oder Arbeitskraft.

Selbstverständlich werden sich die auszuübenden Funktionen im Laufe der Zeit quantitativ und qualitativ wandeln, und mit zunehmender Reifung der Kinder müssen Eltern mehr und mehr in den Hintergrund treten, dennoch gibt es keine Familienkonstellation, innerhalb welcher eine sinnvolle Abstimmung des gegenseitigen Füreinanderdaseins überflüssig wäre. Nur eine Familie, in der jedes Familienmitglied eine sinnvolle Funktion innehat, ist eine gesunde Familie, das habe ich an Hunderten und Hunderten von Familiengeschichten in der Praxis gelernt, und analog dazu gilt die Umkehrung: wenn Familienmitglieder keine sinnvolle Funktion mehr füreinander haben, dann ist die gesamte Familie gefährdet. „Das Ich wird Ich erst am Du“ schreibt Frankl in seinen Büchern, und wie recht er damit hat, weiß niemand besser als wir, die wir in der Familienberatung tätig sind. Ohne ein Du, für das ein Ich wichtig und wertvoll sein kann, ist Familienleben undenkbar.

In das Ausüben einer sinnvollen Funktion ist allerdings nicht nur das Geben-Wollen miteinbezogen, auch das Nehmen-Können ist gleichermaßen daran beteiligt, denn um einen Platz auszufüllen, an dem man wichtig und bis zu einem gewissen Grad sogar unersetzlich ist, bedarf es der Tatsache, *gebraucht zu werden**, bedarf es also des Zugeständnisses der einzelnen Familienmitglieder, einander zu brauchen, ja sogar ein wenig aufeinander angewiesen zu sein. Hätte zum Beispiel die Oma in Familie A eine eigene Wohnung, brächte das Mädchen seine Aufgaben alleine fertig und hätte die Mutter genügend Geld, um sich einen Babysitter leisten zu können, fielen einige der sinnvollen Funktionen innerhalb der Familie weg, einfach weil weniger gegenseitige Unterstützung und Hilfe gebraucht wird. Natürlich wäre es denkbar, daß auf freiwilliger Basis stattdessen andere sinnvolle Funktionen aufgenommen würden, aber es könnte auch geschehen, daß sich die Familienstruktur zunehmend der von Familie B nähern würde. Es ist mindestens so schwierig, sich auf das Wagnis einzulassen, jemand anderen zu brauchen, wie es schwierig ist, eine Aufgabe

* Die Amerikaner – unter anderen Antonia Wenkart – sprechen in dem Zusammenhang sehr schön von „the need to be needed“.

zu erfüllen, für die man selber gebraucht wird, aber nur beides zusammengenommen ergibt eben jenes Wechselspiel von Geben und Nehmen innerhalb der Familie, das eine gut funktionierende Familiengemeinschaft charakterisiert. Das heißt natürlich nicht, daß jeder möglichst unselbständig sein muß, damit die anderen ihm helfen können, das heißt nur, daß jeder dort, wo er nun einmal eine Schwäche hat oder in irgendeiner Form gehandikapt ist, ein Auffangen dieser Schwächen in der Familie dankbar annehmen soll, um andererseits dort, wo er selbst Stärken und Talente hat, seinen Dank zurückzuerstatten.

In diesem Zusammenhang betrachtet sehen wir die Problematik der Emanzipationsbewegung in einem neuen Licht: je mehr Unabhängigkeit sie für die einzelnen Familienmitglieder anstrebt, desto mehr erschwert sie ihnen das Auffinden von sinnvollen Funktionen. Eine Frau, die total unabhängig ist von ihrem Mann, braucht ihn nicht, braucht von ihm nichts zu nehmen, und er braucht ihr nichts zu geben – welche sinnvolle Funktion können beide füreinander gewinnen? Gewiß sind auch bei hoher Unabhängigkeit von Mann und Frau gute Partnerschaften denkbar, doch ist *zu* große Unabhängigkeit genauso ein Hindernis dafür wie *zu* große Abhängigkeit, und es gehört wiederum zur Kunst des einzelnen Paares, den gesunden Mittelweg zu finden.

Beim 7. Westdeutschen Psychotherapie-Seminar in Aachen, bei dem im März 1982 sechshundert Ärzte, Psychologen, Theologen und Familienrechtler über das Spannungsfeld zwischen Familie und Individuum diskutierten, wurden nüchterne Zahlen vorgestellt: derzeit gilt jede zweite Ehe in der Bundesrepublik als gefährdet, fast jede dritte wird geschieden. Für das Jahr 2000 wurde eine Scheidungsrate von 85 Prozent vorausgesagt. Jürg Willi, Psychotherapeut und Professor aus Zürich, gestand daraufhin ein: „Die Ideologie der uneingeschränkten Selbstverwirklichung ist ein Fehlkonzept." Er setzte sich für eine Partnerschaft des „ausbalancierten Ganzen", für ein „sich ergänzendes Miteinander" ein. Ähnlich erklärte der evangelische Theologie Ulrich Eibach, das „Füreinander" müsse Vorrang haben vor der Selbstverwirklichung.

Amerikanische Wissenschaftler wiederum haben in einer groß angelegten Untersuchung den seelischen Zustand von geschiedenen Partnern mit dem von verheirateten Paaren verglichen und festgestellt, daß bei Geschiedenen drei Viertel der Frauen und zwei Drittel der Männer psychisch erkrankt waren, während bei Verheirateten nur bei einem Fünftel der Frauen und einem Sechstel der Männer psychische Leiden diagnostiziert wurden. Sie zogen daraus den Schluß, daß sich die Scheidung „krankheitsfördernd" auswirke.

Das alles sind erstaunlich neue Töne in der Psychoszene, „brandneue Entdeckungen" von uralten Thesen, die von der Logotherapie schon vor Jahrzehnten vertreten worden sind. Doch der logotherapeutische Ruf nach *Selbstfindung durch Sinnfindung* und nach *Selbstverwirklichung durch Wertverwirklichung* ist lange ungehört verhallt. Es gibt allerdings Fachleute, die angesichts der diversen alarmierenden Entwicklungen der Gegenwart behaupten, daß die Logotherapie dem 21. Jahrhundert noch weit mehr zu geben haben wird als dem 20. Jahrhundert.

Zurück zur Familie, die mit dem Zusammenspiel eines Orchesters verglichen werden kann, in dem es auf jeden einzelnen Musiker ankommt und jeder seine unentbehrliche, individuelle Stimme im Gesamtklang beisteuert, trotzdem aber keiner spielen kann, was er will. Um eine harmonische Melodie zu erzeugen, bedarf es eben der gegenseitigen Abstimmung, der *Akzeptierung der einem zukommenden Funktion,* und sollte ein Musiker eine geringere Funktion übernehmen, also im Klanggemisch ausfallen, oder eine höhere Funktion erzwingen, also sein Instrument in den Vordergrund drängen, dann leidet die gesamte Harmonie darunter. Wir haben am Beispiel der Familie B eine Familie kennengelernt, deren drei Mitglieder alle in ihrer relativ hohen Unabhängigkeit voneinander eine zu geringe familiäre Funktion übernommen haben, und selbst die Mutter, die noch am ehesten für die anderen sorgt, hat fast ausschließlich eine negative Funktion inne. Andererseits gibt es auch Familien, von denen das eine oder andere Mitglied eine zu große, zu dominante Funktion an sich reißt: der Betreffende will alles arrangieren, bestimmen, überwachen, ja er arbeitet sich dabei vielleicht selbst auf, ohne daß es ihm gedankt wird, weil es den Spielraum der Funktionsfähigkeit des übrigen Familienteiles einengt und dessen Abhängigkeit aufbaut. Auch das ist keine harmonische Konstellation.

Wie sinnvoll oder nicht sinnvoll eine familiäre Funktion ist, kann am besten daran abgelesen werden, wie froh und dankbar die anderen Familienmitglieder sind, wie gut sich die Kinder entwickeln, und wie ausgeglichen man sich selber fühlt. Spürt man die Dankbarkeit der Familie und sieht man fröhliche, gesunde Kinder heranwachsen, dann fällt es einem nämlich überhaupt nicht schwer, die notwendigen Aufgaben zu erfüllen, auch dann nicht, wenn gelegentlich persönliche Wünsche zurückstehen müssen; die eigene Ausgeglichenheit wird davon kaum berührt. Ausgeglichenheit ist, wie eingangs angedeutet, nicht dasselbe wie Bedürfnisbefriedigung, und wer glaubt, nur in jenen Momenten ausgeglichen sein zu können, da keiner seiner Wünsche mehr offen geblieben ist, der wäre bitter enttäuscht, wenn sein Wunschtraum Wahrheit würde. Diese These funktioniert nicht einmal auf primitiver, materialistischer Ebene, wie so mancher Lottotreffer gezeigt hat, der viele Wünsche erfüllbar werden ließ, ohne die innere Ausgeglichenheit und Zufriedenheit des glücklichen Gewinners auch nur im geringsten positiv zu beeinflussen. Noch weniger funktioniert die These vom „Glück nach Wunschbefriedigung“ auf höherer, geistiger Ebene, auf der wir Psychologen sogar das Gegenteil beobachten können. Auf geistiger Ebene scheint es nämlich unumgänglich notwendig zu sein, daß einige unserer Wünsche *offenbleiben,* damit weiterhin anstrebenswerte Ziele existieren, auf die hin wir unser Leben orientieren können. Nicht wenige Selbstmordtote gab es in den letzten Jahrzehnten, die nur deswegen ihr Leben weggeworfen haben, weil für sie keine solchen Ziele mehr vorstellbar waren, und zwar allein aus dem Grund, weil sie sich allzuviele Wünsche erfüllen konnten, ohne irgendeinen Sinn mehr darin zu sehen, oder weil sie allein dastanden mit ihren Gaben und Fähigkeiten und von niemandem mehr gebraucht wurden.

Die Familie könnte wahrlich ein Instrumentarium sein, um zur Ausgewogenheit zurückzufinden, ein Waagebalken, der in der Balance bleibt, weil sich die befriedigten und die offenen Wünsche einfach die Waage halten. Wenn jedes Familienmitglied eine sinnvolle Funktion innehat, im Zuge derer sowohl Wunscherfüllungen erlebt als auch Wunschverzichte um eines anderen willen geleistet werden, dann bleiben die Waagschalen stabil, und die Gefahr des emotionalen Hungers ist genauso gebannt wie die Gefahr der emotionalen Übersättigung. Bei der geschilderten Familie A können wir dies deutlich beobachten: kein Familienmitglied ist ohne Wünsche, aber keines leidet an seinen Entbehrungen, und in der Gesamtheit ist es der Gleichklang aller, der die Ausgeglichenheit des einzelnen trägt.

Vielleicht interessiert es den Leser zum Schluß zu erfahren, weshalb die beiden erwähnten Familien zu mir zur Beratung gekommen sind, und ob ich ihnen helfen konnte. Nun, von Familie B war nicht zu erwarten, daß sie aus Gründen einer erwünschten Erneuerung des häuslichen Dialoges den Fachmann aufsuchte, und das war auch in der Tat nicht der Fall. Die Eltern kamen lediglich, um zu fragen, ob wir von der Beratungsstelle ein geeignetes Lehrlingsheim wüßten, in welchem sie die Tochter nach Schulabschluß unterbringen könnten. Wir haben sie an das zuständige Schulreferat verwiesen, in welchem solche Adressen aufliegen, allerdings nicht ohne darauf hinzuweisen, daß mit einer Entfernung der Tochter aus der Familie nicht unbedingt alle Probleme gelöst sein mögen. Unser Angebot, gemeinsam mit ihnen und der Tochter einige Gespräche zur Verbesserung der allgemeinen familiären Situation zu führen, haben diese Leute nicht angenommen.

Auch bei Familie A war das Mädchen der eigentliche Vorstellungsgrund, aber in einem ganz anderen Zusammenhang. Die Lehrerin hatte das Vorliegen einer Legasthenie, also einer spezifischen Lese-Rechtschreibschwäche vermutet, die möglicherweise durch das eingeschränkte räumliche Sehen bei Einäugigkeit ausgelöst worden war, und deshalb die Mutter zur Untersuchung des Kindes zu mir geschickt. Die Legasthenie hat sich in den Testbefunden bestätigt, und wir haben ein geeignetes Trainingsprogramm ausgearbeitet, in welches sogar die täglichen Leseübungen der Oma miteinbezogen wurden, indem wir ihr ein Lesematerial zur Verfügung stellten, das auf das Störungsbild des Kindes besser zugeschnitten war und daher die langsame Regeneration seiner Lesefähigkeit fruchtbringend unterstützte. Die Kleine ist zwar keine Superschülerin geworden, aber Lesen und Schreiben hat sie gelernt; und überdies ist es der Familie gelungen, aus der Behinderung des Kindes weder Schuldgefühle noch eine unnatürliche Verhätschelungstendenz noch irgendeine Überbesorgtheit oder gar Zukunftsängste erwachsen zu lassen, sondern sie hinzunehmen als eine Gegebenheit des Schicksals, die man nicht ändern kann, vor der man aber auch nicht zu kapitulieren braucht.

Ich habe festgestellt, daß wir heute rationale Argumente vorbringen müssen, wenn wir das Familienleben wissenschaftlich bejahen wollen, und ich habe an Hand der Beispiele zu zeigen versucht, daß das rationalste Argument, das wir besitzen, die in der Logotherapie entdeckte und mittlerweile in vielen empirischen Forschungen nachgewiesene Eigenart des Menschen ist, nach Sinn zu suchen und zu streben. Kein Tier fragt sich nach dem Sinn seiner Existenz, und kein Tier kennt ein Familienleben, das über den Zweck der Fortpflanzung hinausreicht, beides sind spezifisch menschliche Phänomene, die sich miteinander verbinden lassen, nämlich die *Sinnsuche* mit den *Möglichkeiten der Sinnfindung* in der Familie. Die Familie bedeutet für den Menschen dadurch Gabe und Aufgabe zugleich: gegeben wird ihm ein weites Feld, um auf seiner Sinnsuche fündig zu werden, aufgegeben aber wird es ihm, den Fund sorgsam zu hüten und in die eigene Verantwortlichkeit hineinzunehmen. Damit soll keineswegs gesagt sein, daß es nicht auch außerhalb des Familienlebens unzählige Sinnfindungsmöglichkeiten gäbe; das Leben eines alleinstehenden Menschen kann zweifellos genauso sinnerfüllt verlaufen wie das eines Familienmitgliedes. Ja manchmal kommt es sogar zu Kollisionen zwischen den Sinnfindungsmöglichkeiten des Menschen als Einzelwesen und als Familienwesen, also zu Wertkonflikten zwischen mehreren Aufgabenbereichen, die sich nicht gleichzeitig ausfüllen lassen, die aber gleich sinnvoll erscheinen, und dann kann nur mehr das eigene Gewissen den Schiedsspruch fällen. So kommt es immer wieder vor, daß

Frauen zwischen einem beruflichen Einsatz, der ihnen wichtig und wertvoll ist, und ihren Verpflichtungen als Mutter und Ehefrau entscheiden oder sich auf eine waghalsige Kombination von beidem einlassen müssen, und es geschieht auch, daß Männer zwischen einem bestimmten Wirkungskreis, dem sie durch ein persönliches Engagement verhaftet sind, und der Verantwortung für ihre Familie hin- und hergerissen sind und zu einer dramatischen Wahl gezwungen werden.

In solchen Fällen pflege ich für eine gewisse Vorrangposition der Familie zu plädieren, und zwar deshalb, weil unsere Kinder die Gestalter der Menschheit von morgen sind, und all unsere Versäumnisse ihnen gegenüber auf unser Geschlecht zurückfallen werden. Es mag Ausnahmen geben, bei denen es um die Verwirklichung von so wichtigen Zielen geht, daß eine Vernachlässigung der eigenen Familie praktisch das kleinere Übel bedeutet, aber im allgemeinen bin ich überzeugt davon, daß sich Werte nicht aufbauen lassen auf dem Leid, das man anderen Menschen zugefügt hat.

Niemand ist gezwungen, eine Familie zu gründen und Kinder in die Welt zu setzen; hat sich jemand aber dafür entschieden, dann gibt es bei seiner persönlichen Sinnsuche so etwas wie ein *Prioritätskriterium,* und das ist eben der Anteil der sinnvollen Funktionen, die er innerhalb seiner Familie zu erfüllen hat. Wer sich über das Prioritätskriterium hinwegsetzt, zerstört die Sinnhaftigkeit seiner Familie und verringert damit wiederum den Aktionsradius seiner eigenen Sinnsuche, vor allem aber entzieht er sich einer Verantwortung, die er selbst übernommen hat, und das bleibt nie ohne seelische Folgen. Es ist immer wieder erschreckend zu erleben, wie viele Menschen Rat suchen, weil sie sich im Grunde verunsichert fühlen durch eine zwischenmenschliche Schuld, die sie auf sich geladen haben, und die sie gerne psychologisch weginterpretiert hätten. Laut Jahresstatistik unserer Beratungsstelle haben ca. 80% der ungefähr 300 Personen, die ich im Jahr berate und behandle, Kontaktprobleme und familiäre Differenzen, und wenn ich genauer nachforsche, sind es von den 80% weniger als 10%, die trotzdem noch eine sinnvolle Funktion innerhalb ihrer Familie wahrnehmen, die anderen sind entweder nicht bereit dazu oder wollen nur bestimmte Funktionen erfüllen, die in ihrer Familie nicht sinnvoll sind, oder beachten das Prioritätskriterium überhaupt nicht, wenden sich also allem anderen zu, nur nicht dem Füreinanderdasein in Partnerschaft und Erziehung. Und wenn ich noch tiefer nachgrabe und die Frage stelle, als wie sinnreich und zufriedenstellend diese 80% der Ratsuchenden ihr Leben betrachten, dann wird mir in mehr als der Hälfte aller Fälle unumwunden eingestanden, daß erhebliche Zweifel am Sinn des Lebens und im Besonderen am Sinn der eigenen Existenz vorliegen. Ist das nicht eine traurige Bilanz für eine Wohlstandsgesellschaft, der wirklich alle Mittel und Wege zur Verfügung stehen, um dem Leben des Einzelnen annähernd diejenige Richtung zu geben, die er sich wünscht?

Jedenfalls gibt es hohe Korrelationen zwischen der individuellen Sinnerfüllung und der grundsätzlichen Bereitschaft, auch andere Menschen in diese Sinnerfüllung miteinzubeziehen; je öfter der Blick auf andere, nahestehende Personen der engeren Umwelt fällt, desto mehr eigene Sinnverwirklichungschancen werden erfaßt. Das Sinnstreben des Menschen ist kein Triebgeschehen, das ähnlich Libido oder Aggression nach Befriedigung drängt und defacto auch befriedigt werden kann, es ist vielmehr der Motor selbst, der unser geistiges Interesse am Leben wachhält. Fließt ihm kein Treibstoff von außen zu, das heißt, öffnet sich uns kein Betätigungsfeld in der Mit- und Umwelt, das unseres persönlichen Einsatzes wert wäre, dann stirbt der Motor ab, auch wenn wir ihn noch so sehr umklammern, die Eigenwärme unseres Ichs hält ihn nicht am Laufen. Die Sinnsuche eignet sich nicht für ein egoistisches Weltbild, wie auch umgekehrt kein egozentrisches Menschenbild jemals die Suche des Menschen nach Sinn entdecken konnte.

Fassen wir also nochmals kurz zusammen, was die entscheidenden Punkte sind, die uns annehmen lassen, daß Familienleben Sinn braucht:

1. Die Logotherapie Viktor Frankls hat im wissenschaftlichen Raum das Tor zur Familie wieder geöffnet, weil durch sie nachgewiesen werden konnte, daß die alten, familienfeindlichen Triebhydrauliktheorien überholt sind. Nicht das ungehinderte Abreagierenkönnen

aller aufgestauten Triebbedürfnisse ist die Kurzformel menschlichen Wohlbefindens, sondern die Koordination von Denken, Handeln und Fühlen unter einem Sinnbezug. Letzteres ist im Familienleben durchaus möglich, ersteres kaum.

2. Die logotherapeutischen Forschungen haben ferner gezeigt, daß sich der Mensch in seinem „Ringen um Sinn“ nach außen hin öffnet, sich selbst „transzendiert“, wie man sagt, also seine eigenen Grenzen gewissermaßen überschreitet, um einen außerhalb seiner selbst liegenden Wert zu verwirklichen. Ein solcher Wert kann auch die Gestalt eines oder mehrerer anderer Personen annehmen, denen in Liebe begegnet wird, und die Familie bietet sich geradezu ideal dafür an.
3. Aus empirischen Befunden an Hunderten von Familiengeschichten geht eindeutig hervor, daß in einer gesunden Familie jedes Familienmitglied eine sinnvolle Funktion innehat, während Familien, in denen dies nicht der Fall ist, in ihrem Zusammenhalt außerordentlich gefährdet sind. Eine sinnvolle Funktion ist dadurch gekennzeichnet, daß sie auf die Bedürfnisse der übrigen Familienmitglieder abgestimmt ist und nur schwer oder gar nicht ersetzt werden kann; sie allein läßt den einzelnen zu einem wichtigen, eben „unersetzlichen“ Familienmitglied werden.
4. Zahlreiche Statistiken weisen darauf hin, daß die Familie sogar den Charakter eines „Prioritätskriteriums“ besitzt, also Vorrang hat bei der Abwägung verschiedener persönlicher Aufgaben, die etwa gleich sinnvoll erscheinen. Wer sich über das Prioritätskriterium hinwegsetzt und Ziele verfolgt, im Zuge derer er seine Familie schwer vernachlässigen muß, gerät in Schuld- und Gewissenskonflikte, von denen er sich nicht so ohne weiteres lossagen kann.
5. Zwischen Sinnerfüllung und Egoismus besteht eine diametrale Beziehung, beides ist unvereinbar miteinander. Das eine kann aber das andere ablösen, und Sinnerfüllung kann Egoismus heilen. Deshalb sind in einem wirklich sinnerfüllten Leben immer auch andere, nahestehende Menschen miteingeschlossen, seien sie Familienangehörige oder nicht, und sobald dies der Fall ist, ist der Egoismus als die treibende Kraft im Menschen überwunden.

Was spricht also letztlich für die Familie? Sehen wir uns ein kleines Gedichtchen an, das vieles aussagt:

Wenn man niemanden hat,
so ist es einfach,
man muß keinem
verzeihn.

Wenn man niemanden hat,
so ist es herrlich,
niemands Spielball
zu sein.

Wenn man niemanden hat,
so ist es furchtbar
in der Dämm'rung
allein.

Ja das stimmt, wer ohne Familie oder zumindest familienähnlichen Freundeskreis ist, der braucht nicht verzeihen, der braucht nicht Rücksicht nehmen, der braucht keine Rechenschaft ablegen, aber er ist – allein. Und allein sein bedeutet zwar nicht notwendigerweise aber leider allzuoft: abgeschnitten sein von einer ganz zentralen und unermeßlich beglückenden Sinnmöglichkeit im Leben, nämlich: zu nehmen und zu geben.

KOMMENTAR

Dieses Kapitel ist einem Referat entnommen, das ich im Frühjahr 1982 in einem Volksbildungshaus in Vorarlberg gehalten habe. Bei der damaligen Veranstaltung gab es ein kleines Mißverständnis: während ich geglaubt hatte, nur für eine etwa 2stündige Rede eingeplant zu sein, war der ganze Tag für mich reserviert worden. Deshalb stellte sich nach dem Referat und einer ausgiebigen Diskussion am Vormittag die Frage, was ich der Zuhörerschaft am Nachmittag bieten wollte.

In dieser Situation fiel mir ein, daß wir eine gemeinsame „Stichwortübung" durchführen könnten, wie sie sich auch in meinen therapeutischen Gruppen oft bewährt hat. Die Übung geht folgendermaßen vor sich:

1. *Alle Personen im Raum setzen sich bequem zurecht und schließen die Augen, um sich besser zu konzentrieren.*
2. *Der Übungsleiter gibt ein „Stichwort" an, das abstrakt oder konkret sein kann, aber jedenfalls in irgendeinem Bezug zum menschlichen Leben steht.*

3. *Jeder der Teilnehmer läßt sich nun etwas* Positives oder Wertvolles *zu diesem Stichwort einfallen, sei es ein eigenes Erlebnis, sei es auch bloß ein Phantasiegebilde oder eine gedankliche Assoziation.*
4. *Nach 5 Minuten absoluter Stille, in der die Teilnehmer nachdenken, beendet der Übungsleiter die Übung, läßt die Augen wieder öffnen und leitet ein Gespräch über die zuvor entstandenen Erinnerungen und Ideen ein.*

Sinn dieser Übung ist es, den Teilnehmern klarer bewußt werden zu lassen, was alles Positives und Wertvolles in ihrem Leben geschehen oder zumindest „geschehbar“ ist, und nach welchen Maßstäben sie sich dabei orientieren. Oft kommt es zu wahren Überraschungen bei Leuten, die meinen, über bestimmte Lebensbereiche überhaupt nichts Akzeptables aussagen zu können, und die dann doch eine Fülle von „Kleinodien“ darin entdecken. Dies wiederum schärft ihre „Sonde für Gut und Bös“, die geistige Wahrnehmungsfähigkeit, und akzentuiert sie in Richtung Optimismus und Sinnerfüllung.

Eine solche Übung schlug ich auch an jenem Nachmittag in Vorarlberg vor, und ich muß sagen, daß das Auditorium begeistert mitmachte. Unser Stichwort lautete, zum Thema des Vormittags passend, „meine Familie“, und obwohl der Saal vollbesetzt war, herrschte während der 5 Minuten Nachdenkpause wirklich Ruhe. Danach bat ich, von den hinteren Reihen ausgehend, jeden Hörer, in einigen knappen Sätzen zu schildern, was ihm zum Stichwort eingefallen war. Selbstverständlich wurde niemand dazu gezwungen, und wer nichts sagen wollte, gab eben das Wort an seinen Nachbarn weiter. Die meisten jedoch beteiligten sich mit wahrem Eifer an unserem Wechselgespräch, denn da bei der genannten Übung ja absichtlich alles Negative und Belastende ausgeklammert ist, kommen auch keine schmerzlichen Assoziationen hoch, die nicht wenigstens durch irgendeine positive Bewertung gemildert sind.

Der Grund, warum ich von meinem „Vorarlberger Experiment“ erzähle, ist jedoch nicht der Wunsch, über Einsatz und Funktion logotherapeutischer Stichwortübungen zu berichten, sondern ein ganz anderer: ich möchte mein großes Erstaunen über die Ergebnisse dieser Übung zum Ausdruck bringen. Die Schilderungen der Leute bewegten sich nämlich eindeutig inner-

halb von drei Wertkategorien; und dieselben drei Wertkategorien sind es auch, von denen in der Logotherapie behauptet wird, daß sie die gesamte Sinnfülle menschlicher Existenz in sich bergen: die schöpferischen Werte, *die* Erlebniswerte *und die* Einstellungswerte. *Dabei versteht man unter schöpferischen Werten jedes aktive Tun eines Menschen, der in seiner Umwelt etwas gestaltet und verändert (Arbeit, Spiel, Hobby), unter Erlebniswerten jedes passive Auf-sich-wirken-lassen von Umwelteindrücken, die eine gefühlsmäßige Resonanz bei einem Menschen auslösen (Natur-, Kunst-, Liebeserlebnisse), und unter Einstellungswerten das tapfere Ertragen von unabänderlichen Gegebenheiten, die traurig oder beängstigend sind, denen aber in der Art, wie ihnen ein Mensch begegnet, noch ein „letzter" oder „höchster" Sinn abgerungen werden kann (heroische Einstellungen zu Leid, Schuld, Tod). Und genau das war es, was meinem Vorarlberger Publikum zum Stichwort „meine Familie" einfiel: schöpferische Werte, Erlebniswerte und Einstellungswerte. Nur – die Leute hatten noch nie ein Buch von Frankl gelesen, hatten noch nie etwas von seiner „Logo-Theorie" bzw. seiner Unterscheidung der oben genannten drei Wertkategorien gehört! Und wenn ich auch die Thesen der Logotherapie für wirklich zutreffend erachte, so war ich doch enorm beeindruckt von dieser Übereinstimmung zwischen Theorie und Praxis, die man gewiß selten vorfindet.*

Hier ist eine Zusammenstellung der schönsten Stichwort-Assoziationen aus dem Publikum, wie ich sie mir damals notiert habe:

A) Schöpferische Werte

Mit den Kindern am Wochenende etwas unternehmen.

„Eßtisch-Konferenzen" abhalten, um gemeinsame Absprachen zu treffen und den häuslichen Frieden zu wahren.

Die Beschäftigung mit einem Haustier, das der Familie viel Freude bringt.

Die Arbeit zu leisten mit dem Wissen, daß ihr Entgelt der Familie zugute kommt.

Gemeinsame sportliche Aktivitäten.

Mit den Kindern für die Schule lernen und dabei selber noch einmal „jung" werden.

Das gemeinsame Gebet (zu Tisch oder am Abend), das der Familie Zusammenhalt gibt.

Ein schönes Heim (Haus, Garten) für die Familie schaffen.

B) Erlebniswerte

Man kommt heim, und die Kinder rufen schon von weitem „Mama!"
Kindermund: „Wenn Papa da ist, ist Sonntag".
Jemand kann schwer aus sich herausgehen bzw. über seine Gefühle sprechen und erlebt dann, daß ihn der Partner auch ohne alle Worte und Erklärungen versteht.
Eine alte Frau freut sich jedes Jahr am meisten auf die Feier des Hochzeitstages, weil sich an diesem Tag ihre 8 Kinder und 10 Enkelkinder um sie versammeln.
Jemand verreist und findet am Ankunftsort ein Brieflein des Partners mit einem lieben Gruß im Koffer.
Ein Muttertagsbillet, in ungelenker Kinderschrift verfaßt, wird bis ans Lebensende aufgehoben.

C) Einstellungswerte

Eine Frau, seit 6 Jahren verwitwet, bemerkt, wie ihr 19jähriger Sohn in seine Rolle als ihr „Ersatzpartner" und als „Ersatzvater" für die kleine Schwester hineingewachsen und daran gereift ist.
Ein Witwer kommt vom Friedhofsbesuch vom Grab seiner Frau nach Hause und sieht den Sohn aus dem Fenster schauen und auf ihn warten, was ihm das warme Gefühl gibt, von jemandem gebraucht zu werden.
Eine Familie hat einen ganz ungeplanten Nachzügler bekommen, und gerade mit diesem Kind die meiste Freude erlebt.
Eine Mutter ist nach dem Tod ihres Mannes mit 5 Kindern zurückgeblieben. Doch wenn die Leute zu ihr sagen: „ ... wenn wenigstens keine Kinder da wären!", weist sie dies heftig zurück. Ihrer Ansicht nach wäre sie längst am Leben verzweifelt, wenn sie die Kinder nicht gehabt hätte, um deretwillen sie immer wieder die Kraft zum Weiterleben fand.
Ein Ehepaar hat das lange Siechtum eines Elternteiles bis zum Ende gemeinsam durchgestanden und fühlt sich seither tiefer miteinander verbunden als je zuvor.

An den Beispielen mag der Leser ersehen, daß die logotherapeutische Stichwortübung, die bewußt auf die Wahrnehmung von Positivem und Wertvollem zentriert ist, die Teilnehmer durchaus nicht durch eine „rosa Brille" schauen läßt, sondern vielmehr die Erinnerung und Registrierung wahrer Lebensvorkommnisse ans Licht bringt, aber eben im *Licht einer Betrachtungsweise, die ihnen helfen kann, unter allen Umständen „ja zum Leben zu sagen". Und wenn diese Übung vor breitem Publikum – wofür sie gar nicht gedacht war – auch ursprünglich aus einer Verlegenheit heraus initiiert worden ist, so hat sie doch weit mehr Gewinn gebracht, als ich jemals erwartet hätte. Denn*

1. *kam erfreulich viel Positives aus den Reihen der Hörer zur Sprache,*
2. *wurde dem einzelnen klar, wieviel Schönes und Kostbares in seinem Familienleben eigentlich existiert.*
3. *gaben sich die Hörer gegenseitig ungemein gute Anregungen und Einstellungsvorbilder, was von viel tieferer Wirkung ist, als wenn ein Vortragender darüber theoretisiert, und*
4. *gingen alle nach Hause mit dem sicheren Gefühl, daß ihre Familie des persönlichen Einsatzes wert ist.*

Was kann man Interessenten zum Thema „Familie" Besseres auf den Heimweg mitgeben als dies?

9. Kapitel

Patienten berichten über ihre Erfahrungen*

A)
Bericht über eine „höhenpsychologische" Behandlung

Von Herrn U. G., München

Sehr spät erst habe ich eingesehen, daß ich suchtkrank bin. Bei einer Anamnese in einer Fachklinik wurde festgestellt, mein Konsum hat in den Jahren 1960–1980 etwa 40000 l alkoholische Flüssigkeit und ca. 100000 Tabletten betragen. Die Sucht erreichte ihren Höhepunkt im Juni 1980 mit einer Einlieferung in das Bezirkskrankenhaus München-Haar. Dort wurde zunächst ein dreimonatiger Verwahrungsbeschluß ausgesprochen, der jedoch später in eine Pflegschaft umgewandelt wurde, da es noch möglich war, mit Hilfe der Organisation „Das Blaue Kreuz" eine Langzeittherapie zu beginnen. Diese Therapie wurde Ende Dezember 1980 erfolgreich abgeschlossen, ebenfalls in diesem Monat wurde die Pflegschaft wieder aufgehoben. Zur Vorgeschichte sei noch hinzugefügt, daß ich bereits in den Jahren 1976–1979 sechsmal wegen Alkoholmißbrauch in Behandlung gewesen bin. Bei diesen „Behandlungen" in einer Privatklinik wurde jedoch versucht, das Suchtmittel Alkohol mit dem anderen Suchtmittel Tabletten (bzw. Medikamente) zu bekämpfen, was entsprechend geendet hat.

Meine Gesamtsituation zu Beginn des Jahres 1981 war nicht besonders günstig. Die recht gute frühere berufliche Position war Ende 1979 verlorengegangen, und ich hatte zwar über das Arbeitsamt eine ganztägige Fortbildungsmaßnahme vermittelt bekommen, doch war deren Zeitdauer auf 6 Monate begrenzt.

---

* Alle Berichte werden nur mit ausdrücklicher Genehmigung der Patienten veröffentlicht.

Meine Ehe war bereits 1976 geschieden worden, und die sozialen Kontakte waren allgemein auf einen sehr kleinen Kreis geschrumpft. In der 6monatigen Langzeittherapie war ich wohl auf ein Leben ohne Alkohol und Tabletten „getrimmt“ worden, aber ich wußte, daß die Rückfallgefahr groß war. In dieser Zeit voller Ängste und Unsicherheiten nahm ich Kontakt mit Frau Dr. L. auf, der ich schon viel früher, am Höhepunkt meiner Sucht, begegnet war, und die mir damals eindringlich zur Langzeittherapie geraten hatte. Zu ihr hatte ich Vertrauen, sie sollte meine Nachbetreuung übernehmen.

Ich war froh, daß sie mir regelmäßige Einzelgespräche anbot, und fast ein wenig stolz, als sie mich darüber hinaus zur Mitarbeit an einer von ihr entwickelten „Dereflexionsgruppe“ einlud. Sie erklärte mir, zumindest habe ich es so verstanden, daß Dereflexion nichts anderes bedeute als Ablenkung von übersteigerter Selbstbeobachtung und Hinlenkung der Sinne auf die schönen Dinge des Lebens und die damit verbundenen Aktivitäten.

An der ersten Dereflexionsgruppe von Anfang Februar bis Ende April 1981 habe ich mit Freude teilgenommen und eine Reihe von Anregungen erhalten. Wichtig war für mich z. B. ein Abend, an dem wir in der Gruppe über die vielfältigen Möglichkeiten der Homöopathie sprachen, da ich als Suchtkranker auch bei körperlichen Schmerzen keinerlei chemische Medikamente einnehmen darf. Gut erinnere ich mich auch an einen anderen Gruppenabend, an dem eine lebhafte Diskussion über den Sinn und die Bedeutung von Freundschaften stattfand. Frau Dr. L. unterstützte die von mir vorgebrachte Ansicht, daß eine Freundschaft nicht um eines Dankes oder einer Gegenleistung willen geschlossen werden kann. Der Wert einer Freundschaft besteht lediglich – und das ist das Schöne an ihr – in der gegenseitigen persönlichen Einwirkung, die sich in vielen Fällen erst zeitlich versetzt bemerkbar macht.

Im Mai kam es zu einer Krise. Die bis dahin erfolgten Bemühungen um den beruflichen Wiedereinstieg waren fehlgeschlagen; in der früheren Branche hatte „es“ sich herumgesprochen. Frau Dr. L. sagte mir im Beratungsgespräch jedoch sehr deutlich, daß ich mich bei den bisherigen Anstrengungen, einen festen Arbeitsplatz zu bekommen, lediglich auf andere verlassen hatte, ohne selbst etwas dazu zu tun. Ich müsse endlich damit anfangen, mein Leben selbst in die Hand zu nehmen und aufhören, damit zu rechnen, irgendwer mit guten Beziehungen werde schon alles für mich erledigen. Daraufhin gab ich die ersten Stellengesuchanzeigen auf und erreichte auch aus eigener Kraft, daß meine 6monatige Fortbildungsmaßnahme für weitere 3 Monate verlängert wurde.

Beim nächsten Beratungsgespräch beschäftigte sich die Psychotherapeutin mit einer ganz anderen Thematik: sie versuchte mit mir herauszuarbeiten, wie ich die zeitlichen Lücken, die der Alkohol hinterlassen hat, besser ausfüllen könnte, insbesondere in den Abendstunden und an den Wochenenden. Dies war insofern wichtig, als ich – wie die meisten suchtkranken Menschen – starken Stimmungsschwankungen unterliege, mit denen es nicht einfach ist, fertig zu werden.

Im Juni und Juli setzte Frau Dr. L. ihre Bemühungen fort, mich zur Unabhängigkeit und Selbständigkeit anzuregen, und Ende Juli konnte sie ihren ersten Erfolg verbuchen. Neben der täglichen Arbeit im Rahmen der Fortbildung trug ich nachts Zeitungen aus, und zwar 58 Nächte lang! Es war für mich ein Schlüsselerlebnis, hiermit zurecht zu kommen, weil ich sah, daß ich Belastungen wirklich wieder gewachsen war, und ich auch Schnelligkeit und Wendigkeit wieder erlernen konnte.

Nach diesen erfreulichen Sommererlebnissen setzte ich meine Anstrengungen um einen festen Arbeitsplatz mit aller Intensität fort. Aber alle Bewerbungen brachten nichts, auch weitere Stellengesuchanzeigen und die redlichen Bemühungen der Arbeitsamtsvermittlerin waren umsonst. Sicherlich spielte hierbei auch mein Alter von 42 Jahren und die sich abzeichnende Verschlechterung der Arbeitsmarktlage eine Rolle. Tröstlich war für mich zu diesem Zeitpunkt eigentlich nur die Einladung der Psychotherapeutin, an einer zweiten logotherapeutischen Gruppe von Oktober bis Weihnachten teilzunehmen. Durch die negativen Berufsaussichten bedingt machte ich mich mit dem Gedanken vertraut, in Zukunft „sehr kleine Brötchen zu backen". Über dieses Thema focht Frau Dr. L. manches Gefecht mit mir aus; oft war ich beinahe ärgerlich, aber in der Zwischenzeit gebe ich ihr recht. So sagte sie mir in einem Einzelgespräch, „es sei eine Fähigkeit, mit wenig Geld auskommen zu können und trotzdem ein positives Lebensgefühl zu behalten“.

Im Oktober zeichnete sich die Wende ab, bei einer Behörde wurde mir eine Tätigkeit in Aussicht gestellt. Das Arbeitsentgelt sollte etwa der Hälfte meines früheren Verdienstes entsprechen. Ich hatte zunächst nicht die Absicht, diesen Arbeitsplatz, wenn ich ihn überhaupt bekommen würde, anzunehmen. Doch in einem langen Gespräch riet mir die Psychotherapeutin dringend, die Stelle anzunehmen, mich einzuschränken und glücklich darüber zu sein, Arbeit zu haben. Darüberhinaus sollte ich meine Fortbildungsbemühungen fortsetzen, denn dann werde ich später schon wieder den beruflichen Weg nach oben finden. Anfang Dezember kam die Zusage, und ich nahm die Stelle sofort an. Es war dann tatsächlich das schönste Weihnachtsgeschenk, ab 1982 einen festen Arbeitsplatz zu haben.

Inzwischen sind die ersten 6 Monate des Jahres 1982 vorüber und ich bin froh, als Suchtkranker überhaupt einen Arbeitsplatz zu haben. Dieses Gefühl besteht unabhängig davon, daß Kleinkrämerei und Engstirnigkeit einer Behördentätigkeit oft schwer zu verkraften sind für jemanden, der beruflich vorher sehr viel Freiheit hatte. Inzwischen jedoch ist es für mich eine Sache der Einstellung, mit Frustrationen zurechtzukommen. Hieran stelle ich ein Anwachsen meiner inneren Stabilität fest.

Der Weg, der im Bezirkskrankenhaus München-Haar beinahe zu Ende war, wird weitergehen, auch wenn die Spannungen und Gefahren des täglichen Daseins bleiben. Die Problematik eines Rückfalls ist mir bekannt. In einem Fachbuch wird ein Rückfall als „Der verlorene Sieg“ bezeichnet. Ich möchte diesen Sieg nicht mehr verlieren.

Abschließend sei festgestellt, daß mir die Einzelgespräche im Jahr 1981 mit „meiner“ Psychotherapeutin sehr viel gebracht haben. Frau Dr. L. hat sicherlich bei mir die Voraussetzungen geschaffen, daß ich mit den Schwierigkeiten der Zukunft fertig werden kann, und zwar ohne die „Hilfe“ von

Suchtmitteln. Darüberhinaus hat sie aber – nicht nur durch meine aktive Teilnahme an der Dereflexionsgruppe – bei mir das Gefühl verstärkt, daß es doch sehr schön ist, „noch einmal zu leben".

München, im Juni 1982

(*Anmerkung:* Der Behandlungsverlauf, der hier aus der Sicht des Patienten geschildert ist, wird im Teil II des Buches im 1. Kapitel nochmals aus meiner Sicht als Therapeutin erläutert, um gewisse typisch logotherapeutische Ansatzpunkte aufzuzeigen, die dabei eine wesentliche Rolle gespielt haben.)

B)
Bericht über eine tiefenpsychologische Behandlung

Von Frau X, München

Ich weiß mir wegen unserer Tochter keinen Rat mehr, ich verstehe gar nicht, wie das alles gekommen ist.

Als sie 16 Jahre alt war, absolvierte sie ein Praktikum in einem Kindergarten einer psychoanalytischen Gesellschaft, in dem die Kinder nach antiautoritärem Muster und unter dem Aspekt, „Aggressionen ausleben zu dürfen" betreut werden. Während der vier Wochen dieses Praktikums ging eine Wandlung mit ihr vor: sie las einen Haufen einschlägige Bücher, wurde zu Hause unerträglich aggressiv und hatte plötzlich überall und mit jedem Konflikte. Wir erklärten uns dies mit Nachwirkungen ihrer Pubertät und brachten ihr Verhalten zunächst nicht in Verbindung mit ihrer Arbeit im Kindergarten.

Nach dem Ende des Praktikums begann unsere Tochter zu Hause vermehrt darüber zu klagen, daß es ihr schlecht gehe, und fügte jedesmal hinzu, daß sie eine tiefenpsychologische Therapie machen müsse. Sie las immer noch psychoanalytische Fachbücher, beobachtete sich selbst auf alle möglichen Symptome, wie sie in den Büchern beschrieben sind, und diagnostizierte sich selbst als psychisch krank. Wir Eltern nahmen das alles nicht sehr ernst, denn unsere Tochter ist bis dahin zeitlebens kräftig und gesund gewesen, und wir hatten auch keine Bedenken gegen die Bücher, die sie las. Warum sollte sie sich schließlich nicht für Psychologie interessieren?

Mit der Zeit aber äußerte unsere Tochter immer wieder den Wunsch, sie brauche Tabletten, um ihre „seelische Erkrankung" auszugleichen und begann uns zu drohen, sie wolle nicht mehr leben, wenn sie keine Therapie machen dürfe. Eines Tages nahm sie wirklich ein paar Schlaftabletten ein. Meiner Ansicht nach können es nur wenige Tabletten gewesen sein, weil sie danach noch in der Lage war, zu sprechen und mit uns zu streiten. Sie behauptete jedoch, es sei ein ganzes Röhrchen Tabletten gewesen, und zur Sicherheit brachten wir sie zum Arzt. Der Arzt stellte nichts Besonderes fest, meinte aber, es könne ja nicht schaden, den Wunsch des Kindes zu erfüllen und es einmal einem Psychotherapeuten vorzustellen. Da unsere Tochter darauf bestand, einem bestimmten Arzt jener psychoanalytischen Gesellschaft, der auch der Kindergarten gehörte, vorgestellt zu werden, schrieben wir diesem und baten um einen Termin.

Er sah sich unsere Tochter ein einziges Mal an und eröffnete uns daraufhin, daß sie schwer krank sei, und eine analytische Einzeltherapie auf der Stelle erfolgen müsse. Auf unsere intensiven Fragen wurde keinerlei Diagnose erstellt oder uns auch nur mitgeteilt, worin die schwere Krankheit unserer Tochter begründet liege. Als wir erwähnten, daß wir vor kurzem mit ihr beim Arzt gewesen seien, der nichts Krankhaftes gefunden habe, wurde über diesen Arzt bloß abfällig geschimpft. Schließlich hieß es noch, wir müßten 30,– DM pro Stunde zum Kassensatz dazuzahlen, und die Therapie habe jahrelang zweimal wöchentlich zu erfolgen. Als mein Mann versicherte, daß uns dies zu teuer sei, sagte der Psychiater, das sei unser Problem, aber jedenfalls seien wir schuld, wenn sich die Tochter umbringe, und wenn sie die Therapie nicht erhalte, *müsse* sie sich umbringen. Ich fand das nicht gut, daß vor unserer Tochter immer wieder von ihrem Selbstmord gesprochen wurde, der zwangsläufig erfolgen würde, und auch fühlten wir uns total verunsichert und erpreßt. Mindestens zehnmal während des kurzen Gesprächs hieß es, wir würden schon sehen, daß sich unsere Tochter ernsthaft etwas antun werde, wenn wir ihr die Therapie nicht erlaubten. So gaben wir am Ende nach. Aber seit dieser Zeit, seit unsere Tochter in analytischer Therapie ist, wird es immer schlimmer mit ihr, und unsere ganze Familie ist vollkommen verzweifelt.

Eines Tages hatte unsere Tochter einen Autounfall, und zwar stand sie in der Mitte der Straße und wartete, daß ein anderes Auto vorüberfahre, da kam ein überholender Wagen direkt auf sie zu. Sie wurde so irritiert, daß sie vor und zurück sprang und dabei vom Auto gestreift und leicht verletzt wurde. Unmittelbar nach dem Unfall war sie bei Bewußtsein und gab der Polizei eine klare Darstellung des Vorfalls. Man brachte sie in ein Krankenhaus, wo sie ambulant behandelt wurde. Bei ihrem nächsten Besuch beim Psychiater wurde ihr der Autounfall jedoch sofort als „unbewußter Selbstmordversuch" interpretiert, und unsere Tochter erklärte daraufhin auch, in selbstmörderischer Absicht in das Auto gelaufen zu sein. Es hieß, dies sei der zweite ernste Selbstmordversuch gewesen (der erste sei die Einnahme der wenigen Schlaftabletten gewesen!), und daran zeige sich, daß sie dringend in eine Nervenklinik müsse. Wir wehrten uns standhaft dagegen, das inzwischen 17jährige Mädchen, das auch noch die Berufsschule besuchte, ohne ersichtlichen Grund in eine Nervenklinik zu stecken, und nach einigem Hin und Her kam zu Tage, daß der Psychiater keine Zeit mehr für sie habe und sie „abgeben" wolle. Inzwischen hatten wir große versicherungstechnische Schwierigkeiten wegen der Aussagenänderung unserer Tochter zum besagten Verkehrsunfall.

Der Psychiater hat sie nun an einen anderen Analytiker überwiesen, der ihr nur Tabletten verschreibt. Mit uns Eltern wollte dieser überhaupt nicht sprechen, und als wir einmal ein Gespräch erzwangen, sagte er uns, daß er „eine große Wut im Raum spüre", und es deswegen unbedingt notwendig sei, daß wir uns von der Tochter trennen und ihr ein eigenes Zimmer mieten. Sie müsse die Beziehung zu uns abbrechen, weil wir Eltern an ihrer schweren Erkrankung schuld seien, und sie müsse eine langanhaltende Analyse machen. Wenn wir ihr kein eigenes Zimmer finanzieren, würde sie sich endlich wirklich umbringen. Wir können das alles schon nicht mehr hören, und wir können auch kein Zimmer finanzieren, außerdem hat unsere Tochter sowieso ein eigenes, großes Zimmer in unserer Wohnung, in das sie sich zurückziehen kann.

Heute ist es so, daß unsere Tochter in einigen Monaten volljährig wird und dann sofort in die ihr empfohlene Nervenklinik gehen wird. Sie ist dort schon angemeldet auf Initiative ihres Psychiaters. Mit uns spricht sie nichts mehr, außer sie braucht Geld, und das erpreßt sie stets mit Selbstmorddrohungen. Die Ausbildung und die Schule hat sie aufgegeben, sie ist ganz besessen von der sie erwartenden Tiefenanalyse. Täglich nimmt sie eine Reihe von Tabletten ein und wird immer magerer, seit Monaten haben wir sie nicht mehr lachen gesehen.

Wird sie jemals wieder ein normaler, gesunder, fröhlicher Mensch werden?

München, im Oktober 1981

(*Anmerkung:* Die Eltern, die eines meiner Bücher gelesen hatten, kamen in ihrer Verzweiflung zu mir und baten mich, mit der Tochter zu sprechen. Das habe ich auch getan, aber ich konnte sie von ihrem Entschluß, sich in die gesellschaftsinterne Nervenklinik zu begeben, nicht abbringen. Außer einem gewissen „kindlichen Trotz“ und der hysteroiden Neigung, sich gerne ein wenig interessant machen zu wollen, konnte ich keinerlei geistig-seelische Anomalie bei ihr feststellen.)

C)
Bericht über einen Weg von der Tiefen- zur Höhenpsychologie

Von Frau A. K., Jever

Ich möchte mit diesen Aufzeichnungen den Versuch machen, den Weg meiner Krankheit, meinen Kampf gegen sie, meine mühsame Suche nach Ursachen und Heilungsmöglichkeiten, meine Irrwege und mein langsames Heilwerden und Wachsen an meinem Leiden zu beschreiben.

Migräneanfälle – das ist der Name der Krankheit, die für mich soviel Grauen, eine solche Verzweiflung und Todesnähe mit sich brachte! Migräne erschien mir wie ein furchtbarer Makel, über den ich lange nicht sprechen konnte. Sie schlich sich langsam, nach der Geburt von zwei Kindern, in mein Leben.

Das Heranwachsen der beiden, die Gefahren, denen die Kleinkinder ausgesetzt waren, lösten in mir große Ängste aus und verursachten starke Kopfschmerzen. Auch Ängste vor Sturm und Gewitter verdunkelten mein Leben. Unerkannt steckte die Todesangst dahinter. Ich mußte immer häufiger Schmerztabletten nehmen. Vor anderen, auch vor meiner Familie, versuchte ich, meine Schmerzen zu verbergen. Das blieb lange Zeit mein größtes Anliegen.

Ich versuchte, die Ängste niederzukämpfen und begann zu studieren. Ich hoffte, durch Ablenkung meine Ängste überwinden zu können, und das gelang teilweise auch, aber die Migräneanfälle blieben und verstärkten sich. Erbrechen kam zu den Schmerzen dazu. Dauernd lebte ich in der Angst vor einem Anfall. Die Migräne hatte wohl damals schon viele Verursachungsmomente: meine Wirbelsäule ist etwas verbogen, Schulter- und Nackenmuskulatur sind häufig stark verkrampft.

Immer wieder rieten mir Ärzte, das Studium aufzugeben. Doch ich blieb dabei, obwohl mir schreckliche Anfälle das Leben verleideten. Oft fühlte ich mich durch die Menge und Stärke der Schmerzmittel ganz schwach. Schließlich wurde ich zu einem Neurologen geschickt, der mich behandelte. Kurzzeitig ging es mir besser. Doch ratlos sah er die wieder eintretende Verschlechterung. Er drang in mich, fragte nach meinem Mann, nach meiner Familie. Ich wußte nichts zu sagen, war ich doch glücklich verheiratet, hatte liebe Kinder und Freude an meiner Arbeit. Sein Ausspruch: „Mit Ihnen muß doch etwas los sein!" verfolgte mich.

Nach dem ersten Staatsexamen trat ich in den Schuldienst ein. Trotz häufiger Migräneanfälle konnte ich meinen Dienst ausüben, und es machte mir Spaß, mit den Kindern zu arbeiten. Ich hatte Kunst studiert, malte auch ab und zu und begann nach dem zweiten Examen sehr intensiv, schöpferisch tätig zu sein. Das erfüllte mich mit Kraft und stärkte mein Selbstvertrauen. Doch die weiter anhaltenden Migräneanfälle bewogen meinen Arzt dazu, mir eine Psychotherapie vorzuschlagen. Dankbar stimmte ich zu und wandte mich gleich an eine mir empfohlene Ärztin. Aber schon bald ergab sich ein für mich bedrückendes Problem. Ich redete und redete, sie sagte nichts dazu. Immer erst wenn ich ging, sagte sie, wir kämen später darauf zurück. Aus diesem „später“ wurden eineinhalb Jahre. Es war sehr deprimierend, immer reden zu müssen und keine Antwort zu erhalten. Vieles trat in meine Erinnerung, über das ich weinen mußte.

In der Folgezeit spürte ich sehr, wie mörderisch diese Lebensanalyse für mich war. Ein furchtbares Gefühl von grenzenloser Leere breitete sich in mir aus. Ich konnte nicht mehr malen. Aber voller Vertrauen auf Heilung blieb ich.

Einmal verbrachte ich die Ferien in der Schweiz. Dort, so nahe an der Natur und hineingenommen in die Mentalität der Menschen des Berner Oberlandes lernte ich vieles, was ich zu meiner Lebensanschauung machte: ich lernte, warten zu können, Geduld und Vertrauen zu haben, die Hinwendung zum Kleinen. Ich machte viele Makroaufnahmen von Alpenblumen und fand darin wieder etwas Lebensmut.

Aber die Analyse riß mich wie ein Strudel in die Tiefe zurück. Ich träumte viel und hatte schreckliche Träume. Die Träume führten mich zu meiner Kindheit. Ich war sehr behütet aufgewachsen, und mein Vater war mein Vorbild gewesen. Viele große Werte waren mir in meiner Kindheit vermittelt worden. Doch nun kamen alle Schrecklichkeiten ans Licht: Erlebnisse, die ich noch schwach in Erinnerung gehabt hatte, blähten sich auf, zerrissen mich im Innern und ließen das Verhältnis zu meinen Eltern immer schlechter werden. Meine Ärztin malte mir gedanklich ein Bild, das mich jahrelang nicht mehr losließ, und wofür ich das reale Erlebnis zu suchen nicht aufhören konnte – ich, als kleines, hilfloses, schreiendes Kind und jemand, der sich mir bedrohlich nähert.

Auch das Verhältnis zu meinem Mann wurde immer schlechter. Ich sah im Motiv meiner damaligen Partnerwahl nur noch die Ähnlichkeit mit meiner Mutter. Der Haß auf meine Mutter übertrug sich nun auf meinen Mann. Ich erklärte meine Schuld an unseren Eheschwierigkeiten mit Kindheitserlebnissen, die noch nicht an die Oberfläche gekommen waren. Meine Therapeutin bestärkte diese Ansicht. Meine Träume wurden immer schrecklicher. Ich geriet ständig in Lebensgefahr, während mein Mann schlief und die Gefahr nicht wahrnahm. Tagsüber drängten sich mir furchtbare Bilder auf – ich, ein Vogel mit abgeschnittenen Flügeln, ich über einem mächtigen geöffneten Rachen schwebend.

Hier eine Zeichnung, die in jener Zeit entstand:

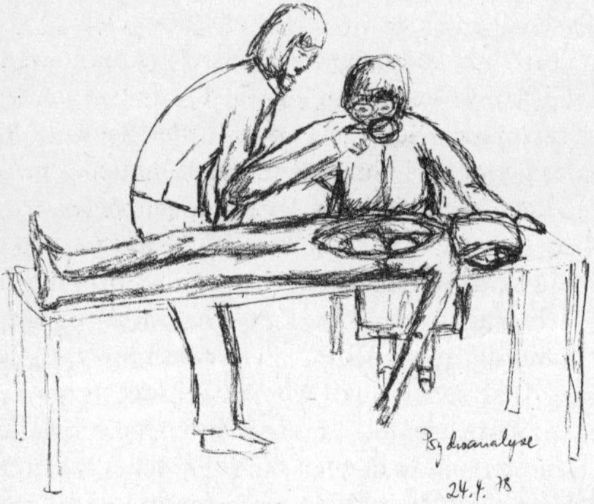

„Meine Kindheit ist ein Abgrund, in den ich nicht zu blicken wage," schrieb ich damals in mein Tagebuch, und „ich habe Angst, wie es weitergehen soll." Mein Zustand wurde immer schlimmer, und ich bekam Tabletten. Aber sie halfen mir nicht, ich bekam vier Tage lang dauernde Migräneanfälle mit ständiger Übelkeit und mit Erbrechen. Ich fühlte mich umzingelt von Gott, meinen Eltern und meinem Gewissen. „Doch wer war ich? Ein Nichts, eine Masse, die so widerstandslos war, daß sie zerquetscht werden konnte wie ein Wurm, von dem nur ein verspritzter Blutfleck übrigbleibt." Das schrieb und fühlte ich zu der Zeit.

Eines Tages mußte ich eine Therapiestunde absagen, weil ich mich sehr elend fühlte. Daraufhin sprach die Ärztin von Verdienstausfall. Das und der Rat eines Urologen, der mir schon viel geholfen hatte, ließen in mir den Entschluß reifen, mit der Analyse aufzuhören.

Die Ferien brachten wieder einen Schweiz-Aufenthalt mit sich, und wieder war es die enge Beziehung zur Natur, die mich heilend beeinflußte. Nach den Ferien ging ich nur noch einmal zu meiner Therapeutin, um ihr zu sagen: „Heute komme ich zum letzten Mal." Welch ein Triumph waren jene Worte für mich, aber mit welchem Herzklopfen nur konnte ich sie sagen!

Langsam versuchte ich nun, mein Leben selbst in die Hand zu nehmen. Die Beziehung zu meinem Mann hatte sich bereits im Urlaub gebessert. Von der Zeit an begann für uns ein Wachsen aneinander und miteinander und das Aufleuchten einer rücksichtsvolleren und reiferen, durch Schweres hindurchgegangenen Liebe. Auch begann ich, mich gesundheitsbewußter zu ernähren. Stück für Stück kam ich so voran. Doch die Angst vor den vielen Medikamenten, die ich noch oft gegen die Schmerzen einnahm, ließ mich weiter suchen. Manche Anfälle probierte ich ohne Medikamente und durch Fasten zu überstehen. Das war sehr schwer, und ich hielt es nicht lange durch.

Wir zogen um, und ich ließ mich vom Schuldienst beurlauben. Dadurch stand mir Zeit zur Verfügung, um all das zu tun, was ich schon lange gewollt und vermißt hatte: malen, schreiben, lesen, fotografieren. Der Garten um unser Haus, die Jahreszeiten, die ich plötzlich unvermittelt miterleben konnte, bargen einen Reichtum in sich, wie ich es vorher nie so deutlich gespürt hatte. Migräneanfälle lernte ich allmählich zu ertragen. Mit wahrem Enthusiasmus ging ich an meine erste Ausstellung. Ich wollte den Menschen das Schöne, die Harmonie nahebringen. Doch die Zeitungskritik machte meine Hoffnungen zunichte.

Ich erlitt einen Rückfall, hörte auf zu malen, vertiefte mich wieder in analytische Literatur. Meine Träume griffen das Thema auf und begannen, mich wieder in den Abgrund zu locken. Oft wachte ich am Morgen auf und ein Migräneanfall begann. Auch mein Körper begann sich zu wehren, ich fühlte mich sehr krank, Erbrechen plagte mich oft. Ich sah bald keine andere Möglichkeit mehr, als mich wieder in psychotherapeutische Behandlung zu begeben. Doch die Angst vor einer Wiederholung all der schrecklichen Erlebnisse hielt mich zurück.

In mir reifte der starke Wille, mein Leben wieder selbst in die Hand zu nehmen, mich buchstäblich an den eigenen Haaren aus dem Sumpf zu ziehen.

Ein halbes Jahr zuvor hatte ich ein logotherapeutisches Buch in die Hand bekommen, mich aber von dem Titel nicht angesprochen gefühlt. Nun las ich es. Sehr stark spürte ich in diesem Buch den Unterschied zu dem, was ich erlebt hatte. Die Botschaft von der „Trotzmacht des Geistes", die auch den eigenen Schwächen widerstehen könne, bewegte mich. Ich erkannte, wieviel logotherapeutisches Gedankengut längst schon insgeheim mein Leben mitbestimmt hatte, ja, wie sehr ich gerade durch meine Kindheit und Erziehung gelernt hatte, es mir zu eigen zu machen. Diese neue Botschaft stand im Widerspruch zu dem analytischen Denken, das so sehr im Negativen verhaftet ist, und so stark die Beziehung zum Unabänderlichen in den Vordergrund stellt. In dem Buch las ich nun, daß man trotz aller Kindheitserlebnisse die geistige Freiheit habe, immer wieder neue Entscheidungen zu treffen. Ich beherzigte den Rat, Träume nicht zu beachten, und es gelang mir umgehend. Ich war erlöst! Neue Kraft erfüllte mich.

Endlich erkannte ein Arzt, daß meine Migräneanfälle zum allergrößten Teil allergisch bedingt sind. Seitdem verzichte ich auf gewisse Lebensmittel wie Schokolade und Kuchen. Besonders bei Migräne hatte ich aus lauter Verzweiflung Schokolade in mich hineingestopft. Da Schmerzmittel den Appetit anregen, wurde dieses schädliche Verhalten dadurch noch verstärkt. Die Umstellung auf eine andere, gleichzeitig gesündere Ernährung gab den größten Ausschlag bei meiner Heilung. Auch die Entfernung eines seit sehr vielen Jahren kranken Zahnes befreite mich von den Schmerzen. Als ich aufhörte, nach Ursachen zu suchen, fand ich noch eine. Seit langer Zeit hatte ich schon eine chronische Kieferhöhlenvereiterung.

Heute sehe ich – dank der logotherapeutischen Denkanstöße – einen tieferen Sinn in allem, was ich erleben mußte. Das Leid, die Schmerzen machten mich sensibler für die Leiden anderer. Alles Dunkle läßt mich auch das Helle größer erleben. Wer niemals Schmerzen hatte, weiß gar nicht, wie herrlich es ist, ohne Schmerzen zu erwachen.

Ich sehe jetzt auch die zerstörerische Kraft analysierender Betrachtungsweisen in Büchern und Filmen, in denen nur das Negative gesucht und gesehen wird. Ich habe mir vorgenommen, sehr bewußt auszuwählen, welche Bücher, Filme und Gedanken ich künftig an mich heranlassen will. Der heilsame Wert der Natur wird mich weiterhin stärken.

Das ungesunde Kreisen um mich selbst hat aufgehört. Bei gelegentlichen Schmerzen kann ich mich ablenken. Ich bin offen geworden für alles Schöne, für andere Menschen. Alles Vergangene ruht und hat keinen Einfluß mehr auf mich. Diese Gewißheit, diese endgültige Ablösung von allem Gewesenen, besonders aber von den negativen Gedanken, heilte mich endgültig. Zutiefst dankbar schaue ich zurück und sehe für die Zukunft meine Aufgabe auch darin, seelisch Kranken mit dieser frohen Botschaft auf den „guten“ Weg zu helfen.

Jever, im Mai 1982

(*Anmerkung:* Der vorausgegangene Briefwechsel mit Frau A. K. beeindruckte mich so sehr, daß ich sie bat, ihre Leidensgeschichte kurz zu skizzieren, um all jenen Menschen Mut und Hoffnung zu schenken, die vielleicht gerade an einem seelischen Tiefpunkt angelangt sind und wenig Hilfe bei der Psychotherapie finden. Geht doch aus dem Bericht eindeutig hervor, wieviel gesunde Selbstheilkräfte jeder Mensch in sich trägt, und wie manchmal eine Kleinigkeit, z. B. ein Urlaub oder ein Buch, genügt, um den Genesungsprozeß ganz von allein in Gang zu bringen.)

D)
Zwei Kurzberichte über den Einfluß „höhenpsychologischer“ Literatur

1. Von Herrn A. R., Dülmen

Oft habe ich mir die Frage nach dem Anfang meiner Krankheitskarriere gestellt, aber nie eine Antwort gefunden. Heute sage ich mir, diese negative Erfahrung war für mich lebensnotwendig: erwachsen wäre ich sonst nie geworden. Auch hat es in meinem Leben Ereignisse gegeben, die meinen Abstieg begünstigt haben, die mich am Sinn des Lebens zweifeln ließen.

Die Familie und der Beruf gaben mir zwar Rückhalt, aber eine innere Leere war immer vorhanden. Das Schlimmste, was mich zerrissen hat, waren immer wiederkehrende Konflikte, nie hatte ich ein Ziel gesehen, für das es sich lohnte zu leben. Aber stets machte ich alle und alles für mein Geschick verantwortlich, ließ mich einfach gehen. Bald hatte ich ernste Selbstmordgedanken. Ich ließ kein gutes Haar an mir, ich war eben determiniert von vorne bis hinten, eine verpfuschte Existenz. Wie hätte ich da mit meinen Ängsten, mit diesen inneren Qualen fertig werden sollen? Es endete so wie es enden mußte, nach mehreren Selbstmordversuchen landete ich in einer Klinik. Ich hatte mich selbst aufgegeben, war körperlich, seelisch und geistig am Ende, hatte keine Freunde mehr, vielleicht noch eine Familie, die an ein Wunder glaubte. Dennoch wollte ich im Grunde ein „anderer" werden, wollte weiterleben, aber wie?

In dieser, für mich wohl schwersten Zeit des etwas „verspüren" aber nicht „erkennen" Könnens, in den Stunden und Tagen tiefster Ratlosigkeit, als sich der ganze Abgrund menschlichen Daseins auftat, habe ich viel gebetet. Ich mußte lernen, mich anzunehmen, so wie ich war, mußte selbstehrlich werden, aber irgendwie fühlte ich mich unterfordert und befangen. Die richtige Einstellung zu mir hatte ich noch nicht gefunden, es fehlte noch an innerer Freiheit. Haben mir Bücher in meiner Genesung die Augen geöffnet, ja mir wesentlich weitergeholfen, dann waren es logotherapeutische. Durch sie habe ich die Dimension der geistigen Freiheit erkannt, die mir bis dahin unbekannt war. Ich begann langsam, mich in ein Ordnungsprinzip einzugliedern, in dem Wille und Motivationskraft stärker sind als Schwäche und Behinderung. Eines wurde mir immer deutlicher: hatte es auch noch so viele Einflüsse gegeben, verantwortlich für mein Tun war *ich allein*. Es gelang mir nach und nach, die Fülle meiner Fähigkeiten zu entdecken und parallel-laufende Wertorientierungen zu verwirklichen, Quellen aus denen ich schöpfen kann, die nie versiegen.

Neben meiner Familie, meinem Beruf und meinen diversen Hobbies ist die geistige Freiheit das tragende Fundament geworden, hinter dem alle früheren Symptome verschwinden. Meine Vergangenheit ist geschichtlich, und hier liegt sie auch begraben. Sicher ist sie nicht zu leugnen, aber einholen kann sie mich nicht mehr.

Ich möchte auch noch über einen entscheidenden Fehler berichten, der meine Genesung fast verhindert hätte. Zu Anfang, als ich zu mir selbst finden wollte, habe ich immer nur das Kranke in mir gesehen, nie meinen gesunden Teil. So konnte ich bald nichts Gutes mehr an mir erkennen. Erst als es mir gelang, sinnerfüllt zu leben und gesunde, gute Teile von mir selbst auszubauen und zu verstärken, verlor der kranke Teil an Bedeutung und wurde auf das unumgänglich Notwendige reduziert.

Inzwischen gehöre ich einem Kreis Gleichgesinnter an, wir treffen uns wöchentlich. Alle haben den Schatten einer seelischen Krankheit hinter sich, aber unser Ziel ist es nicht, das Dunkle in uns auszutreiben, sondern vielmehr das Licht hereinzulassen, uns unsere schönen Seiten aufzuzeigen, über uns hinauszuwachsen, uns Mut zu machen. Wir arbeiten laienhaft nach „logotherapeutischem Rezept", und deshalb glauben wir an eine Zukunft, mag da kommen was will.

2. Von einer Ordensfrau

Eine Kollegin von mir hat eine logotherapeutische Behandlung erfolgreich mitgemacht und mir öfters davon erzählt, während ich, die ich in meiner „Menschwerdung" viel nachzuholen und aufzuarbeiten hatte, mir an Hand logotherapeutischer Bücher – sozusagen in Selbsthilfe – geholfen habe. Seitdem ich mit dieser psychologischen Schule in Kontakt gekommen bin und die Literatur dazu kenne, glaube ich wirklich an eine Rehumanisierung der Psychologie.

Am wichtigsten war für mich wohl die Erfahrung der Kraft, die in der Trotzmacht des Geistes und in der Macht des eigenen Willens bis dahin verborgen lag. Das Bewußtsein, nicht irgendwelchen mehr oder weniger verrückten Ängsten zu jeder Zeit ausgeliefert zu sein, weil ich kraft meines freien Willens dazu nein sagen kann, hat für mich ein Gefängnisgitter gesprengt. Seitdem sich vor etwa zehn Jahren die ersten nervösen Störungen meldeten, lebte ich in einer permanenten Angst, im nächsten Augenblick könnte plötzlich ein anderer Zwangsgedanke mich lähmen, weil ich ihm ausgeliefert sei und mit dem Verstande keine Herrschaft darüber habe. Das gab mir eine Zeitlang sogar das Gefühl, in ein bodenloses, schwarzes Loch zu sinken, weil ich keinen festen, haltenden Boden unter den Füßen hatte. Vieles wurde in den letzten Jahren besser, doch blieb das Gefühl einer letzten inneren Unfreiheit und undefinierbaren Angst.

Erst durch die Lektüre der logotherapeutischen Literatur ist mir in vollem Umfang und in einer sehr personalen Weise aufgegangen, daß ich zwar die Ängste bzw. deren Entstehen nicht verhindern kann, daß ich ihnen aber wohl dadurch Einhalt gebieten kann, daß ich ihnen kraft meines Willens nicht erlaube, mich zu überfluten und in mein Herz zu dringen. Ja, ich lernte durch die logotherapeutische Methode der „Paradoxen Intention" sogar, meine eigenen Ängste auszulachen, was mir geradezu Spaß macht! Wenn ich dazu die Möglichkeit habe, wende ich die Paradoxe Intention schon an, wenn ich nur entfernt Gefahr wittere – und dann klappt es immer, außer vielleicht bei extremer Atemnot, die mich erfaßt, wenn ich unvorhergesehen etwas Längeres ohne Unterbrechung erzählen muß. Allerdings bin ich auch in solchen Fällen durch die Paradoxe Intention – im Grunde zu spät verwendet – als Sieger hervorgegangen. Ich schalte dann blitzschnell um und denke innerlich, auf die Angst bezogen: „Ach, alter Freund, du bist endlich wieder da. Wie schön, etwas besseres hätte ich mir ja gar nicht wünschen können!" Durch diese Ironie der personifizierten Angst gegenüber kann ich sie überwinden. Welch eine Rolle der Humor dabei spielt, ist mir erst so richtig aufgegangen.

Durch all das habe ich aber auch gemerkt, wie viele Kräfte in einem eigentlich brach liegen. Logotherapie ist wirklich eine Lebenseinstellung, die man sich jeden Morgen neu vor Augen führen und neu erobern muß. Ich finde es herrlich, endlich einmal den Eigenwillen und den Trotz positiv einsetzen zu können, denn praktisch muß man ja schon ab Kindesalter diese beiden Fähigkeiten einschränken, um auf die Umwelt Rücksicht zu nehmen, wodurch auch die positiven Elemente dieser Kräfte kaum zum Zuge kommen.

Mir hat diese Erkenntnis sehr viel Freude und Lebenskraft geschenkt, und ich bin unendlich dankbar dafür.

(*Anmerkung:* Ich bekomme sehr viele Zuschriften mit Berichten ähnlicher Art, denn fast täglich schreibt mir ein Leser über seine Erfahrungen mit der Logotherapie. Die beiden vorstehenden Berichte jedoch habe ich ausgewählt, weil sie so anschaulich beschreiben, welch „kopernikanische Wende" die Erkenntnis der „Trotzmacht des Geistes" in einem von Ängsten und Nöten überschatteten Leben herbeiführen kann: Wer seinen Schwächen trotzt, wird stark; wer seinen Abhängigkeiten trotzt, wird frei.)

KOMMENTAR

Im Dezember 1981 bat mich die Zeitung „Welt am Sonntag", einen Artikel für die Magazinseite „Daran glaube ich" zu schreiben. Als ich zusagte, ein solches „Glaubensbekenntnis" niederzulegen, dachte ich an die vielen seelisch kranken und leidenden Menschen, denen ich in meinem Leben begegnet bin, Menschen wie jene, die in diesem Kapitel zu Wort gekommen sind. Ihnen sollte mein Bekenntnis gewidmet sein. Und hier ist es:

Als ich auf einer Tagung über das Thema „Selbstmordverhütung" sprach, wurde ich von einem Tagungsteilnehmer gefragt, was ich in folgendem Falle antworten würde: Eine alte Frau, halbblind und sehr behindert, quält sich Tag für Tag ab, die wenigen Handgriffe ihres Einpersonenhaushaltes zu erledigen. Die Freunde haben sie vergessen, die Kinder sind erwachsen und weggezogen, niemand braucht sie, niemand kümmert sich um sie. Wozu soll sie weiterleben, was spricht dagegen, das Leiden mit einem Röhrchen Schlaftabletten abzukürzen?

Die Logotherapie weiß auch auf solche bedrängenden Fragen eine Antwort, nämlich: Die unbedingte Sinnhaftigkeit des Lebens *spricht gegen den Selbstmord, und sei eine Situation noch so aussichtslos. Denn auch das Leben einer armen, alten, behinderten Frau hat einen Sinn, einen sehr wichtigen sogar, ist sie doch z. B. in der Lage, als positives Vorbild im tapferen Ertragen des Leides ermutigend auf ihre Umwelt zu wirken.*

Wir wissen heute sehr wohl, daß das „soziale Modell des Umfeldes", also das Verhalten und die innere Einstellung der anderen Menschen, mit denen wir es zu tun haben, einen enormen Einfluß auf uns selbst ausübt. Gerade der moderne Mensch, der verunsichert ist durch die unterschiedlichen Wissenschaften, die ihm tausenderlei exakte Details präsentieren, welche sich alle zu keinem klaren Gesamtbild zusammenfügen, dieser moderne Mensch, der in seiner Wissenschaftsgläubigkeit ausgeliefert ist seinen Ängsten vor einer ungewissen Zukunft und seiner Einsamkeit in einer entmenschlichten Gesellschaft, orientiert sich in zunehmendem Maße an „den anderen", weil er in sich selbst keinen festen Halt mehr findet. Aber wer sind „die anderen"?

Sind es die Kriminellen und Terroristen, sind es die ewigen Protestierer, die Nihilisten und Chaoten? Sind es die Fernsehsüchtigen, die Alkoholiker und Fixer, die mit ihrer Familie Zerkrachten, die sexuell Abartigen, die Wohlstandsgeschädigten, die Stadtstreicher und Verwahrlosten? Eine endlose Reihe destruktiver Elemente unserer Gesellschaft könnte man aufzählen, die durchgehend Modellwirkung haben, insbesondere auf unseren Nachwuchs, dem Träger der Welt von morgen.

Aber da sind auch noch jene Menschen, die sich trotz allem eine innere Kraft bewahrt haben, die sich von der allgemeinen Resignation nicht anstecken lassen und nicht ständig nur frustriert sind, auch wenn Frustration Mode ist. Da gibt es einen Mann, der noch nach Jahren Blumen auf das Grab seiner verstorbenen Frau legt, da gibt es eine junge Mutter, die ihre alten Eltern nicht ins Altersheim abschiebt, sondern bei sich zu Hause pflegt, da gibt es einen Jugendlichen, der am Wochenende in einem Behindertendorf aushilft statt in die Diskothek zu gehen, da gibt es eben die alte, halbblinde Frau, nach derem Lebenssinn ich gefragt worden bin, und die ihr Leiden so tapfer auf sich nimmt. Auch solche Menschen zählen zu „den anderen", auch sie haben Modellwirkung auf uns alle; und ich glaube, daß sie es sind, denen wir es zu verdanken haben, daß wir immer noch hoffen und vertrauen dürfen, ja vielleicht sogar, daß sich die Spezies Mensch noch nicht selbst vernichtet hat.

Die Menschheit war seit urdenklichen Zeiten auf der Suche nach Sinn und Werten – solange sie existiert, hat sie danach gerungen. Innerhalb der Logotherapie wird diesem „Ringen um Sinn" besonderes Augenmerk gewidmet, weil sich gezeigt hat, daß viel seelische Not im Grunde „geistige" Not ist, nämlich die Unzufriedenheit mit einem anscheinend sinnlosen Dasein. Dabei ist die Sinnfülle unseres Daseins in Wahrheit unermeßlich, nur ist der Blick des einzelnen dafür manchmal getrübt: Er sieht das Positive nicht, weil er bloß das Negative betrachtet, und er sieht den Sinn des Augenblicks nicht, weil er mit der Härte des Schicksals hadert. Ich habe in der psychologischen Beratung mit Personen gearbeitet, die in ihrem persönlichen Unglück total verschlossen waren für alles Gute und Schöne ringsum, die verkrampft an ihrem eigenen Kummer festhielten und jedweder Ermutigung unzugänglich schienen. Die Verzweiflung hatte sie gepackt und vielfältige Probleme drohten sie zu ersticken. Dennoch gelang es oftmals bereits nach wenigen logotherapeutischen Gesprächen, diese Personen wieder einer positiven Lebenseinstellung zuzuführen, indem ihnen auseinandergesetzt wurde, daß jeder Mensch ein einmaliges und einzigartiges Wesen ist, und daß es zu jeder Stunde und in jeder Situation so etwas wie eine Aufgabe *gibt, die nur der Betreffende selbst erfüllen kann und niemand anderer für ihn.*

Die Kunst des Lebens ist es, den jeweiligen Aufgabencharakter einer Situation zu erkennen und nicht ungenützt verstreichen zu lassen, denn eine echte, tiefgehende, innere Zufriedenheit stammt nie aus einem Lustgewinn allein, sondern steht stets im Zusammenhang mit der Verwirklichung einer selbsterkannten Sinnmöglichkeit. Sinn aber kann jeder von uns, auch der leidende Mensch, in seinem Leben finden! Daran glaube ich; und daran glauben alle Schülerinnen und Schüler von Viktor E. Frankl, dem Begründer der Logotherapie. Es ist das Bekenntnis einer menschenwürdigen Psychologie.

TEIL II

Logotherapie für den Ratgebenden

1. Kapitel

Keinen Mut zur Logotherapie?

Seit über zehn Jahren arbeite ich in der Erziehungs- und Lebensberatung, und zwar vorwiegend mit psychotherapeutischer Aufgabenstellung, während psychologische Diagnostik und Gutachten einen eher unbedeutenden Teil meiner Tätigkeit ausmachen. Interessant für meine Kolleginnen und Kollegen mag dabei die Tatsache sein, daß ich innerhalb der Methodenfülle angewandter psychotherapeutischer Verfahren die *Logotherapie von Viktor E. Frankl* bevorzuge und, nachdem ich mir in den vergangenen Jahren eine ziemlich breit gefächerte Praxis auf diesem Gebiet angeeignet habe, auch erfreulich gute Erfolge damit erziele*.

Natürlich könnte ich nicht behaupten, bei jedweder an mich herangetragenen Problematik ausschließlich logotherapeutisch zu intervenieren; man kommt in der Beratungssituation nicht mit Logotherapie allein aus, aber – davon bin ich überzeugt – man kommt auch nicht ganz ohne Logotherapie aus. Einer statistischen Untersuchung, die ich vor Jahren an einem Kollektiv von 1500 Ratsuchenden, welche durch meine Hände gegangen waren, durchgeführt habe, war eindeutig zu entnehmen, daß bei ca. 35% der Klientel das logotherapeutisch orientierte Gespräch hinreichte, um die notwendigen Impulse zur Lebensbewältigung zu vermitteln. Das heißt, für mehr als 1 Drittel jener „labilen Zwischengruppe" von Personen, die „nicht psychisch krank genug sind", um psychiatrische Hilfe

---

* Daß ich die Logotherapie „bevorzuge", bedeutet, daß ich auch in anderen therapeutischen Richtungen ausgebildet bin, nicht zuletzt in Tiefenpsychologie. Ich erwähne dies nur, um mich gegen den Vorwurf zu schützen, daß ich ja die Logotherapie anwenden *müsse,* weil mir keine anderen Vorgangsweisen zur Verfügung stünden.

zu benötigen, die aber auch nicht innerlich gefestigt und stabil genug sind, um ihre Lebensprobleme selbst zu lösen, kann die Indikation für eine Anwendung logotherapeutischer Methoden gestellt werden, und nicht nur das, einem hohen Prozentsatz von ihnen kann auf diese Weise entscheidend geholfen werden. Das scheint mir für die Fachwelt doch sehr beachtenswert zu sein.

Dazu kommt, daß sich die logotherapeutischen Vorgehensweisen geradezu ideal mit Techniken der Verhaltenstherapie, mit Entspannungsverfahren, gestalterischen und kommunikativen Ansätzen kombinieren lassen, wodurch ich letztlich gar nicht behaupten kann, daß meine nicht-logotherapeutischen Beratungshilfen völlig frei wären von jedweder logotherapeutischen Beeinflussung. So mache ich zum Beispiel Kombinationsprogramme von (verhaltenstherapeutischer) Desensibilisierung und (logotherapeutischer) Paradoxer Intention oder von Autogenem Training und Paradoxer Intention bei allen möglichen Arten von Phobien und Zwängen, Programme, die bei weitem bessere Heilungschancen aufweisen als eine der genannten Techniken für sich allein. Oder ich verfolge im Gespräch Ziele der (logotherapeutischen) Dereflexion, während ich zugleich Ratschläge zur Erziehung der Kinder oder zur Harmonisierung der Partnerschaft erläutere; die Verstärkung der menschlichen Fähigkeit zur *Selbst-Transzendenz,* wie sie in der Logotherapie angestrebt wird, und die bewußte Ausrichtung des Ratsuchenden auf ein Du kann ihm sehr wohl helfen, seine eigenen Schwierigkeiten zu relativieren und deren Gewicht zu reduzieren.

Selbstverständlich gibt es auch Grenzen der Kombinierfähigkeit der Logotherapie, nämlich dort, wo ihr Gedankengut mit einem kontradiktorischen Menschenbild kollidiert. Die Rückführung aller „seelischer Komplexe“ auf die früheste Kindheit zum Beispiel ist eines der hypothetischen Konstrukte, für welches dem Logotherapeuten der Glaube fehlt. Aber es ist nicht nur die psychoanalytische Theorie, die bezweifelt wird, es ist auch das praktische tiefenpsychologische Vorgehen, auf das innerhalb der Logotherapie verzichtet wird. Das „Wühlen in der Vergangenheit“ entspricht nicht ihrem zentralen Anliegen, den Ratsuchenden ein Ziel- und Sinnbewußtsein seiner Existenz erfahren zu lassen und ihn dadurch zu ermutigen, sein Leben zu bejahen. Die Lebensbejahung, zu der die Logotherapie hinzuführen vermag, stammt aus ihrem Ausgerichtetsein auf Sinn und Wert sowohl der Vergangenheit als auch der Zukunft des menschlichen Lebens, und wenn etwas „aufgedeckt" werden soll, dann ist es das Positive auch im Leiden, und nicht das (unbewußte) Leiden auch im (anscheinend) Positiven.

Vielleicht kann an dieser Stelle ein kleines Argumentationsbeispiel die Gegenüberstellung von Logotherapie und anderen Psychotherapien verdeutlichen:

Ein ca. 40jähriger Mann* kam zu mir zur Nachbetreuung nach einer 6monatigen stationären Alkoholiker-Langzeit-Therapie, wobei es darum ging, der Rückfallgefahr prophylaktisch entgegenzuwirken. Der Alkoholabusus hatte mit Unterbrechungen mehr oder weniger seit seinem 15. Lebensjahr bestanden.

Der Mann war fest entschlossen, keinen Tropfen Alkohol mehr anzurühren, aber er war sehr unsicher hinsichtlich der Gestaltung seines weiteren Lebens und zeigte auch wiederholt Phasen der Entmutigung, die noch durch körperliche Restschäden aus der Zeit des Alkoholmißbrauchs (Schlafstörungen, Nervosität, Händezittern, Unruhe, Schweißausbrüche...) unterstützt wurden. Besonders zu schaffen machte ihm die Tatsache, daß er oft allein war, weil er durch seine Krankheit viele Freunde und Bekannte verloren hatte, und daß er aus seiner sehr guten beruflichen Laufbahn geworfen worden war, hinsichtlich der es schwer war, einen neuen Anfang, geschweige denn einen gleichwertigen Ersatz zu finden. Als er wieder einmal sehr schlechter Stimmung war, brachte er im Gespräch zum Ausdruck, daß er glaube, sein Leben habe eigentlich keinen Sinn mehr, denn wenn man, wie er, in der Mitte des Lebens vor dem Nichts stehe und nicht auf den geringsten Erfolg

* Diese Krankengeschichte ist im Teil I des Buches im Kapitel „Patienten berichten über ihre Erfahrungen" vom Patienten aus eigener Sicht dargestellt worden.

in seinem Leben zurückblicken könne, dann gäbe es auch keinen Anschluß mehr an eine normale Existenz und man könne gleich resignieren.

Wie hätten nun die Antworten der verschiedenen Vertreter unterschiedlicher psychotherapeutischer Schulen gelautet? Psychoanalytisch orientierte Kollegen hätten wahrscheinlich versucht, sich zu den Wurzeln des Übels zurückzutasten und aufzudecken, wie es in der Pubertät des Mannes zum beginnenden Alkoholismus hatte kommen können bzw. welche Störungen aus seiner Kindheit als Erklärungshypothesen dafür in Frage kämen. Vielleicht hätten sie auch seine nächtlichen Träume „seziert" und alle möglichen unterschwelligen Triebgelüste daraus abgeleitet. Doch hätten solche Deutungen von Ursachen und Triebbedürfnissen dem Patienten bei der Bewältigung seiner Zukunft geholfen?

Ich kann mir noch eher vorstellen, daß eine klientenzentrierte Gesprächspsychotherapie konstruktive Beiträge zur Konfliktlösung erbracht hätte – und manchmal bin ich auch nach diesem Rezept vorgegangen –, aber im obigen Fall ging es nicht um „irgendeinen" Konflikt, sondern um massive Zweifel am Sinn der eigenen Existenz, ja um die Frage der Werthaftigkeit des Lebens und Weiterlebens. Hierbei lediglich die verzweifelten Fragen des Ratsuchenden rückzuspiegeln und non-direktiv zu bleiben war gefährlich, denn es könnte die psychohygienisch ungesunde Einstellung des Mannes zu seinem Leben, seine Sinn-Zweifel und Resignations-Tendenz verschärfen.

Verhaltenstherapeutisch hätte man sich vermutlich auf eine Taktik der kleinen Schritte beschränkt und die großen Ziele zunächst zur Seite geschoben: ein sinnvoller Plan für den morgigen Tag ist gewiß vielversprechender als Diskussionen über eine unbestimmte Zukunft. Auch das hat seine Richtigkeit, und doch war der Patient innerlich zu aufgewühlt mit existentiellen Fragen, um sich mit einem simplen Tageseinteilungsprogramm zufrieden zu geben. Die Frage „wozu?", das Ringen nach einer Sicht seiner selbst, die er akzeptieren könnte, stand im Vordergrund all seiner Gedanken.

Entspannungsübungen wiederum wären unter den gegebenen Umständen ein Rückzug aus der Wirklichkeit gewesen, ein Trick, nicht denken zu müssen, was sich gedanklich aufdrängt, ein Beschwichtigen und Herabdämpfen der geistigen Konfrontation mit dem Schicksal.

Der Einsatz von Psychopharmaka schließlich, der in noch höherem Maße einer Flucht vor der Wirklichkeit gleichgekommen wäre, war schon deshalb kontraindiziert, weil der Mann zusätzlich zu seiner Erkankung als Alkoholiker auch eine riskante Neigung zur Medikamentensucht aufwies, der nicht in die Hände gespielt werden durfte.

Nun, wer logotherapeutisch ausgebildet ist, greift bei einer solchen Problematik zur Technik der „Einstellungsmodulation", an die sich oftmals sehr schnell und ganz von selbst eine Verhaltensmodifikation des Ratsuchenden anschließt, ohne daß dazu ein spezielles Programm mehr nötig ist.

> *Für die Logotherapie ist auch ein biologisches Faktum noch lange kein biographisches Fatum.*
>
> FRANKL

Ich sagte dem Ratsuchenden ungefähr folgendes: „Es stimmt, Sie sind 40 Jahre alt und alles ist für Sie ungewiß. Sie haben keine Partnerin, einen sehr kleinen Bekanntenkreis, müssen beruflich nochmals ganz von unten anfangen, haben sich nichts erspart und wissen nicht, wie es weitergeht. Aber vor dieser Situation standen Sie schon einmal in Ihrem Leben, nämlich damals, als Sie 15, 18 oder 20 Jahre alt waren, und damals war es ganz normal. Alle jungen Menschen, die eben erst ins Erwachsenenleben eingetreten sind, stehen am Anfang einer ungewissen Zukunft: sie haben noch keine festen, zwischenmenschlichen Bindungen, keine sicheren Anschauungen und keine klar umrissene Berufslaufbahn – und doch, was für eine Chance ist es, noch nirgendwo festgelegt zu sein, noch offen zu sein für alles, was einem begegnet, noch frei zu sein für das Angebot der Stunde und jede Möglichkeit nützen zu können, die sich einem darbietet! Wie sehr beneiden doch manche

40jährigen, deren Leben in starren Bahnen festgefügt ist, und in derem familiären und beruflichen Alltag ein Tag dem anderen gleicht, höchstens unterbrochen von ein paar Urlaubswochen, jene jungen Menschen am Anfang ihres Erwachsenwerdens um ihre Ungebundenheit und Flexibilität!

Sie aber haben jetzt vom Schicksal die Chance erhalten, in gewissem Sinne noch einmal „jung“ zu sein, noch einmal dort anzufangen, wo Sie den normalen Lebensweg verlassen haben und krank geworden sind; das Leben steht Ihnen offen wie einem 15- oder 20jährigen! Freilich um den Preis derselben Ungewißheit und desselben Ringens nach Reife und Identität, wie bei einem jungen Menschen, der seine Ziele auch erst finden und verwirklichen muß. Wollten Sie denn wirklich nach Ihrer körperlichen Wiederherstellung einen festen Lebensweg vorgeschrieben bekommen, eine Familie, die sich auf Sie stürzt, einen Arbeitsplatz, der auf Sie wartet, eine fertig eingerichtete Wohnung, einen Hobbyklub, in dem Sie angemeldet sind, alles fix und fertig für Sie bereit? Sie haben doch unter der Droge des Alkohols Jahre versäumt, Jahre des Wirkens und Gestaltens, der persönlichen Sinngebung Ihres Lebens – jetzt und erst jetzt können Sie das alles nachholen. Sie stehen nicht vor dem Nichts, Sie stehen vor der ungeheuren Fülle vielfältiger Möglichkeiten, die sonst eigentlich nur jungen Menschen offen sind oder solchen Menschen, denen eben ein neuer Anfang gelungen ist.

Gerade die Ungewißheit Ihrer Zukunft ist Ihre geistige Beweglichkeit, gerade das Nicht-festgefahren-Sein Ihres Alltags ist die Gelegenheit, Ihre ureigensten Ideen in die Tat umzusetzen und dadurch Ihrem Leben neue Akzente zu geben. Akzente, die denkbarerweise so entscheidend sind, daß sie Ihre ganze unglückliche Vergangenheit rückblickend mit Sinn erfüllen, weil es ohne diese Leiderfahrung vielleicht nie dazu gekommen wäre.“

Der Mann konnte die angebotene Sichtweise zu der seinen machen und wurde daraufhin wesentlich aktiver. Er begann, nach Möglichkeiten Ausschau zu halten, die sich ihm in seiner Situation darboten und entwickelte dabei erstaunlich viel Fantasie. Vor allem aber war wichtig, daß er sich seine kleinen Erfolgserlebnisse *selber* schuf, denn keinerlei von außen zugespielten, gutgemeinten Wiedereingliederungshilfen hätten seine Selbstsicherheit und sein Vertrauen zum Leben neu aufgebaut, im Gegenteil: Abhängigkeit bleibt Abhängigkeit, ob es eine vom Alkohol oder eine von gutmeinenden Leuten ist. Und wer abhängig ist, muß sich fürchten; nämlich fürchten vor dem Moment, da das Medium, von dem er abhängig ist, nicht mehr verfügbar ist. So aber lernte unser Patient sukzessive, sich auf nichts als auf seine eigenen Kräfte zu verlassen, und er lernte, diese seine Kräfte im Lebenskampf positiv einzusetzen.

Der Lebenskampf war allerdings alles andere als leicht für ihn, denn er geriet mit seiner Arbeitssuche in eine wirtschaftliche Flaute hinein, die ihm zahlreiche Absagen einbrachte. Einmal hatte er sogar ein gefährliches Tief; gefährlich deshalb, weil es ihn zum Hader mit dem Schicksal verleitete. Drängende, beschwerende Fragen an das Schicksal jedoch verhallen stets ungehört und bringen kein tröstliches Echo zurück, sie führen niemals zu einem befriedigenden Ergebnis, sondern ziehen den Betreffenden in einen ungesunden „Strudel des Selbstmitleids" hinab. Es ist daher therapeutisch wichtig, solche Klagen an das Schicksal aufzufangen und – wiederum mit Hilfe einer Einstellungsmodulation – Klarheit darüber zu schaffen, daß eigentlich das Schicksal es ist, das uns Menschen Fragen stellt, indem es uns eben mit „schicksalhaften" Situationen konfrontiert, und daß es dann an uns liegt, passende Antworten darauf zu finden.

> *Das Leben selbst ist es, das dem Menschen Fragen stellt. Er hat nicht zu fragen, er ist vielmehr der vom Leben her Befragte, der dem Leben zu antworten – das Leben zu verantworten hat.*
>
> FRANKL

Die unglückliche Frage des Patienten an das Schicksal lautete kurzgefaßt folgendermaßen: „Wieso ist das Schicksal so ungerecht und hat mir viele reiche Gaben beschert, als ich noch getrunken und überhaupt nichts Positives zu meinem Leben beigetragen habe, während es mir jetzt das Glück versagt, jetzt, da ich mich tapfer bemühe durchzuhalten und ein ordentliches, völlig abstinentes Leben zu führen? Will es mich für meinen hart erkämpften Widerstand gegen die Sucht bestrafen?"*

Hier ist meine einstellungsmodulierende Argumentation, die ich dem Patienten damals brieflich – aus meinem Urlaub – mitteilte: „Kleine Kinder empfinden sehr oft Erziehungsmaßnahmen ihrer Eltern als ungerecht, und zwar deshalb, weil sie sie nicht verstehen, oder jedenfalls nicht verstehen, daß sie zu ihrem Besten gemeint sind. Ähnlich ergeht es uns Menschen gegenüber den Maßnahmen des Schicksals; auch wir empfinden oftmals als ungerecht, was wir nicht verstehen. Nun können wir der Vorsehung nicht „in die Karten gucken", ja wir wissen nicht einmal, ob es eine gibt, aber wir können eines tun, nämlich offen bleiben für verschiedene Interpretationsmöglichkeiten und uns nicht auf eine, noch dazu negative, festlegen.

Ich wüßte zum Beispiel für die mir von Ihnen geschilderte Situation eine andere Interpretation. In der langen Zeit, in der Sie getrunken haben, waren Sie offenbar nicht in der Lage, ernsthafte Schwierigkeiten zu meistern, Sie wären an so großen Belastungen wie finanziellen Problemen oder anhaltender Arbeitslosigkeit buchstäblich zu Grunde gegangen. Deshalb könnte man fast meinen, das Schicksal habe in seiner Weisheit die ernsteren Probleme Ihres Lebens bis zu jener Zeit aufgespart, da Sie *fähig* sein würden, sie auch zu lösen. Denn was Sie früher an erfreulicher Karriere und finanziellem Rückhalt hatten, das war „unverdientes" Glück, sozusagen ein Vorauskredit – gewährt, damit Sie nicht zusammenbrechen oder verhungern, ehe Sie die nötige Reife erlangen würden, um Ihre eigenen Kräfte mit dem Schicksal zu messen. Jetzt aber scheint der Augenblick gekommen zu sein, da Sie kein Geschenk des Schicksals mehr brauchen, da Sie „für würdig erachtet wer-

---

* Vergleiche dazu die logotherapeutische „teaching tale" am Ende des 5. Kapitels im Teil I des Buches!

den", den Daseinskampf aufzunehmen. Vielleicht ist dies, vermenschlicht ausgedrückt, ein „großes Lob des Schicksals", das Ihnen mittlerweile zutraut, selbst harte Prüfungen zu bestehen.

Freilich ist auch dies nur eine Interpretation, aber eine, bei der die Dankbarkeit dafür, daß die Probleme *jetzt* und nicht um Jahre früher kommen, *jetzt,* da Sie ihnen mit größter Wahrscheinlichkeit gewachsen sind, Vorrang hat vor jedem fruchtlosen Hader. Aus einer solchen Dankbarkeit heraus werden Sie die richtige Antwort auf die „Prüfungsfragen" des Schicksals finden, davon bin ich überzeugt!"

Und der Patient hat wirklich die richtigen Antworten gefunden, er hat „seine Prüfung mit Note 1 bestanden". Solange er keine feste Anstellung bekommen konnte, nahm er einen Job an, der nicht einfach auszuführen war und ihn aufs äußerste herausforderte, ihm aber den inneren Triumph einbrachte, auf seine Leistungen stolz sein zu können. Anschließend begann er, sich gezielt fortzubilden und schulte damit zugleich sein Gedächtnis, das in der Zeit der Krankheit nachgelassen hatte. Ca. 1 Jahr nach Beginn der Nachbetreuung durch mich eröffnete sich ihm endlich die Möglichkeit, eine Verwaltungstätigkeit aufzunehmen, die zwar nicht gerade seinen Traumvorstellungen entsprach, ihm aber die Chance bot, sie als Sprungbrett für eine neue berufliche Karriere zu nützen. Noch einmal kam es zu einem ernsten therapeutischen Gespräch, bei dem die logotherapeutische Technik der Einstellungsmodulation unentbehrlich war. Und zwar zögerte der Patient, die Arbeitsstelle anzunehmen, weil ihm eine wiederholt gehörte Warnung anderer Psychotherapeuten, mit denen er früher zu tun gehabt hatte, im Ohr klang; eine Warnung, die darauf hinauslief, bloß nichts Unangenehmes auf sich zu nehmen, weil Unangenehmes zur Frustration führe, und Frustration wiederum geradewegs zum Alkohol führe.

Nun muß ich gegen solche Prophezeiungen – die sehr schnell zu „selffulfilling prophecies", wie der Amerikaner sagt, werden können – energisch protestieren. Wer psychisch labile Menschen stabilisieren will, darf sie weder vor Frustrationen verschonen, noch ihnen einreden, daß Frustrationen einen Rückfall bewirken müßten, denn sonst werden diese Personen im Leben endgültig scheitern. Das Leben besteht nicht nur aus Sonnenschein, das dürfte sich auch in Therapeutenkreisen schon herumgesprochen haben, und Frustrationen lassen sich von Zeit zu Zeit nicht vermeiden. Aber deswegen darf man nicht umkippen und sofort an einen Rückfall denken, wo käme man da hin? Frustrationen müssen ausgehalten werden, und dieses Aushaltenkönnen trägt wiederum zum Anwachsen der inneren Stabilität bei, es ist ein wesentlicher Sicherheitsfaktor im Gesundungsprozeß.

Auf jeden Fall wäre für unseren Patienten nichts gefährlicher gewesen als tatenlos zu Hause herumzusitzen und am Ende noch über das vergangene Leben in Trunksucht nachzudenken.

> *Das Bedrückende ist nicht die Arbeitslosigkeit an sich, sondern das Sinnlosigkeitsgefühl. Der Mensch lebt nicht von der Arbeitslosenunterstützung allein.* FRANKL

Er brauchte schon um seines neuen Selbstwertgefühles willen das Bewußtsein, sich von seiner eigenen Arbeit Verdienst ernähren zu können und folglich auf eigenen Füßen zu stehen. Vor allem aber brauchte er künftige Ziele, die ihm erstrebenswert schienen, und Kräfte, die es ihm erlaubten, sich diesen Zielen zu nähern, und beides war nur bei Arbeitsaufnahme gegeben; nämlich das Ziel, über die Routinearbeit eines Tages hinauszukommen, und die Kräfte, die an der täglichen Bewährung wachsen würden. Wer lange Zeit relativ untätig war, ist später kaum mehr in der Lage, einen 8-Stunden-Tag durchzustehen, und schon gar nicht, sich beruflich emporzukämpfen, wer jedoch auch eine eher ungeliebte Arbeit gut bewältigt hat, schafft eine geliebte erst recht.

Deswegen erklärte ich dem Mann, daß er sich nicht vor Frustrationen fürchten solle, denn sie seien keineswegs eine Verlockung zur Krankheit, sondern vielmehr ein Training für seine seelische Gesundheit, und als ein solches Training möge er insgesamt die finanziell bescheidene und auch sonst wenig attraktive neue Arbeitsmöglichkeit ansehen: was er durch sie gewinne, sei nicht in Geld oder in Prestige aufzuwiegen, es seien die Schienen, auf denen seine völlige Wiederherstellung Stück für Stück vorankommen werde.

Mittlerweile hat der ehemalige Patient das halbe Jahr Probezeit auf diesem Arbeitsplatz glücklich hinter sich gebracht und blickt außerdem stolz zurück auf zwei trockene Jahre. Seine Einstellungen zum Leben sind positiver geworden, seine Frustrationstoleranz ist gefestigt, seine körperlichen Restschäden sind weitgehend zurückgegangen, sein Blick ist auf die Zukunft gerichtet. Er hat engere Kontakte mit Mitmenschen geknüpft und seine Freizeit ist befriedigend ausgefüllt. Gelegentlich führen wir noch das eine oder andere Gespräch, aber ich weiß, daß ich ihn guten Gewissens in die Selbstverantwortlichkeit entlassen kann.

Das Beispiel ist eines von vielen und auch nicht unbedingt repräsentativ für die Anwendung der Logotherapie, aber es mag immerhin verdeutlichen, wo der dimensionalontologische Ansatzpunkt dieser Richtung zu suchen ist, nämlich innerhalb der „geistigen Dimension" des Menschen. Damit ist nicht gesagt, daß die Logotherapie die Ebene der Gefühle, Triebe und Triebschicksale vernachlässigen oder gar negieren würde, ja sie hätte niemals ihren Schwerpunkt so sehr auf die geistigen Wahrnehmungs-, Einstellungs- und Willenskräfte gelegt, wäre sie sich nicht des enormen Gegengewichts der psychischen Ebene mit allen irrationalen Ängsten, Hemmungen, Komplexen, Bedürfnissen und Triebgewalten bewußt. Aber eine Macht wird nur dann zur Übermacht, wenn es jemanden gibt, der sie fürchtet; und der Logotherapeut fürchtet die Macht der Psyche nicht, er setzt ihr Schranken. Schranken aus dem mächtigsten Potential menschlicher Existenz, das es gibt, der *Trotzmacht des Geistes*. Der Mensch vermag seinen Schicksalsdeterminanten auch zu trotzen, er muß sich – wie Frankl zu seinen Patienten sagt – „nicht alles von sich selbst gefallen lassen", er kann geistige Kräfte mobilisieren, die seinen psychischen Schwächen überlegen sind.

Patienten in der logotherapeutischen Praxis lernen, über

ihre Ängste mutig zu lachen, ihre Depressionen durch geduldiges Hinnehmen zu mildern, auf hysterische Ausbrüche freiwillig zu verzichten oder ihre Aggressionen in ein positives Engagement umzuwandeln, sie lernen, ein sinnorientiertes Leben zu führen und sich selbst nicht zu wichtig zu nehmen. Durch Reduzierung der gefährlichen „Hyperreflexion", also der Detailüberbewertung und -überbeachtung, der fast ausnahmslos alle psychisch kranken Personen in Bezug auf ihre spezielle Problematik verfallen sind, wird ein zusätzlicher Spielraum geistiger Freiheit geschaffen, der wiederum für die Wahrnehmung neuer, positiver Akzente innerhalb der bestehenden Lebensumstände zur Verfügung steht.

Neben der Einzelbetreuung gibt es auch logotherapeutische Gruppenpsychotherapie, deren Konzept sich von den üblicherweise angewandten Techniken weitgehend unterscheidet. Besonders die sogenannten „Dereflexionsgruppen", die von mir in den Jahren 1981/82 auf logotherapeutischer Basis entwickelt worden sind und bisher nur am „Institute of Logotherapy" in Berkeley/Kalifornien Parallelen finden, erbringen überraschend positive Nebenprodukte an Symptomreduzierungen, während sie als Hauptziel eine Stärkung der psychohygienischen Gesundheit der Gruppenteilnehmer anpeilen. In einer solchen Dereflexionsgruppe werden grundsätzlich keine Probleme besprochen, sehr wohl aber gelungene Problembewältigungen und wertvolle Begegnungen mit der Außen- und Umwelt, die zur Bereicherung der Sinnorientierung des einzelnen beitragen können. Ihr Stabilisierungsgewinn und Entneurotisierungseffekt ist, regelmäßigen Kontrollen zufolge, höher als nach jeder anderen Gruppenpsychotherapie, wenn man die in der Literatur anzutreffenden Abschätzungen zwischen 40% und 55% Rückfallfreiheit nach einem Jahr zugrunde legt*.

Inzwischen gibt es etliche logotherapeutische Zentren auf der ganzen Welt, und auch in Deutschland einige Nerven-

---

* Ich konnte nach meinen ersten Dereflexionsgruppen eine Rückfallfreiheit von 70% bis 90% nach einem Jahr ermitteln, allerdings waren die Personenzahlen zu gering, um statistische Signifikanzen daraus herzuleiten. (Damit etwas statistisch einwandfrei bewiesen ist, bedarf es bekanntlich Untersuchungen an Hunderten von Personen.)

kliniken und Beratungsstellen, die logotherapeutische Verfahrensweisen erfolgreich zur Anwendung bringen. Dort werden immer neue Wege gesucht, um über eine Förderung der *Selbstdistanzierungsfähigkeit* der Patienten den abnormen vom intakten Teil ihrer Persönlichkeit zu trennen, um eben diesen intakten Teil vor einer Verschmelzung mit dem abnormen zu bewahren und, wenn möglich, zu erweitern. Die Entdeckung Viktor Frankls, daß sich der Mensch als einziges Lebewesen von sich selbst distanzieren und zu sich selbst Stellung beziehen kann, hat einer uralten Geißel der Menschheit den Kampf angekündigt: der Angst. Ich habe Patienten gesehen, die eine jahrelange Vorgeschichte mit unterschiedlichen psychotherapeutischen und medikamentösen Behandlungsformen hinter sich hatten, ohne ihrer Angst Herr zu werden, und die durch ein logotherapeutisches Gespräch innerhalb kurzer Zeit Erleichterung fanden. Wunder können selbstverständlich auch in der Logotherapie nicht gewirkt werden, doch ist es mitunter schon viel, einen Kranken dahin zu bringen, seine Krankheit – sofern sie nicht heilbar ist – als unabänderliches Schicksal anzunehmen und zu versuchen, trotz ihr und in ihr noch ein sinnerfülltes Leben zu führen. Wieviel Hoffnungslosigkeit und Verzweiflung bin ich schon begegnet, wenn aufwendige und zeitraubende Therapien effektlos geblieben waren, welche „von solch langen Seelen-Bearbeitungen zerstörte Wracks" an Gemütskranken habe ich schon mittels logotherapeutischer Argumentation wieder aufgerichtet, nachdem alles andere fehlgeschlagen war!

Wer in Logotherapie bewandert sein will, muß sich aber nicht nur mit ihren Techniken, sondern auch mit ihrem philosophischen Background befassen, und das bedeutet konkret, daß er Trost zu geben vermag in extremen Notsituationen, wie sie der Tod eines geliebten Angehörigen, die Auseinandersetzung mit einer unheilbaren Krankheit oder das Tragen einer nicht-wieder-gutzumachenden Schuld darstellen. Die Tochter ist mit einem Gastarbeiter durchgebrannt, der Sohn will die Firma, das Lebenswerk seines Vaters, nicht übernehmen, die Ehe ist an Nichtigkeiten zerbrochen, der Ehemann ist zu einer Geliebten gezogen, das jüngste Kind muß in die Sonderschule oder hat einen Kaufhausdiebstahl begangen und die Mutter hat einen Nervenzusammenbruch bekommen..., alles Dinge, wie sie tagtäglich auf der Beratungsstelle schluchzend vorgebracht werden; da kommen wir Berater mit den alten, tiefgrabenden oder non-direktiven Methoden nicht aus, da müssen wir schon hier und jetzt Antwort, Rat, Trost und Hilfe geben. Gewiß, auch unser Rat mag nicht immer der beste, auch unsere Hilfe mag beschränkt sein, aber wenn wir Richtlinien haben, auf deren Güte wir vertrauen können, weil sie einem humanen und ethisch wertvollen Menschenbild entspringen, dann können wir niemals ganz fehlen, und dies ist beim logotherapeutischen Gedankengebäude der Fall.

Wenn Albert Görres, Leiter des Psychotherapie-Institutes der Technischen Universität München und einer der markantesten Vertreter der Tiefenpsychologie, in seinem Buch „Kennt die Psychologie den Menschen?“ folgenden Satz schreibt: „Ich muß zugeben, daß ich mit wachsender Erfahrung dem, was Viktor E. Frankl „das existentielle Vakuum“ nennt, dem Mangel an Lebenssinn, der existentiellen Frustration des veruntreuten Himmels, den kognitiven Dissonanzen im Selbstverständnis und Daseinsverständnis, daß ich also alledem als Unruheherd, Streßfaktor und damit als möglicher Ursache von Krankheiten und Fehlentwicklungen weit mehr Raum zugestehen muß, als etwa in meinem Buch ‚An den Grenzen der Psychoanalyse‘, das doch auch solchen Fragen gewidmet ist, sichtbar wird.“, dann ist dies die Quintessenz eines langen Erkenntnisprozesses im Dienste der Psychotherapie. Auch Wolfgang Kretschmer, Sohn des durch seine Charakteranalyse berühmt gewordenen Ernst Kretschmer und Professor für Psychiatrie an der Universität Tübingen, der mich zu einem Gedankenaustausch über Logotherapie besuchte, gebrauchte ähnliche Worte.

Die Zeiten seit Sigmund Freud haben sich geändert, die heutigen Generationen leiden nicht mehr so sehr an unterdrückter Sexualität und unterdrückter Aggressivität – wer wollte dies ernsthaft behaupten? –, sie leiden vielmehr an Langeweile, Leere- und Sinnlosigkeitsgefühlen, an einer totalen Resignation und erschreckenden Motivationsschwäche, die zahlreiche exzessive Massensymptome wie Drogenkonsum, zerbrechende Familien, steigende Kriminalität und Suizidgefährdung in ihrem Sog nach sich ziehen. Wer vor dieser *existentiellen Not* des modernen Menschen die Augen verschließt und weiterhin nach nichts als Minderwertigkeitskomplexen, verdrängten Libidogelüsten und seelischen Konflikten fahndet, wird an den Nöten unserer Zeit vorbeitherapieren.

> *Die Geburtsstunde der Psychotherapie hatte geschlagen, als man daranging, hinter körperlichen Symptomen die seelischen Ursachen zu sehen, also ihre Psychogenese zu entdecken; jetzt aber gilt es, noch einen letzten Schritt zu tun und hinter dem Psychogenen den Menschen in seiner geistigen Not zu schauen – um von hier aus zu helfen.* FRANKL

Eine Psychologie, die das Phänomen der menschlichen Schuld mit der angeblichen Unfreiheit des Nicht-anders-handeln-Könnens annulliert, ist ebenso destruktiv wie eine Psychotherapie, die das Phänomen der menschlichen Würde mit der angeblichen Freiheit des Alles-analysieren-Dürfens untergräbt. Wir leben nicht in einer Zeit, in der es an psychischen Konflikten fehlt, sondern wir leben in einer Zeit, in der es an psychischer Belastbarkeit fehlt. Und Belastbarkeit baut man nicht auf, indem man Konflikte schürt. Der Mensch ist in Wahrheit von Grund auf belastbar, er hat gesunde Emotionalkräfte in sich, mittels denen er auch Konfliktsituationen gewachsen ist, er hat einen Verstand, der ihm hilft, Probleme zu lösen, er hat ein „geistiges Potential", das er in die Waagschale werfen kann gegen die Macht des Schicksals – ein solches Menschenbild brauchen wir heute, das Kraft und Hoffnung schenkt. Eines wie das der Logotherapie.

Ratsuchende kommen von weit her in die logotherapeutischen Praxen, und das nicht nur, um spezielle Hilfe bei ihren Sinnzweifeln und Lebensängsten zu finden. In Hunderten von

Zuschriften werde ich um Adressen von Logotherapeuten, um Termine, um Ausbildungsmöglichkeiten in Logotherapie gefragt, bei Ärztetagungen, zu denen ich öfters als Referentin gebeten werde, wird stets lebhaftes Interesse bekundet, zu den Logotherapiekongressen kommen zahlreiche Zuhörer, zum Teil aus anderen Kontinenten, angereist.

Deshalb möchte ich meinen Kolleginnen und Kollegen Mut zusprechen, sich doch einmal mit dieser zeitgemäßen und positiven Richtung der Logotherapie aktiv auseinanderzusetzen und vielleicht sogar zu befreunden. Mut braucht man schon dazu, denn die Ausbildungs- und Hospitationsmöglichkeiten sind rar, und der Einstieg in die Arbeit beginnt damit, die vielfältige logotherapeutische Literatur zu studieren und danach die darin niedergelegten Anregungen und Erfahrungen in den eigenen Wirkungskreis miteinzubeziehen. Dennoch, der Mut bringt Früchte, dafür stehe ich ein, Früchte der Dankbarkeit von seiten unserer Klientel, und Früchte der Zufriedenheit mit der geleisteten Arbeit in unserem eigenen Selbstverständnis.

Wir Psychologen haben einen schlechten Ruf.

Wir könnten ihn verbessern, wenn wir unser Wissen mit dem Gedankengut der Logotherapie verbinden, mit den Erkenntnisse jener Psychotherapie, die es sich zum Ziel gesetzt hat, die Würde des Menschen in der Beratungs- und Behandlungspraktik wiederherzustellen.

2. Kapitel

Persönliche Sinnerfüllung – ein Kriterium menschlicher Existenz

Es gibt einen Fragebogentest für Kinder und Jugendliche*, der die Frage enthält: „Hast du manchmal das Gefühl, es lohne sich nicht zu leben?“, und jedesmal geht es mir nahe, wenn ein junger Mensch die Antwort „ja“ ankreuzt, was keineswegs selten geschieht. Kinder, aufgewachsen in einer Periode des Wohlstands, umgeben von allen Errungenschaften des 20. Jahrhunderts und überwiegend behütet von den antiautoritären Ideen ihrer Eltern, finden das Leben nicht mehr lebenswert. Die suizidalen Tendenzen unserer Gesellschaft sind im Zunehmen begriffen, das Recht auf Abtreibung, das Recht auf freie Sterbehilfe wird neu diskutiert, in einem Bestseller werden geeignete Sterbehäuser für Selbstmordkandidaten gefordert... Wird der freiwillig herbeigeführte Tod attraktiv?

Man sagt gewöhnlich, der Suizid löse keine Probleme, jedenfalls nicht auf sinnvolle Weise, dennoch läßt sich nicht leugnen, daß es trotz allem Wohlstand und allen Errungenschaften unendlich viel Kummer, Leid und Schmerz ringsum gibt, und daß ein Toter davon nicht mehr betroffen wird. Der Tod löscht ein Leiden aus, ein körperliches genauso wie ein seelisches, er läßt den stärksten Kummer gleichgültig werden, und er erspart den größten Schmerz. Das entscheidende Argument gegen den Suizid kann nicht eines *gegen den Tod*, es muß vielmehr eines *für das Leben* sein. Fragen wir deswegen nicht, warum manche unserer Kinder das Leben nicht mehr lebenswert finden, fragen wir nicht, warum manche unserer Erwach-

* Hamburger Neurotizismus- und Extraversionsskala für Kinder und Jugendliche (HANES KJ I und II) von Buggle/Baumgärtel.

senen sterben möchten, fragen wir nach dem Grund, warum jemand leben will.

Die spontane Antwort ist gewöhnlich der Hinweis auf den Selbsterhaltungstrieb. Pflanzen, Tiere und Menschen tun und taten seit urdenklichen Zeiten alles in ihrer Macht stehende, um zu leben, zu überleben und das Leben weiterzugeben – und zwar ganz offensichtlich ohne genau zu wissen, warum, sondern einfach ihrem „Gefühl“, Trieb, Urinstinkt, inneren Befehl, oder wie immer man es bezeichnen will, folgend; wobei diese Begriffe für die Pflanzen merkwürdig unpassend klingen, aber doch denselben Sachverhalt meinen. Keinem Baum und keiner Blume würde es „einfallen“, etwa ihre Wurzeln vor dem eindringenden Naß des Regens zu verschließen und lieber zu vertrocknen. Die Absurdität dieses Beispiels bringt uns sofort auf eine neue Spur: die Pflanze *kann ja auch gar nicht* ihre Wurzeln verschließen auf Grund irgendwelcher individueller Sonderwünsche, der osmotische Druckausgleich zwingt sie, das zum Leben benötigte Wasser aufzunehmen. Die Pflanze hat also nicht die Freiheit, Suizid zu begehen. Und die Tiere?

Es wäre ein wenig voreilig, sie ganz selbstverständlich in eine Reihe mit den Pflanzen zu stellen, denn es sind Vorkommnisse aus der Tierwelt bekannt, die als Grenzfall zum Suizid gedeutet werden können, wie der treue Hund, der nach Ableben seines Herrn jede Nahrung verweigert, oder gewisse Tierarten, die zeitweise geradewegs in den Tod laufen wie die sprichwörtlichen Lemminge. Die Verhaltenserforschung dieser Tiere läßt uns jedoch vermuten, daß auch sie keine Freiheit haben, anders zu handeln. Ähnlich dem osmotischen Druck bei den Pflanzen ist es bei ihnen ein instinktiver Druck, der sie steuert, und der in ganz seltenen Ausnahmefällen den Selbsterhaltungstrieb sogar „übersteuert“, ja außer Kraft setzt.

Klettern wir jetzt noch eine Sprosse höher auf der evolutionären Leiter, dann erreichen wir den homo sapiens, der ohne Zweifel in der Lage ist, Selbstmord zu begehen. Ungewiß ist allerdings bis heute, ob der Mensch nun wirklich die Freiheit hat, das Leben zu bejahen oder zu verneinen, oder ob auch sein Tun und Handeln bestimmt wird von inneren und äußeren, chemischen, physikalischen und sozialen Faktoren, bei weitem komplexer und vielfältiger in ihrer Verdrahtung und Verflechtung untereinander als bei den Tieren, jedoch nichtsdestoweniger „bestimmt", also vorprogrammiert aus seiner ganzen Lebensgeschichte mit allem, was dazugehört.

Gestritten wird in der Wissenschaft stets dort, wo die Beweise karg sind, und gestritten wird umso heftiger, je unmöglicher es ist, hieb- und stichfeste Beweise zu erbringen. In diesem Dilemma befindet sich die heutige Psychologie, die in erster Linie Uneinigkeit demonstriert und deshalb trotz der enormen Popularität, die sie in den letzten Jahrzehnten durch diverse aufklärerische Modehits gewinnen konnte, immer noch ein erhebliches Unbehagen beim Durchschnittskonsumenten hervorruft. Ein Riß geht quer durch die heutige Psychologie und spaltet sie in zwei Lager. Da sind die einen, die sehen das Triebschicksal des Menschen, die neurotische Charakterstruktur, die prägenitalen Fixierungen aus der Kindheit, die Fehlkonditionierungen aus der Lernvergangenheit, die Unabänderlichkeit von Verhaltenskonsequenzen und die Unausweichlichkeit von psychischer Krankheit, von Abnormität, auch von Suizid. Sie glauben, der Mensch habe im Grunde keine wahre Entscheidungsfreiheit, er sei stets ein Opfer seiner Anlagen und Umstände. Der nächste Deduktionsschritt ist logisch zwingend: wenn der Mensch keine Entscheidungsfreiheit hat, trägt er auch keine Verantwortung für sein Verhalten, er ist in jedem Falle ohne Schuld.

Die Gegner dieser These im anderen Lager finden dieses Menschenbild zu mechanistisch, zu animalistisch, zu nihilistisch. Sie vermissen den Geist in der Psychologie, den Genius des Menschen, seine Willenskraft , seine Fähigkeit, sich zu ändern und dem Schicksal zu trotzen. Für sie ist der Mensch kein hilfloses Opfer, sondern ein sehr tatkräftiger Mitgestalter seiner Lebensumstände, ausgestattet mit dem *spezificum humanum,* mit der Freiheit des Geistes, die in ihrem Gefolge auch die Bürde der Verantwortung mit sich bringt. Zwei Thesen, zwei Lager und keine signifikanten Beweise – wir sind also gezwungen, das Postulat der geistigen Freiheit des Menschen als unüberprüfbares Axiom anzuerkennen oder abzulehnen.

> *Wollte man den Menschen definieren, dann müßte man ihn bestimmen als jenes Wesen, das sich je auch schon frei macht von dem, wodurch es bestimmt ist.* FRANKL

Die Tiefenpsychologie hat ihre klare Ablehnung von Anfang an zum Ausdruck gebracht, sie hat das Image vom Menschen als einem „Opfer seiner Kindheitseindrücke und Triebe“ sozusagen aus der Taufe gehoben und den uralten Begriff der Schuld annulliert. Der Mensch verhält sich so oder so, weil er „nicht anders kann“, *das* ist ihr Schlüssel zur Tür des Verständnisses, sowohl von menschlicher Güte als auch von menschlicher Brutalität, von normalem und abnormalem Verhalten, von Lebenswillen und Todessehnsucht. Das Unbewußte beherrscht demnach das bewußte Leben, die „tief am Grunde der Seele liegenden Komplexe“ sind die eigentlichen Steuerungsmächte, gegen die, tiefenpsychologischer Doktrin nach, die menschliche Einsicht hilflos ist.

Die Fachleute im anderen Lager stammen aus der sogenannten „humanistischen Psychologie“, die in Amerika ziemlich weit verbreitet ist und in der Logotherapie von Viktor E. Frankl den wohl ebenbürtigsten Kontrahenten zur Psychoanalyse Freuds gefunden hat. Um den Gegensatz zu pointieren, wird die Logotherapie im Unterschied zur Tiefenpsychologie gerne als „Höhenpsychologie“ bezeichnet, und die Pointe wird durch die Tatsache vervollkommnet, daß beide Gegenspieler und Gründer von bedeutenden Psychotherapieformen, Freud und Frankl, aus Wien kommen, so als ob es dem Zufall gefallen hätte, der Ärzteschaft dieser Stadt ein weltbewegendes Extrembild des Menschen entspringen zu lassen, und ein halbes Jahrhundert später dieses vom selben Ort aus wieder zu korrigieren und zu relativieren.

Nach Frankl ist der Mensch ein *sinnorientiertes Wesen,* das nicht nur sein Leben „vollzieht“, sondern zugleich auch Stellung zu seinem Leben „bezieht“, und somit ausführende und kontrollierende Instanz in einer Person vereinigt. Die beiden Instanzen werden repräsentiert durch zwei Dimensionen:

durch die psychologisch/soziologische Dimension und durch die geistig/noetische Dimension. Eine dritte, die physiologisch/biologische Dimension findet ihre Gestalt in der leiblichen Zellstruktur unseres Seins, die zwar für unsere Betrachtungen hier von geringerer Relevanz ist, aber selbstverständlich die unumgänglich notwendige Voraussetzung allen Lebens bildet und mit seiner Intaktheit oder Nicht-Intaktheit Psyche und Geist entscheidend mitbeeinflußt. Frankl spannt sein Menschenbild also in einem dreidimensionalen Raum auf; er vergleicht menschliche Existenz mit der uns gegebenen Raumerfahrung, die aus einer Grundfläche und einer Höhe besteht, wobei sich die Grundfläche analog zu den beiden Vektoren „Länge“ und „Breite“ aus physiologischer und psychologischer Dimension zusammensetzt, während die Höhe die von der Grundfläche abgehobene geistig/noetische Dimension des Menschen symbolisiert. Wir sehen, es ist eine Psychologie, die nicht nur in die Tiefen der Seele, sondern auch in die Höhen des Geistes vorzudringen versucht.

Das dreidimensionale Menschenbild der Logotherapie:

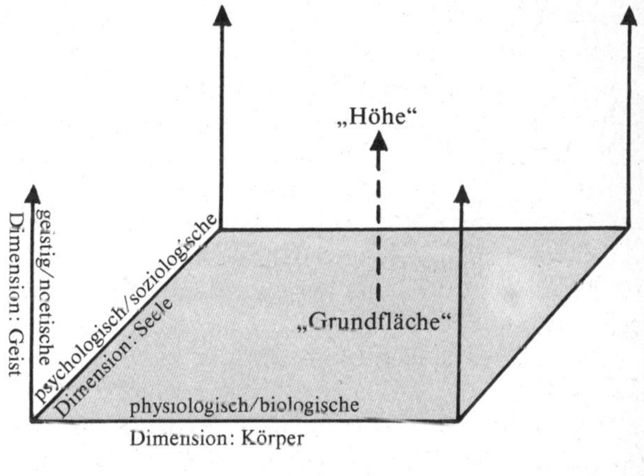

Da „Seele“ und „Geist“ sehr vage, größtenteils religiös okkupierte Begriffe sind, muß erläutert werden, in welchem

Sinne sie logotherapeutisch gemeint sind. Erinnern wir uns daran, was den Riß quer durch die heutige Psychologie verursacht: es ist die Streitfrage, wieviel Freiheit zu denken und zu handeln dem Menschen gegeben sei. In der Logotherapie ist dieser Riß synthetisiert. Es wird unserer Existenz einerseits ein unfreier Anteil zugestanden, der sich in unseren Gefühlsregungen, unseren Wünschen, Trieben, Träumen, Sehnsüchten, Ängsten und Automatismen niederschlägt, ein Anteil, der ohne unser willentliches Zutun wirksam wird, der sich uns bewußt oder unbewußt aufdrängt, uns führt oder verführt, leitet oder verleitet, himmelhoch jauchzend oder zu Tode betrübt sein läßt: die „Seele" als Gesamtheit aller psychischen Funktionen. Andererseits aber wird unserer Existenz auch ein freier Anteil zugesprochen, der ausschließlich auf bewußtem Denken und Wollen beruht; ein Anteil, der zur Außenwelt ebenso wie zum eigenen Ich Stellung nimmt, der wahrnimmt, was des persönlichen Einsatzes im Leben würdig ist, der Ziele und Werte festsetzt, schöpferische Ideen produziert und schließlich als „Gewissen" letzte Entscheidungen trifft: der „Geist" im Menschen, die Gesamtheit aller geistigen Funktionen.

Wir haben die Differenzierungen zwischen beiden genannten Seinsebenen bislang vom Kriterium der *Freiheit* her aufgebaut, es gibt jedoch noch einen weiteren Trennungsstrich, der sie polarisiert: nämlich die *Motivation*. Die Motive der Psyche sind grundsätzlich andere als die des Geistes. Wünsche, Triebe und Bedürfnisse zielen immer ab auf Befriedigung, womit sie zugleich ihr Ende finden. Ein Trieb „brennt aus" mit Erreichung seines Triebobjektes, ein Bedürfnis ist gestillt, wenn keiner seiner inhaltlichen Wünsche mehr offen ist. Die Werthaftigkeit und Begehrlichkeit einer äußeren Gegebenheit hängt auf dieser Ebene stets von der inneren Disposition eines Lebewesens ab: das Schnitzel ist für den Hungrigen interessanter als für den Satten. Die Sättigung ist auch zugleich der höchst-mögliche Glückszustand der Psyche, das „innere Gleichgewicht" ist wieder hergestellt, der Trieb ist befriedigt und keine Motivation zum Handeln ist mehr gegeben. Sättigung geht also einher mit Passivität, Lustbefriedigung mit Verlust der Initiative, und nur das neuerliche Aufflammen eines

Triebes oder Wunschgebildes setzt wieder neue Kräfte in Bewegung. Das psychische Leben wird daher in Gang gehalten durch ein ständiges Auf- und Abwogen von meist autonom entstehenden Bedürfnissen und der Suche nach Befriedigungsmöglichkeiten, wobei die Einschätzung der Umwelt vom jeweiligen Sättigungsgrad des Individuums abhängt und im allgemeinen auch nur hinsichtlich ihrer „Dienlichkeit zur Sättigung“ interessant ist.

Anders sind die Motive des Geistes, und es war das größte Verdienst der Logotherapie überhaupt, die geistige Motivation des Menschen zu erforschen und sichtbar zu machen. Denn Geist sucht nicht Befriedigung, *Geist braucht Sinn.* Und da der Mensch eben auch ein geistiges Wesen ist, genügt es ihm nicht, gelegentlich das „innere Gleichgewicht“ herzustellen, indem er die wichtigsten seiner Triebe abreagieren bzw. befriedigen kann, sondern er braucht auch die Erfahrung, daß sein Leben sinnvoll ist, und sein Tun und Handeln in diesen Sinnzusammenhang eingeordnet werden kann.

Bei der Suche nach Sinn kommt es zu keinem „Ausbrennen“ nach der Zielerreichung, denn die Fülle der Sinnhaftigkeit des Lebens ist so unerschöpflich, daß sie niemals als Ganzes erfaßt und begriffen werden kann; das menschliche Sinnerlebnis bleibt immer ein Fragment und als solches „ewig neu und ewig anziehend“ als Abglanz der Unermeßlichkeit. So kommt es auch zu keiner Sättigung, und dadurch bleiben die mit geistigem Auge betrachteten äußeren Gegebenheiten der Umwelt vom inneren Zustand des Menschen relativ unberührt, versachlicht in einer Objektivität, die der Gedankenwelt keines anderen Lebenwesens zur Verfügung steht. Der höchstmögliche geistige Glückszustand aber ist das Wissen, nicht umsonst gelebt zu haben.

> *In Wirklichkeit ist Lust nicht das Ziel unserer Strebungen, sondern die Folge ihrer Erfüllung.*
>
> FRANKL

Und hier kehren wir zu unserem Ausgangspunkt zurück, zur Frage, warum jemand leben will. Die psychischen Funktionen allein würden nie und nimmer ausreichen, diese Frage zu beantworten. Leben um der zeitweisen Triebbefriedigung willen, um der Stillung der kurzfristigen Bedürfnisse und leiblichen Sehnsüchte willen wäre auf die Dauer höchst unrentabel, denn der dazu notwendige mühevolle Aufwand rechtfertigt kaum die spärlichen Augenblicke der Lust. Aus diesem Grund mag die Natur auch den „Wunsch zu leben" als unreflektierten Trieb in die Skala der Triebe eingefügt haben, damit ihre Geschöpfe das Leben aufrecht erhalten, auch ohne seine Rentabilität abwägen zu können. Sogar der Mensch fühlt noch die Kraft des Selbsterhaltungstriebes als Atem der Natur, die ihm das Leben eingehaucht hat. Aber er *kann* abwägen, und was ihn am Leben hält, das ist nicht das Diktat des Selbsterhaltungstriebes allein. Es ist vielmehr die Aufgabe, die sein Geist sich selbst setzt, nämlich „etwas" aus seinem Leben zu machen, den Sinn der eigenen Existenz zu suchen und zu erfüllen, und zwar auch dann, wenn ein mühevoller Aufwand dahintersteht. Wer um einen Sinn weiß, will leben, *das* ist die Kurzformel der logotherapeutischen Antwort auf unsere Ausgangsfrage, und die Umkehrung dieser Aussage liegt nahe: Wer um keinen Sinn mehr in seinem Leben weiß, ist suizidgefährdet, denn die Befriedigung des Selbsterhaltungstriebes allein kann den geistigen Ansprüchen des Menschen nicht Genüge tun.

> *Der Selbstmord ist ein Nein auf die Sinnfrage.*
>
> FRANKL

Da gerade die Sinnfrage zur akuten Not des modernen Menschen gehört, muß der Logotherapeut in der Lage sein, eine Vorstellung von dem zu vermitteln, was denn nun eigentlich dem menschlichen Leben Sinn verleihen kann, und das führt ihn zur Frage nach den Werten. Frankl seinerseits hebt stets hervor, daß Sinn jeweils etwas „Einmalig-Einzigartiges" darstellt, also auf eine konkrete Person in einer konkreten Situation zugeschnitten ist, während den Werten mehr oder weniger allgemeine Gültigkeit zukommt, die sich quer durch die Geschichte aller Völker hindurchzieht. Demzufolge bezeichnet er Werte als „universal“, den Sinn eines bestimmten Augenblicks oder einer bestimmten Handlung jedoch als „unikal“. Dennoch gibt es eine Beziehung zwischen Sinn und Werten, insofern nämlich, als der gesamte Radius menschlicher Sinnerfüllungsmöglichkeiten Gestalt annimmt vor dem Hintergrund von Wertverwirklichungsmöglichkeiten.

Differenzierungskriterien zwischen der psychologischen und der geistigen Dimension des Menschen:

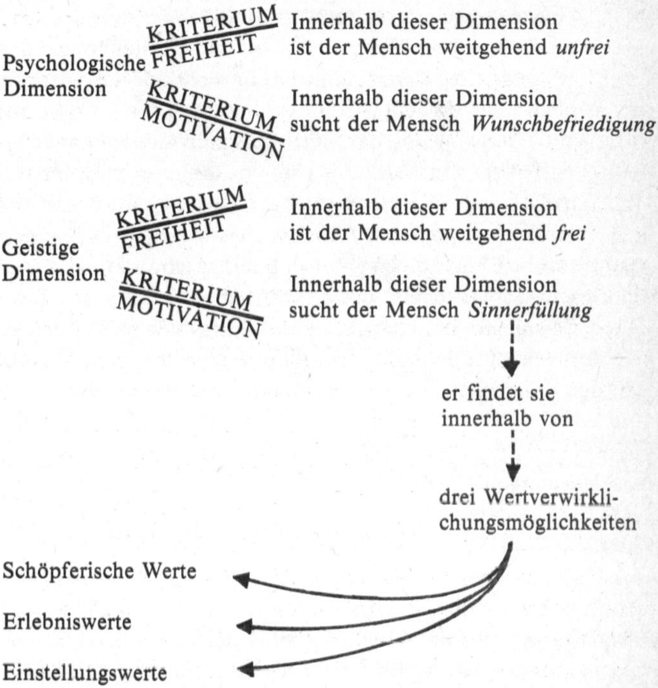

In der Logotherapie spricht man von drei Wertkategorien, die der Sinnfindung offenstehen: den „schöpferischen Werten", den „Erlebniswerten" und den „Einstellungswerten"*. Zu den *schöpferischen Werten* zählen alle jene Leistungen, die mit Tatkraft und Arbeit verbunden sind zum Zwecke der Schaffung von etwas Neuem. Aber nicht nur die Künste und künstlerischen Betätigungen sind gemeint, die immer schon immens hohe Sinnqualität für den menschlichen Genius besaßen, sondern auch kleinere und einfachere Aktivitäten wie das Anlegen einer Münzsammlung, das Nähen eines hübschen Abendkleides oder das Basteln einer Autorennbahn. Es geht bei den schöpferischen Werten nicht um den materiellen Wert des zu entstehenden Werkes, es geht um den ideellen Wert, der mit der Hingabe an eine Sache, dem Ideenreichtum und der Liebe zur Arbeit steigt, selbst dann, wenn das fertige Endprodukt, markttechnisch gesehen, wertlos ist.

Die schöpferischen Werte der Menschheit stehen an der Spitze all dessen, was wir zugunsten unserer Spezies vorbringen können, sie reichen von den Pyramiden bis zur Mondfähre, von der Erfindung der Schrift bis zum Gedankenmonument des Faust, vom Bau des Panamakanals bis zur ersten Herzverpflanzung. Das menschliche Wesen mag in vieler Hinsicht charakterschwach und auch grausam sein, aber seinen schöpferischen Leistungen gebührt uneingeschränkt Achtung; auf diesem Gebiet scheint uns ein göttlicher Funke gestreift zu haben. So spielen die schöpferischen Werte auch im Leben des einzelnen eine große Rolle, und sei es nur, daß er sein Moped repariert oder sich und seiner Familie ein Eigenheim baut; eine kreative Arbeit, verbunden mit ein bißchen Schweiß und ein bißchen Engagement ist oft und oft die zentrale Sinnstruktur einer langen Lebensphase. Hierin liegt auch eine Gefährdung begründet, die kritisch ansteigt, wenn Leute wenig arbeiten können oder müssen, wenn ihnen also kein Material zur schöpferischen Aktion zur Verfügung steht, wie es die bittere Armut mit sich bringt, oder wenn ihnen alles schon fix und fertig frei Haus geliefert wird, wie es der Wohlstand zu tun pflegt. Extreme Armut und extremer Wohlstand unterbinden

---

* Viktor E. Frankl: „Zur geistigen Problematik der Psychotherapie", Zentralblatt für Psychotherapie X, 33, 1938.

stets eine Reihe von Sinnerfüllungsmöglichkeiten und entsprechend produzieren sie gleichermaßen seelische Not und Verzweiflung, wie wir Psychotherapeuten wissen.

Neben den schöpferischen Werten nehmen die *Erlebniswerte* zwar keinen geringeren, aber doch einen weniger beachteten Platz in unserem Leben ein, was allein schon deswegen verständlich ist, weil sie zu keinen „greif- und sichtbaren" Ergebnissen führen. Dennoch sollte man ihre Bedeutung nicht unterschätzen, denn auch die Liebe zum Nächsten ist ein Erlebniswert, und es würden vielleicht keine Kriege mehr geführt, wäre uns dieses Wertbewußtsein geläufiger. Man hat der Logotherapie manchmal vorgeworfen, sie begünstige die Intellektualisierung bzw. die Tendenz zur „Verkopfung", wie Christa Meves die Neigung des modernen Menschen, möglichst alles rational begreifen und bewältigen zu wollen, so anschaulich nennt, doch Kognition und geistige Dimension sind nicht ein- und dasselbe. Gerade die Erlebniswerte erbringen den Nachweis dafür, daß innerhalb der Logotherapie dem Erfühlen, Erspüren, Erahnen, der Sensibilität für das Schöne, Wahre und Gute in und um uns ein großes Gewicht zukommt, ja, daß auch die Liebe auf jenem Altar belassen wird, den ihr Menschen von jeher gebaut haben. Nur war es der Logotherapie vorbehalten, das „geistig-intentionale Erleben" von der triebgebundenen Habgier und Eigennützigkeit zu trennen und sozusagen den Altar wirklich für das inbrünstige Gebet und nicht für das blutige Schlachtopfer zu reservieren.

Die Erlebniswerte meinen das Du, den anderen – sowohl in der personalen Zweisamkeit einer Liebesbeziehung, als auch in der Anschauung der Wunder der Natur, in den Klängen einer Harmonie, im Traum einer Farbsymphonie, in der Intimität eines Zwiegespräches mit Gott. Erlebniswerte krönen die Freude an den Kindern, sie durchdringen das Abenteuer einer Reise, sie klingen an in den Mußestunden der Einkehr und in der Rückschau auf beglückende Ereignisse. Walter Böckmann, Soziologe und Autor mehrerer logotherapeutischer Bücher, hat sie nochmals unterteilt in sozialgebundene und sozial-ungebundene Werte, da sowohl der gesamte Bereich sozialer Einfühlung und Interaktion unter diese Wertkategorie fällt, als auch Erlebnisse der Stille und Einsamkeit, Erlebnisse, die nur einem selbst gehören.

Wenn wir in der hektischen Betriebsamkeit der schöpferischen Aktivität für ein paar Augenblicke innehalten, um uns zu besinnen, um uns einer inneren Anschauung zu öffnen, um uns einer äußeren Begegnung hinzugeben, um uns für das Wesentliche zu sammeln, dann realisieren wir Erlebniswerte. Noch ist der göttliche Funke in dieser Beziehung ausgeblieben, noch ist die Menschheit nur sehr bedingt fähig, die vielfältigen Erlebnismöglichkeiten der Umwelt in sich aufzunehmen und geistig zu verarbeiten. Sie gleicht dabei einem kleinen Kinde, das zu den Festspielen nach Bayreuth mitgenommen worden ist und in einer Wagner-Oper Daumen lutscht vor Langeweile. Meistens laufen wir wie blind und taub durchs Leben und sehen weder das prachtvolle Schauspiel des nächtlichen Firmaments noch die uns entgegengestreckte Hand des Nachbarn; aber manchmal überkommt uns doch, gerade so im Vorüberhasten, die Faszination eines schönen Erlebnisses und gibt uns eine sanfte Vorstellung von dem, was Erlebniswerte bedeuten*.

Nun, Aktion und Kontemplation sind vielfach schon als einander abwechselnde und ergänzende Gegensätze des menschlichen Lebens definiert worden. Die Logotherapie hat jedoch noch eine dritte Wertkategorie aufgefunden, die in der bisherigen Psychologie niemals beschrieben worden ist: die „Passion“, die Gruppe der *Einstellungswerte*. Da diese Gruppe für uns Berater und Psychotherapeuten, die wir es mit hilfesuchenden Personen zu tun haben, sehr wichtig ist, will ich versuchen, sie klar herauszukristallisieren, sie betrifft nämlich den „homo patiens“ **, den leidenden Menschen. Das Leid ist

---

* Edith Weisskopf-Joelson schreibt dazu im „International Forum for Logotherapy“, 3, 1980, folgendes: „Die logotherapeutische Überzeugung, daß es genauso sinnvoll sein kann, etwas zu erleben, wie etwas zu leisten, ist therapeutisch so wertvoll, weil es dem einseitigen Leistungsdenken von heute und unserer Neigung, auf Kosten der Erlebnisfülle den Erfolg zu forcieren, entschieden entgegentritt.“

** Vgl. Frankl, „Homo patiens: Versuch einer Pathodizee“, Franz Deuticke Verlag, Wien 1950.

zweifellos ein Teil unseres Lebens, und es beschränkt nicht nur unsere psychische und physische Beweglichkeit, es kann uns auch geistig lähmen. Eine solche Lähmung durch ein schweres Leid gleicht einer Totenstarre bei lebendigem Leib; man resigniert, eingehüllt in Depression oder dumpfe Wut, kreist in Panik um sich selbst oder läßt in totaler Passivität alles über sich ergehen, das heißt, die psychischen Funktionen rebellieren, und die Stimme des Geistes schweigt. Dennoch, sie *muß nicht* schweigen! Der Mensch als ein Wesen, das nicht nur das Dasein „vollzieht“, sondern auch zum Dasein Stellung „bezieht“, vermag durch die Art und Weise seiner inneren Einstellung zu einem unabänderlichen Tatbestand eine mutige Leistung zu erbringen und dadurch am Leiden sogar zu wachsen und zu reifen.

Es war ein schwerer Fehler der herkömmlichen Psychologie und insbesondere der Tiefenpsychologie, ständig darauf herumzuhacken, was alles zu menschlichem Leid führt, sprich autoritäre Erziehung, überbehütende Mütter, gestrenge Väter, eingepflanzte Minderwertigkeitskomplexe, unterdrückte Sexuallust, aufgestaute Aggressionslust und sonstige „Verdrängungsprozesse“, statt wenigstens ein einziges Mal anzuerkennen, wie tapfer und gelassen soundsoviele Menschen mit ihrem schicksalhaften Leiden fertig werden, und welch leuchtendes Vorbild sie damit ihrer Um- und Nachwelt hinterlassen. Dieser Einseitigkeit in der Psychologie haben wir es zu verdanken, daß wir heute Kenntnis haben von tausenden „zwingenden“Gründen, warum jemand *seelisch krank werden muß,* und kaum ein paar Argumente vorzubringen vermögen, warum jemand *geistig gesund bleiben kann.* In Wahrheit aber weiß jeder Arzt und speziell der Psychotherapeut genau, daß es Patienten gibt, die in unübertroffener Gefaßtheit ihr Leiden annehmen, die sich weder zu Resignation noch zu Verzweiflung hinreißen lassen, sondern in ihrer schweren Situation sogar noch an ihre Mitmenschen denken und sich mit letzten Kräften aufrichten, um z. B. Leidensgenossen zu helfen, die mitunter eine leichtere Last zu tragen haben als sie. Der Mensch ist ein „Dämon“, wer wollte sich darüber Illusionen machen, aber er ist auch ein „Heiliger“, die Freiheit des Geistes erlaubt ihm jedwede Gestalt, und oftmals bewirkt gerade eine untilgbare Schuld oder ein unwiederbringlicher Verlust die entscheidende Wandlung.

> *Der Mensch ist ein Wesen, das immer entscheidet. Und was entscheidet es? Was es im nächsten Augenblick sein wird.* FRANKL

Es ist nicht schwierig, schöpferische Ideen zu verwirklichen, wenn man Lust und Laune dazu hat, und es ist auch kein allzu großes Kunststück, sich an einem schönen Erlebnis zutiefst zu freuen, aber Krankheit, Enttäuschung und Not tapfer und aufrecht zu erdulden ohne zu jammern, zu toben, zu klagen oder den Hader mit dem Schicksal an anderen Personen auszulassen, das ist eine Heldentat, die Zeugnis ablegt dafür, daß der Mensch eben nicht nur bereit ist, in seinen dämonischsten Stunden den größten Schmerz zuzufügen, sondern daß er auch fähig ist, in seinen heiligsten Stunden den größten Schmerz heroisch in Empfang zu nehmen. Wer in solch tapferem und aufrechtem Leiden Einstellungswerte realisiert, wächst über sich selbst hinaus, er „wird ein anderer", wie Frankl es zu formulieren pflegt, oder – um mit Yehuda Bacon zu sprechen: „Das Leiden hat einen Sinn, wenn du selbst ein anderer wirst."

In einer Gesellschaft natürlich, die wie die unsrige krampfhaft bemüht ist, das Leid offiziell zu verbannen und den Schmerz zu betäuben so gut es geht, fehlt wiederum eine Sinnmöglichkeit im menschlichen Leben, und zwar eine ganz fundamentale, nämlich die, eine Prüfung zu bestehen, einen Kampf durchzufechten und im Verlieren noch Sieger zu bleiben. Wenn zum Beispiel ein naher Angehöriger stirbt, wird die Trauer oft mit Schlaf- und Beruhigungsmitteln hinuntergeschluckt. Was für ein Selbstbetrug ist dies im Grunde, denn es geht doch gar nicht um die eigene, traurige Stimmung, die schnellstens nivelliert werden muß – es geht doch um das Ableben der geliebten Person, eine Tatsache, die mit oder ohne Tranquillizer unabänderlich bestehen bleibt! Was wird denn daran besser, wenn der Zurückgebliebene die Trauer nicht fühlt, ja gar verschläft? In Wirklichkeit ist es umgekehrt, *nur* die Trauer der Angehörigen läßt den Verstorbenen gewissermaßen noch weiterleben in der Erinnerung an ihn, im Andenken, das diejenigen im Herzen tragen, die ihn gekannt haben. Nicht die Tränen, die ihm nachgeweint werden, sind das Schreckliche, sondern das gleichgültige Vergessenwerden durch Freunde und Verwandte ist es, das ihn endgültig begräbt.

Ähnlich ist es mit einer Schuld, die jemand auf sich geladen hat: auch diesbezüglich pflegt unsere Gesellschaft viele Hintertürchen offen zu halten, um ein lästiges Gewissen abzuschütteln. Aber was nützt dem Mörder die Versicherung, er habe auf Grund einer „neurotischen Verwahrlosung" von Kindesbeinen an nichts anderes werden können als ein Verbrecher? Auch dieser Selbstbetrug ist kein angenehmes Kopfkissen, denn er geht Hand in Hand mit dem Eingeständnis, bloß ein fehlentwickelter, willenloser Automat zu sein. Schuld verlangt Reue, denn nur durch die Reue ist so etwas wie eine Wiedergutmachung möglich, zwar selten an demselben Objekt, an dem man schuldig geworden ist, aber wenigstens an einem anderen Objekt, dem man – durch die Reue geläutert – anders und besser entgegentritt. So wie die Trauer das Verlorene „irgendwie" verewigt, so hebt die Reue die Schuld „irgendwie" auf*. Diese Beispiele zeigen, daß Einstellungswerte den einzigen wirklichen Halt darstellen, der uns auf der Wanderung über die Klippen des Lebens auch in extremen Notsituationen noch zur Verfügung steht.

Was spricht also nun gegen den Suizid? Keinesfalls die vage Behauptung, daß er keine Probleme löse. Ehrlich gesagt löst er durchaus so manches Problem, indem er ein verpfuschtes Leben beendet, eine Schuld auslöscht, eine andere Person freigibt oder ein körperliches Leiden zum Stillstand bringt. Aber es ist *nicht würdig* des menschlichen Geistes, daß die Probleme auf diese Art für ihn gelöst werden, und vor allem nimmt es ihm die Chance zur letzten und höchsten Sinnmöglichkeit, die das menschliche Leben in sich birgt, nämlich durch ein tapfe-

---

* Frankl beruft sich bei diesen Ausführungen auf Max Schelers Phänomenologie der Reue.

res Ertragen und Aushalten der Probleme die großartige menschliche Leistung zu vollbringen, dem unabänderlichen Leiden noch einen Wert-Gewinn abzuringen. Die *unbedingte Sinnhaftigkeit des Lebens* ist es, die gegen den Suizid spricht, und sonst gar nichts; denn entweder hat das Leben einen Sinn, dann behält es ihn, ob es kurz oder lang, ob es sonnig oder trüb, reich an Freuden oder an Schmerzen ist, oder es hat sowieso und von vornherein keinen Sinn, dann sind wir alle wahnsinnig, daß wir nicht schon längst Schluß gemacht haben. Frankl sagt dazu: „Ich glaube gar nicht, daß jeder Selbstmord aus einem inneren Sinnlosigkeitsgefühl heraus unternommen wurde, sehr wohl erscheint es mir aber denkbar, daß er unterblieben wäre, hätte der betreffende Mensch im Leben, ja vielleicht sogar noch im Leiden einen Sinn gesehen." Diese Aussage legt uns nahe, daß die persönliche Sinnerfüllung nicht etwa nur ein erfreuliches Beiwerk in der Maschinerie des Alltags ist; nein, sie ist bei weitem mehr, sie ist ein *absolutes Kriterium menschlicher Existenz* und manchmal sogar das Fangnetz unter den Trapezen seelischer Hoffnungen und seelischer Qualen, zwischen denen das Leben uns mehr oder weniger freiwillig hin- und herschwingen läßt.

Wir müssen zwischen Leiden und Verzweifeln unterscheiden. Ein Leiden mag unheilbar sein; aber der Patient verzweifelt erst dann, wenn er im Leiden keinen Sinn mehr sehen kann.

FRANKL

Zusammenfassend können wir also sagen: Menschliches Leben hat im Unterschied zum pflanzlichen und tierischen Leben Anteil an einer geistigen Dimension. Und Geist ist nicht auf der Suche nach Glück, sondern auf der Suche nach Sinn. Selbstverständlich hat die Suche nach Glück, die unseren psychischen Bedürfnissen und Wünschen entspringt, auch ihre volle Berechtigung und stellt eine wichtige Antriebskraft unseres Handelns dar, aber sie kann entscheidend behindert werden durch Alter, Krankheit, Not und Leid. Glück ist insofern immer nur ein „erwartetes“, ein „erträumtes“ Glück, das unsere emotionalen Sehnsüchte uns vorgaukeln, aber allein schon die geringsten realen Hindernisse lassen es schnell in Enttäuschung umschlagen. Glück läßt sich nicht festhalten, selbst wenn die Bedingungen dafür günstig sind, Glück zerrinnt in dem Moment, da es greifbar wird.

Die Suche nach Sinn hingegen ist nicht aus Erwartungen und Hoffnungen aufgebaut, und sie ist auch nicht kleinlichen Enttäuschungen preisgegeben, denn Sinn ist immer ein „zu erfüllender“ Sinn, mit dessen Erfüllung sich ein bleibender Wert verwirklicht. Und auch die realen Hindernisse wie Alter, Krankheit, Not und Leid sind in diese Wertverwirklichung miteingebunden, denn sie erhöhen sogar noch den Wert- und Sinngehalt eines Handelns *unter* diesen Bedingungen oder einer Einstellung *zu* diesen Bedingungen, die Schwäche in Triumph verwandelt. Was das menschliche Leben daher lebenswert erhält, ist nicht die Ungewißheit eines erträumten Glücks, sondern die Gewißheit einer sinnvollen Existenz, und *niemals wird der Freitod um eines verlorenen Glückes willen in Betracht gezogen werden, wenn das Weiterleben wegen eines zu erfüllenden Sinnes für notwendig erachtet wird.*

3. Kapitel

Gefährdete Sinnerfüllung – ein Kriterium therapeutischen Eingreifens

Bevor wir uns nun mehr und mehr der logotherapeutischen Praxis zuwenden, möchte ich kurz ein Modell aus der umfangreichen Streßforschung skizzieren, um an Hand dessen aufzuzeigen, daß im Wechselgeschehen zwischen Individuum und Umwelt diejenigen Variablen, die einen therapeutischen Einsatz erfordern, im Individuum liegen, und zwar auch dann, wenn die Variablen der Umwelt denkbar ungünstig sind. Das Modell stammt von Lazarus, der viele exakte experimentalpsychologische Untersuchungen durchgeführt hat und heute wenig umstritten ist. Er stellte fest, daß physiologische Körperveränderungen (z.B. eine Pulsfrequenzsteigerung) nicht unmittelbar von psychosozialen Streßfaktoren (z.B. dem Zornausbruch eines Vorgesetzten) abhängen, was man bislang vermutet hatte. Welche physiologischen Veränderungen sich hingegen unter Streß ergeben, wird, seinen Ausführungen zufolge, davon bestimmt,

1. wie jemand seine Situation – bzw. ihre Bedrohlichkeit – subjektiv einschätzt, und
2. welche Möglichkeiten jemand hat, mit dieser Situation – bzw. der Belastung durch sie – fertig zu werden.

Beides sind Mechanismen, die an gewisse Fähigkeiten des Individuums gebunden sind, jedenfalls viel mehr als an den Streß-Charakter der Umwelt. Ein einfaches Alltagsbeispiel soll die beiden Komponenten des Modells erläutern: Nehmen wir an, ein Teich ist im Winter zugefroren, aber seine Eisdecke ist noch sehr dünn. Wenn ein Kind dennoch Schlittschuhe anzieht und auf dem Eis fröhlich drauflosfährt, dann ist seine *subjektive Einschätzung der Situation* gestört, denn eine realistische Bedrohlichkeit wird nicht wahrgenommen. Ist es umgekehrt so, daß der Teich seit Wochen tragfähiges Eis hat und viele Kinder sich darauf tummeln, aber ein Kind am Ufer steht und sich nicht auf die Eisfläche wagt vor lauter Angst, dann handelt es sich ebenfalls um eine gestörte subjektive Einschätzung, denn eine unrealistische Bedrohlichkeit wird wahrgenommen.

Nehmen wir, um bei dem Beispiel zu bleiben, einmal an, daß das Eis tatsächlich bricht und ein Kind ins Wasser fällt. In dem Moment geht es nicht mehr so sehr um die subjektive Einschätzung der Situation, sondern zunächst darum, ob das Kind sich herausziehen oder wenigstens solange über Wasser halten kann, bis Rettung kommt. Was jetzt entscheidet, ist der Spielraum der *Möglichkeiten, mit einer Belastung oder Bedrohung fertig zu werden,* also z. B., ob das Kind körperlich kräftig und widerstandsfähig ist, ob es die Nerven behält und ob es schwimmen kann.

Ähnlich ist es auch hinsichtlich irgendwelcher Lebensprobleme: vor Eintritt eines Ereignisses oder Zustandes hängt die psychische Verfassung einer Person von der subjektiven Einschätzung der Situation ab, nach Eintritt dieses Ereignisses oder Zustandes steht sie im Zusammenhang damit, wie darauf reagiert werden kann. Und beides zusammen ist in einem psychophysischen Regelkreis koordiniert, wobei der Körper der jeweiligen psychischen Verfassung entsprechend mitspielt, wie Lazarus gezeigt hat.

Ein guter Psychotherapeut muß daher einerseits Methoden kennen, mit denen er eine *gestörte subjektive Situationseinschätzung* normalisieren kann, andererseits aber muß er auch Taktiken beherrschen, um die *Belastbarkeit* von ratsuchenden Menschen *in schwierigen Situationen* zu stärken und deren positiven Reaktionsspielraum zu erweitern. Um letzteres haben sich im Großen und Ganzen alle psychotherapeutischen Schulen bemüht, denn seit den ersten Anfängen der Neuroseheilkunde war es klar, daß psychisch geschwächte und labile Menschen in einer belastenden Situation schnell versagen und Hilfe brauchen. Die gestörte subjektive Situationseinschätzung jedoch, die dem Versagenserlebnis vorausgeht und dieses

Versagen sogar mitunter direkt herbeirufen kann, ist in der Wissenschaft lange Zeit übersehen worden und erst durch die Einbeziehung geistiger Aspekte ins Menschenbild, wie sie die Logotherapie vornimmt, entdeckt worden. Daher kommt es, daß wir in den psychologischen Lehrbüchern heute noch überwiegend Problemanalysen und Technologien finden, die daraufhin abzielen, Probleme bewältigbar zu machen, während wir detaillierte Aussagen darüber vermissen, wie denn die allgemeine Lebenssicht oder spezielle Situationseinschätzung eines Menschen, wenn nötig, zu verbessern sei.

> *Der Traum eines halben Jahrhunderts ist ausgeträumt: der Traum nämlich, der einer Mechanik der Seele und einer Technik der Seelenheilkunde gegolten hatte – oder, mit anderen Worten, einer Erklärung des Seelenlebens auf Grund von Mechanismen und einer Behandlung von Seelenleiden mit Hilfe von Technizismen.* FRANKL

Für das im vorigen Kapitel angeschnittene Thema über Suizidneigung und Lebenswillen sind beide Betrachtungsweisen von großer Bedeutung; denn der hypothetische Fall, daß jemand, der ein glückliches und zufriedenes Leben führt, plötzlich mit einem großen Schock konfrontiert wird und sich daraufhin prompt das Leben nimmt, ist relativ selten. Unvergleichlich öfter ist es so, daß schon *vor* Eintritt eines schockierenden Ereignisses, welches suizidauslösend sein könnte, die Sicht der subjektiven Selbst- und Umwelteinschätzung eines Menschen eher pessimistisch, wenn nicht gar gestört war. Und hier schließt sich der Kreis zu unseren Informationen aus der Logotheorie, denn wenn ein Leben als leer und unausgefüllt erlebt wird und in der geistigen Beurteilung eines Menschen sozusagen das Prädikat „sinnlos" erhält, dann ist die subjektive Selbst- und Umwelteinschätzung natürlich denkbar negativ gefärbt; in das „existentielle Vakuum" hinein wuchert ein egozentrierter Nihilismus, der keinen Hoffnungsschimmer zuläßt. Kommt dann noch eine ernste, äußere Lebenskrise hinzu, steht die Idee des Selbstmordes als „Endlösung" allzu schnell im Raum.

Frankl hat bei seiner dimensionalen Erweiterung des Menschenbildes sehr wohl erkannt, daß sich eine „Höhenpsychologie" nicht mehr auf die Erhellung verborgener Triebpotentiale, auf die Demaskierung von Symbolhandlungen, Träumen udgl. beschränken kann, sondern daß sie sich dem klar bewußten geistigen Ringen um Wirklichkeitserfassung und persönliche Lebensgestaltung stellen muß. Auf diesem Weg ist er zu der Erkenntnis gelangt, daß gerade die Einstellungen, Einschätzungen und Bewertungen eines Menschen hinsichtlich seinerselbst wie auch der gesamten Außenwelt eine zentrale Rolle bei der Erhaltung der seelischen und körperlichen Gesundheit spielen. Wir verdanken der Logotherapie eine Reihe neuer Gesichtspunkte über geistige Verarbeitungsvorgänge und biopsychische Feedbackwirkungen, die in der praktischen Arbeit, wenn man einmal damit begonnen hat, sie einzubeziehen, nicht mehr wegzudenken sind, und im folgenden möchte ich die wichtigsten davon herausgreifen.

Der logotherapeutische Gesichtspunkt, der an erster Stelle steht, ist das Konzept der *Selbst-Transzendenz** und ihres therapeutischen Korrelates, der *Dereflexion*. Kehren wir zur Erleichterung des Verständnisses zu unserem anschaulichen Beispiel mit den schlittschuhlaufenden Kindern zurück und verbleiben wir vorläufig bei der ersten Komponente des Lazarus-Modells: der individuellen Situationseinschätzung. Das Kind, das sich auf die dünne und gefährliche Eisdecke hinauswagt, schätzt die Situation vermutlich deswegen falsch ein, weil ihm hinreichendes Wissen und ausreichende Warnungen fehlen, vielleicht ist es auch sehr leichtsinnig und gedankenlos, wie Kinder manchmal sind. Sich nicht genügend informieren oder gedankenlos sein heißt aber, daß die geistige Kontrolle über das eigene Verhalten reduziert ist, und die emotionalen Motivationen überwiegen: man tut, wozu man Lust hat.

Bei der Umkehrung des Beispiels ist es anders und doch

* Viktor E. Frankl: in Handbuch der Neurosenlehre und Psychotherapie, München 1959.

ähnlich; ein Kind wagt sich nicht aufs Eis, obwohl dieses tragfähig ist und viele andere Kinder darauf spielen. Hier ist zwar das Wissen vorhanden, daß das Betreten des Eises ungefährlich ist, aber es wird diesem Wissen nicht getraut, und vor allem überwiegt das emotionale Gefühl der Angst, es könnte trotzdem etwas passieren. Auch hier wird die geistige Einsicht überspült von den Wellen der Psyche, das Gefühl dominiert über den Verstand: man vermeidet, wovor man Angst hat. Selbstverständlich kann man von Kindern nicht verlangen, daß ihre geistigen Kräfte soweit ausgereift sind, um Steuerungsfunktion zu haben, deshalb bedürfen sie ja der Aufsicht durch Erwachsene. Aber auch in der Erwachsenenwelt ist es keinesfalls so, daß Einsicht und Vernunft stets Oberhand behalten – die Konflikte zwischen Angst und Vertrauen, zwischen Lust- und Sinnprinzip sind uns allen geläufig.

Was nun entscheidend hilft, diese Konflikte positiv zu lösen und im allgemeinen die geistige Kontrolle zu bewahren, ist die Fähigkeit des Menschen, auch einmal von sich selbst abzusehen, mit etwas anderem zu befassen, als immer nur mit dem jeweiligen emotionalen Zustand des eigenen Ichs; es ist die Fähigkeit zur *Selbst-Transzendenz*. Selbst-Transzendenz bedeutet somit, einen Grund zum Handeln zu haben, welcher nicht ausschließlich in der eigenen Gefühlswelt liegt, sondern der einen Teil der Außenwelt mitumschließt. Ein Kind, das trotz aller Ängste auf die feste Eisfläche läuft, weil es dort *seine Freunde* begrüßen möchte, handelt selbsttranszendental, und genauso handelt ein Kind, das auf das Schlittschuhlaufen auf trügerischem Eis verzichtet, weil es *seinen Eltern* keine Sorgen bereiten will.

> *Das Wesen der menschlichen Existenz liegt in deren Selbst-Transzendenz.* FRANKL

Wie sehr diese Fähigkeit, über das Selbst hinauszudenken und hinauszuagieren, Lebensgrundlage für den Menschen ist, zeigt uns ein ernsteres Beispiel: Wenn ein Patient ins Krankenhaus eingeliefert wird, dem nach einem Verkehrsunfall beide Beine amputiert werden müssen, dann kommt es in erster Linie darauf an, ob er um etwas oder um jemanden weiß, *für das* oder *für den* ihm ein Weiterleben auch im Rollstuhl noch sinnvoll erscheint. Kann der Patient sich sagen: „Ich habe große Angst vor einem Leben im Rollstuhl, aber ich will es meiner Frau und meinen Kindern nicht antun, jetzt schlapp zu machen, und werde mich daher bemühen, mein Schicksal zu meistern", dann ist das selbsttranszendental gedacht, und die Selbst-Transzendenz wird ihn vor der Verzweiflung bewahren. Kennt dieser Patient jedoch nur seine eigene Angst vor der Hilflosigkeit im Rollstuhl und sieht sonst nichts innerhalb seiner Umwelt, das über seine eigenen Probleme hinaus von Bedeutung wäre, dann ist die Gefahr von Hoffnungslosigkeit und suizidalen Gedanken groß. Lernen wir daraus, daß die subjektive Einschätzung einer bestimmten Situation – also die erste Komponente im Streßverarbeitungsmodell von Lazarus – um so labiler, pathologischer und bedrohlicher ist, je mehr sie an die Belange des eigenen Ichs fixiert ist, und daß sie umso flexibler und offener für Lösungsmöglichkeiten wird, je mehr Selbst-Transzendenz in ihr zum Ausdruck kommt.

Daß die geistige Fähigkeit des Menschen zur Selbst-Transzendenz nicht nur dem Kranken hilft, seine Krankheit zu ertragen, sondern auch dem Gesunden hilft, gesund zu bleiben, beweisen viele Studien auch aus dem nicht-logotherapeutischen Lager, der Einfachheit halber seien nur zwei davon erwähnt: 1. Der Heidelberger Medizin-Soziologe und Krebsforscher Ronald Grossarth-Maticek hat nach einer 10 Jahre dauernden Studie ermittelt, daß die subjektive Situationseinschätzung eines Menschen Entstehung und Verlauf von Krebserkrankungen mitbeeinflußt; so würden langanhaltende Perioden von Hoffnungslosigkeit und Niedergeschlagenheit den Verlauf dieser Krankheiten wesentlich verschlechtern. Ähnliche Erfahrungen machte die Krebsnachsorgeklinik Bad-Sooden-Allendorf. 2. Der amerikanische Forscher Lewis Thomas und der US-Psychologe Robert Meister haben etwa zur gleichen Zeit festgestellt, daß die übermäßige Beschäftigung mit dem eigenen Körper sogar gesunde Leute durchaus krank machen kann, z. B. läßt die Angst vor einem Herzinfarkt das vegetative Nervensystem verrückt spielen. Beide sprechen vom „eingebildeten Kranken des 20. Jahrhunderts“, der mit seiner fast hypochondrisch zu nennenden Egozentrierung alle möglichen körperlichen Beschwerden produziert, die niemals auftreten würden, würde er sich nicht übermäßig selbst beobachten.

Eine Verminderung von Niedergeschlagenheit und ungesunder Selbstbeobachtung setzt aber nun einmal voraus, daß die Aufmerksamkeit auf *etwas anderes* als auf das eigene Wohlbefinden gerichtet wird, daß der Mensch eben in einem selbsttranszendentalen Akt über sich selbst hinauslangt und geliebte Mitmenschen oder selbstgesteckte Ziele ins Blickfeld bekommt, jedenfalls einen Abglanz der Sinnmöglichkeiten erhascht, die das Leben in jedem Augenblick und für jeden Menschen bereithält.

Glücklich ist nicht derjenige, der sich alle Wünsche erfüllen kann, glücklich ist, derjenige, der einen *Grund* zum Glücklichsein hat*, und leben will auch nicht nur derjenige, der ein angenehmes Leben führen kann, sondern derjenige, der einen *Grund* zum Leben hat. Wenn bei einem Gesunden oder Kranken erkennbar wird, daß er keinen solchen „Grund zum Leben“ mehr wahrnimmt, dann ist höchste Vorsicht geboten, denn dann ist dessen Sinnerfüllung gefährdet, und dies bedeutet auch ohne Vorliegen schwerwiegender psychischer Symptome ein Kriterium für therapeutisches Eingreifen! Die fehlende Selbst-Transzendenz verdüstert nämlich die persönliche Situationseinschätzung, und wenn dann noch die zweite Komponente aus dem Lazarus-Modell, also ein sehr belastendes Ereignis hinzukommt, welches schlecht verkraftet werden kann, dann haben wir einen Menschen, rotierend in einem unglücklichen Grübeln über sich selbst, unfähig, das verbleibende Positive in der Außenwelt wahrzunehmen, und konfrontiert mit einem unannehmbaren Schicksalsschlag – das ideale Opfer einer Kurzschlußhandlung.

---

* Vgl. Frankl, „Der Mensch vor der Frage nach dem Sinn“, 3. Auflage, München 1982, Seite 100–102.

Ich sagte: eine fehlende oder schwache Selbst-Transzendenz ist eine Indikation zum therapeutischen Eingreifen. Wie kann der Psychologe oder Psychotherapeut dabei praktisch vorgehen? Die Logotherapie hat eine eigene Methode entwickelt, um die krankmachende Selbstreflexion und Egozentrierung eines Patienten zu lösen und seine Offenheit für die Sinnmöglichkeiten des Lebens wiederherzustellen, nämlich die Methode der *Dereflexion.* Dabei wird die Aufmerksamkeit des Betreffenden behutsam von der übertriebenen Beschäftigung mit dem Ich weggeholt und geeigneten Inhalten der Außenwelt zugeleitet, indem man diese, wenn irgendwie machbar, mit kleinen persönlichen Aufgaben verknüpft. Ein dereflektorischer Heilungsprozeß erfordert unendliche Geduld und ein hohes Maß an Fingerspitzengefühl, denn nichts ist so schwer auszulöschen wie ein chronischer Narzißmus, und doch muß es gelingen, wenn die massive Gefährdung abgebaut werden soll, die damit verbunden ist.

Im folgenden möchte ich zwei Beispiele zur Dereflexion schildern, und zwar eines, bei dem der Zufall Therapeut gespielt hat, und eines, bei dem ich ein wenig nachgeholfen habe.

Das Beispiel mit dem Zufall ist deswegen interessant, weil es beweist, wie nahe manchmal die Wende zur Gesundung liegt, wenn wir nur bereit sind, in unserer komplizierten Welt das Naheliegende auch zuzulassen. Es handelte sich um einen 35jährigen Mann, der eine Fortbildungsschulung mitmachte und seit einiger Zeit beobachtet hatte, daß seine Hände beim Schreiben öfters verkrampften. Und zwar trat das Problem speziell dann auf, wenn der Vortragende dieses Schulungskurses ihm direkt auf die Finger sah, was deswegen immer wieder vorkam, weil der Mann seinen Platz in der ersten Reihe vor dem Dozentenpult hatte. Er wollte sich gerne nach hinten setzen, aber dazu hätte er mit einem Kollegen tauschen müssen, und es wäre ihm unangenehm gewesen, dies zu begründen.

Je ängstlicher er sich selbst beim Schreiben beobachtete, und je mehr er fürchtete, die Schreibhemmung könne wieder auftreten, desto häufiger hatte er Schwierigkeiten damit, und schließlich suchte er mich auf, um Hilfe zu erbitten. Ich legte ihm dar, daß gerade die Angst vor dem Auftreten der Schreibhemmung diese fördere, weil Angst stets zu einer erhöhten Muskelanspannung führt, was jedwede Verkrampfung begünstigt. Er solle daher beim Schreiben an alles andere denken, nur nicht an seine Beschwerden, und sich möglichst auf den Inhalt des Geschriebenen konzentrieren, egal, wie immer er es zu Papier bringe. Wir machten noch einige Übungen dazu, die ich später im Zusammenhang mit der Methode der „Paradoxen Intention" näher beschreiben werde, und er versprach, meine Ratschläge bis zum nächsten Gespräch auszuprobieren.

Aber er meldete sich lange Zeit nicht mehr, und ich dachte schon, er habe unsere Abmachung vergessen, da rief er mich eines Tages an. „Stellen Sie sich vor", sagte er, „meine Frau und ich hatten furchtbare Sorgen in den letzten Wochen. Bei unserem kleinen Sohn ist plötzlich festgestellt worden, daß sein Blutbild nicht in Ordnung sei und Verdacht auf Leukämie bestehe, und wir mußten eine Vielzahl von Untersuchungen bei ihm durchführen lassen, bis die Ärzte endlich herausfanden, daß es sich um eine harmlose, vorübergehende Störung handelt. Sie können sich vorstellen, wie erleichtert wir jetzt sind!" Das konnte ich selbstverständlich gut nachempfinden. Bevor wir das Telefonat beendeten, fragte ich ihn, wie es ihm denn nun mit dem Schreiben gehe. „Ach", lachte er ganz verlegen, „wissen Sie, vor lauter Sorgen um unseren Sohn habe ich eine Zeitlang an diese Schwierigkeit mit dem Schreiben über-

> *Es ist nicht die Aufgabe des Geistes, sich selbst zu beobachten und sich selbst zu bespiegeln. Zum Wesen des Menschen gehört das Hingeordnet- und Ausgerichtetsein, sei es auf etwas, sei es auf jemand, sei es auf ein Werk oder auf einen Menschen, auf eine Idee oder auf eine Person. Nur in dem Maße, in dem wir solcherart intentional sind, sind wir existentiell; nur in dem Maße, in dem der Mensch geistig bei etwas oder bei jemandem ist – nur im Maße solchen Beiseins ist der Mensch bei sich.* FRANKL

haupt nicht mehr gedacht. Und als sie mir wieder einfiel, war sie verschwunden. Ich kann heute mit der Hand gar nicht mehr krampfen, selbst wenn ich es absichtlich versuche..."

Das war also eine „Dereflexion per Zufall" gewesen, und nicht einmal eine sehr angenehme, aber – eine sehr wirksame.

Doch Zufälle wie der obengenannte sind rar, und wir müssen in der Psychotherapie schon ein wenig nachhelfen, um übermäßige und krankmachende Selbstbeobachtungen durch eine Reaktivierung der menschlichen Fähigkeit zur Selbst-Transzendenz zu dämpfen. Das ist mir zum Beispiel in folgendem Fall gelungen:

Eine junge Frau, Mutter eines 8jährigen Knaben, kam zu mir wegen eines Minderwertigkeitskomplexes. Und zwar hatte sie diese Diagnose selbst bei sich gestellt, weil alle typischen Merkmale, die sich dafür in der Literatur finden, auf sie zutrafen, und sie viel darüber gelesen hatte. Demnach sei ihre eigene Mutter eine sehr dominante Frau gewesen und habe ihr immer vorgeredet, wie dumm sie doch wäre, vor allem nachdem sie den erwünschten Schulabschluß nicht geschafft hatte, weil sie lieber zeichnete und malte anstatt zu lernen. Später habe ihr Mann in dieselbe Kerbe geschlagen und sie nur als minderwertiges Hausmütterchen betrachtet, dem man die schmutzige Wäsche hinwerfen kann, während man selber großartig ausgeht. Und nun habe es sich sogar der kleine Sohn schon angewöhnt, die Mutter seine Spielsachen wegräumen zu lassen, während er vergnügt Tonkassetten hört. Aus alledem schloß die junge Frau, daß sie unfähig sei, ihre eigenen Interessen durchzusetzen, ja, daß sie labil und neurotisch sei und vor jeder Aufforderung zusammenknicke, weil sie sich keine Kraft zutraue, ihre eigene Meinung zu vertreten. Zeitweise jedoch, gestand sie ein, sei sie auch wiederum sehr aggressiv und brülle in der Familie herum oder weine sich die Augen aus, ohne genau zu wissen warum, einfach weil sie sich nicht wohl fühle. Deshalb habe ihr Mann schon mehrmals gedroht, er werde sie in eine Nervenklinik bringen, wenn sie sich nicht besser beherrschen lerne.

Eine Lebenskonstellation wie die vorliegende ist zwar nicht akut gefährdend, aber wir können unschwer daraus entnehmen, daß sowohl die Selbsteinschätzung dieser Frau als auch ihre Einschätzung der Um- und Außenwelt negativ gefärbt war. Wir können desweiteren beobachten, daß sie sich selbst und ihre eigenen Stimmungen sehr stark im Blickfeld hatte, also ihre Selbst-Transzendenz zu einem großen Teil verschüttet war. Schließlich dürfen wir annehmen, daß eine gewisse Unzufriedenheit mit dem Leben vorlag, die aus einer Sinnentleerung stammte, denn tatsächlich war diese Frau mit der Haushaltsarbeit wenig ausgefüllt, hatte in ihrem Mann keinen sehr anregenden Partner und wurde von dem allmählich heranreifenden Kind immer weniger gebraucht. Als sie dazu noch psychologische Literatur las, die ihr Angst machte statt Mut zu schenken, und solche Literatur gibt es leider in großer Menge, mußte sie geradezu verstört werden, und ihre Komplexe – sollte sie jemals welche gehabt haben – mußten immer besser gedeihen.

Ich bin überzeugt, daß 90 von 100 meiner Kolleginnen und Kollegen im geschilderten Fall damit begonnen hätten, den zum Ausdruck gebrachten Minderwertigkeitsgefühlen auf die Spur zu kommen und nachzuforschen, warum diese Frau ein so geringes Durchsetzungsvermögen habe, um sich anschließend zu bemühen, deren Selbstvertrauen durch das gewonnene Durchschauen der zu Grunde liegenden Ursachen aufzupolieren. Aber mir mißfiel es, auf die Theorie vom Minderwertigkeitskomplex wirklich einzugehen, denn unter einer gesteigerten Selbstbeobachtung kann man sich Störungen auch einreden, Störungen, die mehr und mehr zur Wirklichkeit werden, je öfter man sie bei sich selbst sucht und bestätigt findet. Und ob ein Minderwertigkeitskomplex eingeredet oder tatsächlich vorhanden ist, ist letztlich egal, wichtig ist, ob jemand sich mit einem Minderwertigkeitskomplex *beladen fühlt* oder nicht, wichtig ist, wie er sich selbst einschätzt.

> *Der Frontalangriff auf manche Symptome hält sie nur im Brennpunkt der Aufmerksamkeit fest und erhält sie am Leben.* FRANKL

Ich legte deshalb meinen Finger an die einzige Stelle im ganzen Bericht der jungen Frau, an welcher ein dereflektorischer Ansatz gegeben war, und zwar an die Stelle, an der sie mir erzählt hatte, daß sie als junges Mädchen lieber gezeichnet und gemalt habe anstatt zu lernen. Hier war immerhin einen Moment lang etwas aufgeleuchtet, was sie positiv bewertet hatte, etwas Freude-Bereitendes, etwas Selbsttranszendentales. Ich fragte sie: „Sagen Sie, tun Sie heute noch gerne zeichnen und malen?"

Schade, daß ich diese Szene nicht auf Videoband aufgenommen habe, denn das Gesicht der jungen Frau bei meiner Frage hätte Logotherapiestudenten besser als alle meine Worte erklären können, was Dereflexion bedeutet. Solange die Frau mir ihren Kummer erzählt hatte, war ihr Gesicht verdüstert und von aufsteigenden Tränen überschattet gewesen, und ihre Hände hatten nervös an ihrem Kleid herumgespielt. Bei meiner Frage jedoch, ob sie immer noch gerne male und zeichne, begannen ihre Augen zu strahlen, und ihre Hände wurden ruhig. Sie bejahte meine Frage, und bald waren wir in eine heftige Diskussion vertieft, was sie alles mit ihrem graphisch-schöpferischen Talent anfangen könne. Ich machte Vorschläge, sie machte Vorschläge, wir redeten über Batiken, Dekorfarben, Porzellanmalerei und alles Mögliche, bloß nicht von Minderwertigkeitskomplexen. Als sie sich verabschiedete, nahm sie einen Sack voller Ideen mit nach Hause und noch dazu den guten Ratschlag, ihren Sohn künftig seine Spielsachen selbst wegräumen zu lassen und lieber in dieser Zeit Utensilien für eine gemeinsame Malstunde zusammenzusuchen, oder die Wäsche ruhig einmal liegen zu lassen und lieber mit dem Ehemann abends auszugehen, um neue und gemeinsame Eindrücke zu gewinnen, die sich wiederum in schöpferischen Freizeitkompositionen niederschlagen könnten.

Heute, ein halbes Jahr später, leitet die junge Frau im Münchner Gesundheitspark einen kleinen Malkurs für Laien und ist so vollauf beschäftigt mit den jeweiligen Vorbereitungen dazu, daß sie keine Zeit mehr hat, über ihren Seelenzustand nachzugrübeln – was nur gut ist. Ihr Selbstbewußtsein jedenfalls ist völlig wiederhergestellt.

Um nun zu unserem Ausgangspunkt zurückzukehren, wollen wir festhalten, daß sich eine negative und gestörte Einschätzung der subjektiven Lebenssituation über Impulse zur Förderung der Selbst-Transzendenz korrigieren und positivieren läßt. Die Wirksamkeit dieses therapeutischen Vorgehens ist allerdings daran gebunden, daß die vermittelten Impulse zugleich *sinngebende Funktion* haben, und das ist der Unterschied zur allgemeinen Beschäftigungs- und Ergotherapie, wie sie in vielen klinischen Einrichtungen angeboten wird. Natürlich ist es immer noch besser, wenn gemütskranke Patienten 200 Schachteln am Tag kleben, als wenn sie in die Luft schauen, aber Selbst-Transzendenz kann man mit Schachtelkleben nicht wecken. Die Kunst der Dereflexion ist es, gemeinsam mit dem Ratsuchenden eine Sinnmöglichkeit in dessen Leben zu entdecken, die der Verwirklichung harrt, die nur der Ratsuchende selbst erfüllen kann, und die ihm, wenn er sich ihrer Erfüllung widmet, eine innere Zufriedenheit und Auslastung schenkt, welche schwerer wiegt als so manches seelische Krankheitssymptom.

Man verwechsle daher die Dereflexion nicht mit einer Ablenkungstaktik oder mit einem Freizeitvertreib; wo sie nicht einer Werteverwirklichung und damit einer lebensbereichernden Zielsetzung nahekommt, verliert sie ihre heilende Macht. Wo es aber gelingt, sie in die Sinnorientierung eines Menschen miteinzuflechten und mit ihrer Hilfe ein selbsttranszendentales geistiges Wachstum in Gang zu setzen, dort kann man die psychotherapeutische Intervention beruhigt abschließen, denn dieser Mensch ist dem gesunden Leben zurückgegeben.

> *Das Wissen um eine Lebensaufgabe hat einen eminent psychotherapeutischen und psychohygienischen Wert. Wer um einen Sinn seines Lebens weiß, dem verhilft dieses Bewußtsein mehr als alles andere dazu, äußere Schwierigkeiten und innere Beschwerden zu überwinden.*
>
> FRANKL

Ich habe versprochen, einige Gesichtspunkte aus dem logotherapeutischen Gedankengut darzulegen, und möchte daher auch noch auf das Konzept der *Selbstdistanzierung* und ihres therapeutischen Korrelates, der *Paradoxen Intention* eingehen. Nehmen wir wieder unser Gleichnis von den schlittschuhlaufenden Kindern zu Hilfe und widmen wir unser Augenmerk jetzt der zweiten Streß-Komponente im Lazarus-Modell: der Variationsbreite an Verarbeitungsmöglichkeiten, die jemandem in einer Belastungssituation zur Verfügung stehen. Ein Kind sei im Eis eingebrochen und müsse nun versuchen, sich herauszuziehen oder sich wenigstens über Wasser zu halten, bis Rettung kommt. Was kann ihm dabei helfen? Ganz sicher nicht die Gewißheit, unterzugehen, ganz sicher nicht die Angst vor dem Tod und auch nicht ein verzweifeltes Hadern mit dem Schicksal, das ihm übel mitgespielt hat. Resignation, Furcht und ohnmächtiger Zorn sind keine guten Stützen, wenn es darum geht, zu überleben. Das Kind braucht seine ganze Energie für die körperlichen Anstrengungen, es darf nicht Energie für seelische Panikzustände verschwenden. Ähnliches erleben wir oft bei Kranken, die alle ihre Kräfte für die körperliche Regeneration benötigen und nicht zusätzlich durch ein seelisches Tief belastet sein sollten. Wie läßt sich also die psychische Verfassung in einer akuten Notsituation stabil halten?

Das Rezept ist denkbar einfach, schwierig ist es nur, seine „Zutaten“ zu beschaffen, nämlich eine große Portion Vertrauen und eine kleine Portion Humor. Wenn das Kind innerlich so oder ähnlich denken kann: „Na, endlich habe ich einmal Gelegenheit zu zeigen, wie gut ich schwimmen kann, und im übrigen war ein kleines Bad sowieso längst schon fällig, wenn ich es mir auch etwas wärmer gewünscht hätte...“, dann wird ihm dies wesentlich helfen, über Wasser zu bleiben und die Situation zu meistern.

Ein mir bekannter Arzt, der zwei Herzinfarkte hinter sich hat, was natürlich sehr traumatisierend ist, und noch dazu unter Herzrhythmusstörungen leidet, verriet mir seinen Trick, wie er es vermeidet, sich bei spürbaren Herzschlagveränderungen sofort in eine Panik hineinzusteigern, die den nächsten Infarkt eventuell sogar herbeirufen könnte. Er spricht in

Gedanken folgenderart zu seinem Herzen: „Also wenn du Lust hast, darfst du jetzt machen, was du willst, ich erlaube dir alle möglichen Extratouren, aber sei so nett und erinnere dich daran, nach einer längeren Pause gelegentlich wieder die Arbeit aufzunehmen!"

So simpel solche Tricks klingen mögen, in der aktuellen Krise wirken sie ungemein beruhigend, denn sobald auch nur der kleinste Schimmer eines Lächelns die Sinne des Betroffenen durchzieht, ist schon ein gewisser Freiraum geschaffen, innerhalb welchem er Mut schöpfen und Hoffnung gewinnen kann, daß sich alles zum Guten wenden wird. Viele Menschen haben immer wieder mit ähnlich tapferen Haltungen vermocht, dem Schicksal „ein Schnippchen zu schlagen", doch erst Frankl hat in seiner logotherapeutischen Persönlichkeitstheorie wissenschaftlich formuliert, welcher Mechanismus solchen hilfreichen Selbstgesprächen zu Grunde liegt: es ist die Fähigkeit des Menschen zur Selbstdistanzierung.

Nur in einem dreidimensionalen Menschenbild läßt sich das Phänomen erklären, daß der Körper krank oder gefährdet und die Psyche dementsprechend aufgeregt und verängstigt sein kann, der Geist aber die Psyche mit einem „heroischen Späßchen" beruhigt, was sich wiederum wohltuend auf den Körper auswirkt. Nur ein Menschenbild, das die geistigen Kräfte neben und über den psychischen Funktionen überhaupt anerkennt, kann solche therapeutischen Chancen hervorbringen, denn wenn Psyche und Geist eins sind, ja wenn es weder Seele noch Geist gibt in der psychologischen Interpretation des Menschen, sondern nur mehr Triebbündel und Assoziationsketten, und nur mehr unbewußte Komplexe und automatische Reaktionsmuster, dann ist auch die Chance vertan, die Kräfte des Geistes einzusetzen gegen die Faktoren des Schicksals, wenn Not akut ist*.

Die Logotherapie jedoch spricht dem Menschen die Fähigkeit zu, sich gedanklich von sich selbst zu distanzieren, auf gei-

---

* Vgl. die Auseinandersetzung von Frankl mit der Daseinsanalyse von Binswanger in des ersteren „Theorie und Therapie der Neurosen", Uni-Taschenbuch Nr. 457, Seite 60 f.

stiger Ebene Abstand zur eigenen Verzagtheit und Ängstlichkeit zu nehmen, und aus dieser Distanz heraus Stellung zur eigenen Situation zu beziehen, sogar humorvolle Stellung, wenn es sein muß, um das Grund- und Urvertrauen zum Leben zu erneuern. Speziell bei Ängsten, die gar nicht nötig sind, die also einer realistischen Grundlage entbehren – wie es in unserem Beispiel mit der eingebrochenen Eisdecke ja keineswegs der Fall ist, sondern eher bei dem Kind, das ängstlich am Ufer kauert, obwohl alle anderen Kinder getrost schlittschuhfahren – bedeutet die logotherapeutische Methode der *Paradoxen Intention* eine große Hilfe, eine Methode, die nur die menschliche Fähigkeit zur Selbstdistanzierung voraussetzt.

Dazu möchte ich nun Genaueres von den Übungen erzählen, die ich mit dem Patienten, der unter den Schreibkrämpfen litt, vornahm, und die bereits erste Erfolge zeitigten. Ich bin sicher, daß eine längere Anwendung der Paradoxen Intention bei ihm ebenfalls zu einem schlagartigen Nachlassen der Beschwerden geführt hätte, wenn die „Dereflexion per Zufall" nicht eingetreten wäre. Für die Übung gab ich ihm Papier und Bleistift und forderte ihn auf, unter meinen gestrengen Blicken einen Text abzuschreiben *mit der festen Absicht,* bei jedem 2. Wort zu verkrampfen. Er sollte sich also ausgerechnet dasjenige vornehmen und innerlich herbeiwünschen, was er bislang gefürchtet hatte: die Schreibhemmung. Der Mann stand dieser Instruktion recht ungläubig gegenüber, denn es kam ihm widersinnig vor, bei jedem 2. Wort absichtlich verkrampfen zu sollen, aber ich redete ihm zu, meinen Vorschlag auszuprobieren.

Nachdem er drei Worte komplikationslos zu Papier gebracht hatte, erinnerte ich ihn sanft daran, daß bereits ein Schreibkrampf fällig gewesen wäre, und nach weiteren fünf problemlosen Worten schüttelte ich unwillig den Kopf und wiederholte, er möge sich doch an unsere Abmachung halten. So ging dies weiter, und während der gesamten Textniederschrift kam kein einziger Schreibkrampf zustande. Als der Mann fertig war, blickte er mich verwirrt an und meinte, er verstehe das nicht, aber so flüssig habe er schon lange nicht zu schreiben vermocht. Das Rätsel war schnell aufgeklärt, denn nichts anderes als die Angst vor dem Symptom löste bei ihm das Symptom aus, und ohne Angst gab's eben auch kein Symptom. Angst aber konnte er in dem Fall, daß er den Schreibkrampf selbst herbeiführen wollte, nicht mehr produzieren, denn Furcht und Wunsch sind unvereinbar miteinander, sie heben sich gegenseitig auf. Und das ist auch der Sinn der Paradoxen Intention: man wünscht sich zur Abwechslung einmal genau das, was man bisher so panisch gefürchtet hat und – nichts passiert, das Symptom bleibt aus. Je öfter jedoch das Symptom auf diese Weise ausbleibt, und je öfter es gelingt, aus der Selbstdistanz heraus seine eigenen Ängste zu belächeln oder humorvoll zu karikieren, desto mehr Vertrauen zu sich und seinen Fähigkeiten kehrt zurück, und desto seltener treten die diesbezüglichen Probleme überhaupt auf.

> *Die Furcht verwirklicht, was sie fürchtet. Nicht anders jedoch als die Furcht verwirklicht, wovor sie sich fürchtet, verunmöglicht der forcierte Wunsch, was er intendiert.* FRANKL

Ängste behalten ihre Macht nur so lange, als verzweifelt gegen sie angekämpft oder entsetzt vor ihnen geflohen wird; kann aber spöttisch auf sie zugegangen werden, ja kann ihr „Drohmittel", dessen sie sich bedienen, sogar bewußt herbeigewünscht werden, dann verliert die Drohung ihre Wirkung, und die Ängste verlieren ihre Macht. Paradoxe Intention ist also besonders in jenen Notlagen indiziert, in denen die Reduktion einer Angst erreicht werden soll, die in keinem sinnvollen Verhältnis zum vorliegenden Sachverhalt steht, wenn sie diesen auch erheblich belastet.

Man kann sich der Methodik auch bei suizidgefährdeten Menschen bedienen, die sich vor etwas fürchten, was der Aufregung gar nicht wert ist, zum Beispiel vor einer Prüfung. Wer sich innerlich vorsagen kann, er würde am liebsten mit größtem Gepolter durch die ganze Prüfung fallen, der steigert sich nicht Hals über Kopf in eine Panikstimmung hinein. Was allerdings den Suizidgedanken selbst betrifft, möchte ich – in Übereinstimmung mit Frankl – dringend davon *abraten,* ihn jemals in ein paradoxes Schema miteinzubeziehen. Nicht einmal bei hysterischen Selbstmordandrohern, die gerne andere Leute damit zu erpressen versuchen, ohne wirklich sterben zu wollen, würde ich diese Methode empfehlen, denn meinem Empfinden nach macht man über den Tod keinen Spaß. Außerdem weiß man eben doch nie genau, wie ernstgemeint eine solche Androhung ist, und wie suggestiv dann paradox gemeinte Formeln wirken könnten. Mir ist der Fall bekannt, daß ein Schüler zu seinem Mathematiklehrer sagte, er, der Schüler, werde vom Dach der Schule in die Tiefe springen, wenn ihm der Lehrer keine bessere Note in Mathematik gebe. Der Lehrer soll daraufhin gesagt haben: „Tue, was du für richtig hältst, und ich tue, was ich für richtig halte!“, was zweifellos ein mutiges Wort war. Eine paradoxe Intention, der Schüler möge nur flott darauflosspringen, wäre hier genauso falsch gewesen wie ein Nachgeben der erpresserischen Forderung.

Die Paradoxe Intentions-Technik soll also nur dann verwendet werden, wenn es wirklich darum geht, den Variationsspielraum von Reaktionsmöglichkeiten hinsichtlich einer bedrohenden oder als bedrohend wahrgenommenen Situation zu erweitern, indem die Selbstdistanzierung aktiviert wird, um über eine humorvoll-tapfere Einstellung zur eigenen Angst der Angst „den Wind aus den Segeln zu nehmen“. Und wieder gilt, ähnlich wie bei der Fähigkeit zur Selbst-Transzendenz die Beobachtung, daß sich die Lebenssituation eines Menschen um so mehr zuspitzt, als dieser eben *nicht mehr* fähig ist, seine Selbstdistanzierung zu aktivieren. Man bedenke stets, daß derjenige, der sich mit seinen Ängsten identifiziert, ihnen ausgeliefert ist, während derjenige, der sie auf höherer geistiger Ebene in Frage zu stellen vermag, ihnen entrinnen kann. Wo es gelingt, zwischen die geistige Person eines Menschen und seine psychischen Schwächen einen Keil zu treiben, der den gesunden geistigen Bereich vom kränklichen Psychophysikum abspaltet, dort ist im Kranken selbst ein Energiereservoir freigelegt, das heilendere Kraft hat als jede therapeutische Beeinflussung von außen. Der Psychotherapeut sollte, wo es nur möglich ist, den intakten Bereich einer Persönlichkeit nützen, um auf den nicht-intakten Bereich Einfluß zu nehmen, denn die wahre Gesundung in der Psychotherapie geschieht nie allein durch eine Impfung von außen, sondern ist immer zugleich ein Triumph des Patienten über sich selbst.

> *Eine rehumanisierte Psychotherapie setzt voraus, daß wir die Selbst-Transzendenz in den Blick bekommen und die Selbstdistanzierung in den Griff bekommen.* FRANKL

Zum Abschluß dieses Kapitels möchte ich noch einen letzten Gesichtspunkt aus der angewandten Logotherapie erwähnen, und zwar die Wichtigkeit einer „Positivierung von Einstellungen". Es gibt nämlich durchaus Situationen, die weder als bedrohlich eingeschätzt werden, noch wirklich bedrohlich sind, also keiner der beiden Komponenten des Lazarus-Modells zugehören, die aber dennoch mit Unzufriedenheit registriert werden, weil sie einem nicht gefallen und sich trotzdem nicht ändern lassen. Es sind Tatsachen, mit denen man sich einfach abfinden muß. Wollten wir nochmals unser Gleichnis strapazieren, so könnten wir sagen, daß sich ein Kind, dem mitgeteilt wird, daß das Eis des Teiches vorläufig zu dünn zum Schlittschuhlaufen ist, und das deshalb darauf verzichten muß, in einer solchen Lage befindet. Es kann nichts dazutun, daß das Eis schneller gefriert, und muß sich in Geduld fassen.

Ein Großteil unserer Lebensbedingungen ist ähnlich festgelegt, ja, das meiste dessen, was wir als „Schicksal" bezeichnen, betrifft unveränderbare Gegebenheiten, die, ob sie uns gefallen oder nicht, akzeptiert werden müssen. Was dabei ausschlaggebend ist, ob wir uns einigermaßen gut abfinden können, das ist nicht die subjektive Einschätzung der Situation, und das ist auch nicht unser Reaktionsvermögen darauf, zumal im allgemeinen wenig Wahlmöglichkeiten bestehen, sondern das ist unsere *Einstellung* zu dem unveränderbaren Tatbestand. Ich habe schon einmal auf die zentrale Bedeutung von Einstellungen hingewiesen, und zwar bei der Besprechung der Wertkategorie der „Einstellungswerte“, welche sogar dem Leiden noch einen Sinn verleihen können. Ein positives Sich-Abfinden mit dem Schicksal ist eine großartige menschliche Leistung und psychohygienisch hoch zu bewerten, denn es gibt dem Menschen auch dort, wo kein Handlungsspielraum mehr zur Verfügung steht, ein Element der Freiheit zurück: die Freiheit, *über* den Dingen zu stehen, auch wenn sich „die Dinge selbst“ seinem Zugriff entziehen.

> *Eine Sinnmöglichkeit ist die Möglichkeit, die Wirklichkeit zu verändern. Eine solche Möglichkeit geht entweder so vor sich, daß – solange dies möglich ist – die Situation geändert wird oder daß der Mensch – sobald dies notwendig wird – sich selbst ändert.* FRANKL

Franz Flössner schrieb in seinem Aphorismenbüchlein „Das Lächeln der Auguren“ folgenden Satz: „Es gibt zwei Arten von Reichtum: Viel haben oder wenig nötig haben“, und dasselbe gilt für das Lebensglück schlechthin. Wer vom Glück benachteiligt ist, hat immer noch die Chance, zu seiner inneren Stabilität und Zufriedenheit „wenig Glück nötig zu haben“, und unter Umständen ist dies sogar das kostbarere Gut, denn es macht unabhängig vom Wechselspiel des Zufalls. Eine gesunde Einstellung ist oft so eine, die „wenig Glück nötig hat“, weil sie auf unangenehme und unvermeidliche Gegebenheiten auch noch eine positive Antwort weiß.

Innerhalb der Logotherapie gibt es eine spezielle Methode, um ungesunde Einstellungen bei Patienten in gesunde umzuwandeln: die (im 1. Kapitel bereits angeklungene) *Einstellungsmodulation.* Der Logotherapeut ist darauf geschult, ungesunde und gefährliche Einstellungen im Gespräch herauszuhören, und wird immer wieder versuchen, gerade die Stellungnahme ratsuchender Personen zu ihren eigenen Grenzen aufzugreifen und mit einem Sinnzusammenhang zu verknüpfen, der diese Grenze erträglich macht. Etwas Unabänderliches positivieren können wir nämlich nur über den

	MODELL VON LAZARUS		*Gesichtspunkte des logotherapeutischen Menschenbildes*		*Schwerpunkte logotherapeutischer Methoden*
Streßbewältigung (incl. organischer Variablen) hängt davon ab:	1. wie jemand seine Situation subjektiv einschätzt.	← verbessert	Die Fähigkeit zur Selbst-Transzendenz	← verbessert	Die Dereflexion
	2. welche Möglichkeiten jemand hat, mit einer Situation fertig zu werden.	← verbessert	Die Fähigkeit zur Selbstdistanzierung	← verbessert	Die Paradoxe Intention
Bewältigung von unveränderbaren Gegebenheiten hängt davon ab:	wie sich jemand zu seiner Situation einstellt.	← verbessert	Die Wahrnehmung eines Sinnzusammenhanges	← verbessert	Die Einstellungsmodulation

Prozeß der Sinnfindung, einen anderen Weg gibt es nicht. Trost spenden, mit dem Schicksal aussöhnen, bedeutet: *einen Sinn erfahrbar werden lassen,* der dem zugrunde liegen könnte, womit man sich aussöhnen muß; jeder andere Trost wird sein Ziel verfehlen.

Als Beispiel für eine solche logotherapeutische Einstellungsmodulation möchte ich auszugsweise aus einem meiner Gespräche mit jener jungen Frau berichten, die ich früher genannt habe, um zu zeigen, wie schnell sich ihr vermuteter Minderwertigkeitskomplex bei der Aktivierung ihrer Selbst-Transzendenz in Nichts auflöste. Die Frau war, wie gesagt, sehr belesen in psychologischer Literatur und hatte daher auch etwas über die „midlife crisis" gehört. Prompt erwähnte sie im Gespräch, daß sie sich jetzt schon vor dem Heranrücken der 40er-Jahre fürchte und dem Altwerden mit großem Schrecken entgegenschaue. Das ist eine psychohygienisch ungesunde Einstellung zu einem unabänderlichen Tatbestand, denn gegen das Älterwerden gibt es keine Medizin, ob wir dies angstvoll oder gelassen zur Kenntnis nehmen; aber die Art, wie wir uns dazu einstellen, kann sehr wohl ihre seelischen Rückwirkungen auf uns haben, und zwar negative wie positive.

Um nun die Einstellung dieser Frau zum Älterwerden zu positivieren, mußte ich das Altwerden mit einem Sinnzusammenhang verknüpfen, welchen sie akzeptieren konnte. Deswegen argumentierte ich ungefähr folgendermaßen: „Sie haben sich viele Stunden bei mir beklagt, daß Sie zur Zeit nur die Rolle eines minderwertigen Hausmütterchens innehaben und nicht Ihren eigenen Interessen, dem künstlerischen Werken, nachgehen können, weil Sie durch Ihre Mutterpflicht gebunden sind. Ich muß Ihnen zustimmen, daß ein kleines Kind sehr viel Zeit in Anspruch nimmt und daher den Aktionsradius einer verantwortungsbewußten Mutter einengt. Aber vergessen Sie nicht, wenn Sie älter werden, wird auch Ihr Sohn älter, und je älter er ist, desto selbständiger wird er, und desto mehr Freiraum steht Ihnen wiederum zur Verfügung. Und wenn Sie erst einmal in die 40er-Jahre kommen, dann ist Ihr Sohn beinahe schon erwachsen, und Sie sind Ihrer Pflichten ihm gegenüber weitgehend entbunden und frei für die persönliche Gestaltung Ihres Lebens. Genießen Sie also die Erfüllung in der Mutterschaft, solange ihr Sohn noch bei Ihnen ist und der Erziehung durch Sie bedarf, aber freuen Sie sich zugleich auf Ihre Zukunft, die vielleicht ganz überraschende Entfaltungsmöglichkeiten für Sie bereit hält, weil Sie später einfach mehr Zeit haben werden, Ihre wahren Interessen zu verwirklichen!" Die Frau stimmte mir spontan zu, und ich weiß heute noch, was sie antwortete. Sie sagte: „Das ist wahr. So gesehen freue ich mich eigentlich wirklich auf die Zukunft, denn ich kann mir manches vorstellen, was sich leichter bewerkstelligen läßt, wenn unser Bub älter geworden ist." Und mit dieser Einstellungsmodulation war das ganze Problem der Angst vor dem Altwerden gelöst.

> *Wer sich der Torschlußpanik hingibt, der vergißt, daß sich neue Tore öffnen, während sich die alten schließen.* FRANKL

Ich gebe zu, daß es mitunter schwierig ist, einen Sinnzusammenhang mit einem unabänderlichen Schicksal oder Leid herzustellen, und oft wird auch der Psychotherapeut ringen müssen um eine positive Einstellung; aber das ändert nichts daran, daß wir aufgerufen sind, dieses Ringen eben zu leisten, für uns selbst und für unsere Patienten. Bleiben wir hellhörig im Gespräch mit kranken und unglücklichen Menschen, hellhörig in Bezug auf ihre Fähigkeit zur Selbst-Transzendenz, hellhörig in Bezug auf ihre Fähigkeit zur Selbstdistanzierung, und hellhörig in Bezug auf ihre Einstellungen zu unvermeidbaren Tatsachen. Machen wir uns klar: Wo wir einen Patienten finden, gefangen in Selbstmitleid und Egozentrierung, distanzlos gekettet an die eigenen Ängsten und Schwächen, und erstarrt in einer unversöhnlichen Einstellung zum Schicksal, dort ist höchste Alarmstufe geboten, dort werden Notsignale gesendet, die einem SOS-Ruf in höchster Lebensgefahr gleichkommen.

Wer diese Signale versteht, hat schon einen wesentlichen

Vorsprung bei der ersten Hilfe – oder auch letzten Hilfe –, die zu leisten ist, denn er kann dereflektorisch, paradox intendierend oder einstellungsmodulierend ansetzen, jedenfalls hat er in der logotherapeutischen Methodik ein Repertoire an der Hand, das nicht nur der seelischen, sondern auch der geistigen Not eines Menschen gerecht wird. Verzweiflung und Sinnerfüllung sind zwei *unvereinbare Gegensätze,* und jedes kleinste Argument, das sich in Richtung Sinnerfüllung verschiebt, läßt den Druck der Verzweiflung schwächer werden. Sinn kann man zwar nicht geben, auch nicht mittels spezifischer Methoden, aber meistens kann man mithelfen, individuelle Sinnverwirklichungsmöglichkeiten sichtbar zu machen. Und wenn einem nichts mehr einfällt, was man vorbringen könnte, um einen Verzweifelten zu retten, dann kann man zuletzt noch die eigene Sinnerfüllung darbieten, die zwar nicht einfach übertragbar ist auf andere Menschen, aber doch ein wenig Lebenskraft abzustrahlen vermag.

Nicht immer ist es das Beste, mit einem hoffnungslosen oder gar lebensmüden Menschen dessen Probleme zu diskutieren, denn damit fesselt man seine Aufmerksamkeit an den negativen Bereich; wagen wir es, mit ihm auf das Plätschern eines Springbrunnens zu lauschen oder die Schattierungen des bunten Herbstlaubes zu betrachten, wagen wir es, mit ihm in die Wolken zu schauen oder über die Felder zu wandern, schenken wir ihm einen Hauch von unseren persönlichen Erlebniswerten – er wird nicht ganz unempfänglich sein! Oder beziehen wir ihn ein in unsere eigene schöpferische Aktivität, lassen wir ihn mithelfen, eine Blumenvase zu dekorieren, einen Verband anzulegen oder Kindern Märchen zu erzählen, vielleicht springt ein lebensrettender Funke auf ihn über. Vor allem aber zeigen wir den uns anvertrauten Menschen, daß sich zu jedem Schicksal eine Einstellung finden läßt, die uns befähigt, tapfer zu tragen, was da auch kommen mag. *Der Geist läßt sich nicht knechten, der Geist kann sich nur selbst unterwerfen.* Erweitern wir deshalb beständig unsere eigene Sinnorientierung, denn die Sicherheit, die wir selbst besitzen, trägt Unsichere mit. Psychologen und Psychotherapeuten, die immer und überall nur verborgene Aggressionen, uneingestandene

Komplexe und unausgelebte sinnliche Motive wittern, und die lieber Probleme aufbauschen statt zu mildern, haben eines noch nicht begriffen, was niemand treffender ausgedrückt hat als wiederum Franz Flössner, der in seinem Aphorismenbüchlein schrieb: „Im Gegensatz zum Körperlichen gibt es auf geistigem Gebiet ansteckende Gesundheit."

Stecken wir also die Kranken mit unserer geistig-seelischen Gesundheit an und vergessen wir über allen Methoden und Techniken nicht, woran Viktor Frankl am Ende eines Vortrages auf der Van-Swieten-Tagung bereits 1969 sein Auditorium gemahnt hat:

> „Improvisieren müssen Sie auch in der Psychotherapie, nicht nur individualisieren von Mensch zu Mensch, sondern auch improvisieren von Stunde zu Stunde, und das ist eine Kunst, die Kunst der Improvisation. Und in eben diesem Maße ist Psychotherapie immer *mehr* als Technik, nämlich in dem sie notwendigerweise auch ein Stück Kunst in sich bergen muß; und gleichermaßen ist sie immer *mehr* als bloße Wissenschaft, in dem Maße, in dem sie auch ein Stückchen Weisheit in sich bergen muß; und selbst Kunst und Weisheit würden nicht kompensieren können, was reine Wissenschaft und bloße Technik nicht zu offerieren vermögen, wenn da nicht die *Menschlichkeit* mit in die Waagschale geworfen würde."

Diese Mahnung sollten wir uns alle zu Herzen nehmen, denn was in der Psychotherapie letztlich zählt, ist das Wort von Mensch zu Mensch.

4. Kapitel

Indikationen und Grenzen der Franklschen Methodik

Das Fundament der Logotherapie bildet die sogenannte *Dimensionalontologie,* die sich mit drei verschiedenen Seinsschichten des Menschen befaßt, diese aber nicht einfach als nebeneinander existent betrachtet, sondern in einer dimensionalen Unterschiedlichkeit auffächert, ähnlich den drei geometrischen Dimensionen des Raumes, der Länge, Breite und Höhe, die auch nicht nebeneinander stehen, sondern einander durchdringen. Wie ich bereits vorweggenommen habe, besitzt der Mensch eine leibliche, physiologische Dimension, eine emotionale, psychologische Dimension und eine ganz spezifisch menschliche Dimension, die er mit keinem anderen Lebewesen teilt: die geistige oder noetische Dimension. Obwohl die drei Dimensionen nicht als „übereinander geschichtet" definiert werden können, schließt die jeweils höhere Dimension – und zwar höher im Sinne von „phylogenetisch weiterentwickelt" – jede niedrigere Dimension in sich ein; das heißt, Lebewesen mit einer psychologischen Dimension besitzen zwangsläufig auch eine physiologische, und Lebewesen mit einer noetischen Dimension besitzen zwangsläufig auch eine psychologische und physiologische, aber nicht umgekehrt.

Nun gibt es zwei dimensionalontologische Gesetze, die deshalb der Erwähnung wichtig sind, weil sie entscheidende Folgen für die logotherapeutische Diagnostik haben. Das 1. Gesetz lautet:

> Ein und dasselbe Ding, aus seiner Dimension heraus in verschiedene Dimensionen hinein projiziert, die niedriger sind als seine eigene, bildet sich auf eine Art und Weise ab, daß die Abbildungen einander widersprechen.

Viktor E. Frankl pflegt der Anschauung halber zum Verständnis dieses Gesetzes den Vergleich mit einem geometrischen Zylinder heranzuziehen, der ein dreidimensionaler, räumlicher Körper ist, sich aber, wenn man ihn in zweidimensionale Ebenen hineinprojiziert, entweder als Kreis oder als Rechteck abbildet, jedenfalls als widersprüchliche Figuren, die ihm in seiner Komplexität nirgends wirklich entsprechen. Dasselbe, sagt Frankl, geschieht mit dem Menschen, wenn man ihn auf eine dimensional niedrigere Stufe projiziert, zum Beispiel in die Ebene der Biologie, der Psychologie oder der Soziologie; überall bekommt man widersprüchliche Abbildungen, die alle miteinander nicht der Komplexität wahren Menschseins gerecht werden.

Das zweite dimensionalontologische Gesetz lautet:

Verschiedene Dinge, aus ihrer Dimension heraus in ein und dieselbe Dimension hinein projiziert, die niedriger ist als ihre eigene, bilden sich auf eine Art und Weise ab, daß die Abbildungen mehrdeutig sind.

Dazu pflegt Frankl den Vergleich mit drei verschiedenen geometrischen Körpern heranzuziehen, und zwar mit einem Zylinder, einem Kegel und einer Kugel. Alle drei sind dreidimensionale Gebilde, werden sie aber in eine gemeinsame, dimensional niedrigere Grundfläche unter ihnen projiziert, erscheinen sie alle drei als zweidimensionale Kreise, und wer nur diese Kreisabbildungen betrachtet, weiß nicht, auf welche Figur er daraus schließen soll – der Kreis als „Schatten" einer räumlichen Figur ist mehrdeutig. Auf den Menschen übertragen bedeutet dies, daß sich die unterschiedlichen Fähigkeiten und Kräfte des Menschen zu einem vieldeutigen Vereinfachungsschema verwischen, wenn sie in eine dimensional niedrigere Ebene projiziert werden, also zum Beispiel bloß im Lichte der Psychiatrie oder der Psychoanalyse interpretiert werden.

Vielleicht können zwei praktische Beispiele die Bedeutung der dimensionalontologischen Aussage für die Diagnostik erhellen. Nehmen wir an, eine Mutter sorgt intensiv für ihre Kinder und opfert sich dabei fast selber auf. Das 1. dimensionalontologische Gesetz warnt davor, diese Mutter als

„Säugetier mit stark entwickeltem Brutpflegeinstinkt“ oder als „hochgradige Neurotikerin, die einen inneren Haß auf die Kinder durch overprotectives Verhalten zu überspielen trachtet“, hinzustellen, also die spezifisch menschliche, die geistige Dimension dieser Frau bei der Interpretation der Sachlage auszuklammern (wie etwa ihre möglicherweise aufrichtige Liebe zu den Kindern), und dadurch Projektionen zu erhalten, die nicht nur widersprüchlich, sondern auch fragwürdig sind.

Nehmen wir nun den gegenteiligen Fall an, nämlich den Fall, daß mehrere Mütter ihre Kinder vernachlässigen. Das 2. dimensionalontologische Gesetz warnt davor, das ähnliche Verhalten dieser Mütter nach ein- und demselben Schlüssel zu interpretieren, also etwa allen eine Identitätsschwäche hinsichtlich ihrer Rolle als Frau und Mutter zu bescheinigen. Unter Zuziehung der spezifisch menschlichen, der geistigen Dimension könnte sich nämlich herausstellen, daß die eine dieser Mütter vielleicht überlastet ist, weil sie Beruf, Haushalt und einen kranken Mann zu versorgen hat und deshalb kaum für ihre Kinder zur Verfügung steht, während eine andere dieser Mütter eventuell sogar zu stark entlastet ist, weil ihr alles Mögliche abgenommen wird und sie deshalb keinen Grund sieht, irgendeine Arbeit selbst zu tun, und sei es nur, mit ihren Kindern zu spielen. *Nicht alles, was unterschiedlich aussieht, muß unvereinbar sein, und nicht alles, was gleich aussieht, muß dieselbe Ursache haben.*

> *Logotherapie ist Therapie vom Geistigen her und auf Geistiges hin.* FRANKL

Auf unserer Beratungsstelle, die auch heilpädagogisch mit Kindern arbeitet, gab es vor einiger Zeit einen von der Diagnostik her interessanten Fall, der gut zur Thematik der Dimensionalontologie paßt, und deswegen möchte ich ihn in wenigen Zügen schildern. Es handelte sich um 10jährige Zwillingsbrüder, von denen der eine stets von der Mutter bevorzugt wurde, während der andere in dessen Schatten stand. Aus irgendeinem Grunde war eben der eine tüchtiger und machte sich bei der Mutter beliebter. Da die Mutter selbst in der Elternberatung wenig kooperativ war, entschlossen wir uns, den eher abgelehnten Jungen von den beiden in heilpädagogische Einzeltherapie aufzunehmen, um sein Selbstvertrauen zu stärken und ihm Methoden an die Hand zu geben, wie er mit seiner Position in der Familie umgehen könne. Da geschah es eines Tages, daß er sich an die ihn betreuende Heilpädagogin wandte und sie fragte: „Bitte, könnten Sie nicht auch meinem Bruder helfen, der näßt nämlich fast jede Nacht ein und merkt es nicht, und die Mutti ist darüber so traurig?"

Wir sehen, der bevorzugte Junge näßte ein, und der abgelehnte nicht. Wie stimmt dies überein mit der üblichen Theorie, daß nächtliches Einnässen ein „Weinen nach unten" sei? Aber nicht nur das, etwas anderes an der Sache bewegte uns zutiefst. Der abgelehnte Junge zeigte hohes soziales Verständnis und Einfühlungsvermögen, er bat um Hilfe für seinen „Widersacher", er wollte die Mutter glücklich sehen. Sein Bruder dagegen, der „Star im Hause", war eher egozentrisch veranlagt und wäre niemals auf die Idee gekommen, irgend etwas für seinen Bruder zu erbitten. Und auch die Mutter hatte nicht die Offenheit gehabt, uns von den Problemen des bevorzugten Kindes zu erzählen, sie hatte uns immer nur die negativen Seiten des benachteiligten Kindes aufgezählt.

Lernen wir daraus, daß 1. nicht jedes Symptom typisch ist für eine bestimmte Lernvergangenheit eines Menschen, und daß 2. nicht jedes Leid oder Trauma zu negativen Folgen führen muß, es kann zum Beispiel auch Menschen im Sozialkontakt feinfühliger und von ihrer Persönlichkeitsstruktur her reifer werden lassen.

Frankl meint überhaupt, daß Komplexe, Konflikte, Probleme und Traumen *nicht die Ursache* einer neurotischen Erkrankung sind, sondern daß sie in Anamnesen nur deshalb so vielfältig und häufig auftauchen, weil es sich bei den betreffenden Patienten um von Angst und Sorge beherrschte Menschen handelt, deren Ängstlichkeit und Sorgenbereitschaft *bereits die Wirkung* einer neurotischen Erkrankung ist. Ja, er vergleicht die lebensgeschichtlichen Traumen sogar mit einem Riff, das bei stimmungsmäßiger Ebbe sichtbar wird, das aber deswegen noch lange nicht die Ursache der Ebbe ist. Die Ebbe, das seelische Tief, das die diversen Unebenheiten des Grundes ans Tageslicht bringt, ist nach Auffassung der Logotherapie in Wirklichkeit ein geistiges Tief, ein „existentielles Vakuum“, nämlich ein Leben, das als sinnleer und sinnlos erlebt wird. Und in dieses existentielle Vakuum hinein wuchert dann die neurotische Erkrankung. Damit sollen die vielen wissenschaftlichen Befunde, die zur herkömmlichen Neurosenlehre bisher erhoben worden sind, keineswegs außer Kraft gesetzt werden, sie sollen nur überhöht werden durch eine weitere Dimension, im Lichte deren sie nicht mehr absolut, sondern nur relativ zu bewerten sind.

Eine graphische Skizze soll veranschaulichen, wie dies gemeint ist:

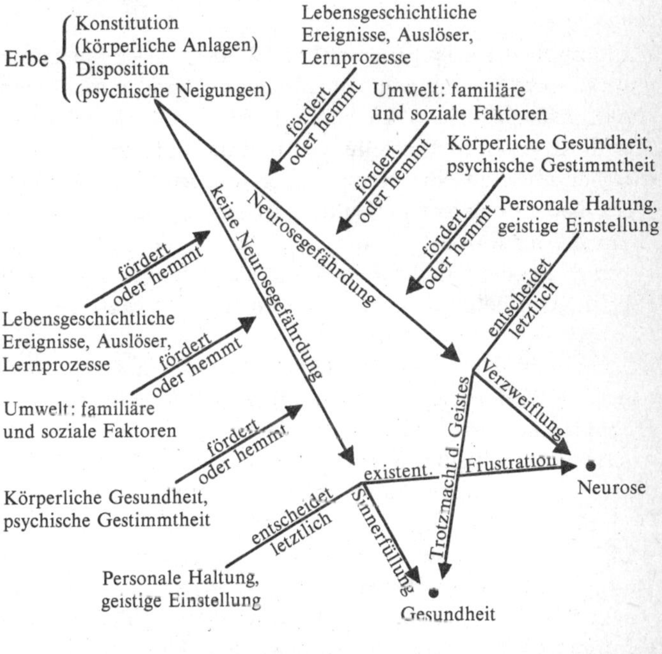

Die konstitutionellen und dispositionellen Veranlagungen des Menschen spielen in Hinblick auf seine Neurosebereitschaft ganz sicher keine unwichtige Rolle, dazu kommen die Einflüsse aus der Lebens- und Lerngeschichte, besondere Ereignisse und Auslöser, dazu kommen ferner die familiären und sozialen Faktoren der jeweiligen Umwelt, und außerdem natürlich gesundheitliche Daten, psychosomatische und somatopsychische, die in einem unentwirrbaren Geflecht miteinander verbunden sind. Alle diese Einflußfaktoren fördern oder hemmen die veranlagungsmäßige Neigung zur seelischen Labilität oder Stabilität und weisen in ihrer Gesamtheit zweifellos in eine bestimmte Richtung. Der eine tut sich leichter, ruhig, gelassen und ausgeglichen zu bleiben, und der andere tut sich schwerer. Soweit die Aussage der meisten psychotherapeutischen Modelle, die voneinander nur durch die Akzentuierung unterschiedlicher Schwerpunkte differieren. Jetzt aber kommt der in der Logotherapie eingeführte dimensionale Sprung:

Innerhalb der geistig/noetischen Dimension des Menschen gibt es innere Stellungnahmen zu sich selbst und zum eigenen Leben mitsamt seinen unabänderlichen Schicksalsfaktoren, und diese geistigen Einstellungen treffen die letzte Entscheidung darüber, ob eine Neurose zum Ausbruch kommt oder nicht. Dieselbe personale Haltung ist es aber auch, die dann, wenn die neurotische Erkrankung schon zum Ausbruch gekommen ist, die Krankheit in Gang hält oder ihr trotzt; und zwar in Gang hält durch eine *schlechte Passivität* bzw. *schlechte Aktivität,* wovon noch genauer zu sprechen sein wird, oder ihr trotzt mittels dessen, was Frankl die „Trotzmacht des Geistes" nennt, einen Begriff, den ich ebenfalls noch erläutern werde. Das Basistheorem der Logotherapie besagt nun, daß die geistige Einstellung eines Menschen aus freiem Willen geändert werden kann, daß sie durch keinen der obengenannten Einflußfaktoren determiniert ist, und daß sie sich hauptsächlich nach dem Ansichtigsein von Sinn und Werten orientiert. Somit kann, wenn es in der Therapie gelingt, die geistige Einstellung eines Menschen zu positivieren und ihn zu einer inneren Sinnerfüllung zu führen, a) verhindert werden, daß eine Neurosegefährdung wirklich zur Neurose führt, b) eine Neurosegefährdung, die bereits zur Neurose geführt hat, soweit kompensiert werden, daß sich die Neurose wieder aufhebt, und c) der künftige Einfluß schicksalhafter Einflußfaktoren wie Umwelt, Auslöser und Gesundheitszustand auf die anlagemäßige Disposition und Konstitution eines Menschen verringert und weitgehend seinem freien Willen unterstellt werden. Bei diesem Schema sind selbstverständlich funktionelle und endogene psychische Erkrankungen, die auf rein organische Ursachen zurückgehen, ausgeklammert, denn in solchen Fällen gehört ja die Krankheit selbst zum „lebensgeschichtlichen Ereignis" bzw. zum jeweiligen Gesundheitszustand, und dann stellt sich erneut die Frage, ob dieses Ereignis bzw. dieser Zustand zu einer zusätzlichen „Neurotisierung" führt oder nicht, nämlich ob ihm mit Verzweiflung und Hoffnungslosigkeit oder mit einer tapferen und positiven geistigen Einstellung gegenübergetreten wird.

> *Die Logotherapie bei Psychosen ist wesentlich Therapie am Gesundgebliebenen, denn das Gesundgebliebene ist nicht erkrankungsfähig, und das Krankgewordene ist im Sinne einer Psychotherapie nicht behandlungsfähig.* FRANKL

Es sei deswegen nochmals betont, daß die Logotherapie nicht die Bedeutung von Kindheit und Traumen (also lebensgeschichtlichen Ereignissen), von Problemen und Konflikten (meist mit der Umwelt) oder von somatopsychischen und psychosomatischen Insuffizienzen bestreitet, aber sie bestreitet, daß der Mensch diesen Einflüssen „ausgeliefert" sei, daß sie zu Neurosen führen „müßten", und sie verweist dabei auf das Mitspracherecht des Geistes. Und in der logotherapeutischen Behandlung geht es eben darum, die Patienten zu ermutigen, von diesem ihrem geistigen Mitspracherecht Gebrauch zu machen.

Darüber hinaus kann unsere Skizze zur Ätiologie der Neurosen noch einen in der herkömmlichen Psychologie ganz atypischen und unerwarteten Tatbestand erklären, der sich in den letzten Jahrzehnten in erschreckender Vielfalt erhärtet hat, ohne daß bislang befriedigende Erklärungen gefunden worden sind. Es kann nämlich auch unter sehr guten Anlage- und Umweltbedingungen, in einem vom Wohlstand und von der Lustbefriedigung verwöhnten Leben zu Neurosen kommen, also dann, wenn sich keine Komplexe, Konflikte und Traumen in hinreichendem Maße finden lassen. Die Logotherapie nennt diese Neurosen, die sich stets durch Langweile, Leeregefühle, allgemeine Unzufriedenheit mit dem Leben, Überdruß und Sinnlosigkeitsgefühle äußern, *noogene Neurosen,* weil sie auf eine existentielle Frustration und demnach allein auf eine psychohygienisch ungesunde geistige Einstellung zurückzuführen sind. Wir sehen: wie es dem neurosegefährdeten Menschen gelingen kann, über eine Sinnfindung in seinem Leben der Verzweiflung zu entrinnen und über das Ausspielen der „Trotzmacht des Geistes" zu gesunden, so kann es dem nichtneurosegefährdeten Menschen geschehen, daß er keine Sinnerfüllung in seinem Leben findet und deshalb der existentiellen Frustration anheimfällt, die ihn in eine noogene Neurose hineinschlittern läßt.

> *Die noogene Neurose geht nicht auf Komplexe und Konflikte im herkömmlichen Sinne zurück, sondern auf Gewissenskonflikte, auf Wertkollisionen und auf das Sinnlosigkeitsgefühl.*
>
> FRANKL

Was ist demnach die Indikation für eine logotherapeutische Behandlung? Die Frage ist unschwer zu beantworten: wo immer es sich bei einem Patienten um unglückliche, ungesunde, unzufriedene geistige Einstellungen handelt – sei er neurosegefährdet oder nicht, habe er besonders schwere Lebensbedingungen oder nicht, sei er erblich belastet oder nicht, lebe er in höchstem Reichtum oder in bitterster Armut, sei er körperlich krank oder gesund –, ist eine logotherapeutische Intervention indiziert. Das Spektrum, innerhalb dessen man logotherapeutisch helfen kann, ist sehr weit gespannt: in der Arztpraxis, in der Beratung, in den Krankenhäusern, in der Seelsorge, überall dort, wo Menschen konfrontiert sind mit Schicksalsfaktoren, die sie zu bewältigen haben, und die sie nur dann optimal bewältigen können, wenn sie ihre geistigen Kräfte zum Einsatz bringen.

Speziell aber indiziert, ja geradezu unerläßlich notwendig ist die logotherapeutische Behandlung bei noogenen Neurotikern oder auch bei gesunden Menschen, die sich in einem existentiellen Vakuum befinden, auf einer Suche nach Sinn, die sich im Kreis dreht und zu keinem Ergebnis führt – und davon gibt es heute nicht wenige. Groß angelegte Querschnittuntersuchungen auf der ganzen Welt sprechen immer wieder von runden 20% der gegenwärtigen Durchschnittsbevölkerung, die an Sinnlosigkeitsgefühlen und existentieller Frustration leiden.

> *Das Leiden am sinnlosen Leben muß keineswegs Ausdruck einer seelischen Krankheit, es kann vielmehr der Ausdruck geistiger Mündigkeit sein.* FRANKL

An dieser Stelle wird es Zeit, einem Mißverständnis vorzubeugen, das mitunter auftaucht, obwohl es absurd ist. Selbstverständlich kann der Psychotherapeut, und so auch der Logotherapeut, niemandem sagen, was der Sinn des Lebens ist; diese Frage ist überhaupt nicht pauschal zu beantworten. Logotherapie wird auch oft fälschlich als „Heilung durch Sinnfindung" definiert, aber „heilen" kann der Logotherapeut nur durch „Hilfen zur Sinnfindung", die er gibt, und „Sinn finden" muß der Patient schon von allein, er kann höchstens „durch Sinnfindung gesunden".

Worum es bei den logotherapeutischen Operationen im Bereich geistiger Einstellungen und Wahrnehmungen von Wertstrukturen geht, ist nach Frankl das „Aufleuchtenlassen von Sinnmöglichkeiten auf dem Hintergrund der Wirklichkeit", das Aufzeigen, daß das Leben einen Sinn hat und diesen unter allen Umständen behält, selbst unter den bedrängendsten und traurigsten Umständen, ja sogar noch in den Minuten des Sterbens, dem „letzten Stadium des Wachsens“, wie Frau Kübler-Ross es formuliert. Dabei handelt es sich keinesfalls um ein abstraktes Theoretisieren oder Philosophieren in der Sprechstunde des Therapeuten, denn die Sinnfrage muß immer hier und jetzt, in der jeweiligen konkreten Lebenssituation, gestellt und beantwortet werden, und nur dann, wenn der Patient eine zufriedenstellende Antwort findet, ist er dieser seiner Situation auch gewachsen.

Vielleicht kann ein kleines Beispiel zum näheren Verständnis beitragen. Eine Frau jammert im Beratungsgespräch, daß sie beruflich furchtbar überlastet sei und bald einen Nervenzusammenbruch bekommen werde. Ihr Chef sei auf Urlaub gefahren und habe zuvor alle Arbeit auf sie abgewälzt, obwohl noch genügend andere ihrer Kolleginnen da seien, die ebenfalls Teile des Arbeitspensums hätten übernehmen können. Aber anscheinend habe er es auf sie besonders abgesehen. Daraufhin fragt der Logotherapeut, ob es sich um betriebswichtige Arbeiten handelt, die der Frau übertragen worden sind, und sie bejaht die Frage. Und nun kommt das Aufleuchtenlassen einer Sinnmöglichkeit, indem der Logotherapeut fragt: „Könnte es sein, daß der Chef zu Ihnen und zu Ihren Fähigkeiten das allergrößte Vertrauen hat und deshalb die wichtigsten Angelegenheiten während seiner Abwesenheit nur in Ihren Händen sehen wollte, wissend, daß er sich dann im Urlaub keine Sorgen zu machen brauche?“ Die Frau überdenkt diesen Gesichtspunkt und stimmt schließlich zu: ja, das könnte sein. Plötzlich ist ihre Arbeitsbelastung für sie sinnvoll, ist ein indirektes Lob ihres Chefs, ein Vertrauensbeweis, der sie aus der Menge ihrer Kolleginnen heraushebt. Wenn sie jetzt die Sprechstunde verläßt, jammert sie nicht mehr, und vielleicht spielt sogar ein stolzes Lächeln um ihre Lippen ...

Das war eine kleine „Einstellungsmodulation“, wie wir in der Logotherapie sagen, aber auch solch kleine Gesinnungswandlungen können große Wirkungen haben. Die größten Effekte in der Psychotherapie sind überhaupt diejenigen, die auf ein Aha-Erlebnis zurückgehen, nämlich auf das Begreifen von etwas persönlich Relevantem, das nie zuvor so gesehen wurde; selbst dann, wenn sich dadurch an der äußeren Situation zunächst gar nichts ändert.

> *Die Logotherapie hat das große geschichtliche „Modell" einer geistigen Auseinandersetzung, das klassische Gespräch von Mensch zu Mensch: den sokratischen Dialog zum Vorbild.* FRANKL

Noch höhere Bedeutung kommt der Einstellungsmodulation zu, wenn bereits neurotische Erlebnis- und Verhaltensmuster vorliegen, zum Beispiel irrationale Ängste, Zwänge oder psychogene Organreaktionen. Hier muß nun erläutert werden, was Frankl unter „schlechter Passivität" bzw. „schlechter Aktivität" versteht, also unter jenen personalen Haltungen, die in Hinblick auf die Neurosegefährdung praktisch das Signal auf „Freie Fahrt" stellen und den Patienten in immer tiefere Verzweiflung verstricken. Die schlechte Passivität ist das *Flucht- und Vermeidungsverhalten,* speziell die Flucht vor der Angst. Man tut dies nicht, man tut jenes nicht, man sagt das ab, und man geht dort nicht hin, aber die Angst holt den Flüchtenden überall ein. Und je öfter sie ihn „eingeholt" hat, desto kompliziertere Vermeidungsstrategien werden ausgedacht, desto größer ist die Angst vor der nächsten Niederlage, und umso sicherer gibt es auch eine „nächste Niederlage".

In die vegetative Angstbereitschaft, die meist konstitutionell bzw. dispositionell vorliegt, klinkt die reaktive Erwartungsangst ein, wie Frankl sagt, eine Angst, die auf Grund des einmal stattgefundenen Symptoms erwartet, daß sich das Symptom wiederholen werde, was schon allein aus dieser Erwartung heraus prompt geschieht.

Meine Ausführungen mögen anschaulicher werden, wenn ich sie an Hand eines konkreten Falles aus meiner Praxis aufrolle und die logotherapeutischen Leitlinien daran aufzeige. Ein Zahnarzt mittleren Alters kam zu mir wegen psychogenem Zittern seiner Hände. Er war im wahrsten Sinne des Wortes verzweifelt und nahe daran, seine Praxis aufzugeben, aus lauter Angst, sich lächerlich zu machen, denn naturgemäß ist ein unkontrolliertes Händezittern für den Beruf eines Zahnarztes nicht gerade die beste Empfehlung. Zu möglichen konstitutionellen Faktoren ist zu erwähnen, daß seine Mutter an einem ungewöhnlich starken und früh einsetzenden Parkinsonschen Alterstremor gelitten hat. Die Umweltsituation des Zahnarztes war optimal, er hatte trotz allem eine gutgehende Ordination, führte eine glückliche Ehe und hatte gesunde Kinder. In seiner Lebensvergangenheit hatte es ein einziges Mal eine „Entgleisung" gegeben, wenn man das so bezeichnen will, nämlich ein vorübergehendes Verhältnis mit einer Zahnarzthelferin, das aber bald beendet worden war und ohne Folgen blieb.

Dennoch war in einer tiefenpsychologischen Behandlung, der sich der Zahnarzt unterzogen hatte, bevor er sie als ergebnislos abbrach und zu mir kam, diese vergangene Liäson wieder und wieder erörtert worden, und seine verdrängten Schuldgefühle darüber waren als tiefsitzende Ursache des Zittersyndroms gedeutet worden, welches angeblich verschwinden würde, sobald er sich von seinen Schuldgefühlen befreien könne. Der möglichen erblichen Belastung von seiten der Mutter war keinerlei Beachtung geschenkt worden.

Mir hingegen scheint die konstitutionelle Komponente in diesem Fall wesentlich zu sein, wenn auch zum gegenwärtigen Zeitpunkt nicht im Sinne eines unabänderlichen Schicksals; der vergangene Seitensprung aber dürfte völlig unbedeutend sein, weil der Zahnarzt selbst sagt, daß die Sache für ihn erledigt und abgeschlossen ist, und er ihr weder nachweint noch sie übermäßig bedauert. Das Wichtigste an jeder Angstneurose jedoch, das niemals übersehen werden darf, ist *die personale Reaktion des Patienten auf sein Symptom,* nämlich das Flucht- und Vermeidungsverhalten, welches bei diesem Zahnarzt besonders stark ausgeprägt war. So nahm er zum Beispiel keine Einladungen im Bekanntenkreis mehr an, weil er stets fürchtete, daß jemand beobachten könnte, wie er durch sein Zittern Suppe verschüttete oder ein Getränk ausschüttete, oder er gebrauchte unglaubliche Vorwände, um kein Formular auszufüllen oder keine Unterschrift leisten zu müssen, wenn jemand in der Nähe war. Seine praktische Arbeit als Zahnarzt hielt er nur aufrecht unter Valiumschutz, wobei er die Dosen langsam aber stetig steigerte.

Nun ist die schlechte Passivität, dieses extreme Flucht- und Vermeidungsverhalten auf Grund von Erwartungsängsten, eine richtige „psychologische Falle“, die sich über ihrem Opfer schließt, ob es dem gefürchteten Symptom ausweichen kann oder nicht; die neurotische Angst verschärft sich auf jeden Fall. Kann nämlich dem Symptom durch irgendeine Flucht kurzfristig ausgewichen werden, steigt langfristig die Angst vor jeder neuen Problemsituation an, bei der der „Fluchtweg“ vielleicht zufällig einmal nicht mehr offensteht und das Symptom dann unausweichlich eintreten wird. Und kann dem Symptom trotz aller Bemühungen nicht ausgewichen werden, dann ist ja genau das geschehen, was befürchtet worden ist, und die Erwartungsangst wird massiv bestärkt.

Der *schlechten* Passivität stellt Frankl eine *rechte* Passivität gegenüber, die den Erwartungsangstmechanismus sprengt und dem aussichtslosen Fluchtverhalten Einhalt gebietet: es ist das Ironisieren und Ignorieren eines Symptoms. Das Ironisieren findet seinen Ausdruck in der logotherapeutischen Technik der „Paradoxen Intention“, und das Ignorieren in der logotherapeutischen Technik der „Dereflexion“, beides Methoden, mit denen der Leser bereits vertraut gemacht worden ist. An Hand unseres Fallbeispieles sollen nun beide rekapituliert werden, um einige Besonderheiten aufzuzeigen, ohne deren Beachtung der Erfolg fraglich gewesen wäre.

Nachdem mir der Zahnarzt seine „Fluchttendenz“ eingestanden hatte, riet ich ihm folgendes: „Hören Sie auf, das Zittern vermeiden zu wollen, denn umso besser ‚geht's Ihnen von der Hand‘! Laufen Sie vor der innerlich erwarteten Gefahr nicht davon, sondern drehen Sie sich um und packen Sie den Stier bei den Hörnern, das heißt, zittern Sie nach Herzenslust, zittern Sie mit Genuß! Strengen Sie sich an, allen Leuten in Ihrer Umgebung zu zeigen, welch blendender Zitterer Sie sind, suchen Sie extra Situationen, in denen Sie dies beweisen können! Wenn Sie unangenehme Patienten haben, denken Sie bei sich: ‚Na warte, dich werde ich schon noch hinauszittern‘, wenn Sie eingeladen sind, wünschen Sie sich innerlich, die ganze Gesellschaft durch Ihr Zittern in Atem zu halten, wenn Sie ein Formular ausfüllen müssen, wahren Sie das Image eines Arztes und schreiben Sie möglichst zittrig, damit es bloß niemand lesen kann, und vergessen Sie am Ende nicht, zutiefst enttäuscht zu sein, wenn Ihnen kein zufriedenstellender Tremor gelingt! Sie werden sich wundern, wie schwer es ist, ordentlich zu zittern, wenn Sie es möchten."

Natürlich war der Zahnarzt ganz perplex über diesen Rat, der so gar nicht seinen Vorstellungen einer therapeutischen Behandlung entsprach, aber er fand den Mut, die Technik der Paradoxen Intention, um die es sich dabei handelte, wirklich auszuprobieren. Dazu begab er sich im Restaurant, am Postamt usw. in die Nähe von fremden Leuten mit der innerlichen Absicht, ihnen just etwas vorzuzittern. Bereits nach einer Stunde rief er mich an und sagte wortwörtlich: „Ich spüre deutlich den Bremseffekt der Paradoxen Intention. Es klappt tatsächlich nicht ganz so, wie man fürchtet; wenn ich zittern *will,* bleibe ich ruhig."

Dieser Bremseffekt der Paradoxen Intention kommt dadurch zustande, daß die Erwartungsangst zunichte gemacht wird; was man sich wünscht, kann man nicht fürchten, und was man nicht fürchtet, hat keine Macht über einen, zumindest nicht im neurotischen Geschehen. Genauso wie die Angst vor dem Symptom das Symptom geradezu produziert, genauso unterbindet der Wunsch nach dem Symptom dessen Entstehung.

Bei der Anwendung der Paradoxen Intentions-Technik muß allerdings darauf geachtet werden, daß genau *jenes Ereignis* paradox intendiert wird, auf das die Erwartungsangst abzielt, sonst greift die Methode nicht, weil im Hintergrund eine andere Erwartungsangst steht als diejenige, die eben durch den paradoxen Wunsch aufgehoben wird. So hatte zum Beispiel der Zahnarzt anfangs nur vom Ereignis des Zitterns gesprochen, welches er panisch fürchte, eine längere logotherapeutische Exploration hatte jedoch ergeben, daß es nicht eigentlich die Tatsache des Zitterns war, die er fürchtete, sondern vielmehr ein „Zittern vor den Augen anderer Leute", welche nämlich daraus den Schluß ziehen könnten, er sei beruflich unfähig. Somit hätten paradoxe Formeln, er möge sich bemühen, bei jeder Gelegenheit so intensiv wie nur möglich zu zittern, ihr Ziel haarscharf verfehlt, denn die Erwartungsangst schloß die Anwesenheit von Beobachtern mit ein. Die paradoxen Formeln mußten daher darauf hinauslaufen, möglichst anderen Leuten etwas vorzuzittern, ja, sie dazu zu bringen, ihn für den größten Zitterer der ganzen Welt zu halten.

Fachlich versierte Leser werden gemerkt haben, daß Parallelen zwischen der logotherapeutischen Technik der Paradoxen Intention und der verhaltenstherapeutischen Technik der sogenannten „Symptomverschreibung" (Erickson, Lazarus, Watzlawick) bestehen. Aber abgesehen davon, daß die Paradoxe Intention um etliche Jahrzehnte älter und ausgereifter ist, hat die Technik der Symptomverschreibung einen Nachteil: sie ist zu ernst. Auch wenn Personen kognitiv begreifen, daß es zu ihrem Besten ist, das Symptom ständig wieder herbeizurufen, damit es zu einer Sättigung und Ermüdung und im Zuge dessen zu einem Nachlassen der neurotischen Angst kommt, fällt es ihnen doch ausgesprochen schwer, dieser Einsicht zu folgen. Deswegen sind in der Verhaltenstherapie oftmals Druck- und Zwangsmittel ausprobiert worden, um die Patienten den von ihnen gefürchteten Situationen einfach auszusetzen, wie etwa bei der brutalen Technik des „Flooding", bei der die Patienten eine Zeitlang pausenlos mit den angstbesetzten Reizen „überflutet" werden.

Die Logotherapie kann sich alle diese harten, manipulatorischen Maßnahmen sparen; sie manipuliert nicht, sie gibt dem Patienten Spielraum, sich selbst zu manipulieren, und zwar mit einem Hilfsmittel, das auf Anhieb immens viel Spielraum schafft, nämlich mit Humor.

> *Es gibt kaum etwas im menschlichen Dasein, das es dem Menschen so sehr und in einem solchen Ausmaß ermöglichte, Distanz zu gewinnen, wie der Humor.* FRANKL

Der Humor ist das eigentlich befreiende Element an der Paradoxen Intention, er bildet den tieferen Sinn der etwas lächerlich und übertrieben klingenden Formeln: in dem Moment, da sie ein Lächeln auslösen, ein Lächeln über sich selbst und die eigenen, eben lächerlichen Ängste, in dem Moment ist der Bann der Angst gebrochen. Ein Patient, der sich den Gegenstand seiner Ängste herbeiwünschen kann, wird vom Symptom erlöst, ein Patient, der seine eigenen Ängste auslachen kann, gesundet*.

Ich sagte, daß zur rechten Passivität neben dem Ironisieren auch noch das Ignorieren des Symptoms gehört. Dieses Ignorieren kann per Zufall geschehen, wie wir es schon bei dem Mann mit den Schreibkrämpfen gesehen haben, und wie es auch mein Patient, der Zahnarzt einmal erlebt hat. Er wurde eines Nachts zu einem dringenden Notfall gerufen und wollte diese Arbeit sofort auf einen Kollegen abschieben, weil er sich, so plötzlich gefordert und noch dazu ohne Valiumschutz, außerstande fühlte, eine ruhige Hand zu behalten. Doch es stellte sich heraus, daß der Kollege, der ihn vertreten sollte, verreist war und niemand anderer für ihn einspringen konnte, der Patient aber zu verbluten drohte. Da packte der Zahnarzt seine Instrumente und machte sich an die Arbeit. Es handelte sich dabei um eine solch schwierige Kieferoperation, daß er sich voll und ganz darauf konzentrieren mußte und nicht einen Augenblick Zeit hatte, an seine eigenen Ängste und Probleme zu denken. Als er endlich fertig war und erleichtert aufatmete, wurde ihm jedoch bewußt, daß er noch niemals eine so ruhige Hand gehabt hatte wie damals. In diesem Fall war die Erwartungsangst nicht ironisiert worden, wie bei der Technik der Paradoxen Intention, sondern völlig ignoriert worden, indem der Zahnart an ihr „vorbeiagieren“ konnte, weil seine Gedanken weit weg von sich selbst waren, nämlich in die schwere Operation versunken.

Denselben Mechanismus macht sich die logotherapeutische Technik der *Dereflexion* zunutze, die Symptome schwächt, indem sie ihre Nichtbeachtung herbeiführt. Nichtbeachtung ist allerdings nicht dasselbe wie Unterdrückung, und um den Un-

---

* Manches Dichterwort kommt dieser logotherapeutischen Erkenntnis nahe wie z.B. das Wort von Anselm Feuerbach: „Der Humor trägt über Abgründe hinweg.“

terschied zu erklären, möchte ich noch einmal auf die geometrischen Analogien aus der Dimensionalontologie zurückgreifen. Das 1. dimensionalontologische Gesetz besagt ja, daß der Mensch, aus seiner Dimension heraus und in eine niedrigere Dimension hineinprojiziert, widersprüchliche und unvollständige Abbildungen liefert, so wie ein geometrischer Zylinder, in die Ebene projiziert, zu einem Kreis oder einem Rechteck schrumpft. Nun folgt aus diesem Gesetz auch die Tatsache, daß die Kreis- oder Rechteck-Abbildung des Zylinders nicht mehr erkennen läßt, ob es ursprünglich ein nach oben offener oder geschlossener Zylinder gewesen ist; diese Information geht bei der Projektion verloren. Auf die gleiche Weise, sagt Frankl, geht Information über das Wesen des Menschen verloren, wenn wir das Menschenbild in die dimensional niedrigere Ebene der Psychologie projizieren, in der die spezifisch menschliche, die geistige Dimension ausgeklammert ist. Und eine der wichtigsten Informationen, die dabei verloren geht, ist die *Öffnung des Menschen zur Welt.*

Der Mensch ist nämlich kein in sich geschlossenes Regelkreissystem, kein Automat, der darauf programmiert ist, sein eigenes Wohlbefinden in der Balance zu halten, und deswegen seine Umwelt bloß nach dem Grad ihrer Brauchbarkeit und Dienlichkeit zur eigenen Bedürfnisbefriedigung registriert und selektiert. Im Gegenteil, schon Karl Jaspers sagte: „Wird die Selbstreflexion als psychologische Betrachtung zur Lebensatmosphäre, so fällt der Mensch in eine Bodenlosigkeit." Und er fährt fort: „Der Mensch muß sich um die Sachen kümmern, nicht um sich selbst, um Gott, nicht um die Gläubigkeit, um das Sein, nicht um das Denken, um das Geliebte, nicht um das Lieben, um die Leistung, nicht um das Erleben, um die Verwirklichung, nicht um Möglichkeiten – oder vielmehr um das je zweite immer nur als Übergang, nicht seiner selbst wegen."*

Die Öffnung des Menschen zur Welt, die sich ausschließlich in der geistig/noetischen Dimension finden läßt, beinhaltet ein Interesse des Menschen an Gegebenheiten, unabhängig von sich selbst und seinen Bedürfnissen; Gegebenheiten, die

* Wesen und Kritik der Psychotherapie, München, 1958.

ihm aus irgendeinem Grunde wichtig, wertvoll und sinnvoll erscheinen, und ihn deshalb nicht nur interessieren, sondern auch motivieren, sich mit ihnen zu befassen. In dem Maße aber, in dem es dem Menschen gelingt, sich intensiv mit etwas außerhalb seiner selbst Liegendem zu befassen, also diese Öffnung zur Welt zu vollziehen, in dem Maße treten seine seelischen Schwächen und Minderwertigkeiten in den Hintergrund und verlieren Symptome an Gewicht; im Interesse an der Umwelt verblaßt die Sorge um das eigene Versagen. Und das ist der Grund, warum damals, als sich der Zahnarzt geistig so sehr auf den Notfall, also auf die Herausforderung aus der Umwelt, hatte konzentrieren müssen, seine eigenen Symptome wie weggeblasen waren.

> *Erst die Selbstvergessenheit führt zur Sensitivität, und erst die Selbsthingabe zur Kreativität.*
>
> FRANKL

Der dereflektorische Rat an ihn mußte daher lauten: „Kümmern Sie sich nicht um Ihr Zittern, kümmern Sie sich nicht darum, was andere Leute von Ihnen denken könnten, denken Sie lieber nach, *worum Sie* sich gerne kümmern würden! Konzentrieren Sie sich auf Ihre Interessensschwerpunkte, basteln und werken Sie in der Freizeit, treiben Sie Sport, machen Sie Ausflüge mit den Kindern, Urlaubspläne, entwickeln Sie neue Initiativen, verwirklichen Sie alte Ideen, die vielleicht brach liegen oder lange aufgeschoben worden sind, öffnen Sie sich der Welt, die Ihnen und der Sie viel zu geben haben."

Dem Gelingen dieser Dereflexion stand allerdings ein Hindernis im Wege, und das war das Valium. Ein Mittel, das negative Gefühle dämpft, dämpft auch positive, es schläfert die Angst ein, aber es schläfert auch das Interesse am Leben ein; jenes Interesse, das als stärkster Trumpf gegen die Angst fungiert. Beruhigungsmittel dämpfen die Angst und zugleich die Waffen gegen die Angst, sie geben Schutz und machen wehrlos. Die Methode der Dereflexion konnte daher nur unter Valium-Abbau effizient werden, und deshalb empfahl ich dem

Zahnarzt dringend, das Autogene Training zu erlernen und das Valium sukzessive durch Entspannungsübungen zu ersetzen, die nahezu dieselbe beruhigende Wirkung haben, ohne die Wachheit von Interesse und Motivationskraft künstlich zu reduzieren. Damit gelang es uns, innerhalb verhältnismäßig kurzer Zeit neben dem spürbaren *Bremseffekt* der Paradoxen Intention – was den kranken Teil der Persönlichkeit betraf – einen spürbaren *Antriebseffekt* der Dereflexion – was den gesunden Teil der Persönlichkeit betraf – zu erzielen, oder anders ausgedrückt: während die Paradoxe Intention die Erwartungsangst dezimierte, intensivierte die Dereflexion die Lebensfreude. Wir sehen, beide logotherapeutischen Methoden operieren mit personalen Haltungen und geistigen Einstellungen, sie lassen den Patienten Stellung beziehen, zum Ich mit seinen Schwächen und Stärken genauso wie zur Sinnhaftigkeit der gegebenen Situation und zum Aufforderungscharakter der jeweiligen Umwelt, sie legen ihm die Zügel selbst in die Hand.

Nachdem ich nun erklärt habe, was Frankl unter schlechter bzw. rechter Passivität versteht, muß ich noch ergänzen, was er mit *schlechter* bzw. *rechter Aktivität* meint. Und zwar gibt es neben dem passiven Flucht- und Vermeidungsverhalten auch aktive Verhaltensmuster, die dem neurotischen Kreisprozeß Vorschub leisten, nämlich den „Kampf gegen den Zwang" und den „Kampf um die Lust". Beide sind im Gegensatz zum passiven Flucht- und Vermeidungsverhalten, der „Flucht vor der Angst", aktive Krafteinsätze, die aber etwas Extremes, Überzogenes, Verkrampftes an sich haben, die etwas erzwingen wollen, was gerade durch diese „Hyperintention", wie man in der Logotherapie sagt, nicht zustande kommt. So kämpft der Zwangsneurotiker einen verzweifelten und aussichtslosen Kampf gegen seine Zwänge, und da Druck Gegendruck erzeugt, gerät er in immer tiefere Abhängigkeit von ihnen; oder es kämpft der Sexualneurotiker einen ebenso verbissenen Kampf um seine Erektion oder um den Orgasmus und hat immer weniger Erfolg dabei, je mehr er die gewünschte Reaktion seinem Organismus abpressen will.

Dieser schlechten Aktivität stellt Frankl wiederum die rechte Aktivität gegenüber, die von solchen Hyperintentionen abläßt, indem sie die geistige Konzentration eines Menschen von sich selbst ablenkt und auf etwas Positives und Wertvolles hinlenkt, das zunächst einmal wichtiger ist, als jedwede Zwänge und Lustgefühle. Wenn die rechte Passivität im Ironisieren und Ignorieren der Symptome neue Freiräume schafft, so vermag die rechte Aktivität mit ihren Impulsen, „am Symptom vorbei zu agieren" und „auf etwas hin zu existieren", diese Freiräume sinnvoll zu füllen und dadurch zu verhindern, daß sie erneut von Symptomen besetzt werden.

> *Das existentielle Vakuum, in das allein der neurotische Zirkel hineinzuwuchern vermag, ist an sich nicht pathogen, dennoch erweist sich die Auffüllung dieses Vakuums als antipathogen.*
>
> FRANKL

Kann zum Beispiel der Zwangsneurotiker seine Zwangsvorstellungen paradox intendierend inhaltlich herbeiwünschen, sich zugleich aber engagiert und mit der ihm eigenen Pedanterie in die Übernahme einer neuen Aufgabe hineinstürzen, oder kann der Sexualneurotiker auf Grund eines zeitbegrenzten paradoxen Koitusverbotes seine Erwartungsängste aufgeben, sich stattdessen aber mit seiner ganzen Liebe dem Partner oder der Partnerin in Zärtlichkeit hingeben, dann weicht der Albdruck des Erzwingenwollens dessen, was nicht zu erzwingen ist, und das Symptom reduziert sich von selbst. Freilich gehört eine enorme „Trotzmacht des Geistes" zu solch gesundem Widerstand gegen die Neurose, ein „trotzdem Handeln", als wäre die Neurose nicht existent, aber dieses „trotzdem" wird belohnt: im „an der Neurose vorbei Handeln" werden die Fesseln der Neurose abgestreift, der neurotische circulus vitiosus zwischen Erwartungsangst und Symptom kommt zum Stillstand und verlischt.

Vielleicht kann auch dazu ein kleines Beispiel aus meiner Praxis die Theorie ergänzen. Ein griechischer Gastarbeiter wurde mir von seinem Hausarzt geschickt, weil die häufigen Magengeschwüre, die bei ihm auftraten, im Zusammenhang

gungsmöglichkeiten für die Ängste zu *ent*decken, als Ursachen der Ängste *auf*zudecken. Nun, Monate nach meinen therapeutischen Gesprächen mit dem Griechen kam mir einmal jemand auf der Straße nachgelaufen und sprach wie wild auf mich ein. Ich erkannte ihn erst gar nicht, aber als er die Brieftasche herauszog und mir das selbstgezeichnete Bild vor die Augen hielt, wußte ich, wer er war. Seine Magengeschwüre seien völlig zurückgegangen, erklärte mir der Mann, und er habe es auch gar nicht mehr nötig, auf der Toilette seinen geheimen Talisman zu betrachten. Er sei jetzt so ruhig und gelassen geworden, daß die anderen Arbeiter begonnen hätten, ihn sogar zu respektieren; seit er sein Los akzeptiere als Preis für sein künftiges Haus, sei es „irgendwie überhaupt nicht mehr so schlimm". Ja, es komme ihm vor, als ob er sich manches wirklich nur eingebildet habe, denn es gäbe durchaus auch nette Kameraden auf der Baustelle, die weniger ordinär seien als die übrigen. Jedenfalls danke er mir sehr, und das Bild – nun diese Idee mit dem Bild sei die beste Medizin gewesen, die er je von einem Doktor bekommen habe.

Was sind also nach alledem die Indikationen, was sind die Grenzen der Logotherapie? Zur Frage der Indikationsstellung sagte ich bereits, daß es spezifische und unspezifische Anwendungsbereiche der Logotherapie gibt, nämlich spezifische dort, wo eine ausgesprochene Sinnleere, eine existentielle Frustration oder gar eine noogene Neurose vorliegt, also ein „Leiden am sinnlosen Leben"; und unspezifische dort, wo neurotische Zirkel in das existentielle Vakuum hineinwuchern, oder wo Schicksalsfaktoren ihrer seelischen Bewältigung harren, Gegebenheiten, die nicht zu ändern sind, es sei denn innerhalb der geistigen Einstellung eines Menschen zu ihnen.

Und die Grenzen der Logotherapie? Ich habe über diese Frage viel nachgedacht, denn spontan wollte mir scheinen, man könne die Logotherapie als ergänzende Hilfe in der Psychotherapie unbegrenzt einsetzen. Aber es gibt doch eine Grenze für sie, und das ist der Seinsbereich jenseits der Intaktheit der geistigen Dimension. Das heißt aber nicht, daß die Anwendung der Logotherapie an den Intellekt des Patienten gebunden ist, oder daß Logotherapie bei Geisteskrankheiten, etwa bei Psychosen, nicht in die Behandlung miteinfließen könnte. Es mag jedoch Zerstörungen des Zentralnervensystems geben, die eine Provokation geistiger Kräfte ausschließen, genauso wie es Entwicklungsstadien im menschlichen Leben gibt, in denen die geistige Dimension nur potentiell angelegt, aber zur Zeit nicht verfügbar ist, wie etwa beim Kleinkind oder mitunter auch beim senilen Menschen. Und schließlich gibt es vielleicht sogar Blockaden des Geistes, Blockaden durch immensen Schmerz oder unter einem Schockzustand, wenn Menschen blindlings und instinktgetrieben reagieren und keine Kontrolle mehr über sich besitzen; Perioden, in denen ihnen „Schuldunfähigkeit" zugesprochen werden kann, und in denen sie auch einer logotherapeutischen Argumentation verschlossen sind.

Im Großen und Ganzen aber glaube ich, daß die Grenzen der Logotherapie als alleinige oder ergänzende Psychotherapieform sehr weit gesteckt sind, und daß es kaum eine körperliche Krankheit oder eine seelische Not gibt, die nicht Linderung findet, wenn sie eingebettet werden kann in eine sinnerfüllte Existenz.

5. Kapitel

Ist die Paradoxe Intention logotherapiefremd?

Studenten oder Praktikanten fragen mitunter, was die psychotherapeutische Technik der Paradoxen Intention eigentlich mit dem Konzept der Logotherapie gemeinsam habe, denn, oberflächlich betrachtet, setzt die Anwendung dieser Methode keine tiefer fundierten „höhenpsychologischen" Kenntnisse voraus. Dennoch habe ich in den vielen Jahren, in denen ich mich nunmehr mit der Logotherapie beschäftige, nicht einen einzigen Augenblick daran gezweifelt, daß die Paradoxe Intention ein „echtes Kind" der Logotherapie ist, welches zwar gerne von anderen „psychotherapeutischen Familien" als deren Eigentum ausgeliehen wird, welches aber stets mit Leichtigkeit als „ursprünglich logotherapeutisch" identifiziert werden kann. Die Paradoxe Intention hat nämlich eindeutige Merkmale, „Geburtsmerkmale" sozusagen, die ihre Herkunft verraten und sogar bei ihrer Effektivität noch entscheidend mitspielen. Wie bereits angedeutet gibt es verhaltenstherapeutische Paradoxien, die ähnlich symptomreduzierende Effekte erzielen wie die Paradoxe Intention, die jedoch jene „Geburtsmerkmale" nicht besitzen und entsprechend auch von etwas anderer Wirkung sind, wie ich noch erläutern werde. Im folgenden möchte ich die Verbindungslinien der Paradoxen Intentions-Technik mit dem Menschenbild der Logotherapie dem ungeschulten Auge sichtbar machen, damit keine Zweifel oder Mißverständnisse zurückbleiben, wenn der „Siegeszug" der Paradoxen Intention rund um die psychotherapeutischen Praxen der Welt einmal beendet ist, und unsere Nachfolger und Schüler sich fragen, welche geistige Patenschaft an der Wiege dieser erfolgreichen Methodik einst gestanden ist.

Eines der „Geburtsmerkmale" der Paradoxen Intention ist

das Phänomen der *Verwandlung*. Die Logotherapie ist ja überhaupt eine große „Verwandlungskünstlerin“, indem es ihr immer wieder gelingt, eine sinnlose Situation in eine sinnvolle überzuführen, oder Gegebenheiten, die scheinbar jeder Bedeutung entbehren, mit Wertvorstellungen zu verknüpfen. Dabei „weiß“ die Logotherapie wie jeder Verwandlungskünstler sehr wohl um die wahren Zusammenhänge, und wenn sie Tricks verwendet, dann nur auf der Basis reeller Menschenkenntnis, anderenfalls würden diese gar nicht funktionieren.

Aber bei der Paradoxen Intention handelt es sich keineswegs um eine „Trick-Verwandlung“ etwa vordergründiger, leicht veränderbarer Verhaltensweisen, wie dies manchmal fälschlich geglaubt wird. Im Unterschied zu anderen psychotechnischen Verfahren geht es bei der Paradoxen Intention um eine Verwandlung der inneren Einstellung, und zwar nicht um eine vorübergehende, um des Effektes willen notwendig andere Art zu denken, sondern im wesentlichen um eine *bleibende* neue Einstellung zu sich und seinen Gefühlen.

Es ist die Gelassenheit, die mit der Paradoxen Intention in das Gemüt eines Menschen einzieht, die Rückkehr des verlorenen „Urvertrauens“, der grundlegenden Zuversicht, daß schon alles seine Richtigkeit haben werde, selbst dann, wenn wir Menschen es nicht immer verstehen. Fast könnte man sagen, daß durch sie so etwas wie eine „religiöse Demut“ vermittelt wird, nämlich die Klarsicht der eigenen Unzulänglichkeit, die aufgefangen wird in der Geborgenheit einer allumfassenden Güte. Wer sich, von der steten Zwangsvorstellung geplagt, er könne die Türe zu schließen vergessen haben, innerlich vorsagen kann: „Schön, wenn ich die Türe nicht zugesperrt habe, dann *soll* sie offenstehen, sperrangelweit offen, damit möglichst viele Diebe hineinmarschieren können!“, der *muß* einfach die Relativität allen Besitzes und aller materiellen Werte erspüren, der wird geradezu mit sanfter Gewalt daran erinnert, daß der Mensch ein Sandkorn im Getriebe der Welten und Zeiten ist, und daß seine vermeintlichen Schätze gegenüber der Unendlichkeit ohne den geringsten Belang sind. Oder wer sich, von Autoritätsängsten geplagt, schmunzelnd dem Gedanken hingeben kann, seinem Chef beim nächsten Zusammentreffen eine „riesige Wasserlache“ vorzuschwitzen bzw. eine „ganze Kanonade unsinniger Wörter“ vorzustottern, der hat zugleich irgendwie begriffen, daß es zwar eine höhere Autorität als die des Chefs geben mag, daß aber ein Vorgesetzter auch nur ein Mensch ist. Dem gläubigen Patienten mag dazu das Wort von Peter Horten in den Sinn kommen, daß der Mensch sowieso nie tiefer fallen kann, als in die Hand Gottes.

> *Der Logotherapie geht es nicht darum, das einzelne Symptom oder die Krankheit als solche zu behandeln, sondern was hier behandelt werden soll, ist das Ich des Neurotikers, was gewandelt werden soll, ist seine Einstellung zur Neurose.*
>
> FRANKL

Der angst- und zwangsneurotische Patient leidet vor allem an einer verzerrten Perspektive, die ihm Details aus der Nähe unheimlich groß und bedeutend erscheinen läßt, während ihm entferntere Zielpunkte in ihrer scheinbaren Unerreichbarkeit winzig klein und daher nicht beachtenswert dünken. Er verfällt fast derselben optischen Täuschung wie ein kleines Kind, das von einem hohen Turm herab eine Straße betrachtet und dabei die den Turm umkreisenden Dohlen für Riesenvögel, die Laster auf der Straße hingegen für Spielzeugautos hält. Das Waschen des morgens wird zur umständlichen Zeremonie, das Busfahren zum Arbeitsplatz wird zur schreckenerregenden Reise, die peinliche Ordnung am Schreibtisch kostet in ihrer Unumstößlichkeit eine Menge Zeit, und ein spitzes Wort der Kollegen bewirkt einen Tränenausbruch – dies ist die kleine Welt des Neurotikers; wo soll da Platz für die große sein, für jene Außenwelt, die sich uns als ständige Herausforderung des menschlichen Geistes präsentiert?

Aber die Paradoxe Intention rückt die Details wieder an ihren Platz: bei der Morgentoilette muß man sich bemühen, die „auf der Haut sitzenden Bakterien“ ja nicht naß zu machen, um sie nicht zu verärgern, im Bus wird es Zeit für einen kleinen Ohnmachtsanfall, um den versäumten Morgenschlaf nachzuholen, über den Schreibtisch soll endlich einmal der Orkan brausen, daß die Bleistifte nur so tanzen, und die Kollegen samt ihren Kommentaren soll der Teufel holen. Was ist denn die tiefgründige Aussage solcher „Humoresken"? Doch wohl die, daß man die kostbaren Minuten seines Lebens nicht mit Unwichtigkeiten vergeuden darf, *weil es Wichtigeres gibt,* dem der Pulsschlag unseres Seins gehören sollte, Wichtigeres, für das wir das Überströmen unserer Gefühle aufsparen sollten. Ohne einen Wandel der inneren Einstellung, ohne eine Verschiebung des Blickfeldes vom Kleinen zum Großen kann die Paradoxe Intention nicht vollzogen werden. Deswegen liegt der Hauptakzent dieser Methode auf dem Wort „Intention" und nicht auf der Technik der Paradoxie, die in vielerlei Variation von fast allen Psychotherapeuten verwendet wird.

Ein alter Eheberater verriet mir einmal, daß er so manches Pärchen dadurch eine Weile zusammengehalten habe, daß er den Leuten riet, sich zu trennen. „Der Mensch liebt den Widerspruch", pflegte er zu sagen, „das andere Ufer ist immer viel schöner als das eigene. Soll er hier bleiben, will er drüben sein, ist er drüben, will er wieder zurück. Deswegen muß man mit Paradoxien arbeiten." Der Kollege hatte nicht unrecht, und doch war seine angewandte Paradoxie in der Tat nur ein Trick. Ich habe auch einmal bei einem Gespräch mit einer Ehefrau, die stundenlang über ihren Mann klagte, eine paradoxe Haltung eingenommen und ihr zugestimmt, daß ihr Ehemann allem Anschein nach wirklich der „böseste, unfähigste, unliebenswerteste und schlechteste Mensch auf Gottes Erdboden" sein müsse, woraufhin sie sofort in ihren Klagen innehielt und plötzlich auch Gutes von ihm zu berichten wußte. Der feine Unterschied ist der, daß sie *wußte,* daß meine Worte nicht ernst gemeint waren, und daß sie durch meine Übertreibungen sanft gemahnt wurde, ihre innere Einstellung zum Partner zu korrigieren und dessen kleine Fehler nicht überzubewerten, während der bloße Ratschlag zur Trennung bei ihr vielleicht sogar ein zustimmendes Echo gefunden hätte. Ein Trick kann eben funktionieren oder auch nicht, aber eine Einstellungsänderung in Richtung „Relativierung von Kleinigkeiten" ist immer ein Gewinn.

Worin besteht also nun das Bindeglied zwischen Paradoxer Intention und Logotherapie? Nach den vorangegangenen Erläuterungen liegt es auf der Hand: die Logotherapie war bei weitem die erste und lange Zeit die einzige Psychotherapie, die sich mit geistigen Einstellungen befaßt hat, und zwar so intensiv, daß sie ihnen im großen Kapitel der „Einstellungswerte" einen unauslöschlichen Platz in der Geschichte der Psychologie sichergestellt hat. Und das therapeutische Jonglieren mit Einstellungen ist einer ihrer Hauptpfeiler im Renormalisierungsprogramm für seelisch Kranke überhaupt. Die Wandlung der inneren Einstellung vom Kleben am unwichtigen Detail, wie es den Angst- und Zwangsneurotiker charakterisiert, zum großzügigen Sich-über-die-Belanglosigkeiten-Hinwegsetzen, was erst die Pforten zu den wirklich bedeutenden und sinnvollen Angelegenheiten des Lebens öffnet, ist daher ein typisch logotherapeutisches Anliegen, das keinem anderen Menschenbild entsprungen sein könnte. Viktor E. Frankl nannte einmal, als er mich in München besuchte, die Paradoxe Intention eine „Restaurierung der gesunden und natürlichen Wertehierarchie des Menschen", und ich ahnte damals zutiefst, daß der „Vater" soeben den besten Namen für sein „Kind" gefunden hatte.

Ein weiteres „Geburtsmerkmal" der Paradoxen Intention ist die *Zwiesprache mit sich selbst.* Seit den frühesten Anfängen der Psychotherapie ist der Ruf „Erkenne dich selbst!" durch die Lande gehallt, und jedermann glaubte, alle Probleme gelöst zu haben, wenn er nur über sich selbst genau Bescheid wisse. Mittlerweile ist der Ruf etwas leiser geworden, denn mit der Selbsterkenntnis ist es nicht so einfach, wie es klingt, und je mehr Widersprüchliches bei den seelischen Tiefgangbohrungen zu Tage gefördert wurde, desto mehr schwand auch der ursprüngliche Enthusiasmus.

Im Schatten dieser Selbsterkenntniswelle hat die Logotherapie, zunächst recht unbemerkt, einen besseren Zugang zum Ich gefunden: anstatt auf die *Erkenntnis von sich selbst* richtete sie ihr Augenmerk auf den *Umgang mit sich selbst.* Das ist allein schon deswegen ein besserer Zugang, weil es ein aktiver ist, einer, dessen Endergebnis weit mehr in unsere Hand gegeben ist, als die Produkte aus Deutung und Phantasie, denen wir uns ausliefern, wenn wir nach tiefenpsychologischer Manier im Un- und Vorbewußten nach „dunklen Mächten“ in uns fahnden. Solange jedoch die Selbstdistanzierungsfähigkeit des Menschen nicht entdeckt und für die therapeutische Arbeit am Patienten verwertbar gemacht war – und dies ist nun einmal der „Höhenpsychologie“ vorbehalten gewesen –, solange konnte ja auch niemand auf die Idee kommen, ausgerechnet das eigene Ich zur Erziehung von sich selbst heranzuziehen.

Der „Umgang mit sich selbst“ hat inzwischen eine weltweite Begeisterungswelle ausgelöst, und eine Reihe von Büchern sind mit allen guten Ratschlägen dazu vollgestopft worden, freilich meist, ohne auf den dazugehörigen „Schöpfungsakt“ der Logotherapie näher einzugehen. Eine der schönsten Varianten stammt allerdings vom Begründer der Logotherapie persönlich: die Zwiesprache mit sich selbst, wie sie unter anderem in der Paradoxen Intention manifest wird. „Guten Morgen, Griesgram“, sagt eine Patientin in Gedanken zu sich selbst, wenn sie in der Früh depressiv und schlecht gelaunt aufwacht, „versuche nur nach Kräften, mir den Tag zu vermiesen! Wir werden ja sehen, ob es dir gelingt! Aber strenge dich ein bißchen an, denn mit einem schwachen Gegner ist der Kampf zu langweilig.“ „Endlich habe ich einen Grund, mich zu ärgern“, sagt sich ein anderer Patient, dem eine Kaffeetasse aus der Hand gerutscht ist, „so oft in meinem Leben habe ich mich grundlos geärgert, jetzt kann ich das Ärgern wenigstens einmal richtig genießen, weil es berechtigt ist!“ Solche kurzen Zwiegespräche mit sich selbst verunmöglichen auf der Stelle die negative Stimmung, die darin paradox intendiert wird.

Ich habe sogar Patienten erlebt, die nur durch eine innere Zwiesprache mit ihrer eigenen Angst angstfrei wurden. Es ist zwar ein Ausnahmefall, die „Furcht per se“ paradox zu intendieren (z. B.: „Wo habe ich bloß die Angst gelassen, es wäre ja schrecklich, wenn ich sie verloren hätte und nicht mehr wiederfände, denn ich habe mich in all den Jahren so sehr an sie gewöhnt ...“) und nicht das „Gefürchtete“, doch gibt es so diffuse, unspezifische Angstformen, daß ihr Inhalt gar nicht zu konkretisieren ist, und mithin das „Gefürchtete“ im Nebel vager Bedrohungsvisionen verborgen bleibt. Dazu kommt, daß die Nachkriegsgenerationen, denen nahende Atom- und Umweltkatastrophen sozusagen täglich „aufs Butterbrot geschmiert werden", sehr viel stärker zu dieser abstrakten Lebensangst neigen, als Neurotiker früherer Epochen, die sich eher fürchteten, im unpassenden Augenblick zu erröten oder sexuell zu versagen. Von der therapeutischen Vorgangsweise her gesehen ist es natürlich leichter, den Patienten dazu anzuhalten, sich zu wünschen, „so rot wie eine Tomate zu werden", als sich vergiftete Ozeane zu ersehnen. Auf jeden Fall genügt es nicht, dem Ängstlichen zu sagen, er solle sich nur ordentlich fürchten; die abstrakte Angst ist nahezu unintendierbar. Umso wichtiger aber ist für ihn die paradox intendierende Zwiesprache mit sich selbst, in der die abstrakte, diffuse Angst so sehr objektiviert werden kann, daß sie zu einem konkreten Gegner wird, zu einem *Inhalt* der Angst, den man kennt, und dem man sich mutig stellt.

> *Im Rahmen der Paradoxen Intention wird nicht die Angst selbst „paradox intendiert", sondern der jeweilige Inhalt und Gegenstand der Angst. Geht doch die Anweisung zur Paradoxen Intention lege artis dahin, daß sich der Patient wünschen bzw. vornehmen soll, was er bis dahin so sehr gefürchtet hat. Mit einem Wort, nicht die Angst, sondern das Wovor der Angst wird „paradox intendiert".*
>
> FRANKL

Wenn das Wovor der Angst zur Angst wird, wie es das Schicksal der Menschen des ausklingenden 20. Jahrhunderts zu sein scheint, die zunehmend Angst vor der Angst haben, dann hilft bloß noch die innere Zwiesprache mit sich selbst, die da lauten könnte: „Und sollte dir morgen die Luft ausgehen vor lauter Smog, sollte übermorgen der dritte Weltkrieg ausbrechen und überübermorgen ein Planetoid aus dem Weltraum auf die Erde prallen und sie vernichten – nütze den heutigen Tag und laß ihn sinnvoll zu Ende gehen!" Es besteht kein

Zweifel daran, daß es ohne die Selbstdistanzierungsfähigkeit des Menschen keine vernünftige Grundlage für eine Zwiesprache mit sich selbst gäbe – *wer* sollte denn mit *wem* sprechen, wenn zwischen geistiger und psychischer Ebene ein und derselben Person keine Distanz wahrzunehmen wäre? –, was allein schon die Paradoxe Intention, die mindestens zu 90% aus heilendem Selbstgespräch besteht, als echtes Kind der Logotherapie legitimiert. Auch die Tatsache, daß de facto unkontrollierbar viele „illegitime Kinder" ebenso vom Gedankengut der Logotherapie gezeugt wurden, die sich zwar nicht zu ihrer Herkunft bekennen, aber plötzlich „ähnliche Praktiken" aufzuweisen haben, ändert nichts daran.

Es gibt noch ein drittes logotherapeutisches Zugehörigkeitskennzeichen der Paradoxen Intention. Eines, das bisher niemand gewagt hat zu kopieren, sei es, daß man es nicht ernst genug nimmt, sei es auch, daß man seine Bedeutung nicht ausreichend erkannt hat. Es ist der *Humor,* das schlichte „Auslachen des Symptoms", das einem seelischen Vulkanausbruch gleichkommt. Selten, ausgesprochen selten hat ein Patient die ausreichende Portion Humor, um bei aller Tragik auf Anhieb das Komische an den paradoxen Formeln zu ermessen. Kommt ihm jedoch die Erleuchtung, dann beginnt er zu lachen und hört so schnell nicht damit auf, denn er lacht nicht nur über den formelhaften Unsinn, den er sich vorsagen soll, sondern vor allem darüber, daß er sich einen schmerzhaft langen Zeitraum mit seinen Ängsten und Zwängen herumgeplagt hat, vergebens dagegen ankämpfend, vergebens davor fliehend, und dann mit einem so einfachen Trick (der in Wahrheit weder „einfach" noch ein „Trick" ist) dem neurotischen Teufelskreis entkommt. Er lacht über sich, über seine Ängste und Zwänge, über die paradoxen Wünsche, er lacht sich gesund.

„Ich kann nicht mit der Eisenbahn fahren", erklärte mir eine ziemlich korpulente Frau, „ich muß immer daran denken, daß ich versehentlich die Waggontüre öffnen und hinausfallen könnte." „Warum *wollen Sie auch nicht* ein wenig frische Luft schnappen beim Zugfahren?" fragte ich sie daraufhin paradox intendierend, „Es gibt keine bessere Abmagerungskur als Saltos entlang dem Bahndamm! Sie machen gewiß zu wenig Bewegung; im Zug haben Sie eine einmalige Gelegenheit dazu, indem Sie immer dann, wenn Sie hinausgefallen sind, rasch wieder hineinspringen, da würden die überflüssigen Pfunde nur so purzeln!" Die Frau lachte, und als sie wieder zum Gespräch kam, lachte sie auch. „Ich bin Eisenbahn gefahren", pustete sie, „und immer wenn ich zur Waggontüre hinschaute, mußte ich an Ihr Abmagerungsrezept denken, da verflog die Angst ganz von selbst! So ein Unsinn ..." Weiter kam sie nicht, weil sie wieder lachen mußte. Seither hat sie nie mehr Schwierigkeiten gehabt, im Zug zu reisen.

Ein anderes Mal sagte ein arbeitsloser Klient, der bereits mehrere psychotische Schübe hinter sich hatte, aber medikamentös stabilisiert worden war, zu mir: „Lohnt es sich für mich überhaupt, eine Arbeit aufzunehmen ... was ist, wenn die Psychose wiederkommt?" Woraufhin ich antwortete: „Ach wissen Sie, auf die Psychose würde ich mich nicht verlassen, am Ende läßt sie Sie schmählich im Stich und kommt nicht mehr?" Und noch als er seine neue Halbtagsarbeit aufnahm, lachte der Mann über die „Psychose, die ihn im Stich lassen könnte" – was sie glücklicherweise bis heute getan hat.

Der Humor – in welchem Menschenbild hat er seinen gebührenden Platz, aus welchen vorhandenen Humantheorien ist er philosophisch ableitbar? Ich wüßte keine außer der einen, in deren Axiomatik eine *spezifisch menschliche Dimension* existiert, die nicht nach Lust und Unlust, sondern nach Sinn (und Unsinn!) orientiert ist: das Menschenbild der Logotherapie. Sinn und Unsinn aber sind zugleich die Befestigungspunkte, zwischen denen das Seil des Humors schwingt; wer lacht, lacht über das Körnchen Sinn im Unsinn. Die geschilderte Patientin zum Beispiel hätte nicht über das Seil des Humors balancieren können, hätte sie nicht den tieferen Sinn in meinen „unsinnigen" Worten erkannt, nämlich den latenten Hinweis, daß sie nicht aus dem Zug fällt, wenn sie nicht hinausfallen *will*. Ebensowenig hätte der geschilderte Klient über die „untreue Psychose" lachen können, wenn er nicht verstanden hätte, daß es darum geht, die gesunde Zeit des Lebens zu nützen. Auch wer über einen gewöhnlichen Witz lacht, lacht nicht über ein absolut sinnloses Wortgefüge, sondern stets über einen in den Worten versteckten „Sinn im Unsinn", was schon der Ausspruch zeigt, daß man eine Pointe „versteht" oder „nicht versteht".

Wenn die Paradoxe Intention humorvoll ist, und das *muß* sie sein, um überhaupt wirksam zu werden und um ja nicht in die Nähe einer gefährlichen Autosuggestion zu geraten (man bedenke die Folgen, wenn die erwähnte Patientin statt paradox zu intendieren sich selbst suggerieren würde, sie wolle sich aus dem fahrenden Zug fallen lassen!), dann bewegt sie sich in der *Sinn-Dimension* des menschlichen Geistes, und nirgends ist sie dem Ursprung der Logotherapie näher als dort. Der Humor ist nicht nur ein „Geburtsmerkmal" dieser Methode, er ist ihr Stigma, das Zeichen ihres Schöpfers. Wer seine Symptome auslachen kann, ist gerettet; aus Krankheit und Not hinweggetragen auf den Flügeln des Geistes, der in seiner Integrität unberührbar ist von den Qualen und Irrwegen der Seele, auch wenn wir Menschen nur begrenzt seiner teilhaftig sein können.

POSTSKRIPTUM

Da in diesem Kapitel auf die Bedeutung des Humors in der Psychotherapie hingewiesen worden ist, soll es auch ausklingen mit ein bißchen Humor – allerdings nicht mit einem „Auslachen des Symptoms" durch den Patienten, sondern mit einem Lächeln des Therapeuten über sich selbst.

I. Zwiegespräch mit einem Psychoanalytiker

Er: Unlängst war eine Familie bei mir, eine richtig harmonische Familie. Der Mann war freundlich zu seiner Frau, die Kinder waren brav zu ihren Eltern, die Mutter zeigte sich großzügig und verständnisvoll. Alles natürlich nur Oberfläche, darunter muß es brodeln und gären!

Ich: Vielleicht schätzen diese Leute Harmonie …?

Er: Ich nehme an, der Mann hat eine heimliche Freundin, die Frau ist vermutlich zu Hause die reinste Xanthippe, und die Kinder –

Ich: Welche unterschwelligen Symptome sprechen Sie den Kindern zu?

Er: Der Sohn liest wahrscheinlich Pornohefte unter der Bettdecke, und das Mädchen könnte eine versteckte Freude daran haben, den Hund zu quälen, sozusagen als Ersatzobjekt für ödipale Entladungen.

Ich: Haben Sie irgendwelche Beobachtungen gemacht, die Ihre Annahmen unterstützen?

Er: Nun ich sagte ja schon: Freundlichkeit, Höflichkeit, Harmonie. Zuviel Anpassung bei den Familienmitgliedern, das kann nicht echt sein. Sie alle müssen immense Aggressionen aufgestaut haben, müssen vollgestopft mit Wut sein, die ungezügelt durchbrechen wird, wenn sie nur ein Ventil findet. Zum Beispiel sagte der Mann zu seiner Frau: „Willst du nicht Platz nehmen, meine Liebe?“ Für mich ist dies ein Beweis, daß er in seinem Unterbewußtsein wünschte, sie kleiner und niedriger gestellt zu sehen, als er selbst ist. Kein Zweifel, er wollte auf sie hinabblicken, weil er wohl insgeheim ihre dominante Stärke fürchtet.

Ich: Vielleicht dachte er auch daran, daß sie müde sein könnte?

Er: Reiner Altruismus, was? Altruismus ist eine Illusion. Der Mensch ist egoistisch und triebhaft von Grund auf, und wenn er „die Masche“ der Nächstenliebe anwendet, hat er stets die eigene Befriedigung im Sinn. Jedenfalls nahm die Frau nicht Platz, sie meinte, es lohne sich nicht für ein kurzes Gespräch. Sie widersprach also ihrem Mann, woraus ich schließe, daß sie ihn tatsächlich gerne unterjochen und unterdrücken möchte, wo sie nur kann.

Ich: War das Gespräch denn lang, so daß sich das Hinsetzen wirklich gelohnt hätte?

Er: Oh nein, es dauerte nur wenige Minuten, es war ja ein Mißverständnis – ha, ein Mißverständnis, daß ich nicht lache! Diese Leute müssen große innere Konflikte haben, wenn sie unbewußt Hilfe beim Fachmann suchen!

Ich: Welche Hilfe suchten sie denn bei Ihnen, wenn alles so harmonisch war?

Er: Ach, gar keine. Sie behaupteten schließlich, sie hätten sich in der Tür geirrt, sie wollten nebenan ins Reisebüro ...

II. Zwiegespräch mit einer Kollegin

Sie: Ich möchte Ihnen von einem interessanten Fall erzählen.

Ich: Ja bitte, worum handelt es sich?

Sie: Um eine reiche Frau. Sie besitzt mehrere Fabriken, aber sie hat absolut keine Lust, irgendetwas zu tun. Sie sitzt den ganzen Tag herum und ist unglücklich.

Ich: Nun, die Fabriken funktionieren vermutlich auch ohne sie?

Sie: Das schon, und ich dachte auch zuerst, daß der Überfluß sie kaputt macht, aber da ist noch etwas. Ich bin gedanklich mit ihr die letzten Jahre durchgegangen und habe dabei entdeckt, daß sie ein intimes Verhältnis mit einem verheirateten Mann hatte, welches ihrer eigenen religiösen Überzeugung zuwider lief. Sie wollte damals auf die Liebe dieses Mannes nicht verzichten und hat ihn praktisch seiner Frau und seinen fünf Kindern entfremdet. Das tut ihr heute noch leid.

Ich: Sie hat also Schuldgefühle, und zwar – soviel ich sehe – ziemlich angemessene?

Sie: Ja, das könnte man sagen. Deshalb habe ich eine Theorie entwikkelt, wie es zum gegenwärtigen Symptombild kam. Und zwar glaube ich, daß die Frau sich unbewußt selbst strafen will für das vergangene illegale Verhältnis mit dem Mann, indem sie sich völlig passiv verhält und somit freiwillig auf jede Lebensfreude verzichtet.

Ich: Das ist eine Theorie. Aber angenommen, sie sei wahr, was folgt daraus?

Sie: Nun, da bin ich unsicher. Tiefenpsychologisch betrachtet müßte sich das Problem nach dem Aufdecken der Zusammenhänge von selbst lösen.

Ich: Ja und?

Sie: Ich habe meine Theorie der Dame vorgetragen, und sie hat auch zugestimmt, daß eine solche unbewußte Selbstbestrafung im Spiel sein könnte, aber das hat nichts an ihrem Zustand geändert.

Ich: Und was machen Sie jetzt?

Sie: Jetzt frage ich Sie als Logotherapeutin, was Sie tun würden?

Ich: Das kann ich Ihnen sagen. Ich gehe dabei allerdings von einem anderen Menschenbild aus, nicht vom tiefenpsychologischen. Meiner Ansicht nach ist es mit dem Aufdecken irgendwelcher – nicht einmal gesicherter – Ursachen seelischer Störungen nicht getan. Nach dem „Tiefenflug" muß der „Höhenflug" kommen, nach dem Gang in die Vergangenheit muß der Schritt in die Zukunft gewagt werden!

Sie: Aber die Macht des Unbewußten ist stärker als wir glauben.

Ich: Mag sein, doch die Macht der geistigen Kräfte im Menschen ist noch viel stärker, als wir nur im entferntesten ahnen! Wenn diese Frau wirklich Schuldgefühle haben sollte, was hindert sie daran, eine ihrer Fabriken zu verkaufen und mit dem Erlös fünf kinderreiche Familien aus dem Elend zu holen, indem sie ihnen menschenwürdige Behausungen und den Kindern eine gute Schulbildung ermöglicht? In diesem Moment würde aus ihren Schuldgefühlen etwas Konstruktives entspringen, etwas Positives, nicht nur lähmende Passivität, die andere Leute gleichsam „mitbestraft", weil ihnen mit dem zur Verfügung stehenden Überfluß gar nicht geholfen wird. Schuld braucht Wiedergutmachung, damit sie von einem Versagenserlebnis in eine menschliche Leistung verwandelt werden kann, und hierin müßte auch der therapeutische Ansatz liegen.

Ein halbes Jahr später

Ich: Na, wie geht es der reichen Fabrikbesitzerin? Sitzt sie immer noch den ganzen Tag untätig herum?

Sie: Nein, jetzt nicht mehr.

Ich: Ist es denn wahrhaftig gelungen, ihre Schuldgefühle in positive Impulse umzuwandeln?

Sie: Nein, das nicht. Sie ist jetzt auch ohne therapeutische Hilfe wieder lebenslustig und froh, denn sie hat einen neuen Freund. Zur Zeit unternimmt sie mit ihm sogar eine Weltreise. Leider jedoch ist auch dieser Freund verheiratet und hat eine eigene Familie ...

Ich: Und die Schuldgefühle –?

Sie: – waren eben Theorie.

III. Zwiegespräch mit meinem Gewissen

Es: Hast du heute dem Ratsuchenden vom Vormittag gegenüber genügend Geduld aufgebracht?

Ich: Geduld! Geärgert habe ich mich über den Mann! Er hat geklagt und geklagt und geklagt, über Gott und die Welt, und bei allem, was ich einwandte, hieß es: „Ja, aber ..."

Es: Hast du bei deinen Einwänden die richtigen Worte gefunden?

Ich: Mein Gott, ich bin auch nur ein Mensch, ich habe mich eben geärgert. Das darf ich doch ab und zu, oder?

Es: Mußtest du deinem Ärger nachgeben?

Ich: Sollte ich ihn verschlucken, unterdrücken, „verdrängen"? Der Mann sollte ruhig spüren, daß ich ärgerlich war!

Es: Hat er daraus einen Nutzen gezogen?

Ich: Ich glaube nicht. Aber ich dachte daran, daß es Männer in seinem Alter gibt, die schwerkrank darniederliegen oder mit großen Mühen belastet sind, und die selig wären, mit ihm tauschen zu können. Und er, der gesund und wohlhabend ist und das Leben genießen könnte, er weiß nichts anderes als sich zu beschweren!

Es: Hast du versucht, ihm trotzdem zu helfen?

Ich: Na ja, ich habe ihm gesagt, daß er nur so weitermachen solle, nämlich alles und jeden zu verdammen, denn je schwärzer er die Welt male, desto schwärzer sei sie schließlich auch für ihn.

Es: Waren das therapeutische Worte, oder wolltest du bloß deinen Ärger abreagieren?

Ich: Das waren durchaus therapeutische Worte, hast du denn noch nie etwas von Paradoxer Intention gehört? Aber natürlich mußte ich auch meinen Ärger loswerden.

Es: Mußtest du?

Ich: Nun, in Wirklichkeit mußte ich keineswegs, und es kann sein, daß meine Worte etwas zynisch waren, ja, daß sie praktisch ein Spiegelbild darstellten zu seinem Nihilismus und Zynismus. Du hast schon recht, Aggressionen kann man beherrschen, sie brauchen ins Beratungsgespräch nicht miteinzufließen. Aber bedenke, der Mann hat alle meine positiven Ansätze im Keim erstickt, da konnte ich einfach nicht anders!

Es: Du konntest also nicht anders. Und der Ratsuchende? Konnte er auch nicht anders?

Ich: Ach verflixt, selbstverständlich konnte er anders, und genauso konnte auch ich anders! All das, was ich vorgebracht habe, sind nur Ausreden, psychologische Ausreden, aber nicht einmal mir als Psychologin gestattest du welche!

Nun gut, so höre: Ich hatte nicht genug Geduld, ich hätte meinen Ärger in der Tat zurückstellen können, ohne ihn deswegen gleich zu „verdrängen“, ich brauchte mich nicht entmutigen zu lassen und hätte ruhig und freundlich sprechen sollen. Wahrscheinlich wäre dies auch für den Mann besser gewesen als ein paradox gemeinter Zynismus, der ihn letzten Endes doch wieder in seiner negativen Lebenseinstellung bestärken mußte. Im Grunde weiß ich sehr wohl: Jeder kann anders, wenn er nur will, und ich kann es auch.

Ich: He, bist du endlich zufrieden mit meinem Selbstbekenntnis?

Ich: Hallo, hallo!

Ich: Das sieht dir ähnlich, jetzt zu schweigen und dich nur dann bemerkbar zu machen, wenn es etwas zu bekritteln gibt! Aber – schön, ich will dir ja zugestehen, daß dies deine Aufgabe ist.

6. Kapitel

Der Konflikt, eine Frage von Wahlmöglichkeit und Werthierarchie

Im 2. Kapitel sprachen wir von den drei Wertkategorien in der Logotherapie, im 4. Kapitel erwähnte ich im Zusammenhang mit der dereflektorischen Behandlung eines Griechen den Satz: „Ein hoher Preis lohnt sich für einen hohen Wert", und im 5. Kapitel kam die Franklsche Definition der Paradoxen Intention als eine „Restaurierung der gesunden und natürlichen Werthierarchie" zur Sprache. Das alles sind Hinweise darauf, daß dem persönlichen Wertsystem eines Menschen innerhalb der „Höhenpsychologie" viel Beachtung geschenkt wird. Und in der Tat ist das Überprüfen der geistigen Verankerung eines Patienten in einem ausreichenden Wertsystem für den Logotherapeuten eine ähnlich selbstverständliche Handlung wie der Griff zum Puls eines Kranken für den praktischen Arzt; jeder von beiden will die Bedrohlichkeit der akuten Krisis rasch überblicken, ehe er sich der Feindiagnostik widmet.

Das Erhellen der ungefähren Wertanordnung eines ratsuchenden Menschen hat aber auch noch eine andere Funktion als die der Krisenabschätzung: es dient vor allem der besseren Entscheidungshilfe durch den Therapeuten bei konfliktbelasteten Wahlsituationen des Patienten. Wenn der Therapeut weiß, welche Werte von entscheidender Bedeutung für den Ratsuchenden sind, dann weiß er auch, bei welchen Lebensfragen er Selbstbeherrschung, Selbstüberwindung, ja sogar Verzichte von seinem Patienten fordern darf, ohne daß dieser jemals daran verzweifeln wird, und wann andererseits dessen persönliche Eigeninteressen Vorrang haben, weil ihre Unterdrückung sinnlos und damit auf Dauer unerträglich wäre.

Hier kommen wir allerdings auf ein Thema zu sprechen, das entweder sehr alt oder sehr neu klingt, jedenfalls heute „kein

Thema ist". Elisabeth Noelle-Neumann schrieb im Mai 1982 in der Frankfurter Allgemeinen Zeitung einen hervorragenden Artikel über die Schweizer Thesen und Antithesen zu den Jugendunruhen der letzten Jahre mit der Überschrift: „Selbstbeherrschung – kein Thema". Sie führte darin aus, daß alle Überlegungen zur Überwindung der Jugendunruhen im Grunde die Erwachsenen ansprächen, wenn auch mit verschiedenen Empfehlungen; für weniger Druck von seiten der Erwachsenen gegenüber der Jugend plädierten die einen, für mehr Druck die anderen. Aber, fragte sie weiter, sollte es gar keinen Ansatzpunkt geben, der nicht nur den Erwachsenen, sondern auch den jungen Leuten sagt, was sie tun könnten, *selbst* tun könnten, um eine als mißmutig empfundene Lage zu verbessern? Ihrer Ansicht nach ist es ein grobes Versehen, daß das Stichwort „Selbstbeherrschung" im ganzen langen Ursachenkatalog zur Krise der heutigen Jugend nicht vorkommt, denn Selbstbeherrschung ist eng verbunden mit dem Durchhaltevermögen auf Durststrecken zu einem höheren, schwer zu erringenden Ziel, und die Erreichung eines solchen Zieles ist wiederum eng verbunden mit Selbstbewußtsein und Lebensfreude. Sie schrieb wörtlich:

> Man kann die gegenwärtigen Klärungsversuche beispielsweise der Zürcher Thesen als einen massiven Angriff auf das Selbstbewußtsein junger Menschen sehen. An allem ist die Umwelt schuld: die Lieblosigkeit, die Kälte der Gesellschaft, die Verständnislosigkeit für die Verzweiflung junger Menschen. Das Bildungs- und Ausbildungswesen vermittelt nicht die Fähigkeit, Probleme zu strukturieren. Das Korsett der Sachzwänge ist unerträglich, die Verweigerung von Freiraum, kein Verständnis für die Sehnsucht junger Menschen nach einer Welt ohne Druck, Sehnsucht, eine eigene Identität aufzubauen, bis hin zur Anklage, die Umwelt verweigere den jungen Menschen die Anerkennung.
>
> Die Fixierung auf die Umwelt kann sich aus der Sozialgeschichte des letzten Jahrhunderts erklären. Soziale Umwälzungen verlangen den Angriff auf bestehende Verhältnisse. Aber die Beibehaltung des Musters jetzt im letzten Viertel des 20. Jahrhunderts drängt die junge Generation in die Rolle, sich als Opfer zu sehen.

Nun, der Psychotherapeut hat es zwar nicht immer mit Jugendlichen zu tun, aber seine Klienten scheinen oftmals auf der Reifestufe jener jungen Menschen, die im obigen Artikel gemeint sind, stehengeblieben zu sein, nämlich bar jeder Selbstbeherrschung, bar jeden Selbstbewußtseins und bar jeder Lebensfreude. Viele kommen zum Therapeuten, um sich bestätigen zu lassen, daß sie hilflose Opfer ihrer Anlagen, ihrer Kindheit und ihrer Umwelt sind, selbst unfähig, etwas daran zu ändern; und Begriffe wie „Selbstbeherrschung" oder „Selbstüberwindung" sind eben kein Thema.

Diesbezüglich hat die Logotherapie jedoch mit dem langgehegten Tabu gebrochen, denn der Mensch, den sie sieht, ist *Mitgestalter* und nicht Opfer seiner Verhältnisse, und der Maßstab, den sie anlegt, ist *das Maß, das sich am Sinn der Sache mißt,* auch wenn das Selbst dabei vorübergehend in den Hintergrund tritt.

> *In einem Zeitalter, in dem die 10 Gebote für so viele ihre Geltung zu verlieren scheinen, muß der Mensch instandgesetzt werden, die 10 000 Gebote zu vernehmen, die in den 10 000 Situationen verschlüsselt sind, mit denen ihn sein Leben konfrontiert.* FRANKL

Deswegen gehört „Selbstbeherrschung" oder „Selbstüberwindung" durchaus zu ihrem Themenkatalog, wenn auch nicht als grundsätzliche Askese, sondern stets abgestimmt auf die Sinnhaftigkeit einer momentanen Situation, und diese wiederum hängt ab von den *Wahlmöglichkeiten,* die jemand hat, und von der *Werthierarchie,* die jemand besitzt. Ein konkretes Beispiel soll den Zusammenhang verdeutlichen.

Nehmen wir an, ein Mann hat an seinem Arbeitsplatz einen ungerechten Vorgesetzten über sich, der ihn recht demütigend behandelt. Der Mann leidet darunter und sucht seinen Berater auf, um ihn zu fragen, ob er dem Chef einmal gehörig seine Meinung sagen soll, um seine Selbstachtung nicht zu verlieren, oder ob er lieber den Mund halten soll, um seinen Arbeitsplatz nicht zu gefährden. Es gibt Psychologen, die auf jeden Fall für den Protest gegenüber dem Vorgesetzten eintreten würden, weil sie darin eine „Ichstärkung" des Klienten zu erkennen glaubten, aber nicht immer ist Protestieren die beste Lösung. Zu viele Ehen habe ich schon zerbrechen gesehen, bloß weil einer der Partner (meistens die Ehefrau) eine Psychotherapie mitgemacht hat, im Zuge derer sein Ich so „gestärkt“ wurde, daß er sich von den anderen Familienmitgliedern nicht mehr „bevormunden“ und nicht mehr „unterdrücken“ lassen wollte, sondern eigene Wege ging, Wege, die schnurstracks zur Scheidung und in die Isolation führten! Auch gibt es Psychologen, die sich einer Beantwortung der Konfliktsituation mit dem unangenehmen Chef überhaupt nicht stellen würden, sondern diesen Konflikt auf frühere unbewältigte Konflikte in der Lebensvergangenheit des Ratsuchenden zurückführen würden und zunächst darangingen, diese alten Konflikte „aufzuarbeiten“, während der Klient weiterhin am Arbeitsplatz leidet. Auch das dürfte keine ideale Hilfe sein, denn niemals kann mit der Vergangenheit vollkommen „aufgeräumt“ werden, und schon gar nicht, wenn in der Gegenwart ununterbrochen neue seelische Verletzungen geschehen.

In der Logotherapie wird ein solcher Konflikt folgendermaßen aufgeschlüsselt und gelöst:

1. Schritt: Alle konkreten Wahlmöglichkeiten werden gemeinsam miteinander überlegt.
2. Schritt: Zu jeder Wahlmöglichkeit werden die Vor- und Nachteile abgewogen.
3. Schritt: Danach fällt die Entscheidung nach dem Vorteil, der *dem höchsten persönlichen Wert* des Ratsuchenden zugehört.
4. Schritt: Der damit verbundene Nachteil wird bewußt als Preis für eben diesen hohen Wert in Kauf genommen.
5. Schritt: Daß ein hoher Wert seinen Preis hat, kann innerlich bejaht und akzeptiert werden, und damit auch die getroffene Entscheidung.

Spielen wir die einzelnen Schritte an unserem Beispiel gedanklich durch:

1. Schritt: *Alle konkreten Wahlmöglichkeiten werden gemeinsam miteinander überlegt.*

Der Einfachheit halber beschränken wir uns hier auf zwei Wahlmöglichkeiten, aber gewöhnlich gibt es „mindestens zwei

Wahlmöglichkeiten" in jeder Konfliktsituation, wenn nicht mehr. Die vorgegebenen Wahlmöglichkeiten lauten:

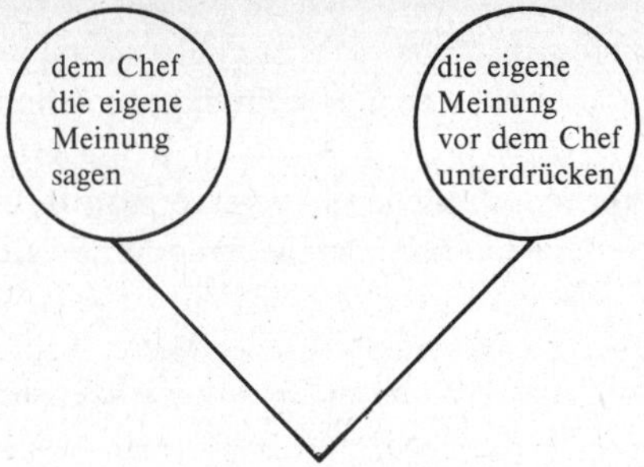

2. Schritt: *Zu jeder Wahlmöglichkeit werden die Vor- und Nachteile abgewogen.*

Wenn man die Nachteile schraffiert darstellt, ergibt sich folgendes Bild:

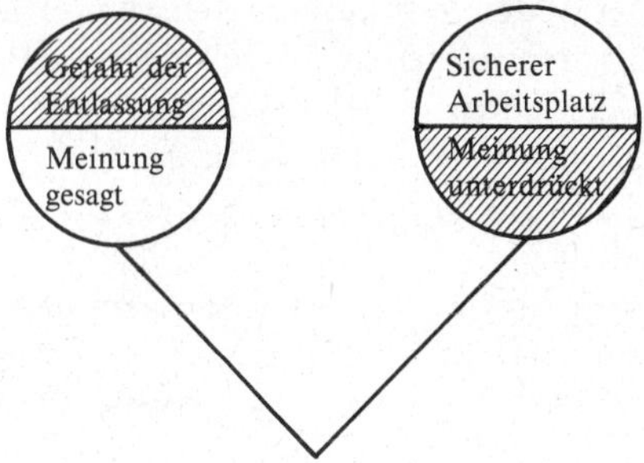

3. Schritt: *Danach fällt die Entscheidung nach dem Vorteil, der dem höchsten persönlichen Wert des Ratsuchenden zugehört.*

Dazu muß die persönliche Werthierarchie des Ratsuchenden herangezogen werden, die individuell unterschiedlich sein kann. Betrachten wir zwei Personen mit differierenden Wertsystemen in derselben Konfliktsituation. Person A habe einen studierenden Sohn, der auf die Unterstützung durch den Vater angewiesen ist, um sein Studium vollenden zu können. Für Person A bedeutet ein sicherer Arbeitsplatz demnach einen hohen Wert, denn von diesem Wert hängt der Erfolg des Sohnes ab. Das „befreiende Erlebnis“, einmal lautstark protestieren zu dürfen, bedeutet für diese Person dagegen einen wesentlich niedrigeren Wert, weil sie sich davon wenig Gewinn für die Zukunft verspricht. Anders sei es bei Person B, die völlig frei und ungebunden ist und jederzeit wieder einen gleichwertigen Arbeitsplatz finden kann. Für sie ist der Arbeitsplatz leicht ersetzbar und daher nur ein niedriger Wert, während sie vielleicht einen starken Gerechtigkeitssinn entwickelt hat, und das Recht-Bekommen und Recht-Finden für sie einen hohen Wert bedeutet.

Für Person A wird es ihrem Wertsystem zufolge die richtige Entscheidung sein, die eigene Meinung zurückzustellen und den Arbeitsplatz nicht zu gefährden. Wenn sie diese Entscheidung trifft, wird sie ein *gutes* Gefühl dabei haben, nämlich das Gefühl einer „inneren Stärke“, die sich dokumentiert im Verzicht um eines anderen, geliebten Menschen willen in einem Akt von Selbst-Transzendenz. Wenn sie sich jedoch in einem plötzlichen Aufwallen des Zornes hinreißen läßt, dem Chef trotzdem gehörig ihre Meinung zu sagen, und daraufhin entlassen wird, wird sie ein *schlechtes* Gefühl haben, ein Gefühl der „inneren Schwäche“ und des Versagens.

Für Person B wird es im Gegensatz dazu die richtige Entscheidung sein, das ernste Gespräch mit dem Vorgesetzten zu suchen. Selbst wenn dieser die vorgetragenen Argumente nicht einsieht und mit der Auflösung des Arbeitsverhältnisses droht, wird Person B ein *gutes* inneres Gefühl haben, nämlich das Gefühl „innerer Stärke“ in der Gewißheit, keine Ungerechtigkeiten geduldet zu haben. Wenn sie jedoch aus Ängstlichkeit im letzten Augenblick vor der Auseinandersetzung zurückschreckt und trotzdem schweigt, wird sie ein *schlechtes* Gefühl haben, das Gefühl „innerer Schwäche“, sich unterdrücken und erniedrigen haben zu lassen.

Graphisch sieht dies so aus:

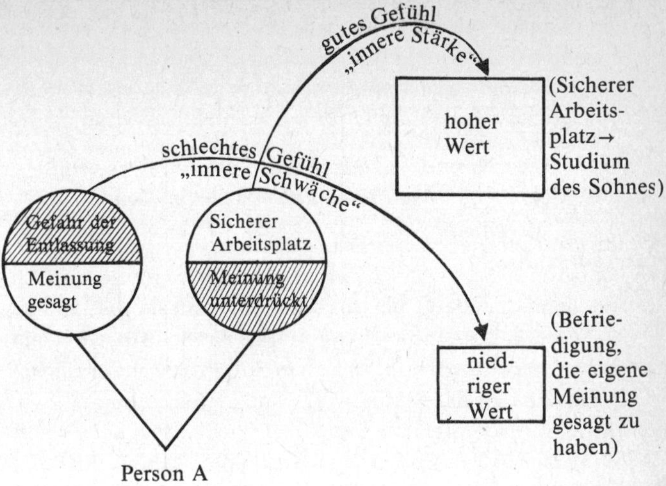
gutes Gefühl
„innere Stärke"
hoher Wert
(Sicherer Arbeitsplatz → Studium des Sohnes)
schlechtes Gefühl
„innere Schwäche"
Gefahr der Entlassung
Meinung gesagt
Sicherer Arbeitsplatz
Meinung unterdrückt
nied-riger Wert
(Befriedigung, die eigene Meinung gesagt zu haben)
Person A

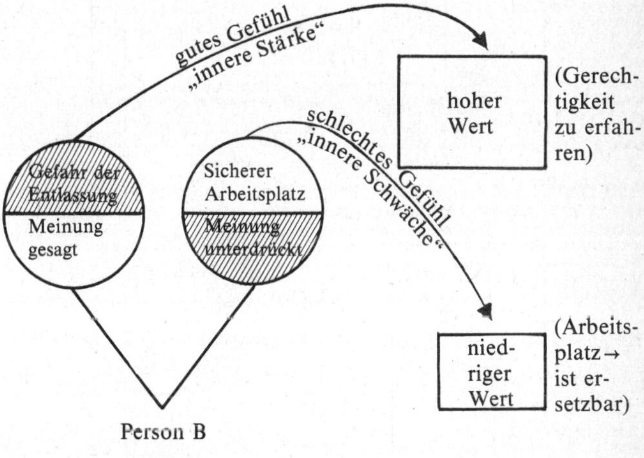
gutes Gefühl
„innere Stärke"
hoher Wert
(Gerechtigkeit zu erfahren)
schlechtes Gefühl
„innere Schwäche"
Gefahr der Entlassung
Meinung gesagt
Sicherer Arbeitsplatz
Meinung unterdrückt
nied-riger Wert
(Arbeitsplatz → ist ersetzbar)
Person B

Man sieht, ein Konflikt kann nur dann positiv beendet werden, wenn er zu einer Entscheidung führt, die sich an den höchsten persönlichen Werten orientiert.

4. Schritt: *Der damit verbundene Nachteil wird bewußt als Preis für eben diesen hohen Wert in Kauf genommen.*

Für Person A ist es zwar schwer, aber keineswegs unerträglich, den sie demütigenden Chef auszuhalten, denn sie weiß um ein Wozu. Ihre Selbstbeherrschung stärkt ihr Selbstbewußtsein, denn sie kann stolz darauf sein, dem Sohn sogar unter schwierigen Umständen das Studium zu ermöglichen; und die Liebe zu ihm gibt ihr Kraft.

Für Person B ist es zwar ein Risiko, den Arbeitsplatz aufs Spiel zu setzen, aber auch sie weiß um ein Wozu. Sie kann sich nur voll entfalten in einem Milieu, in dem Gerechtigkeit herrscht, und eines Tages wird sie ein solches finden und damit die innere Zufriedenheit im Beruf. Wenn sie zu diesem Zweck Arbeitsstellenwechsel und materielle Engpässe in Kauf nehmen muß, ist das bedauerlich, aber es wirft sie nicht um, denn das alles sind für sie nur Zwischenstationen zu einem höheren Ziel.

5. Schritt: *Daß ein hoher Wert seinen Preis hat, kann innerlich bejaht und akzeptiert werden, und damit auch die getroffene Entscheidung.*

Person A wird ihre Entscheidung, die Launen des Chefs zu ertragen, unter den gegebenen Umständen ebensowenig bereuen, wie Person B ihre Entscheidung, Protest anzumelden. Bereuen würden beide jedoch die jeweils andere Entscheidung, weil ihre „innere Stimme", ihr „Gewissen", nie aufhören würde, jenem hohen Wert nachzutrauern, der übergangen und nicht beachtet worden ist.

Daß den einzelnen Schritten dieses Konflikt-Entscheidungsverfahrens logotherapeutische Denkprinzipien zu

Grunde liegen, ist unschwer zu erkennen. Basieren doch die Wahlmöglichkeiten, die einem Menschen in einer Situation gegeben sind, auf seiner geistigen Freiheit und Verantwortlichkeit, denn nur wer frei ist, kann wählen, und nur wer wählen kann, trägt Verantwortung für seine Wahl. Das Abwägen von Vor- und Nachteilen wiederum setzt sich aus einem Zusammenspiel von Vernunft, Gefühl und Gewissen zusammen, wobei die Vernunft darüber Bescheid weiß, was klug und dumm ist, das Gefühl aussagt, was angenehm und unangenehm ist, und das Gewissen darauf hinweist, was sinnvoll und nicht sinnvoll ist. Eine Entscheidung nach dem höchsten Wert schließlich ist eine Entscheidung nach der Stimme des Gewissens. Und diese Entscheidung kann auf Grund der Selbst-Transzendenz des Menschen sogar dann noch positiv angenommen werden, wenn sie mit einem schmerzhaften Verzicht verbunden ist, denn *ein Verzicht ist ein hoher Preis, und er lohnt sich für einen hohen Wert.*

Natürlich kann es vorkommen, daß ein Konflikt Wahlmöglichkeiten in sich birgt, die annähernd gleich großen Werten zugehören. Dann geht der Konflikt in einen Wertkonflikt über, und Wertkonflikte bedeuten für jeden von uns eine starke emotionale Belastung.

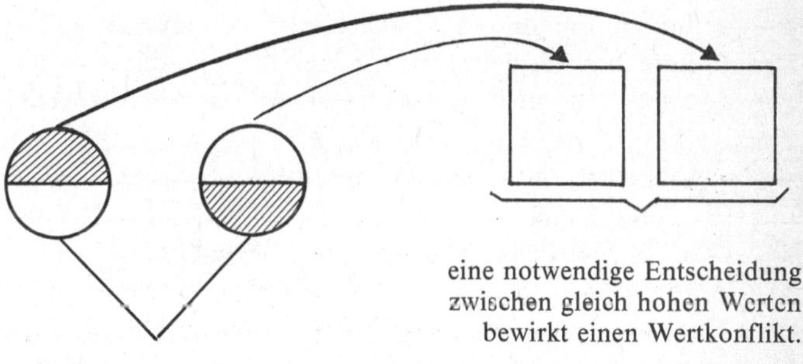

eine notwendige Entscheidung
zwischen gleich hohen Werten
bewirkt einen Wertkonflikt.

In solchen Fällen ist es ratsam, vor der endgültigen Entscheidung noch nach einem Kompromiß Ausschau zu halten, der beiden Wertinhalten ein wenig entgegenkommt, oder zumindest eine spätere Realisierung beider Werte offen läßt.

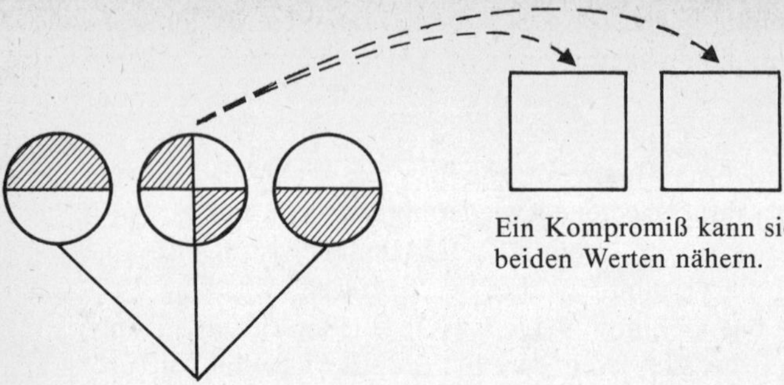

Ein Kompromiß kann sich beiden Werten nähern.

So wäre es zum Beispiel in unserem hypothetischen Fall denkbar gewesen, daß jemand auf eine freundliche, ruhige Art und in einem günstigen Augenblick mit seinem Vorgesetzten spricht und ihn um ein bißchen mehr Verständnis für seine Lage bittet; ein Kompromiß, bei dem man nicht jede Beleidigung schlucken muß und dennoch keine Entlassung riskiert. Kompromisse sind zwar meistens keine „weltbewegenden Angelegenheiten", aber sie erfordern doch auch eine gehörige Portion Selbst-Transzendenz und erleichtern oft eine Aussöhnung mit dem Schicksal.

Wenn es aber absolut keine Kompromißlösung gibt und eine folgenschwere Entscheidung zwischen zwei annähernd gleich großen Wertinhalten getroffen werden muß, dann gibt es eigentlich nur mehr eine Chance, den „inneren Frieden" zu finden, nämlich die, den 2. Schritt des Entscheidungsverfahrens nochmals aufzurollen, aber diesmal ohne die Mitbeteiligung von Vernunft und Gefühl, also ohne zu fragen, was klug und was angenehm ist. Allein die Stimme des Gewissens, *allein die Frage nach dem Sinn* soll dann entscheiden und nicht mehr die Frage nach dem persönlichen Vorteil. Die Stimme des Gewissens, unseres „Sinn-Organs", wie Frankl es auch nennt, ist zwar keineswegs unfehlbar, aber sie ist immer vernehmbar, sie verstummt niemals, und sie ist die letzte Instanz, nach der wir uns richten können, wenn alle gesellschaftlichen Instanzen rings um uns herum einander widersprechen. Freilich bedeutet die Orientierung allein nach dem Sinn der Sache mitunter den Verlust von erheblichen persönlichen Vorteilen, aber das seelische Leiden an solchem Verlust ist erfahrungsgemäß unvergleichlich geringer als die Last eines Schuldgefühles, das nach unglücklich entschiedenen Wertkonflikten zurückbleibt.

> *Das Gewissen läßt sich definieren als die intuitive Fähigkeit, den einmaligen und einzigartigen Sinn, der in jeder Situation verborgen ist, aufzuspüren.* FRANKL

Ich habe einen Mann gekannt, der mit schweren Depressionen in einer Nervenklink lag und auf keinerlei Therapie ansprach. Bei der Erhebung der Vorgeschichte kam zutage, daß seine Frau vor ca. 15 Jahren einen Autounfall gehabt hatte und seitdem ein Pflegefall war. Sie mußte gewaschen, gefüttert und auf die Toilette gehoben werden und konnte sich nur sehr beschränkt selbst behelfen. 14 Jahre lang hatte der Ehemann sie neben seiner täglichen Arbeit zu Hause gepflegt und betreut, und das bedeutete, daß er 14 Jahre lang auf eine Reihe kleiner und großer Freuden verzichtet hatte, daß er zum Beispiel niemals eine Urlaubsreise oder auch nur einen längeren Ausflug unternehmen hatte können, und daß seine ganze Freizeit im Pflegedienst an seiner Frau aufgegangen war. Doch 14 Jahre lang war der Mann gesund geblieben.

In dieser Zeit hatten ihn Freunde und Bekannte ständig davon zu überzeugen versucht, daß er sein eigenes Leben vergeude, ohne daß seiner Frau dadurch sonderlich gedient sei, und daß es deswegen das einzig Vernünftige sei, sie in ein Pflegeheim abzugeben, wo sie entsprechend versorgt werde. Er selber aber solle doch noch das Leben genießen, solange es ginge, und mit dem „Ballast" seiner kranken Frau sei ihm dies offensichtlich nicht möglich. Nach 14 Jahren hatte sich der Mann endlich dem wohlmeinenden Drängen seiner Freunde gebeugt und seine Frau extern untergebracht – kaum 1 Jahr später wurde er in die Nervenklinik eingeliefert. Verschiedene Therapeuten bemühten sich um ihn, und nicht wenige Medikamente wurden ihm täglich serviert, aber nichts konnte sein Desinteresse an der Welt und am Leben durchdringen, es war, als habe der Mann eine Mauer um sich gebaut. Bald war es die einhellige Überzeugung aller damit befaßten Fachleute, daß er in den 14 Jahren Pflegedienst an seiner Frau durch seine vielfältige (nicht zuletzt sexuelle) Abstinenz so schwere seelische Schädigungen davongetragen habe, daß er kein vollwertiges Mitglied der menschlichen Gesellschaft mehr werden könne. „Er hat die Frau zu spät abgegeben" hieß es allerorts.

Als ich mit dem Mann ins Gespräch kam, was nur durch einen merkwürdigen Zufall anläßlich eines privaten Arztbesuches geschah, gewann ich nach kurzer Zeit die Vorstellung, daß der Mann an einem entsetzlichen Wertkonflikt leide, den er entgegen dem Rat seines Gewissens entschieden habe.

> *Gewissenskonflikte gibt es in Wirklichkeit nicht, denn, was einem das Gewissen sagt, ist eindeutig. Der Konfliktcharakter wohnt vielmehr den Werten inne …* FRANKL

Diese Vorstellung drängte sich mir deshalb auf, weil er zu einem einzigen Thema ansprechbar war: zum Thema „Liebe zu seiner Frau". Kein Zweifel, der Mann liebte sie immer noch. Er schilderte mir ausführlich, wie tapfer seine Frau die Überstellung in die Pflegeanstalt aufgenommen hatte, und wie sie sich bemüht hatte, ihre Tränen vor ihm zu verbergen, als er sie dort das erste Mal besucht hatte. Ich tastete mich weiter auf der Suche nach anderen Werten, aber alle übrigen Lebensdimensionen dieses Mannes waren wie erloschen, nur das Bild seiner Frau war für ihn lebendig.

Nach dem Gespräch wanderte ich eine halbe Stunde in einem Gang der Klinik auf und ab und rang mit mir selbst. Durfte ich sagen, was ich dachte, durfte ich raten, was mir unabdingbar notwendig schien? Nach dieser halben Stunde ging ich in das Krankenzimmer des Mannes zurück. „Herr X", sagte ich zu ihm, „stehen Sie auf, melden Sie sich vom Krankenhaus ab und lassen Sie Ihre Arzneien zurück. Holen Sie Ihre Frau wieder zu sich nach Hause – sobald wie möglich. Sie sind nicht geistig oder seelisch krank, Sie befinden sich in einem Gewissenskampf, und solange Sie der Stimme Ihres Gewissens zuwiderhandeln, werden Sie niemals froh sein." Der Mann sah mich an und langsam kam etwas Farbe in seine Züge. Dann schlug er die Bettdecke zurück und begann sich anzukleiden.

Ich habe ihn seitdem noch zweimal gesehen: einmal bei ihm zu Hause, wohin er mich ein halbes Jahr später einlud, und einmal auf der Beratungsstelle. Das erste Mal sah ich einen vitalen, fröhlichen Mann, der geschäftig zwischen Wohnzimmer und Küche hin- und herlief, um Tee und Kekse zu holen, während eine stille, magere Frau, die im Wohnzimmer aufgebettet war, ihn mit liebevollen Blicken verfolgte; und das zweite Mal sah ich ihn im dunklen Anzug, als er vom Friedhof vom Grab seiner Frau kam. „Wenn Sie nicht gewesen wären", sagte er, „wäre mein Leben jetzt zu Ende gewesen. Ich hätte das Gefühl, sie im Stich gelassen zu haben, nie überwunden. Ihr einsamer Tod im Pflegeheim hätte auch mich getötet. So aber hat sie ein leichtes Sterben gehabt, und ich habe meinen Frieden gefunden. Ich danke Ihnen."

Das Gewissen, das nach „höhenpsychologischer" Auffassung Antwort gibt auf den „Willen zum Sinn", den jeder Mensch in sich trägt, ist nach tiefenpsychologischer Auffassung bloß ein von den Eltern anerzogenes Über-Ich, das sozusagen die gestrenge Stimme des Vaters oder der Mutter im Erwachsenendasein verinnerlicht konserviert. Es gibt jedoch Beweise dafür, daß das Gewissen durchaus auch *gegen* so etwas wie ein Über-Ich sprechen kann, daß also die von der Tradition übernommenen ethischen Normen im Kontrast zum persönlichen Gewissen eines Menschen stehen können. Wie die menschliche Fähigkeit zur Selbst-Transzendenz über die Ebene von Bewußtem und Unbewußtem hinausgeht, indem sie Anteile von beidem enthält, so reicht das „Sinn-Organ" Gewissen über die Ebene von Ich und Über-Ich hinaus, indem es keinem von beiden ganz zu eigen ist. Die Selbst-Transzendenz ist die Öffnung des Menschen zur Welt, und das Gewissen ist die Öffnung des Menschen zum Geistigen in der Welt, zum „Übersinn", zu Gott.

An dieser Stelle mag es sinnvoll sein, ein paar Worte über

> *Die Person begreift sich selbst nicht anders denn von der Transzendenz her. Mehr als dies: der Mensch ist auch nur Mensch in dem Maße, als er sich von der Transzendenz her versteht, – er ist auch nur Person in dem Maße, als er von ihr her personiert wird: durchtönt und durchklungen vom Anruf der Transzendenz. Diesen Anruf der Transzendenz hört er ab im Gewissen.* FRANKL

die „höhenpsychologische" Beziehung zum Unbewußten einzuflechten, jenem Begriff, den die Tiefenpsychologie enorm hochgespielt hat. Die logotherapeutische Argumentation bewegt sich stets innerhalb der Bewußtseinssphäre eines Menschen, und es ist nicht ihr Anliegen, Unbewußtes bewußtzumachen, denn was unbewußt geworden ist, hält sie statt für „wichtig, aber verdrängt", für „richtig, wie es ist" und will daran nicht rühren. Dennoch gibt es etwas, das auch die Logotherapie bewußtmachen will, allerdings etwas, das nicht zuvor ins Unbewußte verdrängt worden ist, sondern das von vornherein noch nicht genug ans Licht des Bewußtseins getreten ist: die *Verantwortlichkeit des Menschen gegenüber dem Dasein.*

> *Mensch-sein heißt Bewußt-sein und Verantwortlich-sein.* FRANKL

Es gibt nämlich nicht nur eine unbewußte Triebhaftigkeit, es gibt auch eine unbewußte Geistigkeit, wie Frankl gezeigt hat, und während die Grenze zwischen „bewußt" und „unbewußt" sehr fließend und unscharf ist, ist die Grenze zwischen Triebhaftigkeit und Geistigkeit sehr klar und scharf, und ihr Grenzkriterium ist eben das Verantwortungsbewußtsein des Menschen, das unbewußt oder vielmehr „vorbewußt" immer schon da ist, das aber durch Erziehung, Reifung und nicht zuletzt auch durch therapeutische Hilfe „ins Bewußtsein gehoben" werden muß.

Die tiefenpsychologische und „höhenpsychologische“ Konzeption kann in folgendem Schema voneinander differenziert werden:

	Voraussetzung:		*theoretischer Ansatz:*	*praktischer Ansatz:*	*Zielkonstante:*
tiefenpsychologische Konzeption	triebhafte Existenz	ursprünglich mehr oder weniger bewußt →	wird ins Unbewußte verdrängt →	muß in der Therapie wieder bewußt gemacht werden	ein unnatürlicher Verdrängungsmechanismus wird geschwächt
			↓ führt zu seelischer Krankheit	↓ führt zu seelischer Gesundheit	
„höhenpsychologische“ Konzeption	geistige Existenz	ursprünglich unbewußt im Sinne von „unreflektierbar“ →	soll das Bewußtsein durchdringen →	dabei muß in der Therapie manchmal „nachgeholfen“ werden	ein natürlicher Reifungsprozeß wird verstärkt
			↓ führt zu verantwortlichem Dasein	↓ verhindert Existenzzweifel und Sinnkrisen	

Man sieht, die Logotherapie geht vom *ursprünglich geistig Unbewußten* aus, zu dem der „Wille zum Sinn" oder die „Intuition des Gewissens" gehören, und bemüht sich, diese „geistigen Bausteine" menschlicher Existenz dem Licht des Bewußtseins zuzuführen, während die Psychoanalyse vom *ursprünglich triebhaft Bewußten* ausgeht, das auf krankhafte Weise ins Unbewußte abgerutscht sei und deshalb wieder ans Licht des Bewußtseins gezogen und dort „ausagiert" werden müsse. Dem „Gefühle ausagieren" stellt die Logotherapie das „auf einen Sinn hin existieren" entgegen, den bewußten oder unbewußten Trieben die vor- oder klar bewußte Sprache des Geistes.

> *An Stelle der Automatie eines seelischen Apparates sieht die Logotherapie die Autonomie der geistigen Existenz.* FRANKL

Was nun den großen Komplex der Verdrängung von *Traumen und seelischen Verletzungen* betrifft, die die Tiefenpsychologie in ihren Langstreckenanalysen der Reihe nach „aufarbeiten" möchte, so nimmt die „Höhenpsychologie" dazu einen sehr skeptischen Standpunkt ein. Ihrer Ansicht nach ist es ein Irrglaube, annehmen zu wollen, daß gewisse traumatische Ereignisse, die jeder von uns im Laufe seines Lebens erfährt, irgendwann und durch irgendetwas „aufgearbeitet", „beendet", sozusagen „erledigt" werden könnten. Weder durch Bewußtmachung noch durch Anklagen der Schuldigen, weder durch Nachvollzug noch durch Hinausschreien der damit zusammenhängenden Emotionen sind solche belastenden Ereignisse aus der Welt und aus dem Bewußtsein des Betreffenden zu schaffen, wobei es relativ unwichtig ist, wie klar sie noch in dessen Bewußtsein stehen. Ich habe in Amerika eine berühmte Rednerin gehört, die auf das Ausführlichste erklärte, wieso sie gegen einen bestimmten Mann grundlose Haßgefühle empfand: er erinnerte sie an ihren Vater, welcher sie als kleines Mädchen gezwungen hatte, ihren Lieblingshasen zum Metzger zum Schlachten zu tragen. Die Rednerin wollte zum

Ausdruck bringen, daß mit der Erkenntnis, woher ihre aggressive Überreaktion auf diesen Mann stamme, ihr kindliches traumatisches Erlebnis „beendet" und endgültig „ausgestanden" sei, aber ich fürchte, daß sie nach wie vor das Leid ihres damaligen Schmerzes spürt. Wäre das schmerzliche Kindheitserlebnis nämlich wirklich vorbei, würde sie nicht heute, 40 oder 50 Jahre später öffentlich vor einer Zuhörerschaft von hunderten Leuten ihren Vater anklagen, brutal und grausam gewesen zu sein ...

Alle psychologischen Theorien, die der Idee huldigen, die Schatten der Vergangenheit jemals völlig zum Verblassen bringen zu können, sind illusionär; sie suggerieren den Patienten, nach einer gewissen Methode – meistens ist es ein cognitives und emotionales Aufrollen der Vergangenheit – von den Schatten der Vergangenheit frei zu werden und danach erst die Gegenwart erfüllt leben bzw. an die Zukunft denken zu können. Die Patienten glauben das auch und fühlen sich zunächst wirklich besser auf Grund der Placebowirkung dieser Aussage, früher oder später aber entdecken sie, daß die Schatten der Vergangenheit wiederkommen, daß sie eben niemals ganz abzuschütteln sind, und daß sie speziell dann hervorbrechen, wenn die Umgebung „voller Sonne" ist. Gerade die glücklichen Stunden sind es oft, die den Hauch der Bitterkeit neu erwecken, die fröhlichen Gesichter der anderen, die gutgemeinten Worte und liebevollen Gesten, die Positives signalisieren und daran erinnern, daß dem nicht immer so gewesen ist. Der Kontrast des Lichtes bringt die Konturen des Schattens besser zur Geltung als das dämmrige Zwielicht eines insgesamt trüben Daseins.

Dies alles klingt fast ein bißchen entmutigend, aber nur deshalb, weil die dahinterstehenden Voraussetzungen von einem inhumanen Denkmodell ausgehen. Von dem Modell nämlich, daß eine „beschädigte Seele" repariert und ihre aufgerauhte Oberfläche geglättet und poliert werden muß. Das Negative soll ausradiert werden aus der Vergangenheit, damit Platz ist für das Positive der Gegenwart. Aber das viele Radieren in der Psychotherapie bringt nichts Gutes, es scheint die dunklen Flecken der Vergangenheit nicht auszulöschen, sondern eher zu verschmieren, ja auch ins gegenwärtig Helle hineinzuwischen, bis alles eine graue, unansehnliche Masse ist. Wer in der Vergangenheit seines Lebens herumwühlt, gerät in ein Labyrinth ohne Ausgang, er gelangt nie zu einem Ende, denn immer wieder findet sich etwas Neues, das ausradiert werden sollte. Und das ist eben das Inhumane am tiefenpsychologischen Denkmodell; denn menschliches Leben bedeutet von seinen evolutionären Wurzeln her nicht friedfertiges Dahinvegetieren im optimalen Zustand der Homöostase, sondern Lebenskampf, Ringen um eine sinnvolle und menschenwürdige Existenz. Und wo Kampf stattfindet, gibt es Verwundungen, und wo es Verwundungen gibt, gibt es Narben. Körperliche Verwundungen hinterlassen körperliche Narben, seelische Verwundungen hinterlassen seelische Narben, und in beiden Fällen ist es nicht empfehlenswert, solche Narben später wieder aufzureißen. *Man kratze nicht an alten Narben, denn sie könnten zu bluten beginnen!*

Das bedeutet auch für uns Psychologen und Psychotherapeuten die Mahnung, im Radieren an alten Flecken, im Kratzen an alten Narben innezuhalten und statt dessen vorsichtig nachzuprüfen, ob sie wohl gut verheilt sind, und alles zu tun, um ihre Festigkeit zu bewahren und ein neuerliches Aufreißen zu verhindern. Narben, auch seelische Narben, müssen nicht unbedingt Schwachstellen des Organismus bzw. des Gefühllebens sein, sie können auch Mensuren der Tapferkeit, Zeichen gewonnener oder zumindest überstandener innerer Kämpfe darstellen, und als solche von Reifungsprozessen zeugen, die das Leben eines Menschen bereichert haben.

In der Psychotherapie ist leider seit langem ein gefährlicher Trend aufgekommen, der die Chance, seelische Narben als Wegzeichen geistiger Reifung zu betrachten, verspielt, nämlich die ungesunde Tendenz, die ins Unbewußte verdrängten lebensgeschichtlichen Traumen als *Entschuldigung* für gegenwärtiges Fehlverhalten zu benützen. Hier ist eine dazu passende Geschichte von derselben Rednerin, die ich vorhin erwähnt habe. Ein junger Mann kommt nach Hause und findet seinen Vater an einem Herzanfall sterbend vor. Die ebenfalls im Hause lebende Großmutter ist der Situation nicht gewachsen und beschimpft in ihrem maßlosen Schrecken den Jungen, am Tod des Vaters mitschuld zu sein. Vielleicht hat es vorher eine Auseinandersetzung zwischen Vater und Sohn gegeben, und der Vater hat sich darüber aufgeregt. Wie dem auch sei, den Jungen trifft die Beschuldigung durch die Großmutter zutiefst. Einige Tage später wird er vor einem Supermarkt verhaftet, weil er mit einem geladenen Gewehr auf eine ihm völlig unbekannte alte Dame zielt. Angeblich weiß er nicht, was ihn zu dieser Tat getrieben hat.

Selbstverständlich soll diese Geschichte nichts anderes als nachweisen, daß der junge Mann unschuldig sei an seinem Vergehen – selbst dann, wenn er die fremde alte Frau erschossen hätte –, weil sein ins Unbewußte verdrängter Ärger über die Großmutter ihn *gezwungen habe,* so zu handeln. Aber was für eine gefährliche Interpretation ist dies doch! Nicht nur, daß es wahrlich unglaubwürdig ist, daß sich ein normaler, vernünftiger Mensch ein Gewehr besorgt, vor einem Supermarkt auf die Lauer legt und schließlich auf einen Menschen zielt, ohne die geringste Ahnung zu haben, warum er dies tut, und ohne die geringste böse Absicht zu haben, sondern bloß dem Diktat seines Unterbewußtseins folgend ..., es ist auch keine „lehrreiche Lektion" für ein Publikum, das solchen Veröffentlichungen begierig lauscht, um danach hinzugehen und selber kriminelle Handlungen zu begehen unter dem Deckmantel des Unbewußten. Im Grunde ist es die Geschichte einer *Kapitulation des menschlichen Geistes,* und das Unbewußte wird mißbraucht als billige Entschuldigung vor sich selbst.

> *Menschliches Verhalten wird nicht von Bedingungen diktiert, die der Mensch antrifft, sondern von Entscheidungen, die er selbst trifft.*
>
> FRANKL

Ich habe mich oft schon gefragt, ob es nicht auffällt, daß fast immer niedrige und egoistische, ja sogar „gemeine" Motive als unbewußt erklärt werden, während edle und großzügige Motive, wenn sie in der Psychologie überhaupt als denkbar anerkannt werden, dem bewußten Teil unseres Seins zugesprochen werden? Offenbar fällt weder den Laien noch den Fachleuten auf, daß das Unbewußte in nahezu allen Deutungsschemata einen „negativen Touch" hat. Liest man die üblichen psychologischen Interpretationen von Krankengeschichten, könnte man schier auf den Gedanken kommen, das Unbewußte sei das Sammelbecken alles Bösen in uns, die Macht des Teufels über unsere Seele.

Man könnte aber auch noch auf einen anderen Gedanken kommen. Nämlich, daß so manchem seine Handlungsmotive ganz klar bewußt sind, daß er sie aber nicht gerne wahrhaben will, weil er dann mit seinem Gewissen in Konflikt käme, und sie deshalb lieber als „unbewußt" (= außerhalb seiner Macht liegend) bezeichnet, sozusagen als etwas, wofür er nichts könne. Damit aber begibt er sich selbst seiner *Wahlmöglichkeiten* und vergewaltigt sein eigenes *Wertsystem.*

Ich habe eine Frau in der Beratung gehabt, die alle möglichen seelischen Krankheitszustände „produzierte", seit ihr Mann sich von ihr getrennt hatte und mit einer Freundin zusammenlebte. Zuerst vermutete ich, daß sich das Leiden an der Trennung und am Verlust des Partners bei ihr reaktiv in depressiven und psychosomatischen Beschwerden niederschlage, doch bald wurde ich stutzig. Die Patientin sagte unter anderem über ihren Mann: „Wenn er tot wäre, ginge es mir besser!" oder „Wenn seine jetzige Freundschaft auseinanderbricht, habe ich es geschafft, dann bin ich zufrieden!" Mir kam der Verdacht, daß die Frau ihre Leiden größtenteils simulierte, um Schuldgefühle bei ihrem untreuen Ehemann zu erzeugen, auf Grund derer er zu ihr zurückkehren oder wenigstens ein Unbehagen fühlen sollte, sich bei seiner Freundin zu vergnügen. Ihre Depressionen und Krankheiten waren insgeheim gegen ihn gemünzt als eine Art primitiver Rache: er möge nur sehen, was er angerichtet habe. Und ich zweifelte nicht daran, daß dies klar bewußt geschah, auch wenn die Frau es mir nicht eingestehen würde, weil es ihren „hysterischen Charakter" aufdecken könnte, statt ihre Rolle als gekränkte, zurückgelassene Frau aufrechtzuerhalten.

Deswegen fragte ich sie, ob sie mit ihrer seelischen Krankheit vielleicht „unbewußt“ ihren Mann strafen wolle, und sie gab dies sofort zu; ja, das könne sein. Daraufhin erklärte ich ihr ganz entschieden, daß sie in Wahrheit genau wisse, welche Ziele sie verfolge, daß sie diese aber lieber als „unbewußte Handlungen“ deklariere, um eine Ausrede vor ihrem eigenen Gewissen zu haben. Mit solchen Ausreden könne sie jedoch ihr Gewissen auf Dauer nicht zufriedenstellen, im Gegenteil, sie werde früher oder später in qualvolle Gewissenskämpfe verwickelt werden und dadurch möglicherweise sogar „echt“ erkranken. Dann aber habe sie ihr Ziel verfehlt, denn dann könne sie nicht mehr ihren Mann für ihre Erkrankung verantwortlich machen, sondern nur mehr – sich selbst.

Die Frau war von meinen Ausführungen etwas verblüfft, aber sie nahm sie zur Kenntnis und sich zu Herzen. Sie gab es auf, die Leidende zu simulieren und ging allmählich dazu über, wieder ein normales Leben zu führen.

> *Der Logotherapeut wird sich schon deshalb davor hüten, daß der Patient die Verantwortung auf ihn abwälzt, weil Logotherapie wesentlich Erziehung zur Verantwortung ist.* FRANKL

Wann immer ich Patienten begegne, die das Unbewußte als Entschuldigungsgrundlage für das Unverantwortliche in ihrem Tun und Handeln heranziehen, gebe ich Contra. So habe ich zum Beispiel einem 17jährigen straffälligen Jugendlichen, der mir vom Jugendgericht zugewiesen worden war, weil „es manchmal bei ihm aushakt“, sehr ernst die Leviten gelesen. Die Schlägereien, auf die er sich gerne einzulassen pflegte und bei denen er schon manchen Kumpel erheblich verletzt hatte, wurden von ihm nämlich allzu einfach erklärt: „Wenn mir einer widerspricht, weiß ich nicht mehr, was ich tue!“ Meine Aufgabe verstand ich darin, ihm klarzulegen, daß er sehr wohl wisse, was er tue, und daß er „im vollen Bewußtsein seiner Verantwortlichkeit“ zuschlagen müsse oder gar nicht, sich also nicht unter dem Deckmantel des Unbewußten verkriechen könne.

> *Es wird übersehen, daß die Gesellschaft auch die Leidtragende und nicht nur die Schuldtragende ist an der Kriminalität der Kriminellen.*
>
> FRANKL

Ähnlich hart ging ich im Fall eines Klienten vor, der eine mehrjährige Primärtherapie nach dem Urschrei-Konzept von Janov hinter sich hatte und danach eine logotherapeutische Behandlung wünschte, um von seinen angeblich „durch die Therapie entstandenen Zwangsvorstellungen, er müsse in jeder Untergrundbahn und in allen unterirdischen Räumen laut losbrüllen“, wieder loszukommen. Kaum hatte sich der Mann zu mir ins Beratungszimmer gesetzt, entschuldigte er sich im voraus dafür, daß er vielleicht mitten im Gespräch aufspringen und hinausrennen werde, was nur „Ausdruck seiner unbewußten Ängste sei“. Daraufhin gab ich ihm 5 Minuten Zeit, sich zu überlegen, ob er eine logotherapeutische Behandlung wolle oder nicht; wenn er sie nämlich wolle, dann habe er in Ruhe sitzen zu bleiben, bis unser Gespräch beendet sei, egal, was seine „unbewußten Ängste“ dazu sagen würden. Nun, er ist sitzen geblieben, und heute hat er auch keine Angst mehr, irgendwo oder irgendwann loszubrüllen, es sei denn, er habe den klar bewußten Wunsch dazu.

Für die Logotherapie sind die Kindheitserlebnisse eines Menschen genauso wichtig wie für die Psychoanalyse, aber sie bestimmen den Menschen nicht; für die Logotherapie sind die Triebe eines Menschen genauso wichtig wie für die Psychoanalyse, aber sie beherrschen den Menschen nicht; für die Logotherapie ist das Unbewußte auch existent, aber es dient dem Menschen nicht als Ausrede zur Unverantwortlichkeit; für die Logotherapie sind seelische Traumen auch existent, aber sie zwingen den Menschen nicht zur seelischen Erkrankung.

Es ist ein typisch „höhenpsychologisches" Paradigma, sowohl das *Unbewußte* als auch das *Traumatische* wieder mit positivem Gedankengut verknüpft zu haben, nachdem es tiefenpsychologisch nur mehr als Negativum denkbar war. Das geistig Unbewußte ist demnach das eigentliche und ursprünglichste Wissen des Menschen um seine Freiheit und Verantwortung, und das lebensgeschichtlich Traumatische ist das eigentliche und ursprünglichste Wachstum des Menschen auf seinem Weg zur existentiellen Reifung und Erfüllung.

Wir sagten, daß im Gegensatz zum Mißbrauch von Kindheitstraumen zu Ausredezwecken ein wirklich tiefes Leid niemals ganz beendet oder „aufgearbeitet" ist, es bedarf lebenslanger Kraft, um damit fertig zu werden, ähnlich wie ein zu kurzer Fuß oder eine körperliche Teillähmung immer Kraft kostet im Bewegungsablauf. Aber es entwickeln sich eben auch besondere Kräfte dadurch, so haben Blinde vielfach ein erstaunlich feines Gehör und Gespür, oder Gehbehinderte starke Armmuskeln, und Personen, die ein seelisches Leid zu tragen haben, entwickeln geistige Fähigkeiten, um das Leid in eine menschliche Leistung zu transformieren.

> *Erst unter den Hammerschlägen des Schicksals, in der Weißglut des Leidens an ihm, gewinnt das Leben Form und Gestalt.* FRANKL

Sie wachsen an ihrem Leiden, und innerliches Wachstum bedeutet: mehr Wahlmöglichkeiten zu haben in kritischen Situationen, und ein reichhaltiges Wertsystem zu besitzen, das Stabilität gewährleistet auch in Krisenzeiten. Damit aber kommen wir zurück zu unserem Ausgangspunkt, dem Konflikt. Und es zeigt sich: je bewußter sich jemand seiner Verantwortlichkeit im Leben ist, und je mehr Leiderfahrungen er positiv bewältigen konnte, desto leichter fällt es ihm, Konflikte zu lösen, und zwar so zu lösen, daß sein Gewissen mit seiner Entscheidung übereinstimmt.

Zusammenfassend kann man also sagen, daß es in der Psychotherapie keineswegs vorrangig darum geht, unbewußte

Traumen aufzudecken und „aufzuarbeiten“, sondern vielmehr ist wichtig, bewußte und unabänderliche Leiden zu einer *geistigen Kraftquelle* umzufunktionieren, die es dem Patienten unter anderem ermöglicht, in Konfliktsituationen jenen Verzicht zu leisten, der im Interesse seines höchsten persönlichen Wertes unumgänglich ist. Wenn wir behaupten, ein wirklich tiefes Leid sei niemals ganz beendet, dann heißt das auch, daß es als geistige Kraftquelle ein Leben lang zur Verfügung steht – gerade das „nicht-verdrängbare“, das unvergeßliche Leid ist es, das den Menschen daran innerlich wachsen läßt.

Nicht anders ist es mit der Schuld, die auch nicht so einfach zu „verdrängen“ und zu vergessen ist, sondern uns ein Leben lang begleitet, die aber einmünden kann in eine geistig fruchtbare *Reue,* denn Reue ist letzten Endes ein Ja-sagen zur Verantwortung, die man trägt, und dieses Ja läßt uns in Zukunft verantwortlicher handeln als bisher.

Das Gewissen verlangt uns Menschen in jedem Augenblick unseres Lebens eine Entscheidung ab, und daher beinhaltet jeder Augenblick in gewisser Weise ein Konfliktmoment. Patienten, die die kostbaren Augenblicke der Gegenwart mit sinnlosen Grübeleien über die Vergangenheit, mit Passivität, Hader und Resignation in Anbetracht ihrer eigenen Lebensgeschichte ungenützt verstreichen lassen, handeln ständig gegen ihr Gewissen, und statt alte Schuld zu tilgen, wird neue aufgeladen. Deshalb ist es für den Psychotherapeuten notwendig zu wissen, daß *alte Schuld nur über ein Stoppen der Neuaufladung von Schuld* getilgt werden kann, und daß er daher nicht an alten Schuldgefühlen „radieren“ soll, sondern unabänderliche Schuld ebenso wie unabänderliches Leid im Leben eines jeden Ratsuchenden stehen lassen muß als zwei Grundpfeiler eines Gewölbes, das dessen geistige Entwicklung trägt, und auf das dieser vertrauensvoll seinen Fuß setzen kann, um die Hürden des kommenden Tages zu meistern.

Ein geflügeltes Wort lautet: Wenn der Mensch im Unglück einen festen Entschluß faßt, ist ihm schon halb geholfen. Nun, die Logotherapie meint dazu: Wenn dieser sein Entschluß auch noch auf sein persönliches Wertsystem abgestimmt ist, dann ist er ganz gerettet.

Zum Ausklang dieses Kapitels möchte ich gerne noch an Hand eines konkreten Beispiels aus der Kinderpsychologie demonstrieren, daß der logotherapeutische Umgang mit dem „Trauma", das nicht als Freibrief für spätere Fehlleistungen, sondern eher als lebenslängliche geistige Kraftquelle aufgefaßt wird, sogar bei kleinen Kindern erfolgreich anwendbar ist. Das vorliegende Fallbeispiel verdanke ich Doris Hünger, einer meiner Mitarbeiterinnen, der es schon oft gelungen ist, logotherapeutische Grundprinzipien mit den Erkenntnissen der allgemeinen Heilpädagogik zu einem überaus fruchtbaren Arbeitsstil zu verbinden.

Das Kind, um das es sich handelte, war ein 6jähriges Mädchen, das uns von seiner Mutter vorgestellt wurde wegen eines Schockerlebnisses, das bereits einige Zeit zurücklag. Und zwar hatte das Kind mit ca. fünf Jahren mitansehen müssen, wie der Vater im betrunkenen Zustand die Mutter angriff und krankenhausreif schlug. Da die Mutter damals einen heftig blutenden Nasenbeinbruch davongetragen hatte, war viel Blut auf den Teppich unter ihr getropft. Die Mutter hatte das Kind unmittelbar nach ihrer Verletzung einer Nachbarin übergeben und war sofort ins Krankenhaus gefahren, so daß natürlich keine Zeit blieb, den Teppich zu reinigen. Als sie vom Krankenhaus entlassen worden war und das Kind von der Nachbarin abholte, wollte sie mit diesem wieder ihre Wohnung betreten, doch als das Mädchen den blutbefleckten Teppich sah, begann es zu schreien und weigerte sich, darüberzusteigen, so daß die Mutter den Teppich erst abdecken mußte, ehe das Kind in die Wohnung zu bringen war.

Seit diesem Vorfall hatte sich der Vater, gegen den Anzeige erstattet worden war, nicht mehr blicken lassen, und inzwischen war auch die Scheidung ausgesprochen. Nun ging es der Mutter darum, sicherzustellen, daß keine seelischen Schäden beim Kind zurückblieben, wofür es leichte Anhaltspunkte gab, wie nächtliche Ängste und Furcht vor dem Alleinsein.

Unsere Heilpädagogin nahm das Kind einmal wöchentlich in Einzeltherapie und ließ es zunächst nur spielen. Dabei kamen bald, wie erwartet, vom Kinde selbst gestellte Spielszenen vor, die an das grausige Erlebnis mit dem Vater gemahnten:

ein Teddybär wurde beim Kasperltheaterspielen vom Krokodil so gebissen, daß ihm das Blut hinunterlief und er verbunden werden mußte ..., solche und ähnliche Phantasieinhalte wurden von dem Mädchen wiederholt produziert. Es ist schwer feststellbar, wie hoch die unbewußten Anteile bei diesen Phantasien waren, denn zweifellos war der Kleinen voll bewußt, was vor einem Jahr mit der Mutter geschehen war, und warum der Vater nicht mehr heimkam. Aber mit dem Wissen um die Sache war das Leid eben nicht aufgehoben, und nach logotherapeutischer Ansicht kann es auch niemals wirklich aufgehoben werden, es kann nur eingeordnet werden in einem Leben, das trotzdem als lebenswert empfunden wird.

Unsere Heilpädagogin ging nun behutsam daran, den Konflikt im Vaterverständnis des Kindes zu lösen, indem sie *Wahlmöglichkeiten* zur Interpretation des Geschehnisses öffnete und zugleich *Wertvorstellungen* aufbaute, die auch ein Kind verstehen kann. So erklärte sie zum Beispiel, daß es das Krokodil vielleicht gar nicht bös gemeint habe, als es den Teddy angriff, ja, daß es stärker zugebissen haben könnte, als es wollte. Oder sie führte aus, daß auch das Krokodil selber krank sein könnte und deshalb vor lauter Schmerz um sich beiße. Aber, fügte sie hinzu und baute damit einen großartigen zwischenmenschlichen Wert auf, wenn der Teddy dem Krokodil verzeihe, dann würden seine Wunden schnell wieder heilen, und er könne wieder spielen und tanzen und lachen. Und während er tanze und lache, würde ihm einfallen, daß er auch lustige Stunden mit dem Krokodil erlebt hat, in denen sie viel Spaß miteinander gehabt hatten, und er wird das Krokodil in Erinnerung behalten, wie es war: gut und böse; böse, aber auch – gut.

Nach einigen Wochen hörten die trauma-bezogenen Spielszenen des Mädchens auf und es spielte nur mehr „normale“ Spiele. Zugleich ließ auch seine häusliche Ängstlichkeit nach und reduzierte sich auf ein tolerables Maß. Die Heilpädagogin besprach mit mir, daß ihrer Ansicht nach kein zusätzliches Bohren in der Vergangenheit des Kindes sinnvoll sei, und wir einigten uns, die Therapie nach einem kurzen Selbständigkeitstraining auslaufen zu lassen. Ich war mir nicht ganz sicher, ob das wahrhaft schwere Kindheitserlebnis tatsächlich optimal bewältigt sei, aber ein zufälliger „Test" des Schicksals beruhigte mich zutiefst.

Und zwar erzählte mir die Mutter just in der letzten Beratungsstunde, was sich in einer der Kinderturnstunden eines Gymnastikkurses, den das Mädchen regelmäßig besuchte, ereignet hatte. Ein anderes Mädchen aus dem Kinderturnen war über eine Matte gestolpert und mit dem Gesicht gegen die Sprossenwand gefallen, wobei es sich am Nasenrücken verletzte. Nasenrückenverletzungen aber bluten bekanntlich sehr stark. Als unser Mädchen aus der Therapie dieses Unglück im Turnsaal mitansah, mußte in ihm zwangsläufig die Erinnerung an die brutale Verletzung ihrer Mutter durch den Vater hochgestiegen sein. Und wie reagierte es darauf? Das Kind blieb im Turnsaal ganz gefaßt und zeigte auch später zu Hause keinerlei Reaktion. Erst am Abend, als ihm die Mutter den Gutenachtkuß gab, schlang es beide Arme um seine Mutter und flüsterte ihr ins Ohr: „Gelt Mutti, der Papa hat dich auch so verletzt an der Nase ... aber zu mir war er eigentlich oft sehr nett." Und damit schlief es friedlich ein.

Könnten doch alle Erwachsenen ihre Lebenstraumen so relativieren und akzeptieren wie dieses Kind!

7. Kapitel

Maßlosigkeit im existentiellen Vakuum: die Sucht

Wer sich mit dem Problem der Suchtgefährdung beschäftigt, muß seine Aufmerksamkeit auf zwei Schwerpunkte konzentrieren, nämlich auf die Frage nach den Ursachen der Sucht und auf die Möglichkeiten einer Heilung von der Sucht, wobei letzteres von ersterem abhängt, denn analog dazu, wie das Zustandekommen einer Sucht interpretiert wird, wird auch der reziproke Prozeß der Gesundung einzuleiten versucht.

Zu den Ursachen gibt es nun zahlreiche Hypothesen, die in ihrer Unterschiedlichkeit und Gesamtheit hauptsächlich zum Ausdruck bringen, daß eben auch zahlreiche Variablen an der Suchtentstehung beteiligt sind. Aber solche isolierten Hypothesen brauchen einen gemeinsamen Nenner, sie brauchen ein *Menschenbild,* auf dem sie aufbauen, und im Rahmen dessen sie überhaupt erst verständlich werden, ansonsten arten sie schnell aus in groteske und einseitige Behauptungen, die einer exakten Überprüfung nicht standhalten. So ist zum Beispiel der häufig zitierte Zusammenhang zwischen Schulstreß und Drogenkonsum bei Schülern eine isolierte Behauptung, der gegenüber jederzeit nachgewiesen werden kann, daß es Zeiten mit wesentlich höherem Schulstreß und wesentlich niedrigerem Drogenkonsum bei Schülern gegeben hat. Ist diese Behauptung jedoch in ein sinnvolles Menschenbild eingebaut, können wir die Aussage machen, daß die Tragfähigkeit von Belastung und auch Entlastung bei einer Person durchaus Beziehungen hat zu ihrer Neigung, pathologische Reaktionsmuster auszubilden.

Es kommt immer darauf an, wie man statistisches Material deutet, und der Fehler beginnt dort, wo man es verabsolutiert, deshalb ist Vorsicht geboten mit den diversen Korrelationen zwischen Umweltfaktoren und psychischen Abnormitäten; Korrelationen, die oft schon zu Täuschungen in der Psychotherapie geführt haben. Die Umwelt ist nicht „alles", sie wurde in ihrer Relevanz für das menschliche Leben jahrhundertelang unterschätzt, aber in unserer Zeit wird sie zum Teil überschätzt und leider auch zur generellen Schuldabwälzung mißbraucht. Die „böse" Umwelt einschließlich Eltern, Lehrern, Arbeitgebern und nicht zuletzt Vater Staat soll Sündenbock für jedwede Entgleisung insbesondere junger Menschen sein, das ist nicht nur gar zu einfach, das ist auch einfach gar nicht wahr. Wir müssen uns lösen von der Vorstellung, daß Personen, die zu Alkohol und Drogen greifen, auf jeden Fall quasi innerlich in Not sind, also Konflikte und Probleme haben, nicht verstanden oder überfordert werden, unzumutbaren Lebensumständen ausgeliefert sind und keinerlei Hilfen zur Reifung und Orientierung bekommen haben. Es ist ein überaltertes Menschenbild, Eltern als alleinige Produzenten der Fehlentwicklungen ihrer Kinder anzusehen und den heranwachsenden Menschen die Eigenverantwortlichkeit für ihr Leben gänzlich aus der Hand zu nehmen; und es ist eine fast tragisch zu nennende Idee, daß mit dem Aufdecken aller wirklichen oder vermuteten negativen Umwelteinflüsse eine Verbesserung der Lebensumstände einer Person zu erzielen sei. Das einzige, was mit dem eifrigen Aufdecken negativer Umwelteinflüsse erreicht wird, ist eine totale Verunsicherung der Erwachsenengeneration, die bald nicht mehr weiß, wie sie sich verhalten soll, und eine Ermutigung der Jugend, sich für diese mannigfaltig aufgezeigten Umweltfehler zu rächen und über die Stränge zu schlagen.

> *So einfach dürfen wir es uns nicht machen, daß wir das Sinnlosigkeitsgefühl auf die gesellschaftlichen und wirtschaftlichen Bedingungen zurückführen.* FRANKL

Im folgenden möchte ich drei Kriterien aus der Franklschen Logotheorie anführen und an Hand dieser Kriterien darlegen, daß die Suchtanfälligkeit eine Gefahr ist, die in ihren Wurzeln bis tief in die Seinsschichten unserer Existenz reicht und nicht an Äußerlichkeiten hängt wie z. B. am Lernpensum der Schule oder am üblichen Familienkrach. Solche Dinge werden nur dann als Auslöser wirksam, wenn zuvor schon ein gewisses „Lebensunbehagen" bestanden hat bzw. eine Lebenskonstellation, die den Keim der geistigen Unzufriedenheit und des Sinnlosigkeitsgefühles in sich trägt. Und dafür wiederum sind jene Kriterien entscheidend, auf die uns eigentlich erst der Wohlstand der industrialisierten westlichen Welt aufmerksam gemacht hat, wenn sie auch in der Logotheorie längst schon erahnt und vorweggenommen worden sind.

Das erste zu besprechende Kriterium habe ich bereits angedeutet, es könnte unter dem Begriffspaar: Überbelastung oder Überentlastung zusammengefaßt werden, weist also auf die Unausgewogenheit von persönlichem Gefordertsein hin. Daß Über*be*lastung und Überforderung ein Gefahrenmoment körperlicher oder seelischer Erkrankung in sich birgt, weiß man schon lange, besonders seit der Popularisierung der Streßtheorien, die alle vor zu hohen Anforderungen an Kinder und Erwachsene warnen. In der heutigen Psychologie ist man darüber jedoch geteilter Meinung, denn man hat vielfach beobachtet, daß auch das andere Extrem, die Schonung und Unterforderung, sehr ungesunde Verhaltensweisen erzeugen kann, ja, daß diese sogar noch kritischer und irreversibler sein dürften als Überforderungssymptome. Seelische Fehlhaltungen auf Grund von Über*ent*lastung sind bei weitem schwerer zu heilen als Nervenzusammenbrüche auf Grund von Über*be*lastung – hier besteht eine sehr markante Parallelität zu physiologischen Gegebenheiten, wonach z. B. ein Arm, der monatelang in Gips ruhiggestellt war, also unterbelastet war, wesentlich länger gebrauchsunfähig ist als ein Arm mit einem sogenannten „Muskelkater" auf Grund einer Überbelastung. Die körperliche und psychische Regenerationsfähigkeit ist somit noch besser nach einem Zuviel an Arbeit als nach einem Zuviel an Ruhe, und zwar allein schon deshalb, weil Ruhe nach Arbeit eben angenehmer schmeckt als Arbeit nach Ruhe. Wer überlastet war und anschließend zur Erholung kommt, wird diese Erholung ganz anders genießen als jemand, der unterfordert war und nun aufgefordert wird, endlich etwas zu tun; Unterforderung bewirkt nämlich meistens eine lähmende Passivität, die nur sehr schwer wieder aufzulockern ist.

> *Mensch-Sein heißt In-der-Spannung-Stehen zwischen Sein und Sollen, unaufhebbar und unabdingbar! Was wir zu fürchten haben, ist weniger eine Überforderung als vielmehr die Unterforderung des Menschen, … wir wissen zur Genüge um die Pathogenität nicht nur von Streß-Situationen, also von Situationen der Belastung, sondern auch von Situationen der Entlastung.* FRANKL

Zum körperlichen und seelischen Aspekt kommt aber auch noch der geistige Aspekt dazu, dessen Tragweite gar nicht hoch genug eingeschätzt werden kann. Der Mensch will wissen, wozu und wofür er lebt, und auch ein Jugendlicher ist schon auf der Suche nach Orientierungspunkten, die seiner Zukunft Sinn und Inhalt geben. Logotherapeutischen Erfahrungen nach ist es dabei für ihn eher hinnehmbar, eine gewisse Zeit lang sogar Streß und hohe Anforderungen in Kauf zu nehmen, wenn um ein sinnvolles Ziel gewußt wird, das sich nur auf diesem Wege erreichen läßt, als in die Leere und vermeintliche Sinnlosigkeit eines Daseins zu fallen, in welchem um keine persönlichen Ziele mehr gewußt wird. Leere- und Sinnlosigkeitsgefühle, Langweile und Überentlastung sind eine lebensbedrohende Ausgangsbasis für ein junges Leben, und es wäre so manchem Kind unserer Zeit zu wünschen, daß es etwas weniger materiellen Wohlstand, etwas weniger Freistellung von Arbeit und Verpflichtung und sogar etwas weniger Distanz zu wahrer Sorge und Not hätte, dafür aber etwas mehr positive Lebensinhalte sein eigen nennen könnte.

Am 4. Drogenkongreß der privaten Träger, der im Herbst 81 in Augsburg stattfand, erklärte Alexander Eberth, der Leiter des Kongresses, folgendes zur Motivation der Süchtigen:

„Nicht mehr die Ideologie der 60er Jahre von der bewußtseinserweiternden Wirkung der Droge gibt heute den Anstoß, sondern das Fehlen von akzeptablen Lebensinhalten. Das ist eine sehr gefährliche Entwicklung, die befürchten läßt, daß das Drogenproblem in den nächsten Jahren eher zu- als abnimmt, wenn es uns nicht gelingt, den Süchtigen lebenswerte Inhalte zu vermitteln." Man sieht, nicht immer nur das *Zuviel* von etwas, z. B. von Konflikten, von Problemen, von Arbeit und Anforderungen, nein, auch das *Zuwenig* von etwas, nämlich von lebensfüllenden Zielen und Werten, Aufgaben und Idealen kann Suchtneigung begünstigen; und vergleicht man die Kurve des steigenden Einkommens und der zunehmenden Arbeitsentlastung unserer Gesellschaft in den letzten Jahrzehnten mit der Kurve des sich ausbreitenden Drogen-, Medikamenten- und Alkoholmißbrauchs der Bevölkerung in demselben Zeitraum, so ist man über die Kongruenz beider Statistiken verblüfft. Es soll nicht abgeleugnet werden, daß persönliche Probleme und Schwierigkeiten ein Leben überschatten können, ja, daß diese auch einmal beim Betroffenen den Wunsch wecken, sich zu betäuben, sich zu betrinken, einfach vor der Wirklichkeit zu fliehen. Genausowenig soll verkannt werden, daß es Formen von Streß und Überbelastung gibt, die unverantwortbar an den Kräften eines Menschen zehren. Aber im großen Überblick darf nicht vergessen werden, daß Probleme und Schwierigkeiten zu einem *ganz und gar normalen* Leben dazugehören und eigentlich erst jene geistigen Fähigkeiten in uns reifen lassen, mit Hilfe derer wir sie zu lösen und zu überwinden vermögen.

Übermäßige Entlastung und Schonung hingegen ist unnatürlich und wird im geistigen Erleben sofort als „sinnlos" registriert, ja als Leerlauf des Lebens wahrgenommen. Leerlauf aber produziert ein Phänomen, über dessen Entstehung die heutige Hirnforschung bereits recht gut Bescheid weiß, nämlich so etwas wie Halluzinationen des Fehlenden. Wenn man eine Versuchsperson tagelang in vollkommener Finsternis einsperrt, also den Zustrom optischer Inhalte unterbindet, dann produziert ihr Gehirn mit der Zeit geradezu bunte Bilder vor ihren Augen, also optische Ersatzvisionen. Und wenn man analog dazu heranwachsenden Menschen alle möglichen Probleme ersparen will und ihnen den Zustrom aufgabenstellender Inhalte unterbindet, dann produziert ihre Psyche ähnlich merkwürdige Problemvisionen, dann wird jede Kleinigkeit zur unerträglichen Anforderung, die einen erdrückt, weil man nicht gewohnt ist, mit ihr umzugehen. So kommt es zu dem Dilemma, daß viele krampfhafte Bemühungen, Jugendlichen bei ihren Problemen zu helfen, zu immer mehr und mehr Problemen führen, nämlich zum Auftreten von „halluzinatorischen Problemen" aus der Entlastung heraus, die übersensibel macht. Unsere Jugend ist durchaus imstande, ihre wirklich existenten Probleme selbst zu meistern, *dieses* Vertrauen sollten die Erwachsenen wieder gewinnen, denn aus diesem Vertrauen heraus würden sie jenen wichtigen Teil der Verantwortung an die Heranwachsenden delegieren, den junge Menschen nun einmal brauchen, um ins Erwachsenendasein hineinzureifen. Das bedeutet nicht, daß wir unsere Kinder bei ihren pubertären und nachpubertären Schwierigkeiten allein lassen sollen, sondern das heißt, daß wir ihnen auch die Möglichkeit geben müssen, sich selbst damit auseinanderzusetzen und in der eigenständigen Bewährung dem Leben einen Sinn abzuringen.

Zusammenfassend läßt sich sagen: Über*be*lastung und Über*ent*lastung sind Zustände, die fast immer schlecht verarbeitet werden; viele neue Erkenntnisse aber sprechen dafür, daß Über*ent*lastung der größere seelische Krisenfaktor ist. Und sie ist es deshalb, weil sie in Passivität lähmt, weil sie überflüssige und unrealistische Problemvisionen produziert, und weil sie schließlich zum Verlust des Sinnerlebens führt und damit zur Untergrabung der geistigen Existenz eines Menschen. Aus dieser Wurzel sprießt Kriminalität, Suizidgefahr, sexuelle Perversion und – Suchtneigung.

Paul Kern, Suchtkrankentherapeut in einer Fachklinik, hat sich um die statistische Aufbereitung einer Datensammlung an rund 500 Suchtkranken bemüht und dabei unter anderem einen „Wertorientierungsbogen" aus dem verhaltenstherapeutischen Assertiveness-Trainingsprogramm von Ullrich de Muynck & Ullrich verwendet. Seinen Ergebnissen zufolge befand sich unter den 99 Fragen nach gewissen Wertinhalten, die auf dem Bogen angeführt sind, eine, die von dem ganzen großen Patientenkollektiv ausschließlich positive Bewertungen erhielt – niemand hatte sie abgelehnt. Und was war dieser Wert, der von keinem einzigen Suchtkranken in Frage gestellt wurde? Gesundheit? Liebe? Macht? Geld? Nein, er hieß: „Meinem Leben einen Sinn geben". Man glaubt immer, Suchtkranke genießen das Suchtmittel um einer Selbstbefriedigung willen, sei es um der Betäubung und Beruhigung, sei es um der Aufputschung und Lustfindung willen, aber diese statistische Aussage spricht von etwas anderem: von der ungeheuren Sehnsucht nach einer sinnerfüllten Existenz. Solche Aussagen sollten uns zu denken geben und unterstützen die Vermutung, daß die Psychologie ein wenig voreilig war mit der langgehegten Hypothese, daß jedwede seelische Erkrankung einer umweltbedingten Druck- und Streßsituation entspringen müsse; auch innere Leere und Unausgefülltheit können zu denselben Resultaten führen.

> *Der Wille zur Lust tritt erst dann auf den Plan, wenn der Mensch in seinem Willen zum Sinn leer ausgeht.* FRANKL

Das zweite Kriterium, das ich erwähnen möchte, findet sich sehr oft in Gefolgschaft mit der Überentlastung, nämlich die *Überkonsumation* oder Verwöhnung. Wir wissen heute, daß Verwöhnung und Suchtneigung eine eindeutig nachweisbare Verwandtschaft miteinander haben, und das ist die übereinstimmende Unfähigkeit eines Menschen, einen Verzicht leisten zu können. Das beginnt bei den verwöhnten Kleinkindern, die einen Schreikrampf bekommen, wenn ihnen die Mutter beim Einkaufen nicht sogleich das ersehnte Eis zusteckt, oder die sich höchst unangenehm bemerkbar machen, wenn sie einmal nicht im Mittelpunkt stehen, weil es die Mutter wagt, mit jemand Fremdem zu reden, und die im Spiel nicht verlieren und ihre Spielsachen mit niemandem teilen wollen. Ihnen fehlt es nicht an Zuwendung, an Aufmerksamkeit oder gestalterischem Material, im Gegenteil, sie haben von allem ein wenig zuviel des Guten, und die Folge ist, daß sie es einfach nicht erlernen, einen momentanen Wunsch zurückzustellen um einer Sache oder einer anderen Person willen. Das geht weiter bei den verwöhnten Halbwüchsigen, die auf einem verbrieften „Recht auf Glück" bestehen und in starre Abwehr- oder Verweigerungshaltung verfallen, wenn nur das Geringste nicht nach ihren Plänen verläuft. Der augenblickliche Wunsch dominiert und muß auf der Stelle erfüllt werden oder es gibt eine Katastrophe, wegen Nichtigkeiten wird gestritten, gehadert, gegrollt, und außer dem gewichtigen eigenen Ich existiert ringsum gar nichts mehr.

Bereits in diesem Alter fordert die Überkonsumation einen bitteren Tribut, denn die Wünsche werden immer kostspieliger und dadurch unerfüllbarer, und die Unfähigkeit zu verzichten läßt die Betroffenen Qualen durchleiden. Es spielt dabei keine Rolle, ob es der Alkohol, das Haschisch, das Motorrad oder die täglichen Disco-Besuche sind, wichtig ist nur eines: man kann nicht mehr aufhören und muß daher die weitere Konsumation erzwingen. Bei den verwöhnten Erwachsenen ist die Katastrophe dann endgültig perfekt: manchmal haben sie zwar das Glück, die Überkonsumation – die ihnen mit der Zeit überhaupt keine Freude mehr bereitet, von der sie aber abhängig sind – finanziell und körperlich verkraften zu können, meistens aber müssen sie entweder den Verzicht in schweren Kämpfen mit sich selbst nachlernen oder sie führen ein krankhaft-verzweifeltes Leben.

Das heutige langsam spürbare Abbröckeln des Wohlstandes, das Zurückgehen der Wirtschaftskonjunktur und das Rarwerden der Energiequellen mit den ersten kleinen Alarmwölkchen von Arbeitslosigkeit, Geldentwertung und Firmenpleiten ist – so schwer es für den einzelnen sein mag – diesbezüglich eine große Chance, nämlich die Chance, daß wir alle „Nachhilfeunterricht" erhalten in unserer Fähigkeit, Maß zu halten und notfalls Verzichte zu leisten, und daß unser Blick wieder zunehmend auf ideelle Werte fällt, weil er vom trügerischen Glanz der materiellen nicht mehr so stark geblendet ist.

> *Im Gegensatz zu den Energiequellen ist der Sinn unerschöpflich.* FRANKL

Während also die Überentlastung über die Phänomene der Langweile, Neugierde, Überdrüssigkeit und Suche nach Sinn-Ersatz das *erste Mal* zum Suchtmittel greifen läßt, erzwingt die Überkonsumation über die Unfähigkeit, auf etwas Angenehmes zu verzichten, die *Fortsetzung* der Suchtmitteleinnahme. Und während die innere Leere den Boden für die Suchtgefährdung vorbereitet, baut die Verwöhnung die Gitterstäbe rund um das Suchtverhalten auf, aus denen ein Entkommen kaum mehr möglich ist. Ich habe z. B. bei einer Alkoholikerin, die noch nicht sehr stark der Sucht verfallen war, monatelang daran gearbeitet, daß sie Abstand zur Überkonsumation gewinne, und war schon froh, als sie von einer Tafel Schokolade ein Stück abbeißen konnte, ohne sogleich die gesamte Tafel aufzuessen, oder als sie an einer Auslage mit interessanten Zeitschriften vorüberzugehen vermochte, ohne sofort welche zu erstehen, was ihr früher unmöglich gewesen wäre. Ihre Glanzleistung erbrachte sie an einem Föhnwettertag, an dem sie leichte Kopfschmerzen verspürte, aber bewußt darauf verzichtete, eine schmerzstillende Pille zu schlucken. Alles in allem ist die Prognose in diesem Fall günstiger als bei Personen mit einer ähnlichen Alkoholneigung.

Aus der Logotheorie und anderen Motivationstheorien wissen wir heute auch, warum eine Überkonsumation so geradlinig zur Suchttendenz verleitet, und dies selbst bei harmlosen Aktivitäten wie beim Essen, Einkaufen oder Fernsehen. Es hängt zusammen mit dem allmählichen *Erlöschen der Freude* durch die Abstumpfung, denn Freude ist immer gebunden an einen gewissen Seltenheitsgrad der Konsumation, sei sie materiell oder immateriell. Eine gelegentliche Feier oder ein gelegentlicher Ausflug behält seinen Zauber, ein lang entbehrtes Festessen schmeckt besonders gut und der lang angesparte Kleiderkauf kann beglücken. Müßte man alle Tage Feste feiern, Ausflüge machen, Hummer und Kaviar in sich hineinstopfen und in Modehäusern Kleider anprobieren, würde man dies sehr schnell satt bekommen. Die Beispiele mögen ein wenig übertrieben klingen, aber es ist tatsächlich die Tragik der verwöhnten und oft auch der wohlhabenden Leute, sich an nichts mehr erfreuen zu können, weil sie eben von allem zutiefst übersättigt sind. Aus dieser Gefühlsabstumpfung heraus wird vielfach versucht, die Konsumation mehr und mehr zu steigern, um wenigstens noch einen Schimmer von emotionalem Mitschwingen erleben zu können, und das ist genau der Teufelskreis, in dem sich auch der Süchtige befindet: er muß steigern, um die Effekte seines Suchtmittels konstant zu halten. Permanente Steigerung aber ist der kürzeste Weg in die Ausweglosigkeit, denn sie hat allemal ein abruptes Ende, so oder so.

Nun, ich will nicht ignorieren, daß es zur Überkonsumation auch ein Gegenteil gibt, nämlich den Zustand ständigen Entbehrenmüssens, der ähnlich kritische Folgen zeitigen kann. Auch die Hoffnungslosigkeit eines ununterbrochenen Verzichtzwanges treibt in die Betäubung des Rausches, denn wer im Elend lebt, hat genauso an nichts Freude, weil niemals etwas zur Verfügung steht, an dem er sich freuen könnte. Dennoch gilt auch diesbezüglich dieselbe psychotherapeutische Erfahrung, die wir bereits bei den Problemen der Überbelastung und Überentlastung gemacht haben, nämlich daß es verhältnismäßig leichter ist, jemanden aus dem Zustand des Entbehrenmüssens heraus- und dem normalen Leben wieder zuzuführen, als jemanden aus der Überkonsumation zurückzuholen. Wer lange Zeit sehr arm gewesen ist und plötzlich Aufstiegsmöglichkeiten erhält, reagiert wesentlich positiver darauf als derjenige, der lange Zeit im Überfluß gelebt hat und plötzlich reduzieren soll.

Ethnologische Studien zeigen deutlich, daß der Rauschgiftmißbrauch in extrem verarmten und extrem wohlhabenden Ländern signifikant höher ist als in der übrigen Welt, und historische Studien lassen keinen Zweifel daran, daß im weltgeschichtlichen Geschehen sehr arme Kulturen im allgemeinen bessere Regenerationschancen hatten als sehr wohlhabende Kulturen, die bis auf wenige Ausnahmen stets dem Untergang geweiht waren. Auch unserer hiesigen und heutigen Kultur ist der Stempel des Wohlstandes aufgedrückt, und die Revolte der jungen Menschen in unseren Industrieländern, die sich an allen Ecken und Enden entzündet, ist im Grunde nichts anderes als ein Protest gegen die *Sinnlosigkeit der Überentlastung* und gegen die *Freudlosigkeit der Überkonsumation.* Ob dieser Protest zu einer Erneuerung unserer Kultur führen wird oder sozusagen das erste sichtbare Anzeichen ihres inneren Verfalls darstellt, vermag niemand zu sagen, eines ist uns jedoch aus der Psychotherapie bekannt: die Rückkehr in ein normales, gesundes Leben ist umso schwerer, je mehr sie mit Verzichten verbunden ist, die zu leisten in der Vergangenheit versäumt worden sind.

> *Es kommt nie und nimmer darauf an, was wir vom Leben zu erwarten haben, vielmehr lediglich darauf: was das Leben von uns erwartet.*
>
> FRANKL

Ich habe erwähnt, daß ich noch ein drittes Kriterium erörtern möchte, das bei der Entstehung von Suchtgefährdung eine Rolle spielt, ein Kriterium, das für den Fachbereich der Pädagogik am wichtigsten zu bedenken ist, nämlich die *Überinformation.* Wir leben nun einmal in einem Zeitalter der Aufklärung, und niemand will wirklich das Rad der Zeit zurückdrehen bis in jene Epochen, als noch so manches Gesprächsthema tabu war. Aufklärung ist notwendig und sinnvoll, aber sie kann auch übertrieben werden und dann von der ursprünglich beabsichtigten Informationsweitergabe in eine ganz und gar unbeabsichtigte *Stimulations*weitergabe einmünden. Im Sommer 81 hatte ich ein ausführliches Gespräch mit einem Mittelschullehrer aus Österreich, der mir von einem Film über drogensüchtige Jugendliche berichtete, welcher versuchsweise in österreichischen Schulen gezeigt worden ist, um als abschreckendes Beispiel auf die Schüler zu wirken. Er habe schonungslos brutale Szenen aus dem Leben und Sterben Drogenabhängiger enthalten und sollte im Bewußtsein der jungen Menschen die Droge entmystifizieren und entglorifizieren.

Dieser Film, so sagte der Lehrer, habe nach wenigen Monaten eingezogen werden müssen, weil der prozentuale Anteil der Drogen-Erstprobierer unter den Schülern, die den Film gesehen hatten, eindeutig angestiegen war. Das Ergebnis dieses fehlgeschlagenen Experimentes ist keineswegs erstaunlich und hätte unter Einbeziehung der Logotheorie ohne weiteres vorhergesagt werden können.

Frankl hat sich nämlich – lange schon, bevor dies zum Spezialgebiet der Lerntheorie wurde – intensiv mit Feedbackmechanismen beschäftigt und an lehrreichen Beispielen nachgewiesen, daß Informationen *über* den Menschen selbstbildverändernde Einflüsse *auf* den Menschen haben, und zwar positive Informationen positive Einflüsse und negative Informationen negative Einflüsse. Macht man publik, wie viele Leute Eheprobleme haben, dann vergrößert sich sofort die Zahl der Scheidungswilligen; wird gemeldet, wie viele Leute sich in letzter Zeit das Leben genommen haben, gibt es prompt ein paar Suizidversuche mehr; wird wahrheitsgetreu darauf hingewiesen, daß ein großer Teil der Bevölkerung an Depressionen leidet, klagen plötzlich auch gesunde Personen über depressive Verstimmungen; ja, das geht soweit, daß nach einer Fernsehsendung über Risikofaktoren des Herzinfarktes tagsdarauf sogar die Einlieferung von Infarktpatienten in den Kliniken zunimmt.

> *Die bloße Beobachtung eines geistig/seelischen Prozesses beeinflußt diesen auch schon.*
>
> FRANKL

Das Selbstbildnis eines Menschen ist keine Konstante, sondern wird in der geistigen Auseinandersetzung mit sich und der Umwelt immer neu geformt, wobei Informationen über andere Menschen als Modell wirksam werden. Wenn jemand zufällig nicht gerade in bester Stimmung ist und die Meldung darüber hört, daß hunderttausende Menschen an Depressionen leiden, was liegt dann näher, als daß er bei sich denkt, er könnte am Ende auch depressiv sein, was seine Stimmung sogleich noch gedrückter sein läßt, als sie es vorher war. Oder wenn jemand ernsthafte berufliche Schwierigkeiten hat, und er liest eine Notiz darüber, daß sich wieder jemand vor den Zug geworfen hat, wie schnell ist dann die Assoziation zu sich selbst hergestellt und die Idee geboren, er könnte auf diese Weise ebenfalls seinen Sorgen entrinnen! Oder wenn ein Mann Bluthochdruck hat, wohlbeleibt und starker Raucher ist, und in einer medizinischen Sendung erfährt, daß er auf Grund dessen zum Herzinfarkt prädestiniert ist, so wird dies leicht massive Angstgefühle in ihm auslösen, eine Angst, die als zusätzlicher Stressor die Infarktgefahr noch vergrößert. Wir müssen langsam begreifen, daß *eine Warnung mittels negativer Informationen bei weitem nicht so gut ankommt wie ein Vorbild mittels positiver Informationen,* ja, daß eine gutgemeinte Warnung bzw. pessimistische Prophezeiung sogar gerade diejenigen Effekte verschärfen kann, die sie verhindern soll.

Es gibt sehr aufschlußreiche Untersuchungen aus der Verkehrsmedizin, die durchgeführt wurden mit dem Ziel, die Eignung oder Nichteignung von Verkehrsteilnehmern überprüfbar zu machen. Dabei kam man bald zu dem Schluß, daß es mit Hilfe psychologischer Testung nicht möglich ist, eindeutige Prognosen zum individuellen Verhalten im Straßenverkehr zu erstellen, und zwar deshalb nicht, weil das Verhalten des einzelnen auch von der sozialen Imitation der anderen Verkehrsteilnehmer abhängt. G. J. Wilde hat sich dazu bereits 1974 wie folgt geäußert: „Man beginnt zu erkennen, wie wichtig soziale Faktoren sind und wie sehr das Verhalten der Menschen auf den Straßen von dem beeinflußt wird, was sie bei anderen sehen.“ Wenn also im Straßenverkehr ein Autofahrer ständig links fährt und alle anderen Wagen überholt, dann wirkt dieses Verhalten keinesfalls als abschreckende Warnung auf die anderen Straßenbenützer, die sich vielleicht innerlich denken sollten: „Dieser Fahrer fährt verantwortungslos und riskiert sein Leben, das will ich nicht tun und bleibe deswegen rechts“, nein, gewöhnlich ist die Wirkung die, daß nach einiger Zeit auch die übrigen Autofahrer nach links einschwenken, weil sie sich sagen: „Wenn *der* überholen kann, dann kann *ich es auch*“.

Zurückkehrend zum Drogen- und Alkoholproblem bedeutet dies: Je mehr Jugendliche zu Suchtmitteln greifen, desto mehr andere werden es ebenfalls tun, vorausgesetzt, sie wissen davon. Je mehr Filme darüber gedreht, je mehr Bücher darüber geschrieben werden, je mehr Tagungen zum Drogenproblem abgehalten werden und je mehr Prospekte von Drogenberatungsstellen herumliegen, desto tiefer verankert sich im Bewußtsein der jungen Menschen die unausgesprochene Vorstellung, daß sie doch auch einmal einen Trip probieren könnten, denn was viele tun, steht jedem zu, und worüber viel gesprochen wird, lädt zum Mitsprechen ein.

Paart sich die Überinformation mit jugendlicher Neugier und Risikobereitschaft, und verlockt der natürliche Ablösevorgang zum Widerspruch gegen die Ideale der Erwachsenenwelt, dann steht dem ersten Drogenerlebnis bald nichts mehr entgegen; und fällt dieses Drogenerlebnis in ein durch Überentlastung unerfülltes Leben, in ein „existentielles Vakuum", in dem die Überkonsumation ihre verwöhnenden Spuren hinterlassen hat, dann ist die Talfahrt in die Sucht perfekt.

Seien wir deswegen vorsichtig mit jenen Inhalten, die wir in den Wahrnehmungsbereich heranwachsender Menschen rükken; wir haben die Verpflichtung, die Wahrheit zu sagen, aber wir haben auch die Verpflichtung, gefährliche Feedbackprozesse im Auge zu behalten. Ich habe es selbst erlebt, daß mein Sohn im Religionsunterricht eine Argumentation über das Thema: „Was spricht für und gegen den Selbstmord?" schreiben mußte, und daß er, nachdem er eine Weile daran gesessen war, zu mir aufblickte und fragte: „Mutti, jetzt habe ich einige Gegenargumente, aber was spricht eigentlich *für* den Selbstmord?" Ist es wirklich das, was wir unseren Schülern beibringen wollen, nachzudenken, was für den Selbstmord spricht, nachzudenken, warum oder warum man nicht Drogen einnehmen soll, nachzudenken, ob es vernünftig oder unvernünftig ist, Schaufenster einzuschlagen ...? Seien wir vorsichtig, es ist ein Spiel mit dem Feuer! Denn Jugendliche sind noch unreif, und sie haben ihre Tiefpunkte innerhalb der Reifekrise, bei welchen ihnen sehr wohl einfallen mag, was ihnen als bloße Information präsentiert worden ist, nämlich daß man Aggressionen abreagieren, daß man sich berauschen, daß man sich umbringen kann.

Viele berühmte Forscher, unter ihnen auch der Londoner Psychologieprofessor Hans Jürgen Eysenck, sind davon überzeugt, daß beim Suchtproblem in erster Linie genetische Faktoren maßgebend sind, daß es unglückliche Anlagen, sogenannte „organische Dispositionen“ gibt, die die Krankheit vorprogrammieren. Doch auch wenn dem so sein mag, kommt es trotzdem immer noch darauf an, ob derjenige, der eine solche genetische Vorbelastung in sich trägt, mit dem Suchtmittel bzw. mit dem detaillierten Wissen um Suchtmittel aktiv konfrontiert wird, oder ob ihn diese Verlockung gar nicht erreicht, weil seine Aufmerksamkeit auf andere und positive Lebensinhalte gerichtet ist, die ihn ablenken und dadurch den Ausbruch der Krankheit hinausschieben oder gar verhindern. Was den Menschen gesund erhält, ist nicht die Angst vor diversen Gefahren, sondern der Mut zum Leben, und ist nicht das Wissen um das Böse, sondern der Glaube an das Gute.

Ich habe bisher ein paar Gedanken über die Ursachen von Suchtgefährdung angeboten und möchte meine Ausführungen schließen mit ein paar Überlegungen zur *Heilung*. Genetischen Determinanten gegenüber sind wir machtlos, aber ein gesundes Lebensklima zu schaffen, dazu kann jeder von uns beitragen. Kinder sollen lernen, wohldosierte Anforderungen zu ertragen und Verzichte zu leisten. Nichts anderes braucht der Süchtige, denn auch er muß aus der Wohlstandsverwahrlosung herausgeholt werden in ein einfaches, aber erfülltes Leben. Gefährdete junge Menschen spüren oft instinktiv, was ihnen fehlt, sie fühlen die unbestimmte Sehnsucht nach einem schmucklosen, arbeitsamen Leben und träumen vom „Aussteigen in die Selbstversorgerfarm“ (was leider meist chaotisch ausgeht, weil sie keine Spielregeln für ein menschenwürdiges Zusammenleben haben). „Arbeit“ ist ein erstaunlich guter Therapeut, und „körperliche Betätigung“ ist sein bester Partner; wer den ganzen Tag fleißig gearbeitet und kräftig zugepackt hat, ist am Abend einfach zu müde, um sich im Wirtshaus voll-laufen, in der Diskothek aufpeitschen und in endlosen Diskussionen ideologisieren zu lassen, und damit fällt schon ein Großteil krankmachender Einflüsse weg.

Ich habe anfangs darauf hingewiesen, daß isolierte Hypothesen aus dem Zusammenhang gerissen werden, wenn sie sich nicht in ein übergreifendes Menschenbild einfügen. Nun, unsere drei Kriterien von suchtfördernden Lebenskonstellationen: die Überbelastung und Überentlastung, die Überkonsumation bzw. ihr Gegenteil, die Verelendung, sowie die Überinformation, zu der es ebenfalls einen kritischen Gegenpol gibt, nämlich die fehlende Aufklärung, diese drei Kriterien – von denen unsere Gesellschaft eindeutig zum jeweils „wohlstandssymptomatischen" Extrem neigt, also zur Überentlastung, Überkonsumation und Überinformation – lassen sich sehr wohl auf einen gemeinsamen Nenner bringen. Es ist die Verschleierung des Sinn- und Wertehorizontes der eigenen Existenz, die sich in allen drei Kriterien niederschlägt, die „existentielle Frustration", wie Frankl es formuliert.

Denn wessen Blick getrübt ist durch Langweile und Überdruß, durch zwanghafte Bedürfnisbefriedigung oder durch eine Überfütterung mit negativen Daten und Fakten, der erachtet automatisch das Leben als gar nicht wert, daß man sich besonders anstrengen müßte, um gesund zu bleiben oder um einen Beruf zu erlernen oder um anderen Menschen in Liebe zu begegnen –, der sieht keine Zukunft, in der so etwas wie Ideale oder Zielvorstellungen verborgen sind, die es lohnen, hier und jetzt dem Suchtmittel zu entsagen und das eigene Begehren zu bremsen. Eine Heilung von der Sucht ist daher in der Tat nur möglich, wenn nach dem körperlichen Entzug dieser verlorengegangene Sinn- und Wertehorizont wieder aufdämmert im Nebel der Verzweiflung und Resignation und ein Signal setzt für einen Neubeginn.

Dem „Willen zum Sinn" kommt etwas zu, für das die moderne Psychologie den Ausdruck „survival value" geprägt hat. FRANKL

Ganz ähnliches gilt für die *Suchtprophylaxe,* die nicht zuletzt in den Händen von Eltern und Pädagogen liegt, welche vorbeugen können, indem sie den jungen Menschen helfen, ihren persönlichen Sinn- und Wertehorizont in einer inneren Anschauung zu suchen und zu finden. Wie oft fordere ich Eltern in der Beratung auf: „Zeigen Sie, was das Leben sinnvoll und lebenswert macht, erwecken Sie Frohsinn, Naturverbundenheit, Engagement! Stellen Sie ruhig Anforderungen an die jungen Menschen, denn diese sind intelligent und kräftig genug, sie zu erfüllen, aber lassen Sie ein Ziel erkennen, das die Anstrengungen fruchtbar macht. Unterbreiten Sie Vorschläge zur Freizeitgestaltung, aber solche, die Aktivität und vielleicht sogar ein bißchen Schweiß verlangen und nicht nur passive Konsumation. Gehen Sie mit gutem Beispiel voran, denn unsere besten pädagogischen Weisheiten helfen nichts, wenn wir Erwachsenen nicht jene Ideale nachvollziehen, die wir krampfhaft der Jugend einzupflanzen versuchen, um sie vor dem totalen Nihilismus zu retten. Und wenn Sie Informationen geben müssen, warnende Informationen zum Alkohol- und Drogenmißbrauch, dann vergessen Sie nicht hinzuzufügen, daß es andere und bessere Mittel gibt, um Probleme zu lösen und Leere zu füllen, und daß es auch unter den heutigen jungen Menschen welche gibt, die nicht jammern über den Schulstreß, und die sich nicht beschweren über jedes ernste Wort zu Hause, sondern die tapfer ihren Beitrag leisten zum Aufbau ihres Lebens und unserer menschlichen Gesellschaft.“

Wir haben keine heile Welt, um sie unseren Kindern als den Trägern der nächsten Generation zu überreichen, aber wir haben immer noch *die Idee von einer heilen Welt,* und solange wir diese haben, müssen wir sie auch weitergeben als ein Gut der Menschheit, das gehütet werden muß, bis es vielleicht in fernen Tagen Wahrheit werden kann.

Trauen wir also unseren Kindern und Jugendlichen einfach einen gesunden Widerstand gegen die Macht der Suchtgefährdung zu und geben wir ihnen positive Impulse mit auf ihren Lebensweg! Unser Vertrauen wird gewiß nicht immer gerechtfertigt sein, aber es wird die uns Anvertrauten noch eher auf dem Pfad der Vernunft halten, als wenn wir sie regelmäßig mit

Schreckensmeldungen über Rauschgifttote und Alkoholleichen bombardieren; denn letzten Endes können nur die *positiven Impulse* die Wendung zum Guten herbeiführen, im großen Weltgeschehen genauso wie in der kleinsten Familie, in der Psychotherapie genauso wie in der Pädagogik.

> *Werte können wir nicht lehren, Werte müssen wir leben.* FRANKL

8. Kapitel

Beratungstaktik und Persönlichkeitsstruktur

„Die Psychiatrie birgt wie kein anderes Fach der klinischen Medizin die Gefahr des Mißverstehens“ warnte Werner Scheid auf einer Ärztetagung 1981 und sprach des weiteren von einer „babylonischen Sprachverwirrung“, der nur mit einer klaren, übersichtlichen Systematik begegnet werden könne.

Dasselbe gilt auch für die Psychotherapie und speziell für die Beratungstätigkeit, die beide nicht nur von einer „Sprachverwirrung“, sondern sogar von einer „Prinzipienverwirrung“ gekennzeichnet sind, da von den Fachleuten die unterschiedlichsten Auffassungen vertreten werden und ein und derselbe Sachverhalt mitunter ausgesprochen kontrovers interpretiert wird.

Zum Beispiel erzählte mir eine sehr verbitterte Frau von den Sorgen mit ihrem 25jährigen Sohn, der ein Nichtstuer sei und nur auf Kosten anderer lebe, und erwähnte dabei, wo sie auf ihrer Suche nach Rat und Hilfe schon überall gewesen war. Als erstes hatte sie sich an einen tiefenpsychologisch orientierten Berater gewandt und ihm ausführlich über ihren Kummer berichtet. Nach insgesamt 20 Sitzungen, die nicht gerade billig waren und in denen sie über alles Mögliche ausgefragt wurde, klärte dieser sie folgendermaßen auf: Ihr Sohn habe sich schon im Mutterleib nicht wohl gefühlt (!) und habe außerdem einen schweren traumatisierenden Schock im Alter von 4 Jahren erlitten, als sie – die Mutter – an Kinderlähmung erkrankte. Die nachfolgende Behinderung der Mutter sei für ihn eine solche „Minderung“ seiner Kindheit gewesen, daß er sich nicht mehr normal entwickeln konnte und deswegen zwangsläufig als Erwachsener zu „neurotisch gehemmt“ sei, um regelmäßige

Arbeit aufzunehmen. Der Sohn brauche daher eine psychoanalytische Behandlung von einigen Jahren, ansonsten werde er nie mehr arbeitsfähig sein. Sie, die Mutter, solle eine solche teure Behandlung bezahlen, da sie ja die Störungen des Sohnes verursacht habe.

Die Frau berichtete mir, sie wäre unter einer anderen Argumentation sogar bereit gewesen, ihre letzten Ersparnisse für eine Behandlung ihres Sohnes zusammenzukratzen, aber der Hinweis auf ihre Erkrankung, hinsichtlich derer sie sich noch gut erinnern konnte, wie sie trotz Schmerzen und Schwäche alles nur Erdenkliche für ihren kleinen Sohn getan hatte, und die nun plötzlich an allem schuld sein sollte, empörte sie derart, daß sie sich bei diesem Berater nicht mehr blicken ließ.

Der nächste Berater machte es kurz und bündig. Als er hörte, daß der Sohn bereits 25 Jahre alt sei, riet er der Mutter, sie solle sich in dessen Leben nicht mehr einmischen und seinen Lebensstil akzeptieren, wie er ist. Jedenfalls solle sie den Sohn nicht mehr finanziell unterstützen, da er auf diese Weise niemals gezwungen werde, selbst etwas zu unternehmen. Die Frau fand diesen Ratschlag sehr vernünftig, aber sie machte sich Gedanken darüber, ob ihr Sohn nicht auf die schiefe Bahn geraten werde, wenn sie ihm ihre Unterstützung so plötzlich versage, und ging deshalb sicherheitshalber noch zu einem dritten Berater. Dieser dritte zeigte sich entsetzt darüber, daß sie ihr eigenes Kind „seinem Schicksal überlassen wolle" und machte ihr heftige Vorwürfe, sich nicht genügend um es zu kümmern. Anscheinend liebe sie es nicht, wie sich dies für eine Mutter gehöre, die nie aufhören dürfe, ihren Kindern zu helfen. Den Einwand der Frau, ob sie ihrem Sohn denn mit einem monatlichen Scheck wirklich helfe oder damit nur seine Faulheit unterstütze, fegte dieser Berater vom Tisch. Sie würde seiner Meinung nach ihre Pflicht vernachlässigen, sollte sie die monatlichen Zahlungen einstellen.

„Es ist ganz gleich, was ich tue", schloß die Frau ihren Bericht, „ich bin auf jeden Fall schuld an allem, ich mache es so oder so falsch, und das einzige Unglück meines Sohnes ist offensichtlich, daß er mich zur Mutter hat!" Bei diesen Worten brach sie in Tränen aus. „Sie sind die letzte Stelle, an die ich mich gewandt habe", fuhr sie unter Schluchzen fort, „zu einem fünften Berater gehe ich nicht mehr, lieber nehme ich mir das Leben!"

Zum Glück brauchte diese Frau keinen weiteren Berater mehr, denn inzwischen habe ich mit dem jungen Mann, ihrem Sohn (der übrigens keine Spur von „neurotisch" oder „gehemmt" ist), ein ernstes Wort geredet, und er scheint sich darauf zu besinnen, daß er seinen Lebensunterhalt nicht auf Dauer aus der mageren Geldbörse seiner Mutter bestreiten kann, sondern schließlich und endlich auch einen eigenen Beitrag leisten muß.

Das Beispiel ist deswegen bemerkenswert, weil es deutlich zeigt, welch unterschiedliche Beratungstaktiken existieren, und wie wenig diese auf die jeweilige Persönlichkeitsstruktur des Ratsuchenden abgestimmt werden, was bedenklich ist. Jeder Mensch hat eine gewisse Wesensart, und jede Problematik erfordert gewisse therapeutische Ansätze, und beides muß so miteinander ausgewogen werden, daß weder der Ratsuchende gekränkt oder verletzt wird, nur um ein bestimmtes Beratungsziel zu erreichen, noch letztlich ein Beratungsergebnis zustande kommt, welches nicht passieren darf (z.B. eine iatrogene Schädigung) und auch niemals Sinn einer Beratung sein kann.

Abstimmung der Beratungstaktik auf:

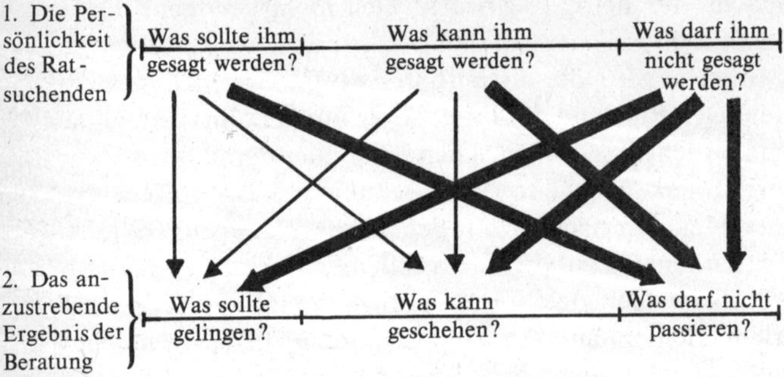

(Dünne Pfeile: tolerable Beratungstaktiken,
dicke Pfeile: nicht-tolerable Beratungstaktiken)

Geht man davon aus, daß es Dinge gibt, die man manchen Personen in manchem Zusammenhang nicht sagen darf, und daß es auch Geschehnisse und Effekte gibt, die in einer Beratungssituation nicht produziert werden dürfen, dann gibt die obige Zeichnung ein klares Differenzierungsmuster zwischen tolerablen (= dünnen Pfeilen) und nicht-tolerablen (= dicken Pfeilen) Taktiken an.

Um noch einmal auf das kurz skizzierte Beispiel von vorhin zurückzukommen, möchte ich meinen, daß der Berater Nr. 1 ins „dicke Feld" geraten war, als er die schwere körperliche Erkrankung der Mutter als Kriterium für die psychische Fehlentwicklung ihres Sohnes deklariert hatte, denn behinderte Menschen sind im allgemeinen etwas empfindlich, was ihre Behinderung betrifft, und insbesondere empfindlich Ungerechtigkeiten gegenüber. Eine Frau aber, die ein schweres Leid durchgemacht und sich trotzdem bemüht hat, ihre Mutterpflichten nach Kräften zu erfüllen, und die dann anhören muß, daß ihr Leiden bloß als eine „Beeinträchtigung" der Jugendzeit ihres Sohnes angesehen wird, muß dies als ungerechtfertigten, schmerzlichen Vorwurf erleben. Es kann sein, daß eine Behandlung des Sohnes erfolgversprechend gewesen wäre, aber sie durfte nicht über solche Worte eingeleitet werden.

Des weiteren möchte ich meinen, daß auch der Berater Nr. 3 sehr nahe ans „dicke Feld" herankam, denn sein Ratschlag, die Mutter müsse ihren Sohn zeitlebens unterstützen, kann aller Voraussicht nach sehr leicht zu einem Ergebnis führen, das nicht passieren darf, nämlich dazu, daß der Sohn bis zum Tod seiner Mutter ständig nur auf ihre Kosten leben wird und auf diese Art und Weise nie mehr die normale Selbständigkeit und Unabhängigkeit eines erwachsenen Menschen erlangt.

Berater Nr. 2 brachte hingegen ein taktisches Vorgehen zum Ausdruck, das ohne Kränkung der Mutter gesagt werden konnte und auch die Chance hatte, zu einem akzeptablen Ergebnis zu führen. Was ich allerdings bei allen drei Beratern vermißt hatte, war etwas, das *gesagt werden mußte*, nämlich, daß ein Gespräch mit dem Sohn selbst erforderlich ist. Selbstverständlich wäre es denkbar gewesen, daß sich der Sohn geweigert hätte, zur Beratung zu kommen, aber zumindest mußte doch zunächst versucht werden, seine Bereitschaft zur Kooperation zu gewinnen. Eine direkte Möglichkeit, über eine ausschließliche Beratung der Mutter die Situation des Sohnes zu verbessern, gab es im vorliegenden Falle ja nicht.

Zum Fallbeispiel: Abstimmung der Beratungstaktik auf

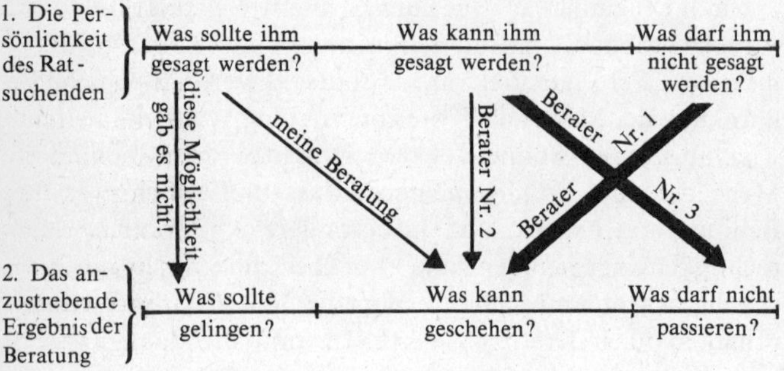

Wenn wir nun im folgenden untersuchen wollen, was wesentlich dazu beiträgt, die Beratungstaktik des Ratgebenden sinnvoll auf die Persönlichkeitsstruktur des Ratsuchenden abzustimmen, dann können wir uns im großen und ganzen an die logotherapeutischen Grundprinzipien halten, die in jeder Hinsicht geeignet sind, dem Fachmann als wertvolle Hilfe zu dienen.

> *Die Aufgabe wechselt nicht nur von Mensch zu Mensch – entsprechend der Einzigartigkeit jeder Person –, sondern auch von Stunde zu Stunde, gemäß der Einmaligkeit jeder Situation.*
>
> FRANKL

Die Aufforderung Frankls, der Psychotherapeut müsse „individualisieren von Mensch zu Mensch und improvisieren von Stunde zu Stunde“ paart sich mit den konkreten Informationen über geistige Feedbackwirkungen und Zielorientierungen aus der logotherapeutischen Erkenntnistheorie zu einem klarumrissenen Anleitungsschema für Berater, die das „dünne Feld“ tolerabler Beratungstaktiken nicht überschreiten möchten. Ihnen sei die nachstehende Zusammenstellung gewidmet.

A)
… individualisieren von Mensch zu Mensch

Der Ratsuchende, der uns in der Beratungssituation gegenübertritt, hat stets eine ganz bestimmte Persönlichkeitsstruktur. Dies ist kein Widerspruch zum Axiom der geistigen Freiheit, welches in der Logotherapie postuliert wird, denn auch innerhalb einer ausgeprägten Persönlichkeit mit vorgegebenen emotionalen und reaktiven Neigungen besteht ein ausreichend großer Denk- und Handlungsspielraum, um das Leben auf die unterschiedlichste Weise zu meistern – das Pendel schwingt vielleicht nicht immer zwischen totalem Versagen und höchstem Erfolg, aber jedenfalls zwischen sinnlosem Vertun und sinnvollem Nützen der zur Verfügung stehenden Bedingungen.

Jede Neigung – und wenn wir uns mit Persönlichkeitsbildern befassen, dann geht es hauptsächlich um Neigungen und niemals um starre Festlegungen! – enthüllt positive und negative Aspekte, sie ist immer Gefahr und Chance zugleich und kann somit, wenn der Berater sie erkennt und berücksichtigt, in den gemeinsamen Gesprächen hilfreich zum Tragen kommen. Es kann aber auch geschehen, daß diese der Persönlichkeit eines Ratsuchenden entsprechenden Neigungen nicht erkannt und berücksichtigt werden und das Beratungsgespräch daraufhin schlecht ausgeht, sei es durch den Abbruch der Kontakte von seiten des Ratsuchenden, sei es durch einen massiven Widerstand oder eine wortreiche Konfrontation mit dem Berater.

Um diesbezüglich Hinweise zu geben wäre eine Einteilung der Ratsuchenden nach „Persönlichkeitstypen“ nötig, ein Unterfangen, das in der Psychologie schon oft probiert worden ist und stets mit vagen charakterologischen Deutungen und umfangreichen Merkmalskatalogen geendet hat. Ich möchte daher die psychologischen Experimente zur Skalierung von Persönlichkeitsvariablen nicht noch zusätzlich um ein neues Experiment bereichern, sondern lieber das *Individualisieren* verschiedenen Charakteranlagen gegenüber in den Mittelpunkt unserer Aufmerksamkeit schieben: Der Berater muß lernen, daß er nicht jedem Ratsuchenden dasselbe sagen kann und darf, auch nicht bei gleicher Problematik und ähnlicher Symptomatik.

Als erster provisorischer Maßstab für die Beratungstaktik kann durchaus schon das Erstgespräch mit dem Ratsuchenden dienen, denn es bringt deutlicher als alle weiteren Gespräche zum Ausdruck, *mit welcher Einstellung* der Ratsuchende auf den Berater zugeht, was er sich erhofft, erwartet, in welcher Form er es sucht oder fordert, als Medium welcher Art er den Berater betrachtet. Die besondere Weise, wie jemand Rat und Hilfe sucht und seine Wünsche vorbringt, ist auf jeden Fall bezeichnend für seine Persönlichkeitsstruktur, sie ist sogar oft „typischer" als spätere Gesprächskontakte, in denen bereits eine gegenseitige Abstimmung zwischen Berater und Ratsuchendem wirksam wird. Der erste Kontakt ist gerade deshalb, weil er durch die „Fremdheit" beider „Partner" gekennzeichnet ist, ein außerordentlich wertvolles Diagnostikum von Charaktervariablen, und der geschickte Berater wird sich daher bei solchen Erstgesprächen weniger auf eine inhaltliche Analyse der vorgebrachten Problematik konzentrieren – die sowieso in ihrer gesamten Detailfülle so schnell nicht durchschaubar ist –, sondern lieber seine weitere Vorgangstaktik zurechtlegen, die eben zur Persönlichkeit des Ratsuchenden passen soll.

Das heißt aber auch, daß er von Standard-Gesprächsmethodiken abweichen muß und je nachdem, wie er vom Ratsuchenden „angesprochen" wird, zu diesem „zurückspricht", also zum Beispiel Konzepte wie das der klientenzentrierten Gesprächsführung und andere bewährte Eingangsschemata nur in gewissen Situationen anwendet und in anderen nicht. Das Individualisieren erzwingt das Improvisieren, die Anerkennung des Ratsuchenden als „Individuum" entbindet den Berater von seiner „Rezeptpflicht".

> *Nie kommt es auf eine Technik an, sondern immer nur auf denjenigen, der die Technik handhabt, auf den Geist, in dem sie gehandhabt wird.*
>
> FRANKL

Die folgende Aufstellung gibt eine kleine Auswahl von Erstgesprächskombinationen wieder, wobei demonstriert werden soll, welch unterschiedliche taktische Ansätze unter dem Oberbegriff des logotherapeutischen Gesamtansatzes denkbar sind, und wie sehr diese an die Persönlichkeitsausprägungen des Ratsuchenden angepaßt werden müssen.

Wie spricht der Ratsuchende den Berater an? (Ausdruck seiner Persönlichkeitsstruktur)	*Wie reagiert der Berater am besten darauf?* (Ausdruck seiner Beratungstaktik)
1. Der „unsichere Typ"	
Der Ratsuchende spricht wenig, leise, unzusammenhängend. Er kann nicht klar formulieren, was er möchte, er vermeidet den Blickkontakt mit dem Berater. Vielleicht raucht er ununterbrochen oder macht mit den Händen nervöse Bewegungen. Er wirkt schüchtern, gehemmt, unsicher, labil, möchte unter Umständen am liebsten wieder aufspringen und gehen. Es gelingt ihm schwer, Vertrauen zu finden, Hoffnung zu schöpfen, er ist stark auf seine Probleme fixiert, kann sich aber kaum verbalisieren. Meist ist er von irgendjemandem „geschickt" worden, konnte sich nur mit Mühe überwinden, zu kommen.	Der Berater sollte sich von solch „neurotischem Gehaben" nicht verleiten lassen, den Ratsuchenden intellektuell zu unterschätzen oder abwertend zu beurteilen. Er sollte ihm lieber Hilfestellung geben, indem er ihn behutsam auf Gesprächsinhalte führt, hinsichtlich derer sich der Ratsuchende sicher fühlt. Wichtig ist es, nach positiven Dingen in dessen Leben zu fragen und diese ernst zu nehmen; der Problemkreis sollte vorerst nur am Rande berührt werden, denn die Gefahr einer Hyperreflexion ist groß. Taktisch gesehen ist es unbedingt notwendig, zunächst das Vertrauen des Ratsuchenden zu erwerben, sonst können keine Maßnahmen zur Problemreduzierung eingeleitet werden.

Grundsatz: Über das Vertrauen zu einem anderen Menschen kann das Vertrauen zum Leben erneuert werden!

2. Der „überhebliche Typ"

Der Ratsuchende weiß ganz genau, was er will, er hat ein bestimmtes Anliegen und möchte den Therapeuten dazu „benützen", ihm bei der Verwirklichung dieses Anliegens behilflich zu sein. Was ihm vorschwebt, ist ein Therapeutenverhalten nach seinem Geschmack, etwas, das ihm zusteht, weil er dafür bezahlt. Sollte sich der Therapeut seinen Wünschen nicht anpassen, kann er ja ausgewechselt werden. Mitunter wird sogar ein leichter Erfolgszwang auf den Therapeuten ausgeübt, konkrete Ergebnisse werden allzu bald erwartet, Mißerfolge werden auf das Konto therapeutischer Unfähigkeit gebucht. Geld spielt im allgemeinen keine Rolle.

Der Berater kann und darf sich nicht als „Mechaniker" verstehen, der eine Reparatur durchzuführen hat, will er den Ratsuchenden nicht zu einem „reparaturbedürftigen Mechanismus" degradieren. Ferner muß er den Ratsuchenden darüber aufklären, daß die Höhe des Honorars nicht mit der Intensität seiner Bemühungen korrespondiert – die Berufsethik des Therapeuten gebietet zu helfen ohne Ansehen der Person. Als dritten und wichtigsten Schritt aber hat der Berater in diesem Fall klarzustellen, daß das Therapieziel nicht allein von den Wünschen des Ratsuchenden abhängt. Was erreichbar ist und was erreicht werden soll, sind zwei unterschiedliche Dinge: das Machbare ist an technische Fragen, das Anstrebenswerte ist an Existenzfragen gebunden.

Grundsatz: Die Sinnhaftigkeit einer psychotherapeutischen Behandlung ist ihr oberstes Kriterium.

---

3. Der „pessimistische Typ"

Der Ratsuchende betont von Anfang an, daß er sich wenig von der Beratung erwartet. Nur „um alles versucht zu haben" ist er gekommen, aber er glaubt nicht an einen Erfolg oder an irgendwelche Lösungsmöglichkeiten hinsichtlich seiner Probleme, will deswegen kaum darüber sprechen. Wirkt eher resigniert als feindselig, macht aber deutlich, daß er keinerlei Optimismus teilen wird. Manchmal kündigt er seine fehlende Bereitschaft zur

Der Berater sollte sich von diesem demonstrativen Pessimismus nicht provozieren lassen, denn oft steckt Angst oder Unreife dahinter. Er darf ihn aber auch nicht gelten lassen, um ihn nicht zu verstärken. Es muß daher ruhig und sachlich darauf hingewiesen werden, daß es der Ratsuchende selbst in der Hand hat, sein Schicksal zu ändern, und der Berater nur die Funktion eines „Krückstockes" innehaben kann, vorausgesetzt, daß der Ratsu-

Mitarbeit direkt an: der Berater könne es ja versuchen, aber er selbst sehe wenig Sinn in der Beratung. Zählt auf, was früher schon alles daneben gegangen ist, begegnet jedweden therapeutischen Vorschlägen mit Skepsis.

chende wirklich auf eigenen Füssen gehen lernen will. Wenn er es nicht will, kann ihm die beste Krücke nichts nützen. Taktisch gesehen ist es also notwendig, dem Ratsuchenden die Eigenverantwortlichkeit bewußt zu machen, ohne ihm das therapeutische Hilfsangebot zu entziehen.

Grundsatz: Nur das Bewußtsein der Eigenverantwortlichkeit macht das Annehmen fremder Hilfe sinnvoll.

---

4. Der „leichtsinnige Typ"

Der Ratsuchende hat ernsthafte Probleme, die er allerdings zu überspielen trachtet und nicht wichtig genug nimmt. Er zeigt einen unangemessenen Optimismus, daß sich schon alles einrenken werde, sozusagen auch ohne die therapeutischen Ratschläge zu befolgen, die ihm erteilt werden. Es bestehen jedoch Gefahrenmomente für seine Gesundheit oder Übergriffe auf andere Personen (z. B. Autofahren unter Alkoholeinfluß), die ein Ernstnehmen der vorliegenden Problematik erfordern, und im Grunde weiß er dies genau. Es ist ihm nur unangenehm, ehrlich darüber zu sprechen bzw. an sich zu arbeiten, und so flüchtet er in Hoffnungen, die sich nicht erfüllen werden. Illusionen übertünchen das Realitätsbewußtsein, das allein zum Handeln motivieren könnte.

Es gehört zu den unangenehmsten Aufgaben des Beraters, Illusionen zu zerstören und negative Tatsachen ins Bewußtsein zu heben, und er muß in jedem Fall vorsichtig abwägen, ob dies wirklich notwendig ist und in welcher Dosis es zu geschehen hat. Manchmal aber ist solches unumgänglich, um größeren Schaden zu verhindern; er muß z. B. zu einem Klinikaufenthalt, zur Trennung von einem anderen Menschen oder zum Aufgeben einer bestimmten Arbeit raten, und in all diesen Fällen tut die Begründung des Ratschlages weh. Der Berater sollte dabei wie ein guter Chirurg vorgehen, nämlich den schmerzhaften Schnitt durchführen, aber die Hoffnung auf Heilung bewahren. So prognostisch schlecht eine Sache aussehen mag, darf doch stets nur jene negative Prognose ins Gewicht fallen, die *ohne* Therapieversuch bestünde, niemals jene, die *trotz* Therapieversuch existiert.

Grundsatz: Mit Enttäuschungen, mit Schmerzen, mit Verzichten kann man leben, mit Hoffnungslosigkeit nicht.

5. Der „depressive Typ"

Der Ratsuchende hat einen schweren Verlust erleiden müssen, über den er nicht hinwegkommt. Er spricht ausschließlich über diesen Verlust, weint, ist verzweifelt. Zeigt sich wenig empfänglich für irgendeinen Trost, registriert überhaupt wenig von seiner Umwelt, weil er ganz im eigenen Kummer gefangen ist. Aussprache tut ihm einerseits gut, andererseits steigert er sich noch mehr in seine Verzweiflung hinein. Oft wird der Zusammenbruch einer „pyramidalen Wertanordnung"* sichtbar, die Tendenz zur Einseitigkeit, zur Vergötzung eines Wertes, der nun in Verlust geraten ist.

Der Berater muß bei jeder Form abnorm depressiver Erlebnisreaktionen vorsichtig sein und die Zuziehung eines Arztes in Evidenz halten. Eine „Abwertung" des Verlustes (es sei ja gar nicht so schlimm, usw.) ist wenig nutzvoll, oft sogar kränkend für den Ratsuchenden, der sich unverstanden fühlt. Deswegen sollte der Verlust als ein solcher durchaus akzeptiert werden, aber zugleich, wenn nur irgendwie möglich, in einen Sinnzusammenhang gebracht werden, und dazu muß der Ratsuchende lernen, zuzuhören. Deswegen sollte eine lange Klage sanft aber entschieden unterbrochen und die Aufmerksamkeit des Ratsuchenden zunehmend errungen werden.

Grundsatz: Aussprechen und Ausweinen ist gut, aber immer nur bis zu einem gewissen Grad.

---

6. Der „aggressive Typ"

Der Ratsuchende reagiert von Anfang an gereizt und betont gefühlsmäßig, ja fast ein bißchen cholerisch. Seine Stimme steigert sich, das Blut steigt ihm zu Kopf, sein Atem geht hastig, Schweiß bildet sich auf seiner Stirn. Kleinigkeiten erregen ihn, er gibt sich angriffslustig gegen den Therapeuten oder entrüstet über andere Menschen, hakt sich an Belanglosem fest und verteidigt

Der Berater darf bei so temperamentvollen, aufgeladenen Personen nicht zu lange warten, um die Situation in den Griff zu bekommen, ansonsten riskiert er einen „hysterischen Anfall" des Patienten. Sinnvoll ist es, gleich zu Beginn des Gesprächs deutlich zu machen, daß ein Mindestmaß an gegenseitiger Achtung und Höflichkeit erforderlich ist, um die Sachlage zu besprechen, daß sich

* Nach Kratochvil sind „pyramidale Wertanordnungen" einseitige Werthierarchien mit einem einzigen obersten Wert an der Spitze, während „parallele Wertanordnungen" mehrere große Werte gleichrangig nebeneinanderstellen. Letzteres ist psychohygienisch gesünder, vgl. dazu mein Herder Taschenbuch „Auch dein Leben hat Sinn", Seite 23 ff.

zornig seine „Rechte" und Standpunkte. Die Aggressionsbereitschaft kann auch latent vorhanden sein und nur an gewissen Stellen des Gesprächs ausbrechen, dafür inadäquat heftig. Widerspruch bewirkt eine Steigerung des Emotionalverhaltens, einfühlsames Verstehen bewirkt dasselbe. Frauen begleiten Rede und Gestik nicht selten mit einem Tränenausbruch.

der Patient daher bequem hinsetzen und ruhig durchatmen möge, um dann langsam und besonnen sein Anliegen vorzubringen. Ist ein Thema so gefühlsbesetzt, daß keine vernünftige Absprache darüber möglich ist, soll man nicht zögern, abzubrechen und das Thema auf ein anderes Mal zu verschieben. Entspannungstechniken können angeboten werden, Tränen sollten jedoch ineffektiv bleiben.

Grundsatz: Wo ein Mindestmaß an Selbstdisziplin fehlt, sind geistige Kräfte entmachtet.

---

7. Der „autoritätsgläubige Typ"

Der Ratsuchende ist unschlüssig, was er eigentlich will, er sucht Entscheidungshilfe beim Fachmann. Er ist in Sorge, weil er alles richtig machen möchte und findet nicht den Mut zu Spontanentscheidungen. Manchmal kommt eine ausgesprochene Autoritätsgläubigkeit hinzu: nur der Experte könne sagen, was zu tun sei. Mitunter wurde pedantisch zusammengetragen, was für oder gegen eine bestimmte Entscheidung spricht, und diese Liste wird dem Berater sorgfältig präsentiert – er soll nun den Spruch der Weisheit fällen. Unausgesprochen heißt dies vielfach: er soll die Verantwortung für die Entscheidung übernehmen, er ist ja „kompetent".

Der Berater darf sich nicht anmaßen, in jedem Fall die richtige Entscheidung treffen zu können, und schon gar nicht mit einer Handvoll Informationen. Er darf sich aber auch nicht prinzipiell davor drücken, Antwort zu geben, wenn er gefragt wird. Deswegen ist auszuloten, inwieweit der Ratsuchende fähig ist, sich selbst zu sinnvollen Entscheidungen durchzuringen, und inwieweit er Direktiven benötigt, um sich nicht in eine unglückliche Situation hineinzumanövrieren. Dieses „Ausloten" soll unbemerkt geschehen, wobei höhere Zielperspektiven des Ratsuchenden sichtbar gemacht werden, um Wesentliches von Unwesentlichem zu unterscheiden. Eine Stärkung der diesbezüglichen Unterscheidungskraft des Ratsuchenden kann Direktiven überflüssig machen.

Grundsatz: Das Ziel soll die Entscheidung treffen über den Weg, den man zu gehen hat.

8. Der „intellektuelle Typ“

Der Ratsuchende wirkt unnatürlich distanziert und gefaßt, vielleicht auch gefühlsarm und innerlich rigid. Er „seziert“ seine Beschwerden selbst und „analysiert“ seine Situation exakt, ohne irgendeine innere Bewegung oder Beteiligung erkennen zu lassen. Die Zuordnung zu einem „typischen Intellektuellen“ drängt sich einem auf, der Hang des Ratsuchenden zum Theoretisieren, zum Besserwissertum, ggf. auch zum Diskutieren um des Diskutierens willen macht sich bemerkbar. Der Emotionalbereich wird eher ausgeklammert oder sogar ironisiert, zeitweise von weltanschaulichen oder politischen Ideen überlagert und mit rationalen Argumenten zu erklären versucht. Fremde Argumentation wird nur beschränkt akzeptiert.

Der Berater muß auf der Hut sein, um sich nicht in Spiegelgefechte hineinziehen zu lassen, die ohne therapeutischen Gewinn sind. Die Therapiesituation ist nicht primär dazu da, um über verschiedene Ansichten zu debattieren und endlose theoretische Diskussionen zu führen. Dagegen könnte eine allmähliche „Entintellektualisierung“ des Ratsuchenden von Vorteil sein, eine Erweiterung seiner Erlebnissphäre, die ihn zu einem „Mitschwingen des Gemütes“ stimulieren würde. Da die Gefahr des „alles Zerredens“ gegeben ist, eignen sich De-vivo-Demonstrationen und praktische Aktivitäten besonders gut, um das „präreflexive Wert- und Seinsverständnis“ des Ratsuchenden wieder herzustellen, z.B. ein gemeinsamer Spaziergang, die gemeinsame Betrachtung eines Kunstwerkes und ähnliches, wobei Eindrücke statt Worte wirken.

Grundsatz: Das Gefühl kann viel feinfühliger sein als der Verstand scharfsinnig (Frankl).

---

9. Der „abhängige Typ“

Der Ratsuchende stellt sich selbst in bestem Lichte dar und beschwert sich über die Umwelt, die allein an seinen Nöten schuld sei. Statt der Umwelt können es auch Geschehnisse aus seiner Vergangenheit oder Fehler seiner Bezugspersonen sein, die als „Ausrede“ dienen, um die vorliegende Problematik zu ergründen.

Der Berater steht bei der Konfrontation mit einem solchen Determinismus, der oftmals auch durch entsprechende Pseudoinformationen untermauert wird, vor der Aufgabe, die Willensfreiheit und die „Trotzmacht des Geistes“ bei seinem Patienten wieder freizulegen, die verschüttet sind. Zu diesem Zweck muß er

Tatsächlich sucht der Patient so etwas wie eine Bestätigung seiner Schuldlosigkeit und Ohnmacht: er könne sich gar nicht anders verhalten. Therapeutisches Mitgefühl wäre ihm angenehm, das „Zusammenbasteln“ von Kausalketten, mit denen sich sein persönliches Versagen restlos erhellen läßt, wäre die ersehnte Rechtfertigung für ihn. Ratschläge, die auf die eigene Handlungsfreiheit abzielen, werden torpediert bis ignoriert, jedenfalls als „Mißverständnis“ interpretiert.

eine klare Absage an die vorgebrachten Thesen des Ratsuchenden machen, ein unbezwingbares „nein“ sprechen. Mit der „Schuld“ gibt er dem Patienten aber auch die „Würde“ wieder, mit der Verantwortung, die er ihm aufbürdet, schenkt er ihm die geistige Freiheit zurück. So kann die anfängliche therapeutische Härte des Widerspruchs gemildert werden durch das Annehmen des Ratsuchenden als ein vernunftbegabtes, entscheidungsfähiges Wesen, das zwar nicht in jeder Hinsicht bestärkt, das aber in jeder Hinsicht für mündig gehalten wird.

Grundsatz: Nur wer die geistige Freiheit besitzt, ist seinen Bedingungen nicht untertan.

---

10. Der „lethargische Typ“

Der Ratsuchende ist innerlich leer und wie ausgebrannt, teilnahmslos sitzt er beim Berater und interessiert sich für gar nichts. Er beantwortet Fragen mit „ja“ oder „nein“ und wirkt absolut gleichgültig, nichts scheint ihm etwas zu bedeuten. Es gibt kaum ein Gesprächsthema, das ihn aus seiner Reserve lockt, alles ödet ihn an, fließt an ihm vorbei, die Bemühungen des Therapeuten entlocken ihm höchstens ein Gähnen. In krassen Fällen besteht sogar Suizidgefährdung, oft sind Vernachlässigungs- oder Wohlstandsschäden erkennbar; die Freizeit wird in Langweile verbracht, irgendeine Motivation zur Zielerreichung liegt nicht vor. Das chroni-

Wo immer eine solche noogene Problematik aufbricht, muß sich der Berater bewußt sein, daß die Existenzgrundlagen des Ratsuchenden ins Wanken geraten sind und quasi stets „Lebensgefahr“ besteht, wenn auch vielleicht nur Gefahr für das geistige Leben. Deswegen sind die näheren Lebensumstände des Betreffenden einer sorgfältigen Prüfung zu unterziehen, ob nämlich nicht durch eine Veränderung ihrerseits Motivationsimpulse vermittelt werden können. So ist z.B. eine finanzielle Sicherstellung des Ratsuchenden unter Umständen Gift für ihn, weil sie die Notwendigkeit, aktiv etwas zu unternehmen, unterbindet. Es kann in dem Zusammenhang

sche Zustandsbild des Patienten ist völlige Lustlosigkeit.

wichtig sein, Angehörige in die Beratung miteinzubeziehen und mit ihrer Hilfe winzige Nahziele zu schaffen, die vom Ratsuchenden akzeptiert werden können – oder müssen.

Grundsatz: In das existentielle Vakuum hinein wuchern lebensbedrohende Abnormitätsformen.

Diese zehn Beispiele erheben keinerlei Anspruch auf Vollständigkeit, denn natürlich gibt es unzählige Erstgesprächskombinationen; sie sollen nur eines verdeutlichen, nämlich daß der Berater schon von Beginn seiner Beratungstätigkeit an *zwei Fakten* im Auge behalten muß:

1. die spezielle Persönlichkeitsstruktur des Ratsuchenden, welcher er eben erst gewahr wird, und
2. die logotherapeutischen Beratungsgrundsätze, derer er sich stets bewußt ist.

Sein Verhalten sollte demnach auf die Persönlichkeitsstruktur des Ratsuchenden Rücksicht nehmen und gegen die logotherapeutischen Beratungsgrundsätze nicht verstoßen, also einerseits weder die Person des Ratsuchenden beleidigen, demütigen, entwerten, verletzen oder verunsichern (iatrogene Schädigungen), noch andererseits sie trösten, unterstützen oder zur Mitarbeit gewinnen mit Mitteln, die vom logotherapeutischen Standpunkt aus nicht zu vertreten sind (Kompetenzüberschreitung).

Gelingt die Abstimmung des therapeutischen Gesprächs auf diese beiden Kriterien, dann bleiben die „Interaktionspfeile" im „dünnen Feld" – bezogen auf die Skizze auf Seite 334 –, denn weder wird dann etwas gesagt werden, was gerade dieser bestimmten Person nicht gesagt werden darf (Berücksichtigung der Persönlichkeitsstruktur des Ratsuchenden!), noch wird aus den gegebenen Ratschlägen etwas hervorgehen, das einfach nicht geschehen darf (Einhaltung logotherapeutischer Beratungsgrundsätze!). Beides zusammen ergibt die „humanste" mitmenschliche Begegnung auf therapeutischer Ebene, eine *erstaunliche Mischung von Variabilität und Verläßlichkeit:*

Variabilität nämlich insofern, als wirklich individualisiert werden kann, weil sogar das Individuelle, das eben nicht mehr Typologisierbare und Katalogisierbare der Persönlichkeit des Ratsuchenden die Beratertaktik mitbeeinflussen darf und soll, Verläßlichkeit aber insofern, als die Orientierungsgrundsätze des therapeutischen Handelns unverrückbar beständig bleiben, in welcher Anwendungsform sie auch immer zum Tragen kommen.

Das Individualisieren von Mensch zu Mensch heißt daher zwar wohl: „Eingehen auf den Ratsuchenden unter der Annahme seiner Einzigartigkeit und Einmaligkeit, die jeder Mensch besitzt", es heißt aber nicht: „Grundsätze brechen, die der Logotherapeut nun einmal bejaht". Das Individualisieren ist „das dem Patienten Entgegenkommen auf einem Weg, der trittfest ist", denn es wäre genauso sinnlos, dem Patienten aus der Ferne die Hand reichen zu wollen, wie es sinnlos wäre, eine Begegnung auf trügerischem Boden zu vereinbaren; wenn wir Logotherapeuten unsere Hände ausstrecken, dann müssen wir die sich uns anvertrauenden Menschen auch erreichen und sicher abstützen können!

B)
... improvisieren von Stunde zu Stunde

Wir sagten, der Ratsuchende, der uns in der Beratungssituation gegenübertritt, hat stets eine ganz bestimmte Persönlichkeitsstruktur. Er hat aber auch ein ganz bestimmtes Leid oder Problem und reagiert darauf seiner Persönlichkeitsstruktur gemäß. So gibt es zum Beispiel Tausende von Elternpaaren, die ein behindertes Kind großziehen müssen, und doch verhalten sich diese vielen Eltern höchst unterschiedlich, weil sie sich zu ihrem Leid unterschiedlich einstellen und auch verschiedene äußere Umstände vorfinden, die ihnen die Sachlage erleichtern oder erschweren. Wollte man allgemeine Beratungsregeln für den Therapeuten aufstellen, die sein optimales Vorgehen beim Problemkreis „behindertes Kind in der Familie" festsetzen sollten, würde man deshalb bald in Verlegenheit geraten, weil sich widersprüchlichstes Material ansammeln würde: Müßte etwa einem Elternpaar geraten werden, die Behinderung seines Kindes ernst zu nehmen und das Kind nicht zu überfordern, müßte einem anderen Elternpaar vielleicht das pure Gegenteil geraten werden, nämlich die Behinderung des Kindes nicht als Begründung für jedwedes Versagen heranzuziehen, sondern trotzdem gewisse kleine Anforderungen an das Kind zu stellen. Was also in die problemorientierte praktische Arbeit miteingeht, das ist wiederum zu einem sehr wesentlichen Teil die besondere Persönlichkeitsstruktur des Ratsuchenden, und zwar nicht nur bei der Frage, wie sich der Therapeut ihm gegenüber am besten verhält, sondern auch bei den Antworten, die er zur vorliegenden Problematik gibt.

> *Je genormter eine Maschine ist, um so besser ist sie, je genormter jedoch der Mensch – je mehr er in seinem Typus aufgeht und einer Durchschnittsnorm entspricht –, um so abtrünniger ist er der ethischen Norm.* FRANKL

Bei der Besprechung des Punktes A) habe ich am Beispiel einer einzigen *Situation*, nämlich der Erstgesprächssituation, gezeigt, welch unterschiedliche Beratungsansätze in Anlehnung an die unterschiedlichen Charaktere der Ratsuchenden denkbar sind. Nun will ich bei der Besprechung des Punktes B) am Beispiel eines einzigen *Symptoms* demonstrieren, daß auch sehr unterschiedliche Behandlungspläne denkbar sind, wiederum angepaßt an die Charaktereigenschaften der Betroffenen. Das Symptom, das ich zu diesem Zwecke ausgewählt habe, ist ein ziemlich monodimensionales, um die vielschichtigen Querverbindungen zu anderen Begleit- und Folgesymptomen und deren noch vielschichtigeren Rückwirkungen auf das Gesamtkrankheitsbild auszuklammern, es ist eine „isolierte Konzentrationsschwäche".

Wie reagiert der Patient auf sein Symptom? (Ausdruck seiner Persönlichkeitsstruktur)	*Wie stimmt der Therapeut seinen Behandlungsplan darauf ab?* (Ausdruck seiner Beratungstaktik)
1. Der „unsichere Typ“	
Der Patient wird durch seine Konzentrationsschwäche noch unsicherer als zuvor, er wagt sich kaum mehr unter die Leute oder traut sich nicht mehr zu, bestimmte Aufgaben zu übernehmen. Er zieht sich zurück, spricht wenig und leise, ist mit seinen Gedanken oft abwesend. Aus der Unsicherheit heraus wirkt er zerfahren, manchmal lächerlich oder besonders schüchtern und wird von der Umwelt eher beiseite geschoben oder nicht für voll genommen. So wird der Patient immer einsamer, introvertierter, sonderbarer. Manchmal verliert er direkt den Anschluß an das Leben und scheut jegliche zwischenmenschliche Kommunikation.	Da der Patient mehr Sicherheit in der Interaktion mit seiner Umwelt gewinnen soll, bietet sich das Wechselgespräch zwischen ihm und dem Therapeuten zur Übung an. Paradox intendierend könnte der Therapeut ein kurzes, interessantes Ereignis erzählen mit der Aufforderung an den Patienten, sich möglichst überhaupt nicht darauf zu konzentrieren, damit er anschließend ja nichts mehr davon in Erinnerung habe. Später befragt wird der Patient zugeben müssen, doch noch einiges aus dem Bericht zu wissen. Dann ist der Rollentausch günstig: nun erzählt der Patient etwas, und der Therapeut hört zu. Auch dabei muß sich der Patient konzentrieren und trainiert somit seine Konzentrationsfähigkeit, während er die Angst vor seiner Schwäche abbaut.
Grundsatz: Die Furcht zieht herbei, was sie fürchtet.	
2. Der „überhebliche Typ“	
Der Patient will seine Konzentrationsschwäche um jeden Preis „beheben“, denn er fühlt sich beruflich oder in seinem Erfolg dadurch gehandikapt. Am liebsten wäre ihm eine Schachtel mit „Konzentrationspillen“, die sein Problem auf einfachste Weise lösen würden. Wenn es diese nicht gibt, ist er bereit, ein gewisses Trainingsprogramm auf sich zu	Da der Patient etwas erzwingen will, besteht die akute Gefahr, daß er sein Ziel nicht erreichen wird, auch wenn er große Summen dafür investiert. Außerdem kann es sein, daß der Therapeut die Erreichung des Zieles „bessere Konzentration“ für nicht so vordergründig ansieht wie z. B. die Erreichung größerer innerer Gelassenheit und Zufriedenheit.

nehmen, sofern baldige Verbesserungen gewährleistet werden. Er ist überzeugt, daß sich das Übel beseitigen läßt, wenn er nur das richtige Heilmittel findet, und ist entschlossen, seinen Wunsch, sich besser konzentrieren zu können, durchzusetzen. Hinweise, die Schwäche könnte physisch – z.B. durch das Alter – bedingt sein, läßt er kaum gelten.

Deshalb mag es notwendig sein, den Patienten darüber aufzuklären, daß ein hektisches Erfolgsstreben wenig Aussichten auf Erfolg hat, weil Erfolg eben „erfolgen" muß und nicht direkt intendiert werden kann. Im weiteren Gesprächsverlauf sollte zu klären versucht werden, für welche wahren Ziele eine Stärkung der Konzentrationsfähigkeit überhaupt sinnvoll sei, und ob ein anderer Kräfteeinsatz diesbezüglich nicht lohnender wäre.

Grundsatz: Erfolg und Glück sind bloß Nebeneffekte, die das Anstreben eines sinnvollen Zieles begleiten können.

---

3. Der „pessimistische Typ"

Der Patient sieht seinen weiteren Lebenslauf quasi schon vorgezeichnet; mit Konzentrationsschwäche fängt es an, dann werden andere Beschwerden und Versagenserlebnisse dazukommen, und schließlich wird er geistig verblöden oder erhebliche Schwierigkeiten in seinem Leben bekommen. Er war eben immer schon ein „Pechvogel", und es ist offenbar sein Schicksal, vorzeitig zu altern, zu verkalken, vergeßlich zu werden wie ein Greis, kurz, in absehbarer Zeit nicht mehr funktionsfähig zu sein. Er glaubt nicht an irgendeine Heilungsmöglichkeit, im Gegenteil, die heutige Medizin mache die Leute nur noch kränker, und überhaupt lebe man in einer hoffnungslosen Zeit ...

Spätestens beim Abgleiten der negativen Prognose vom eigenen Symptom auf allgemeine gesellschaftliche oder zeitbedingte Faktoren muß der Gedankengang des Patienten unterbrochen und auf das Wesentliche zurückgelenkt werden. Es hat sicher wenig Sinn, an seiner spezifischen Konzentrationsschwäche zu arbeiten, denn selbst wenn sich diese bessern ließe, fände der Patient andere Negativismen in seinem Leben, die ihn zu ähnlich düsteren Prognosen veranlassen würden. Ein solcher Patient kann jedoch optimale Hilfe finden in einer Dereflexionsgruppe, die bewußt den Akzent auf das Positive legt und die Teilnehmer solange daran hindert, ständig nur im Negativen zu wühlen, bis sich deren Wertwahrnehmung regeneriert hat und sie wieder der Lebensbejahung fähig sind.

Grundsatz: Das Positive ist in uns selbst oder nirgends.

4. Der „leichtsinnige Typ"

Der Patient hat ernsthafte Konzentrationsstörungen, die Ausdruck einer massiven Überlastung oder einer beginnenden cerebralen Erkrankung sein können. Er will es aber nicht wahrhaben und meint, er schaffe schon alles weiterhin auch ohne Hilfe. Dabei passieren ihm schwerwiegende Fehler im Beruf oder im Alltagsleben, die sich teilweise nicht mehr korrigieren lassen. Vielleicht läuft er manchmal blindlings durch die Gegend oder vergißt wichtige Termine, was ihm sehr schadet. Die Angehörigen und Freunde raten ihm dringend, sich endlich in ärztliche oder eventuell auch in psychologische Behandlung zu begeben, und so kommt er schließlich zum Fachmann.

Sollte noch kein Arzt zugezogen worden sein, ist es selbstverständlich, daß sich der Therapeut erst abzusichern hat, ob nicht organische Ursachen für die vorliegende Problematik verantwortlich sind und medizinisch geholfen werden kann. In Begleitung dazu ist es sinnvoll, den Patienten von der Notwendigkeit eines „gesunden Lebensstiles" zu überzeugen, also zu vernünftiger Ernährung, zu Entspannung und Ausgleichssport zu motivieren. Auch ein erholsamer Urlaub könnte die aktuelle Gefährdung entschärfen. Erst wenn all dies besprochen worden ist, kann ein gezieltes Konzentrationstrainingsprogramm eingesetzt werden, wobei der Patient allmählich auf ein ausgewogenes Gleichgewicht zwischen Streß und Muße, Spannung und Entspannung eingependelt werden muß.

Grundsatz: Alle drei menschlichen Seinsebenen sind unauflösbar miteinander verbunden und können auch in der Therapie nicht getrennt werden.

---

5. Der „depressive Typ"

Im Leben des Patienten hat ein Ereignis stattgefunden, das für ihn sehr traurig war, und das noch lange nicht überwunden ist. Wahrscheinlich wird er es nie vergessen. Seit diesem Ereignis hat sich manches verändert, vor allem hat die Gegenwart und die unmittelbare Umwelt an Bedeutung verloren, weil der Patient in seinen Gedanken stets dem Ereignis und den Umständen, die dazu geführt haben, nachhängt.

Das Symptom ist offensichtlich Ausdruck eines unabänderlichen Leides, daher muß die Einstellung zu diesem Leid ins Zentrum der therapeutischen Intervention rücken: nur über eine Einstellungsmodulation kann das Leid bewältigbar und damit die Konzentrationsstörung aufhebbar gemacht werden. Sobald über das Leid gesprochen wird, kann sich der Patient ja auch auf das Gespräch konzentrieren, also sollte

In diesem Zusammenhang stehen auch seine Konzentrationsstörungen: sie sind Ausdruck des Desinteresses an allem, was unabhängig von dem Ereignis existiert, bzw. außerhalb der einseitigen Wertorientierung des Patienten steht.

damit begonnen werden, auf sinnvolle Integrationsmöglichkeiten des Leides hinzuweisen. Erst danach kann der Versuch erfolgen, die persönliche Wertorientierung des Patienten zu erweitern, was automatisch mit einer Konzentrationsintensivierung auf vielfältige Inhalte hin verbunden ist.

Grundsatz: Nicht im Daß: im Wie des Leidens liegt der Sinn des Leidens (Frankl).

---

6. Der „aggressive Typ"

Der Patient ärgert sich wahnsinnig über sich selbst, weil er so konfus und vergeßlich ist. Er gerät bei jeder Kleinigkeit, auf die er sich wieder einmal nicht besinnen kann, aus der Fassung, und läßt seinen Ärger vielleicht auch noch an anderen Personen aus, die zufällig in der Nähe sind. Vor lauter Zorn über seine kleinen Mißgeschicke zerstört sich der Patient die positiven Möglichkeiten seines Lebens und macht Erfolge zunichte, die ihm auf Grund seiner guten Seiten zustünden. Manchmal kommt auch ein richtiger Selbsthaß auf, der sehr schnell auf die Familie übertragen wird und dieser das Leben zur Hölle macht.

Da solche Patienten für paradoxe Intentions-Übungen im allgemeinen zu wenig Humor besitzen, ist es in diesem Fall günstiger, im suggestiven Bereich anzusetzen, nämlich mit einer Ruhigstellung durch einfache, beruhigende Formeln, die es erleichtern, Abstand und Beherrschung wiederzufinden. Nachdem der Patient dann über Techniken verfügt, sich relativ kurzfristig zu fassen und sich auch vegetativ zu stabilisieren (gleichmäßige Atmung ...), kann zu einem suggestiven Willenstraining übergeleitet werden*, das eine Akzentverschiebung von unkontrollierter Emotionalität zu sachgemäßer Kognition anregt: das Denken soll wieder die Oberhand über die Gefühle bekommen. Auf diesem Niveau kann der Patient mit seinen Schwächen wesentlich besser umgehen.

Grundsatz: Man muß sich von seinem Temperament nicht alles gefallen lassen.

---

* Genaueres über die praktische Durchführung eines „suggestiven Willenstrainings" ist nachzulesen in meinem Herder Taschenbuch „Auch dein Leben hat Sinn", Seite 215ff.

7. Der „autoritätsgläubige Typ"

Der Patient beobachtet seit einiger Zeit gewisse Schwierigkeiten, die er bei der Auffassung von neuen Denkinhalten und deren Reproduktionen hat, und ist unschlüssig, was er tun soll. Er meint, das Symptom könnte in den Augen des Fachmannes vielleicht etwas Besonderes bedeuten; unter Umständen liest der Patient in der zahlreichen Fachliteratur darüber nach und wird nur noch verwirrter. Er beginnt sich selbst zu beobachten und stellt alsbald eine Zunahme seiner Beschwerden fest, woraufhin er panikartig zum Therapeuten gelaufen kommt, damit dieser „aufdecke", woher das Übel komme und welche „unbewußten Zerstörungsmächte" ihm zu Grunde liegen.

Der Fachmann kann seine „Autorität" recht nützlich einbringen, indem er dem Patienten den gefährlichen Hyperreflexionsmechanismus erläutert und ihm dann entschieden davon abrät, sich selbst zu beobachten. Auch kann eine Pause im Fachliteratur-Lesen zweckmäßig sein; ein ängstliches Registrieren des Symptoms wird schlichtweg als unfruchtbar bezeichnet. Hingegen ist eine genau gezielte Dereflexion, also eine Konzentration des Patienten auf Inhalte seiner Außenwelt, im doppelten Sinne indiziert, nämlich zum einen, um der bereits angebahnten Hyperreflexion entgegenzuwirken, und zum anderen, um eben das Konzentrationsvermögen zu stärken und damit auch die Selbstsicherheit des Patienten allmählich wiederherzustellen.

Grundsatz: Über eine Förderung der Selbst-Transzendenz kann Ichschwäche in Ichstärke verwandelt werden.

---

8. Der „intellektuelle Typ"

Der Patient kommt von vornherein mit eigenen Hypothesen zum Therapeuten. Er gibt exakte Auskunft über die Entstehung und Auswirkung seines Symptoms und beschreibt es in nüchternen aber treffenden Worten. In keiner Weise deutet er an, daß er darunter leidet, er möchte Konzentrationsstörungen grundsätzlich und sachlich erörtern und sucht die Meinung des Experten, um seine eigene Meinung daran zu messen. Manchmal nähert er sich seinem Ziel auch indirekt,

Es kann allgemein sinnvoll sein, den Erlebnisbereich des Patienten abzutasten und festzustellen, ob er irgendwelcher tiefgehender Erlebnisse fähig ist und welcher. Sollte dies nicht der Fall sein, müßten „cognitive Blockaden" in Form von „Hemmungen" vermutet werden, die ihn von einer ganzen Wertdimension abschneiden. Statt nun die Genesis der „Hemmungen" zu ergründen, kann man auch die Wiederbelebung der Erlebnissphäre einleiten, indem der Patient zu einer sehr gibt z. B. vor, einen Freund zu haben, der darunter leide, und fragt, wie er diesem (fiktiven) Freund am besten helfen könne. Sieht oft ein Zeit- oder Entwicklungsproblem in seinem Symptom, das den Zivilisationsschäden der Menschheit entspringe.

kreativen und emotionalintensiven Freizeitausfüllung angeregt wird: musische Erlebnisse, Naturbetrachtungen, positive Meditationen und wertvolle Begegnungen könnten Akzente setzen, die nicht nur die Konzentrationsschärfe vertiefen, sondern auch einen erlebnismäßigen Nachhall im Gemüt des Patienten ermöglichen.

Grundsatz: Zur geistigen Sinnerfüllung gehört die seelische Erlebnisfähigkeit unabdingbar dazu.

---

9. Der „abhängige Typ“

Der Patient gibt zwar zu, sich in letzter Zeit schlecht konzentrieren zu können, begründet dies aber mit Verhaltensweisen anderer Personen aus seiner näheren Umgebung, z. B. mit der durchdringenden Musik, die aus dem Kinderzimmer dringt und ihn nervös macht, oder mit den unzumutbaren Bedingungen am Arbeitsplatz, unter denen konzentrierte Arbeit undenkbar sei. Er fühlt sich als ein „armes Opfer“, das, einer rücksichtslosen Umwelt ausgeliefert, wenig Möglichkeiten habe, sein Schicksal in die Hand zu nehmen und etwas daran zu ändern. Fragen wie solche, ob er sich die Lärmbelästigung durch seine Kinder gefallen lassen müsse, oder ob er schon einmal erwogen habe, den Arbeitsplatz zu wechseln, entlocken ihm nur ein resigniertes Kopfschütteln.

Ein solcher Patient muß grundsätzlich zum Widerstand aufgerufen werden, aber nicht in erster Linie zum Widerstand gegen seine ihn belastende Umwelt (Kinder, Arbeitgeber ...), sondern vor allem zum Widerstand gegen seine eigene Resignation. Er muß aufgeklärt werden darüber, daß er in jedem Falle „mitspielt“, also für seine Probleme mitverantwortlich ist, und daß derjenige, der an der Sachlage etwas ändern kann, zunächst einmal nur er selber ist. Im weiteren Verlauf der Gespräche wird sich herausstellen, daß die Umwelt wahrscheinlich weniger „Schuld“ trägt, als er meint, und sein Widerstand kann umgelenkt werden in eine gesunde geistige Trotzmacht gegenüber dem eigenen Symptom. So wird die Problematik Schritt für Schritt gemildert durch eine stärkere Selbstdistanzierung des Patienten von Pseudobedingungen.

Grundsatz: Nur ein gesunder innerer Widerstand kann ungesunde innere Abhängigkeiten sprengen.

10. Der „lethargische Typ"

Der Patient spricht kaum über sein Symptom, er sitzt da und demonstriert es, das heißt, er *ist* unaufmerksam, zerfahren, unkonzentriert. Die Worte des Therapeuten gleiten an ihm vorbei und werden nicht aufgenommen, die Reaktionen darauf sind spärlich und unpassend. Durch die große Gleichgültigkeit des Patienten wird alles abgestoppt, jeder konkrete Vorschlag endet im Nichts. Die Motivation, an der Unkonzentriertheit etwas zu ändern, fehlt völlig, wie auch jede andere Motivation. Manchmal ist ein Funke Provokation mit dabei, ein heimliches Lächeln über die Bemühungen des Therapeuten, die so gänzlich uninteressant sind – wozu das alles? Gute Konzentration erscheint dem Patienten letztlich genauso sinnlos wie schlechte Konzentration.

Trotz dieser desolaten Einstellung des Patienten gibt es sicher etwas, das auch ihn ein wenig bewegt, das ihm nicht ganz gleichgültig ist. Vielleicht ist es nur ein gewisser Lebensstil, der ihm angenehm und bequem ist, ein spezielles Milieu, an dem er hängt, oder der Kontakt mit einer bestimmten Person, der ihm etwas bedeutet. Immerhin wäre dies ein Ansatzpunkt, um das Erreichen des erwünschten Zustandes oder Kontaktes mit einer minimalen Anstrengungsbereitschaft von seiten des Patienten zu verknüpfen: er muß eine gewisse (Konzentrations-)Leistung erbringen, um seinem Ziel näher zu kommen. Sollte er vollkommen „ziellos" sein, könnte ein abrupter Umgebungswechsel und die Konfrontation mit ganz neuen und ungewohnten Aufgaben innere Veränderungen bewirken, z. B. seine Entsendung als Hilfskraft in ein Katastrophengebiet und ähnliches.

Grundsatz: Wer sein Leben für sinnlos hält, ist blind für die Aufgaben, die das Leben für ihn bereit hält.

Auch diese Zusammenstellung erhebt nicht den mindesten Anspruch auf Vollständigkeit, auch sie soll nur die Behauptung vertiefen, daß ebenso wie in der Beratungstätigkeit beim Entwerfen von Therapieplänen *zwei Faktoren* im Auge behalten werden müssen, nämlich wiederum die individuelle Persönlichkeitsstruktur des Symptomträgers und die logotherapeutischen Methodengrundsätze. Jeder Therapieplan soll zur Person des zu behandelnden Menschen passen, soll aber keinem logotherapeutischen Basistheorem widersprechen, wenn er ein solches auch erweitern und ergänzen kann. Er darf also weder unzumutbar, überfordernd, quälend oder unannehmbar für den Patienten sein – und wäre er methodisch noch so geeignet –, noch darf er methodisch bedenklich sein – und würde er dem Patienten noch so gut gefallen.

So finden wir auf Behandlungsebene dieselbe *erstaunliche Mischung von Variabilität und Verläßlichkeit* im logotherapeutischen Raum vor wie auf Beratungsebene: das Improvisieren ermöglicht die methodische Feinabstimmung auf alle jene Nuancen der Symptomatik, die durch die individuelle Persönlichkeitsstruktur des Patienten bewirkt werden, ohne dabei den weitgestrecken Rahmen zuverlässiger therapeutischer Praktiken zu verlassen. Improvisieren heißt demnach nicht „therapieren nach Gutdünken und Laune", sondern „sorgfältig planen nach der persönlichen Verträglichkeit des Patienten und den Erfordernissen seiner Problematik"; und wenn das Individualisieren mit dem Gleichnis „dem Patienten entgegenkommen auf einem Weg, der trittfest ist" umschrieben worden ist, dann könnte man das Improvisieren in die symbolischen Worte fassen: „dem Patienten eine Brücke bauen, über die er gehen kann, und die ihn trägt".

Ein beeindruckendes Beispiel von „logotherapeutischer Improvisation" gibt die nachfolgende Zeitungsnotiz wieder, wobei es überhaupt keine Rolle spielt, daß der darin geschilderte Polizist von Logotherapie wahrscheinlich noch niemals etwas gehört hat.

Polizist rettete mehr als hundert Lebensmüde

Seattle. – „Schutzengel" könnte Polizist Gary Burchfield aus Seattle im US-Bundesstaat Washington als Beruf angeben. Der 36jährige hält seit sechs Jahren Lebensmüde davon ab, sich von der 50 Meter hohen Aurorabrücke in den Tod zu stürzen. Bisher hat er mehr als hundert Menschen durch gutes Zureden im letzten Moment das Leben gerettet.

1974 hatte Burchfield zufällig ein 16jähriges Schulmädchen und kurz danach einen verlassenen Ehemann vom Todessprung zurückgehalten. Daraufhin wurde er zum Dauerdienst an die

„Selbstmörderbrücke", von der sich insgesamt schon mehr als 150 Menschen in den Fluß gestürzt haben, versetzt. „Er trifft einfach den richtigen Ton", erklärte Polizeichef Roy Skagen die ungewöhnliche Gabe seines Beamten. „Bisher mußte Burchfield noch niemanden mit Gewalt zurückhalten. Er spürt genau, was diese verzweifelten Menschen bedrückt, und überzeugt sie, daß ihr Leben trotz allem noch einen Sinn hat."

Gary Burchfield vermag in seinen Gesprächen mit Lebensmüden offenbar beide Kriterien guter Improvisation zu erfüllen: die Abstimmung auf die jeweilige Persönlichkeit, die er vor sich hat (16jähriges Schulmädchen, verlassener Ehemann usw.) und die Einbeziehung logotherapeutischer Grundsätze ins Gespräch (... überzeugt sie, daß ihr Leben trotz allem noch einen Sinn hat), also das variable und das verläßliche Element miteinander zu kombinieren in der Spontaneität einer grandiosen Menschlichkeit und Güte.

Sehr oft bekomme ich Leserzuschriften oder Informationen von Kollegen zu meinen Büchern und Vorträgen, aus denen hervorgeht, daß ihnen Personen bekannt sind, die ähnlich positiv improvisieren, raten und helfen können, wie es der Logotherapeut auf Grund seiner Kenntnisse tun sollte, die jedoch mit dem logotherapeutischen Gedankengut noch nie in Berührung gekommen sind, und jedesmal bin ich stolz darauf und freue mich darüber. Wir dürfen wohl annehmen, daß *das wirklich Wertvolle zeitlos ist,* und daß auch der wahre Wertgehalt der Logotherapie in keinem „neuesten Modehit" zum Ausdruck kommen kann, sondern sich in gewisser Form, wenn auch weniger systematisiert und nicht auf den therapeutischen Bereich zugeschnitten, schon in uralten Weisheiten der Völker wiederfinden muß. Und in der Tat ist es so, daß tausende Menschen aller Zeiten „unbewußt" therapeutisch auf ihre Umwelt eingewirkt haben, und daß von diesen tausenden Menschen gewiß ein hoher Prozentsatz „unbewußt" logotherapeutisch vorgegangen ist. Wo ein positives Individualisieren und Improvisieren unter den Gesetzen des gesunden Menschenverstandes und der Liebe zum Nächsten geschieht, dort ist in irgendeinem Schlupfwinkel auch die Logotherapie zu Hause, und wenn gar noch ein Stückchen Willensfreiheit und Humor eingeflochten sind, dann findet praktisch „angewandte Logotherapie“ statt, ob sie diesen oder einen anderen Namen trägt.

Daß allerdings heute die Umkehrung möglich geworden ist, daß also nicht nur begnadete Menschen zufällig „unbewußt“ logotherapeutisch tätig werden, sondern daß gut ausgebildete Fachkräfte von Berufs wegen „bewußt“ logotherapeutisch helfen können, das verdanken wir dem exakten wissenschaftlichen Lehrgebäude der Logotherapie, die bekanntlich das letzte vollkommen ausgearbeitete theoretische System besitzt, das die Psychotherapie bisher hervorgebracht hat. Vergessen wir deswegen über aller Bereitschaft zur Variabilität niemals den verläßlichen Untergrund, auf dem wir stehen; ohne die festen Säulen des logotherapeutischen Grundgerüsts wären sinnvolle Individualisation und Improvisation undenkbar, zumindest für diejenigen von uns, die nicht „begnadet“ sind, sondern das Beratungshandwerk erlernen müssen wie jeden anderen Beruf auch.

9. Kapitel

Drama mit kleinen Kunstfehlern – die Gruppentherapie und ihre Alternative

Der folgende Auszug aus einem Artikel von Peter R. Hofstätter* enthält den nachdenklich stimmenden Satz: „Die Gruppe, die sich zu ihrem eigenen Gott macht, ist mindestens 200 Jahre alt".

Nichts ist für den Stadtmenschen der Gegenwart schwerer zu ertragen als die Einsamkeit, in der er ganz und gar auf das Gespräch mit sich selbst angewiesen wäre. Dieses sinnvoll zu führen scheinen wir verlernt zu haben. Wir können offenbar der Wahrheit zu gut ausweichen, und wir wissen zugleich, daß wir das können. Bleibt also die Suche nach Partnern oder - noch besser - nach einer Gemeinde, in der man völlig aufgehen könnte. Religiöse Gemeinschaften haben diese Möglichkeit schon immer in vielfacher Weise geboten, aber der moderne Stadtmensch hat in Glaubenssachen Vorbehalte. Er wünscht sich daher eine Gemeinde, die buchstäblich an nichts als an den Menschen und damit an sich selbst glaubt. Dieser Nachfrage entspricht in der Bundesrepublik allwöchentlich ein riesenhaftes Angebot von Veranstaltungen, in denen Begegnung zum Selbstzweck wird. Das ist höchst modern, sozusagen der letzte „Urschrei" - Irrtum: Die Gruppe, die sich zu ihrem eigenen Gott macht, ist mindestens 200 Jahre alt. Sie trug damals wie heute die Züge einer Ersatzreligion.

Dem Bericht eines englischen Arztes aus Paris vom Mai 1784 ist zu entnehmen, daß in dem schön eingerichteten Haus auf der Place Vendôme, das der fünfzigjährige deutsche Arzt Franz Anton Mesmer gemietet hatte, nie weniger als 200 Patienten auf einmal anzutreffen waren. In den Behandlungsräumen saßen jeweils bis zu zwanzig Patienten im Kreis um ein als „Baquet" bezeichnetes Gefäß – eine Art Leidener-Flasche –, in dem sich nach der Theorie des Therapeuten die im Weltall überall vorhandene magnetische Energie verdichtet, um sodann in die Körper der Damen und Herren geleitet zu werden. Diese litten größtenteils an den Neurosen des ausgehenden 18. Jahrhun-

* Seite „Geistige Welt" in „Die Welt" Nr. 163 vom 17. 7. 82.

derts, an Melancholie, Hypochondrie und an den sogenannten „vapeurs“, dem typischen Damenleiden der Zeit mit asthmatischen Beschwerden sowie Krampf- und Ohnmachtanfällen. Die Magnetismus-Therapie war sehr oft erfolgreich; die Symptome verschwanden, nachdem die Patienten durch eine als „Krise“ bezeichnete Phase intensiver psychophysischer Erregung gegangen waren.

Die Gruppentherapie lag ursprünglich nicht im Programm Mesmers, der sich nach großen Erfolgen und einem Skandal in Wien 1778 in Paris etabliert hatte. Angesichts des großen Zulaufes, dessen sich seine Praxis erfreute, machte er aus der Not eine Tugend, die als solche durch einen Anstieg der Heilungserfolge bestätigt wurde. Mesmers Theorie allerdings war von einer Kommission der französischen Akademie der Wissenschaften abgelehnt worden; es handele sich – befanden die Herren – nicht um ein kosmisches Fluidum – die „gravitatio universalis“ – sondern bloß um Einbildung – „imagination“ – sonst nichts.

Die Gruppe, die sich zu ihrem eigenen Gott macht, die nur mehr Selbstzweck ist, und deren vager Heilungseffekt einzig auf der „Imagination“ der Teilnehmer gründet, ist leider nicht nur 200 Jahre alt, sie ist auch heute noch jung genug geblieben, um wieder und wieder in Aktion zu treten. Besonders das Sinnlosigkeitsgefühl, die weit verbreitete Tendenz zur Resignation und die innere Armut bei äußerem Reichtum verleiten zunehmend mehr rat- und hilfesuchende Menschen, sich einer Gruppe anzuschließen, wobei es relativ gleichgültig ist, ob dies eine radikal-politische, religiös-sektiererische oder therapeutisch-sein-sollende Gruppe ist, ihre Funktion ist nahezu immer dieselbe: sie soll Ersatz bieten für etwas, das in Verlust geraten ist. Allerdings möchte ich dieses „etwas“ allgemeiner fassen als Peter Hofstätter, der an der Gruppentherapie die Züge einer Ersatzreligion zu erkennen glaubt, und von einem *Sinnersatz* sprechen, den die Gruppenbegegnung leisten soll. Er selbst schreibt an anderer Stelle über jene Mesmersche Ur-Gruppe: „Von der Gesellschaft aber, aus der seine Patienten stammten, hatte ein eigenartiges Gefühl der Leere Besitz ergriffen – eine Verbindung von Melancholie und Langweile ... man litt, ohne zu wissen woran, und war daher schnell bereit, diese oder jene Körperempfindung als das eigentliche Leiden anzusehen.“ Nun, diesbezüglich ist die Gesellschaft, aus der die heutigen Gruppenpsychotherapieteilnehmer bestehen, kaum andersartig strukturiert; auch sie leidet vielfach, ohne zu wissen woran, nämlich am „existentiellen Vakuum" der Sinnentfremdung einer vom Narzißmus und Überfluß geprägten Zeit.

> *Für die sogenannten Humanwissenschaften fällt gerade das Humanissimum, nämlich der Wille zum Sinn, auf einen blinden Fleck.* FRANKL

Befaßt man sich näher mit den unterschiedlichen Konzepten der Gruppenpsychotherapie, wird man allerdings die Vokabel „Sinn" vergebens suchen. Da ist nur von zwei Dingen die Rede, die das gesamte „Gruppenpsychodrama" in allen Variationen beherrschen: *das Ich und sein Konflikt.* Gruppenteilnehmer sollen ihr Ich besser kennenlernen und ihre Konflikte aufarbeiten. Dagegen wäre im Grunde gar nichts einzuwenden, wenn die bessere Selbsterkenntnis zu einer besseren Lebensbewältigung führen würde, aber leider besteht der Verdacht, daß die Rechnung nicht ganz aufgeht – es bleibt ein unangenehmer Rest übrig, der das Gruppengeschehen in Frage stellt. Sehen wir uns an Hand der Erzählung einer behinderten Frau an, wie so ein „Rest" aussehen kann.

Frau X. war empfohlen worden, an einer tiefenpsychologischen Gruppentherapie teilzunehmen, um mit ihrer Behinderung, die sich besonders auf ihr Gehvermögen bezog, seelisch besser fertig zu werden. Die Gruppe begann mitten im Winter, und Frau X. quälte sich auf den schneebedeckten Straßen mühsam voran, um zum Ort der Gruppenzusammenkunft zu gelangen. Nachdem sie eingetroffen war und der Gruppenleiter alle Teilnehmer begrüßt hatte, fragte er, ob jemand etwas sagen wolle. Da nahm sich Frau X. ein Herz und fragte, ob jemand von der Gruppe in ihrer Nähe wohne und sie eventuell im Auto mitnehmen könne, wenn die Straßen so wie jetzt von Schnee und Eis glatt seien, weil sie sonst Angst habe, auf dem Weg zur Gruppe zu stürzen. Spontan meldeten sich fünf Personen aus dem Kreis, die gerne bereit waren, Frau X. künftig an jedem Gruppenabend abzuholen und wieder nach Hause zu bringen. Doch der Gruppenleiter hob eingreifend die Hand. Bevor irgendetwas vereinbart werden könne, meinte er, mögen die fünf hilfsbereiten Personen erst einmal ihre eigenen Motive hinterfragen, nämlich was sie zu ihrer spontanen Bereitwilligkeit bewogen habe. Vielleicht wolle der eine oder andere bloß seine Macht demonstrieren und damit innere Unterlegenheitsgefühle überspielen, vielleicht auch sei es jemandem lästig, eine behinderte Frau in der Gruppe zu haben, deren Anblick ständig an die Hinfälligkeit des Lebens gemahnt, und er wolle dieses Gefühl, dessen er sich schäme, durch Hilfsbereitschaft kompensieren, oder vielleicht fühle sich einer der Männer unbewußt erotisch von ihr angezogen ...

Bald war die Gruppe in ein heißes Spekulieren über die möglichen heimlichen und uneingestandenen Beweggründe der Nächstenliebe vertieft, und das Fazit am Ende jenes Gruppenabends war, daß alle fünf Personen ihr Angebot an die behinderte Frau zurückzogen, weil sie sich ihrer „wahren" Handlungsbereitschaft nicht mehr sicher waren. Die Frau jedoch mühte sich allein nach Hause und weinte die ganze Nacht über die entwürdigende Debatte, die ihre Bitte ausgelöst hatte. Sie ist auch nicht mehr zur Gruppe gekommen.

Was war hier geschehen? Der psychoanalytische Ansatz zwingt den Gruppenleiter, immer „dahinter" schauen zu wollen und jedwede Gruppensituation als Spiegelung früherer und unbewußt fortlebender Konflikte der einzelnen Gruppenmitglieder zu betrachten. Auf der Basis dieses Denkansatzes liegt er ständig auf der Lauer, nur ja alle Triebkräfte zu entlarven, die sich hinter noch so harmlosen Äußerungen verbergen könnten, und versucht, durch ihre Bewußtmachung und Deutung zur Korrektur des „neurotischen Verhaltens" beizutragen. In Wirklichkeit aber kann die Spontanbereitschaft, zu helfen, *echter* sein als alle „psychologischen Funde" einer nachträglichen krampfhaften Suche nach hintergründigen Motiven. Und das ist eben die Grenze des Entlarvens: genau dort, wo das Echte beginnt. Ein Lachen, eine innere Freude, der simple Wunsch, jemand anderem zu helfen, all das kann echt sein, es muß nicht die Umkehrung einer unerkannten Perversität oder der Ausdruck eines verborgenen Komplexes sein.

Es kann echt sein, und dann muß es auch für echt genommen werden, sonst wird ein „höheres" Motiv zu einem „niedrigeren" Motiv entwertet, und die Folge ist das zurückbleibende Gefühl der Enttäuschung und Entmenschlichung.

> *Das Entlarven ist durchaus legitim. Aber es muß innehalten, wo der „entlarvende Psychologe" auf etwas Echtes, auf das echt Menschliche im Menschen stößt, das sich eben nicht mehr entlarven läßt. Hält er auch dort nicht inne, dann entlarvt er nur noch eines, nämlich sein eigenes unbewußtes Motiv, das Menschliche im Menschen herabzusetzen und abzuwerten.* FRANKL

Dazu kommen noch zwei weitere Aspekte, die das geschilderte „Gruppendrama" kennzeichnen. Und zwar zum einen die Frage des *Taktgefühls* gegenüber der behinderten Frau, die sich ja die lange „Motivanalyse" der fünf Teilnehmer, die ihr hatten helfen wollen, mitanhören hatte müssen, was ihr verständlicherweise äußerst peinlich gewesen war, und zum anderen die Frage des *Zielprinzips,* an der sich jede Hilfsbereitschaft orientieren soll: dient Hilfsbereitschaft letztlich der eigenen Lustbefriedigung oder enthält sie eine Sinnkomponente? Nach psychoanalytischer Doktrin wird alles menschliche Handeln dem Lustprinzip unterstellt, und man darf auch nicht erwarten, daß jemand anders handelt als zum eigenen Nutzen. Nach logotherapeutischer Ansicht gibt es freilich auch das Sinnprinzip, nach welchem es durchaus sinnvoll erscheinen kann, eine behinderte Frau abzuholen, selbst wenn man nicht gerade viel Lust dazu hat ...

Eine Variante der tiefenpsychologischen Gruppentherapie ist die Arbeit des Gruppendynamikers. Auch er hofft, daß möglichst viele Konflikte innerhalb der Gruppe zur Sprache kommen, doch er interpretiert sie weniger als Spiegel der Vergangenheit, sondern mehr als Aufbrechen aktueller Interaktionskrisen zwischen den Teilnehmern, als „Signale", die angstbesetzt, aggressionsgeladen oder was immer sind, und unbewußt an die Adresse der anderen gerichtet werden. Dementsprechend ist es auch seine Strategie, alles untergründig Pathologische an psychischen Unzulänglichkeiten, das in den Gesprächsinhalten verschlüsselt verborgen sein könnte, durchsichtig zu machen, und durch Übungen und Rückmeldungen dazu die soziale Interaktionsfähigkeit des einzelnen zu erhöhen.

Etwas anders arbeitet die klientenzentrierte Gruppentherapie bzw. die Encounter-Gruppe, die in den USA den „Bestseller" unter den modernen therapeutischen Gruppenformen darstellt. Die Konflikte der einzelnen Teilnehmer werden überhaupt nicht mehr an ihre Ursprünge zurückverfolgt, sondern als gegeben und in der Gruppe gegenwärtig angesehen, und sollen durch die Begegnung mit fremden Menschen und neuen gemeinsamen Erlebnissen gewandelt werden. Es ist ein Durchleben der Probleme im Hier und Jetzt, wozu „erlebnisaktivierende Methoden" (Marathon, Körperkontakt, Rollenspiel ...) zur Unterstützung herangezogen werden, denn das Erleben in der Aktion hat nach diesem Konzept Vorrang vor der rationalen Einsicht, die eher sekundär ist*. Es ist nicht schwer zu erraten, worin die Zugkraft dieser Encounter-Bewegung liegt: der wohlstandsverwöhnte Mensch ist ausgehungert nach Erlebnissen, und seien es die blutigsten Fernseh-Krimis, die schaurigsten Drogentrips oder die aktion-intensivsten Gruppentherapien, die es jemals gab. Es geht um das Erlebnis,

---

* In einer Klinikzeitschrift, in der Patienten ihre freie Meinung äußern dürfen, stand im Sommer 1981 folgendes zu lesen:
Wer schon einmal in einer Psychiatrischen Klinik war, kennt auch den ausgeprägten „Schwachsinnigen-Jargon": z.B. „mit Gefühlen umgehen, in Gefühle reingehen, ihnen Stimme geben, sie in Bewegung umsetzen, usw.". So als hätte man nur Gefühl. Und den Verstand ausgemerzt. Wie war ich dumm!!! Hätte ich nur ab und zu meinen Verstand eingeschaltet, bestimmt wäre ich schon längst kerngesund und könnte fröhlich meinen Beruf ausüben.
Heute betrachtet, finde ich die Situation als eine totale „Leute-Verdummung". Durch die Gruppe wurde man permanent fertiggemacht. Das heißt, die negativen Seiten seines Verhaltens wurden mehr und mehr beleuchtet, man hatte sich zu ändern, der Gruppe anzupassen oder ging elendig zugrunde, resignierte. Was blieb, war eine Verunsicherung seiner Bewegungen und seines Verhaltens. So erlebte ich es in einer Med. Hochschule und in Psychiatrischen Krankenhäusern. Sie unterschieden sich nur geringfügig voneinander.

nicht als Medium innerer Beschaulichkeit und Harmonie, sondern als persönliches Doping, um über die Sinnleere hinwegzukommen; es geht um die Aktion, die mitreißt und betäubt, es geht um die Nähe der anderen, die Geborgenheit simuliert, wo eine Welt wankt –

Allein dieser grobe Überblick über die wichtigsten Gruppentherapieformen, die noch durch diverse Trainings, Workshops, Selbsterfahrungsgruppen usw. zu ergänzen wären, zeigt auf, was der Gegenstand der Gruppe seit 200 Jahren ist: *das Ich und sein Konflikt.* Überall und ausnahmslos werden die Teilnehmer mehr oder weniger sanft dazu gebracht, ihr Ich zu beobachten oder beobachten zu lassen, zu erforschen oder erforschen zu lassen, dem Blick der anderen aufzutun und es deren Einblicken preiszugeben. Nichts ist sonst wichtig in den Gruppengesprächen als das Ich des einzelnen und bestenfalls noch seine Beziehung zu den anderen. Und dieses Ich besteht ohne jeden Zweifel aus Konflikten und Komplexen, aus uraltem Kindheitskummer oder brandneuen Zeitkrisen, aus fehlerhafter Geschlechtsrolle und falscher Identität, aus unechten Motiven und unheilschwangeren Träumen, es ist deformiert und blockiert und muß erst die „seine Selbstverwirklichung hemmenden" Probleme aufarbeiten, ehe es darangehen kann, sich zu normalisieren, was aber auch nicht unbedingt heißt, daß es sich endlich mit etwas anderem beschäftigen darf als wiederum mit sich selbst*!

In der Beratungsstelle bekomme ich massenweise Fortbildungs- und Gruppenangebote zugesandt, die zu 90% „Selbstverwirklichung durch Selbsterfahrung in der Gruppe" anbieten, auch wenn die Titel etwas variieren, und es macht dabei keinen Unterschied, ob es sich um Gruppenangebote für therapeutisch tätiges Personal oder für Patienten handelt. Immer steht das große Versprechen zu lesen, daß sich alle Probleme schlagartig lösen werden, wenn man sich nur erst

---

* Herbert Beierle, der in Kalifornien eine „University of Healing" errichtet hat, lehrt die Teilnehmer seiner Gruppen, sich gegenseitig an den Händen zu fassen und im Chor zu rufen: „Ich bin Gott, Gott bin ich, ich bin Gott, Gott bin ich ...", solange, bis sie erschöpft sind – diese Übung, täglich verrichtet, soll sie von ihren seelischen Nöten befreien.

einmal selber besser versteht, ein Versprechen, das so einleuchtend klingt und doch jener Rechnung gleicht, die in der Praxis eben nicht restlos aufgeht.

Logotherapeutisch gesehen ist der Trugschluß ganz einfach aufzuklären. Wir haben in unseren hyperzivilisierten, industrialisierten Ländern eine Bevölkerung, deren Degeneration abzulesen ist an zwei katastrophalen „seelischen Mißbildungen“: an einem „atemberaubenden“ Egozentrismus (der sehr nahe beim Narzißmus und Hedonismus beheimatet ist) und an einer nicht minder bedenklichen Wehleidigkeit (die nicht selten bis an die Grenze der Lebensfähigkeit heranreicht). Dieser Bevölkerung eine Gruppentherapie anzubieten, in welcher das Ich auf ein Podest gestellt und das Aufdecken und Ausleben von Konflikten zum kurzfristigen Lebensinhalt gemacht wird, heißt „Öl ins Feuer gießen“ oder, noch bildlicher gesprochen, geistiges Gift in die Seelen der Patienten träufeln. Dem Egozentrismus kann logischerweise nicht mit Selbstbespiegelung entgegengearbeitet werden, und der Wehleidigkeit nicht mit Konfliktanalysen; *das* sind die großen und kleinen Kunstfehler des heutigen „Gruppendramas“ im psychologischen Welttheater! Im Gegenteil, Egozentrismus muß man begegnen mit *Selbstvergessenheit,* und Wehleidigkeit mit einem *Aufbau geistiger Kräfte,* und wer Narzißmus und Hedonismus des modernen Menschen niederreißen und dessen partielle Lebensunfähigkeit wieder aufheben will, der muß die Selbstliebe vom Podest holen und die Selbst-Transzendenz stattdessen hinaufstellen, und der muß die Sonderbeachtung der Konflikte mit dem Rotstift durchkreuzen und stattdessen die Umwandlung von schicksalhaftem Leid in eine menschliche Leistung doppelt unterstreichen.

Eine logotherapeutische Gruppentherapie wird niemals der „Selbsterfahrung“ dienen, und doch bin ich an meiner Gruppenarbeit jedesmal ein Stück gewachsen; und sie wird auch niemals der „Konfliktaufarbeitung“ dienen, und doch haben bisher alle meine Patienten in den Gruppen Abstand zu ihren Konflikten gefunden. Logotherapeutische Gruppentherapie nimmt eine absolut einzigartige Position in der gesamten Geschichte therapeutischer Gruppen ein, sie ist fast so etwas wie eine Antithese zur uneingeschränkt gültigen These von der „Selbstverwirklichung durch Selbsterfahrung“, denn was sie verwirklicht, ist mehr als „selbst sein“, ist „Menschsein“ im Angesicht des Aufgabencharakters menschlichen Lebens und im Angesicht des Sinncharakters menschlicher Existenz.

> *Die Welt ist kein Manuskript, das wir zu entziffern, sondern ein Protokoll, das wir zu diktieren haben.* FRANKL

Bei solch hohem Anspruch wird auch klar, daß der Einsatz der Gruppe nicht am Anfang einer logotherapeutischen Behandlung stehen kann. Die individuellen Anliegen, Probleme und Sorgen der Ratsuchenden verlangen *eine individuelle Beratung,* wie im vorigen Kapitel deutlich gesagt worden ist. Wenn Konflikte zur Sprache kommen müssen, dann sollen sie nur im vertraulichen Gespräch zwischen Patient und Therapeut auftauchen, ein unbeteiligter Außenstehender kann dabei weder etwas profitieren noch etwas zur Lösung beitragen. Vor allem aber sollen die Konflikte das spätere Gruppengespräch nicht belasten – die Gruppe ist nicht der Ort, um Negatives zu reflektieren. Die Gruppe ist dazu da, um eine Wiedereingliederung in ein normales, gesundes Leben zu erleichtern, und um die Konfrontation mit unabänderlichen Schicksalsfaktoren prophylaktisch zu mildern, damit der Patient ins Leben hinaus entlassen werden kann mit einer höchstmöglichen Wappnung gegen Rückfallgefahren.

Aus diesen Überlegungen heraus habe ich den Typus der „Dereflexionsgruppe“ und den Typus des „Logotherapeutischen Meditationskreises“ geschaffen, beides Formen, die nur aus dem logotherapeutischen Gedankengut entstehen konnten und nichts Vergleichbares in der Vielzahl gruppentherapeutischer Angebote der Gegenwart finden. Zur „Dereflexionsgruppe“ gibt es ein Pendant für den Fachmann: das „Selbst-Transzendenz-Seminar“, das die herkömmliche Supervision ersetzt. Im Selbst-Transzendenz-Seminar übt der Arzt, Psychologe, Sozialarbeiter und Therapeut seine Fähigkeit, für andere Menschen da zu sein, wann immer er gebraucht wird, und seine eigenen Schwächen zu überwinden um der sozialen Aufgabe willen, die er nun einmal übernommen hat. Auch hierbei geht es nicht um eine permanente Bespiegelung seines eigenen Ichs und die Frage, wie sehr er eigene Konflikte unbewußt in den Dienst am anderen Menschen miteinfließen läßt, wie es Zentralthema jeglicher modernen Supervision ist, sondern um das *bewußte Sinnerlebnis* in seinem Wirkungsbereich, das es ihm überhaupt erst ermöglicht, sich unabhängig von eigenen Problemen für andere zu engagieren und der sozialen Berufung hinzugeben.

Ich habe auch gelegentlich mit dem Gedanken gespielt, eine „Sinnfindungsgruppe“ einzuführen, konnte mich aber bisher nicht dazu entschließen. Der Prozeß der persönlichen Sinnfindung, bei dem der Logotherapeut seinen Patienten geleitet und führt, ist etwas jeweils so Einmaliges und, wenn man so will, Begnadetes, daß ich es scheue, dies coram publico zu provozieren. Da halte ich es noch für besser, wenn sich jemand in sein stilles Kämmerlein oder in einen versteckten Waldwinkel zurückzieht, und ganz ungestört und unbeeinflußt über sein Leben nachdenkt. Nachdenkt, was er unter seinen gegebenen Bedingungen noch Sinnvolles in sein Leben „hineinpacken“ kann und will, bevor er Abschied nimmt. Nachdenkt, was es ihm wert wäre, sein Leben zu ändern, nachdenkt, was ihm wirklich viel bedeutet, so viel, daß er sogar ein anderer werden könnte. Das ist nichts für eine Zwiesprache mit der Gruppe, die es „zerreden“ würde, sondern eher etwas für eine Zwiesprache mit Gott …

Jedenfalls habe ich mich bisher auf die Entwicklung der Dereflexionsgruppe und des logotherapeutischen Meditationskreises konzentriert und diese auf ein allgemein anwendbares Niveau gebracht; und was die Sinnfindung betrifft, so geschieht sie oft und oft zusätzlich in diesen Gruppen als ein nicht angestrebter Nebeneffekt, der überhaupt nicht intendiert wird, was wahrscheinlich die beste Art ist, sie anzupeilen. Da die beiden Gruppenformen im nächsten Kapitel im Rahmen eines ganzheitlichen Stufenbehandlungsprogrammes näher beschrieben werden, möchte ich mich vorerst darauf beschränken, den Stellenwert der Dereflexion und der logotherapeutischen Meditation im geistig/seelischen Heilungsprozeß zu skizzieren und Chancen aufzuzeigen, die hierhin für eine „Rehumanisierung" der Gruppenpsychotherapie enthalten sind.

a) Der Stellenwert der Dereflexion im geistig/seelischen Heilungsprozeß

Wie bereits mehrfach dargelegt worden ist, geht das logotherapeutische Menschenbild von einer spezifisch menschlichen, der „noetischen" Dimension des Menschen aus, innerhalb welcher spezifisch menschliche Eigenschaften existieren: die Fähigkeit zur Selbstdistanzierung und die Fähigkeit zur Selbst-Transzendenz. Erstere bedeutet, daß der Mensch als einziges Lebewesen imstande ist, sich „von sich selbst zu distanzieren", also zu sich selbst Abstand zu nehmen und mit sich selbst bewußt und willentlich umzugehen, wie es ihm richtig und sinnvoll erscheint. Es ist die Möglichkeit, sich zu seinen eigenen (in der psychischen Ebene vorhandenen) Gefühlen und Schwächen in bestimmter Weise geistig einzustellen und durch diese Einstellung Gefühle zu verändern und Schwächen zu besiegen. Die logotherapeutische Technik der „paradoxen Intention" beruht auf dieser Möglichkeit und schöpft sie voll aus. Die zweite Fähigkeit bedeutet, daß der Mensch imstande ist, nicht nur sich selbst zu sehen und zu sich selbst Stellung zu nehmen, sondern daß er auch „über sich selbst hinaussehen" kann, ja, sich selbst „übersehen" kann, weil er sich geistig mit etwas außerhalb seiner selbst Liegendem befaßt, das ihm sinnvoll erscheint und seinen persönlichen Einsatz erfordert. Es ist die Möglichkeit, das eigene Ich mitsamt seinen Schwächen und Unzulänglichkeiten zurückzustellen um eines ideellen Wertes willen, an dessen Erfüllung er reift und über seine eigenen Schwächen hinauswächst. Diese Möglichkeit wird in der logotherapeutischen Methode der Dereflexion voll ausgeschöpft*. Somit kann Dereflexion definiert

* Um die unterschiedlichen Rangpositionen beider Methoden anzudeuten, pflege ich zu sagen: Die Paradoxe Intention normalisiert, die Dereflexion heilt.

werden als eine „therapeutische Methode zur gezielten Stärkung der Selbst-Transzendenz", und Selbst-Transzendenz kann definiert werden als eine „spezifisch menschliche Eigenschaft, die eine Beeinflussung psychischer Phänomene durch geistige (noetische) Phänomene ermöglicht".

Aus dieser Definition wird die Breite des Indikationsfeldes der angewandten Dereflexion ersichtlich. Denn eine therapeutische Stärkung menschlicher Fähigkeiten ist ja immer nur dann vonnöten, wenn solche Fähigkeiten psychohygienisch gesund, aber schwach entwickelt sind, oder anders ausgedrückt, wenn der Patient sie zur positiven Lebensbewältigung benötigen würde, aber nicht in ausreichendem Maße über sie verfügt. Die Anwendung der Dereflexionsmethode setzt demnach voraus, daß die Fähigkeit zur Selbst-Transzendenz bei einem Patienten reaktiviert und mobilisiert werden muß, weil sie in irgendeiner Weise gemindert oder verschüttet ist. Und dies ist genau dann der Fall, wenn eine „Hyperreflexion" vorliegt, das heißt, wenn der Patient so sehr auf die Beobachtung von sich selbst und seinen Problemen fixiert ist, daß er eben keine Werte in der Außenwelt rings um sich mehr wahrnimmt, die seinen persönlichen Einsatz lohnen würden. Jede Hyperreflexion ist eine übertriebene Beschäftigung mit sich selbst, eine übersteigert egozentrierte Betrachtungsweise des Lebens, die den geistigen Horizont eines Menschen einschränkt und seine Sinnerfüllung sukzessive untergräbt, weil Sinn stets an die Wahrnehmung von Wertgehalten in der Welt und Umwelt gebunden ist*.

Frei sein ist wenig, ist nichts – ohne ein Wozu; aber auch verantwortlich sein ist noch nicht alles – ohne ein Wovor. FRANKL

Die Dereflexion wurde von Viktor Frankl erstmals in den Jahren 1945–1950 publiziert, und zwar als Einzeltherapiemethode, die bei bestimmten Symptomgruppen – vorwiegend Schlaf- und Sexualstörungen – erfolgreich anwendbar ist. 30

* Vgl. dazu auch das 5. Kapitel von Teil I dieses Buches!

Jahre lang blieb sie, was sie war, nämlich eine klinische Methode, die sich bewährte, aber dennoch nicht sonderlich beachtet wurde in der psychotherapeutischen Arbeitswelt. Sie war ein Stiefmütterchen im Blumengarten der Seelenkunde, das still vor sich hin blühte, ohne daß sich allzu viele Gärtner danach gebückt hätten. Zwar wußten auch früher schon manche Therapeuten, daß ihr die „heilende Kraft" innewohnt, das Interesse eines Menschen am Leben neu zu entfachen und Hyperreflexionsfallen zu öffnen, aber es gab nicht übermäßig viele Patienten, deren Selbst-Transzendenz reduziert war und die in Hyperreflexionsfallen saßen. Doch 30 Jahre sind eine lange Zeit; eine Zeit, in der sich bei der heutigen Schnell-Lebigkeit und beim heutigen Fortschritt vieles wandelt.

Mittlerweile wissen wir, daß sich der ungesunde Hyperreflexionsmechanismus sowohl auf ein *einzelnes Symptom* beziehen kann, welches enorm wichtig genommen und allmählich zum vorrangigen Denkinhalt einer Person wird, als auch auf *allgemein alles* beziehen kann, was mit dem Selbst und seinen Bedürfnissen zusammenhängt, und dadurch in eine krankhafte Ichbezogenheit einmündet.

Die klassischen Beispiele für *einzelne Symptome,* die durch Hyperreflexion – wenn schon nicht verursacht, dann zumindest – in Gang gehalten werden, bilden die oben genannten psychogenen Einschlaf- und Sexualstörungen, die beide umso weniger behebbar sind, je mehr Beachtung der Patient ihnen zollt, was Frankl eben schon vor Jahrzehnten entdeckt hat. Wer abends im Bett liegt und verzweifelt einzuschlafen versucht, während er andauernd in sich hineinhorcht, ob er wohl schon müde genug dafür sei, dessen Gedanken also um nichts anderes kreisen als um das allzuvertraute Schlafproblem, der wird immer schlechter einschlafen können, weil er sich durch seine Hyperreflexion selber wach hält. Ähnlich ist es beim Geschlechtsakt, der auch keinerlei Hyperreflexion „verträgt"; je mehr die eigenen Körperreaktionen krampfhaft beobachtet werden, desto weniger „natürlich" reagiert der Organismus und desto problematischer wird der Aktvollzug. Gesellt sich zur Hyperreflexion eine „Hyperintention" hinzu, also das Erzwingenwollen normalerweise automatisch ablaufender, komplikationsloser vegetativer Vorgänge, wie es Erektion und Orgasmus sind, dann ist der Mißerfolg sozusagen vorprogrammiert, denn gerade das Überzogene und Krampfhafte der Bemühungen verhindert ihren Erfolg.

Ähnliche Hyperreflexionsmechanismen sind bei psychogenen Sprachstörungen, Bewegungsstörungen, Eßstörungen usw. bekannt, kurz bei Beeinträchtigungen all jener Tätigkeiten, die in irgendeiner Weise auf unreflektierte Automatismen angewiesen sind, welche *nicht* reflektiert werden sollen, weil nur dann ihre Konstanz und Harmonie gewährleistet bleibt. Unreflektiert aber bleiben sie, wenn zur selben Zeit *etwas anderes und Wichtigeres reflektiert wird;* wenn etwa beim Sprechen darauf geachtet wird, *was* gesagt wird, und nicht, *wie* es gesagt wird, wenn beim Essen darauf geachtet wird, *was* gegessen wird, und nicht, *wie* es hinuntergeschluckt wird, oder wenn z. B. beim Tanzen Musik und Rhythmus im gedanklichen Vordergrund stehen und nicht die einzelnen Schritte der Beine.

Die Dereflexion wirkt nun der ungesunden Hyperreflexion gezielt entgegen, indem sie die Aufmerksamkeit des Patienten vom Symptom abzieht und an einen anderen Denkinhalt fesselt – das Symptom löst sich dann meist von selbst auf, zumindest verliert es an Gewicht und Bedeutung. So betrachtet könnte man die Dereflexion mit einem Ablenkungsmanöver vergleichen, welches das Symptom aus der Schußlinie der Gedanken bringt und ihm damit die pathologische Wirkung nimmt. Aber Dereflexion ist in Wirklichkeit mehr als ein Ablenkungsmanöver, denn sie ändert nicht nur die Zielrichtung der Gedanken, sie *überhöht* sie auch. Sehen wir uns dies an den Behandlungsplänen für psychogene Schlaf- und Sexualstörungen an:

Um die gedankliche Fixierung des schlafgestörten Patienten an sein Problem zu durchbrechen, wird ihm zum einen mitgeteilt, daß es ganz und gar irrelevant sei, wieviel Schlaf er in der Nacht finde, weil sich der Organismus die unbedingt nötige Mindestschlafmenge auf jeden Fall hole. Er solle sich keinerlei Sorgen wegen Mangelerscheinungen machen, denn nach längeren Perioden unruhigen Schlafes kämen immer wieder Tiefschlafzeiten, in denen das versäumte Schlafmaß nachgeholt werde. Zum anderen bekommt der Patient „Aufgaben", die er abends im Bett gedanklich zu erfüllen hat, und auf die er sich geistig konzentrieren muß. Gerade die *geistige Konzentration* stellt nämlich ein typisches Kennzeichen des dereflektorischen Vorgehens dar, weil sie jenseits von Ablenkungs- und Beschäftigungseffekten die menschliche Fähigkeit zur Selbst-Transzendenz fördert und damit die ungesunde Hyperreflexion allmählich abbaut.

Eine solche Aufgabe, sich geistig zu konzentrieren, kann etwa der Auftrag sein, jeden Abend vor dem Einschlafen die Ereignisse des vergangenen Tages noch einmal vor dem inneren Auge vorüberziehen zu lassen und die schönsten Lichtblicke herauszusuchen. Oder es kann auch eine Reflexion über künftige Vorhaben sein, für deren Realisierung einzelne Planstufen im Detail auszuarbeiten sind. Da es absolut unmöglich ist, sich solcher konkreter Gedankenarbeit hinzugeben und zugleich intensiv über den sich nicht einstellen wollenden Schlaf nachzugrübeln, so löst das eine das andere ab: die Symptomreflexion weicht der geistigen Konzentration auf den therapeutisch vorgegebenen Inhalt. In dem Maße jedoch, in dem das Symptom unbeachet bleibt, verschwindet es auch, weil der psychogene Störfaktor wegfällt, der die automatische Regulation der vegetativen Funktionen irritiert hat; während der Patient über wichtige Tagesereignisse und Vorhaben nachdenkt, ist er über kurz oder lang auch schon eingeschlafen*.

Ganz ähnlich sehen dereflektorische Behandlungspläne bei psychogenen Potenzstörungen aus. Wiederum wird die Fixierung auf das Erzwingenwollen der Körperfunktionen durch zweifache Maßnahmen aufgehoben, nämlich indem einerseits ein Koitusverbot für eine gewisse Zeit ausgesprochen wird, andererseits aber die volle Hinwendung des Patienten zu seiner Partnerin verlangt wird. Der Patient wird dabei angewiesen, sich nicht nur liebevoll mit seiner Partnerin zu beschäftigen, sondern sich ihr auch geistig zu widmen, also zu versuchen, sie als „ganze Person" zu erfassen.

---

* Viktor E. Frankl: Psychotherapie für den Laien, Herderbücherei Nr. 378, S. 74ff.

> *In der Begegnung transzendiere ich mich selbst, wenn sie echt ist, und bringe nicht nur mich selbst zum Ausdruck.* FRANKL

Während er sich jedoch gedanklich auf die Partnerin konzentriert und sich ihr zärtlich zuwendet, „vergißt" der Patient bald darauf, seine eigenen Körperreaktionen zu beachten, und in dem Moment regeneriert seine Erektions- und Potenzfähigkeit, die durch die Hyperreflexion blockiert gewesen war. In der Praxis kommen solche Patienten vielfach „beschämt" in die nächste Sprechstunde, um zu beichten, daß sie das Koitusverbot nicht einzuhalten vermocht haben ...* Dasselbe Prinzip läßt sich auch leicht auf Frigiditätsprobleme bei Frauen anwenden**.

Nun, ich sagte, Dereflexion ändert nicht nur die Zielrichtung der Gedanken, sie überhöht sie auch. Gemeint ist damit die allgemeine logotherapeutische Tendenz, dem Patienten zu helfen, Sinn in seinem Leben zu finden und an dieser Sinnerfüllung innerlich zu erstarken und zu gesunden. Sinn aber kann auf verschiedenartigste Weise gefunden werden, unter anderem auch in der Gestaltung einer bestimmten Arbeit oder in der Hingabe an eine geliebte Person, und genau daraufhin zielen die dereflektorischen Denkanstöße in den beiden skizzierten Behandlungsplänen ab: der Schlafgestörte, der sich gedanklich intensiv mit seinen vergangenen oder künftigen Tätigkeiten befaßt, oder der Potenzgestörte, der sich gedanklich intensiv mit seiner geliebten Partnerin befaßt, wird nicht nur abgelenkt von seinen speziellen Sorgen und überwindet sie dadurch, nein, er wird auch in einen *Erkenntnisprozeß* hineingezogen, nämlich in die Erkenntnis, daß sich das Ich eigentlich nur verwirklicht am Sinn einer Sache oder an einem Du, jedenfalls in einem selbsttranszendentalen Akt, der weit über die ei-

---

* Diese Strategie in Fällen von psychogener Potenzstörung scheint in Frankls Werken bereits 1946 auf, also lange bevor ein ähnliches Vorgehen von Masters und Johnson propagiert wurde.

** Viktor E. Frankl: „Das Leiden am sinnlosen Leben", Herderbücherei Nr. 615, S. 64f.

gene Bedürfnisbefriedigung hinausführt in die Sinnfülle der Außenwelt. Dieser Erkenntnisprozeß ist zugleich ein *Reifeprozeß,* er läßt den Patienten nicht bloß sein Symptom loswerden, er läßt ihn zusätzlich zu einem höheren geistigen Niveau heranreifen, und deswegen kann die Dereflexion nicht als Symptombehandlung allein charakterisiert werden. Im Grunde behandelt die Dereflexionsmethode das Symptom überhaupt nicht; sie läßt es als Nebeneffekt verblassen, während die geistige Reifung des Patienten als Haupteffekt anvisiert wird.

Ich habe darauf hingewiesen, daß der krankhafte Hyperreflexionsmechanismus sowohl einzelne Symptome als auch die *gesamte Lebenshaltung* eines Patienten „befallen" kann. Während es sich bei den beiden beschriebenen Symptomen um vegetative Körperfunktionen handelt, die durch eine Überbeachtung (und durch ein Erzwingenwollen ihrerseits) gestört worden sind, handelt es sich bei den hyperreflektierenden Lebenshaltungen um extrem ichbezogene Grundeinstellungen, die das allgemeine Lebensgefühl eines Patienten massiv beeinträchtigen.

Dazu kann es bestimmte Auslöser geben, muß es aber nicht. Ein Auslöser liegt zum Beispiel vor, wenn eine Frau von ihrem Freund betrogen und verlassen worden ist und danach an gar nichts mehr Interesse hat, weil sie stets nur über ihren Verlust nachgrübelt. Sie sieht weder eine blühende Landschaft noch freundliche Gesichter ringsum, sie sieht nicht ihre beruflichen Chancen oder die Bemühungen ihres Bekanntenkreises, ihr zu helfen – alles verblaßt vor ihrem Schmerz, und Selbstmitleid ist das einzige Gefühl, dessen sie fähig ist. In diesem Zustand „hyperreflektiert" sie ihren eigenen Kummer und macht ihn zum alleinigen Inhalt ihres Lebens.

Sollte hingegen eine Frau in relativ sorglosen Verhältnissen leben, sich aber ständig darum bekümmern, ob sie nicht etwa häßlich ausschaue, weil sie vielleicht ein paar Fältchen bei sich entdeckt hat, oder ob sie nicht überanstrengt sei, weil sie einmal schlecht geträumt hat, oder ob vielleicht jemand ein falsches Wort zu ihr gesagt habe usw., dann liegt kein spezieller Auslöser für die offensichtliche Hyperreflexion ihres Wohlbefindens vor.

Dennoch sind beide Frauen gleichermaßen psychisch gefährdet, denn mit solchen Überbewertungen gegebener Lebensumstände geht Hand in Hand eine enorme Einengung des geistigen Horizontes, die wiederum den Sinnfindungsprozeß im Leben erschwert. Weder wird die erstgenannte Frau ihren Verlust überwinden, solange sie ihn hyperreflektiert, noch wird die zweitgenannte Frau aus ihrer chronischen Unzufriedenheit herauskommen, solange sie nur unwesentliche Details ihrer eigenen Situation im Blickfeld hat.

Diesem Symptombild tritt nun die (die Franklschen Thesen fortführende) *generelle Dereflexion* entgegen, eine von mir entwickelte Gruppenpsychotherapie, die erstmalig vom „Kunstfehler", das Ich und seine Konflikte zum beständigen Zentrum ihrer Aufmerksamkeit zu machen, abrückt, und dadurch die Teilnehmer zwingt, dasselbe zu tun. Die Dereflexionsgruppe unterscheidet sich nämlich in einem Punkt von allen anderen psychotherapeutischen Gruppen, die jemals konzipiert worden sind, und zwar wird *nicht* über Probleme gesprochen. Es wird sogar eine Klausel vereinbart, derzufolge die Teilnehmer der Gruppe übereinstimmen, grundsätzlich über nichts Negatives zu sprechen, das sie selbst betrifft.

Um die Notwendigkeit dieser Vereinbarung zu verstehen, kann man folgendes Experiment durchführen: Man lade zehn hyperreflexionsgefährdete Personen mit eher egozentrierten Grundeinstellungen, wie ich sie kurz angedeutet habe, zu einer Gruppenstunde ein und lasse sie einfach miteinander „plaudern". Es dauert bestimmt nicht länger als eine halbe Stunde, und alle jammern sich gegenseitig vor, wie schlecht es ihnen gehe, wie ungerecht das Schicksal ihnen mitgespielt habe, und wie erbärmlich und bösartig die Menschen doch allesamt seien. Dazu gesellen sich Betrachtungen über die katastrophalen Zeiten, in denen man lebe, und über die düsteren Zukunftsperspektiven, die einen tagtäglich bedrohen. Es genügt ferner ungefähr eine Stunde, bis alle zehn Personen total deprimiert sind, weil sie sich mit ihrer negativistischen Problemorientiertheit gegenseitig so sehr infiziert haben, daß sie sich selbst jeden Funkens Hoffnung oder Lebensfreude beraubt haben.

Daß ein solches Geschehen keinen therapeutischen Gewinn

darstellt und auch unserem Anliegen, die Patienten über eine Mobilisierung der Selbst-Transzendenz aus ihrer eigenen Problem-Verstricktheit zu befreien, keineswegs dient, steht außer Frage. Aus diesem Grunde ist es in der Dereflexionsgruppe von Anfang an untersagt, die eigenen Probleme zu reflektieren, während alle anderen (positiven) Gesprächsthemen zugelassen sind. Meistens kommt es daraufhin zu einem harten Lernprozeß der Teilnehmer, denen zunächst gar kein anderer als negativer Gesprächsstoff einfällt. Aber im Laufe der Gruppengespräche, während denen von Seiten des Therapeuten auch kreative oder musische Anregungen geboten werden, schärft sich die Wahrnehmung der Patienten bezüglich ihrer Umwelt und der positiven Möglichkeiten darin. Sie erkennen, daß es außerhalb ihrer kleinen Alltagssorgen eine Fülle von wertvollen Lebensinhalten gibt, an denen sie bisher achtlos vorbeigegangen sind, und daß sie diese künftig nützen sollten, um ihre eigene Existenz wertreicher und sinnvoller zu gestalten.

Erfahrungsgemäß weicht die kritische Hyperreflexion bereits nach fünf bis zehn Gruppensitzungen, und zugleich mit ihr sinkt auch das Bedürfnis, über Probleme zu sprechen. Im Zuge von Kontrollen der Dereflexionsgruppeneffizienz habe ich wiederholt festgestellt, daß mein Angebot, etwaige individuelle Probleme der Teilnehmer unabhängig von den gemeinsamen Gruppenkontakten in zusätzlichen Einzelgesprächen therapeutisch aufzufangen, kaum in Anspruch genommen wurde, und daß am Ende der Dereflexionsgruppe (nach drei bis sechs Monaten) keiner von den Teilnehmern mehr den zwanghaften Wunsch verspürte, über Negatives nachzugrübeln. Zugleich hat sich gezeigt, daß die neugewonnene emotionale Stabilität der Gruppenteilnehmer erstaunlich lange anhält und daß keine „Entzugserscheinungen" irgendwelcher Art auftreten.

Das beeindruckendste Ergebnis der generellen Dereflexion in der Gruppe ist jedoch die geistige Öffnung der Teilnehmer zur Außenwelt. Auf der Suche nach Gesprächsthemen außerhalb der Sphäre des Negativen *entdecken die Patienten auch den positiven und intakten Bereich ihrer selbst* und bestärken sich gegenseitig in der bewußten und willentlichen Erweiterung ihrer gesunden Kräfte. Sie entdecken ihre Liebesfähigkeit, weil sie auch des Guten im Mitmenschen gewahr werden, und sie entdecken ihre Eignungen und Talente, weil sie das Material wieder erkennen, das sich den schöpferischen Impulsen des Menschen darbietet. Ja, manchmal entdecken sie sogar Wertvolles in Negativem, zum Beispiel den tieferen Sinn eines betrüblichen Erlebnisses, das sie einst sehr getroffen hat, das aber in der Rückschau die Gestalt eines lehrreichen oder aufrüttelnden Ereignisses annimmt, welches sie nicht mehr missen wollen.

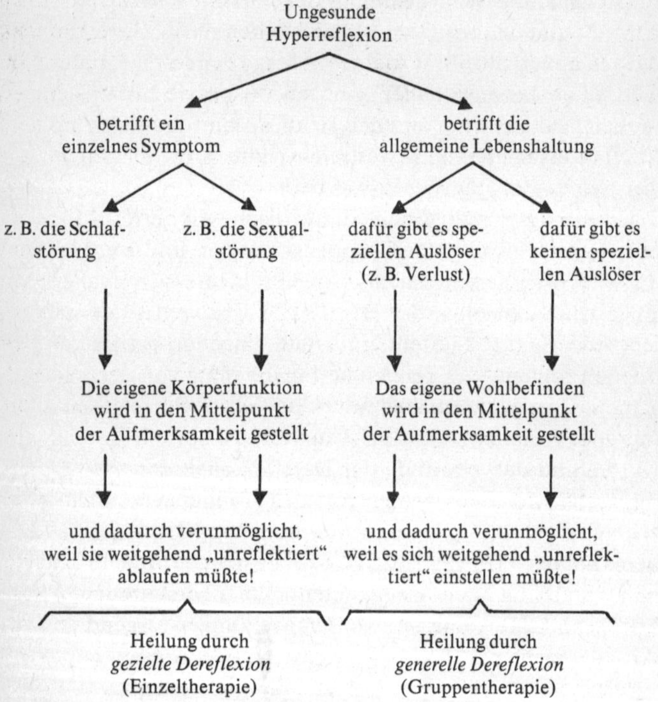

Aufmerksame Leser werden bemerkt haben, daß die gezielte und die generelle Dereflexion exakt nach dem gleichen Behandlungsschema arbeiten: am Anfang steht jeweils ein „Stopschild“, das die krankhafte Hyperreflexion sofort abblockt (Schlafmenge uninteressant, Koitusverbot, Gruppenklausel), und parallel dazu werden „Wegweiser“ errichtet, die „Pfade zur Gesundung“ aufzeigen (gedankliche Beschäftigung mit persönlichen Aufgaben, Hinwendung zu nahestehenden Menschen, schöpferisch/kreative oder musische Impulse). Sowohl das Verbot ohne die richtunggebenden Hinweise, als auch die Hinweise ohne gleichzeitiges Verbot bleiben therapeutisch unwirksam – nur beides zusammen bildet eine dereflektorische Einheit.

Immer wieder wird gefragt, ob durch das Verbot nicht etwas zugedeckt wird, etwas, das aufgedeckt werden müßte, aber die Dereflexion arbeitet eben weder aufdeckend noch zudeckend. Genauso wie die Paradoxe Intention trägt auch sie ihre „Geburtsmerkmale“, die allen logotherapeutischen Verfahrensweisen anhaften, und eines davon ist der Prozeß, Neues in Altem und Sinnvolles in Sinnlosem zu *entdecken*. Es ist weder ihr Stil, in den lebensgeschichtlichen Erinnerungen eines Patienten nach Deutungen für seine gegenwärtigen Fehlleistungen und Gefühlsverirrungen zu forschen, noch ist es ihr Stil, reale Behinderungen oder Krankheitsfaktoren zu ignorieren. (Wo letzteres existiert, ist Dereflexion selbstverständlich kontraindiziert, und kein Logotherapeut wird jemals auf die Idee kommen, eine dereflektorische Einzel- oder Gruppenbehandlung anzuwenden, wenn behebbare Störungen vorliegen, die nicht auf eine Hyperreflexion zurückgehen!)

Dereflexion bedeutet zwar schon ein Ignorieren, aber ein Ignorieren von Ignorierbarem oder von Unveränderbarem, also von etwas, das durch ein Reflektieren darüber nicht besser, sondern eher schlechter wird. Die Kraft des „Entdeckens“ jedoch, die der Dereflexion innewohnt, überschreitet den Rahmen des „bloßen Ignorierens“ bei weitem, denn sie bringt neue Lebensimpulse ins Spiel. Durch die Akzentuierung auf das Positive sind es „lebensbejahende Impulse“, Stimuli zur positiven Bewältigung des Lebens. Somit liegt die Kunst der Dereflexion nicht im glaubwürdig vorgebrachten Ratschlag, von gewissen Symptomen oder vom Überbewerten ichbezogener, schicksalhafter Details *wegzusehen,* sondern vielmehr im richtungsweisenden Vorschlag, auf Werte in der Außen- und Umwelt *hinzusehen,* auf Werte, die erfüllen und beglücken können.

> *Ignorieren kann ich etwas letzten Endes nur, wenn ich daran vorbei auf etwas Positives hin agiere.* FRANKL

An dieser Stelle kehren wir mit unseren Überlegungen zurück zu unserem Ausgangspunkt, zum Stellenwert der Dereflexion im geistig/seelischen Heilungsprozeß. Ihr Stellenwert war nämlich, wie erwähnt, ursprünglich nicht sehr groß, er hielt sich im Rahmen der klinischen Behandlung von psychogenen Funktionsstörungen.

Im Europa der Nachkriegsjahre, in dem die Dereflexion entstanden ist, gab es Hunger, Not und Elend, aber es gab noch viele Wertvorstellungen, die den Menschen die Kraft zum Zusammenhalt und zum Wiederaufbau gaben. Damals waren es nur vereinzelt seelisch Kranke, die der Dereflexion bedurften. Heute, mehr als 30 Jahre danach, hat sich die Situation extrem gewandelt. Heute gibt es in der industrialisierten Welt kaum mehr große Not oder bittere Armut, aber Millionen Menschen ringen um ihre Wertvorstellungen und leiden an einer vermeintlichen Sinnlosigkeit ihres Lebens. Millionen, die jener zweitgenannten Frau von Seite 375 ähneln, die jede Kleinigkeit in ihrem Leben hyperreflektiert und deswegen aus ihrer chronischen Unzufriedenheit nicht herausfindet; Millionen Menschen, deren gesamte Lebenseinstellung bei allem Wohlergehen negativ gefärbt ist, und die im ungesunden Egozentrismus befangen wertblind geworden sind für das kostbare Gut, lebendig zu sein. Heute müssen wir Psychotherapeuten den Blumengarten der Seelenkunde unermüdlich durchsuchen nach einem Heilkraut, das imstande wäre, genug Impfstoff zu liefern gegen eine Massenneurose gigantischen Ausmaßes, die sich epidemieartig ausbreitet. Und in dieser Notsituation fällt unser Blick auf das Stiefmütterchen unter den psychotherapeutischen Methoden, auf die kleine Pflanze mit ihren geheimnisvollen Kräften, die immer noch blüht: die Dereflexion.

Wenn wir diese Methode generalisieren und ihre Effektivität in der angedeuteten Gruppenform multiplizieren, dann erhalten wir ein ganz und gar geeignetes Instrument, den übersättigten und lebensmüden Menschen einer überreifen Wohlstandszeit die Erkenntnis neuer und lohnender Ziele zu erleichtern und sie auf dem Wege der Selbst-Transzendenz zum persönlichen Einsatz für solche Ziele zu motivieren. Zugleich aber werden wir Zeugen eines erstaunlichen „Zufallstreffers" in der Geschichte der Psychotherapie, welche in der Dereflexion eine Technik suchte, um ein paar seelisch bedingte Krankheiten zu heilen, und dabei ein Mittel fand, *die* Krankheit unserer Zeit zu bekämpfen*.

b) Der Stellenwert der logotherapeutischen Meditation im geistig/seelischen Heilungsprozeß

Da Meditation ein viel gebrauchter – und auch mißbrauchter – Begriff ist, muß ich zuerst definieren, was ich unter einer „logotherapeutischen Meditation" verstehe. Meditation war von altersher ein „besinnliches Gedankenspiel mit philosophischen Denkinhalten", was schon die lateinische Wurzel des Wortes (meditatio = das Nachdenken) beweist. Ein schönes Beispiel dafür sind die „Meditationes" von Descartes, denen der berühmte Satz „cogito ergo sum" entstammt. Erst in unserem Jahrhundert, und zwar relativ spät und unter dem Einfluß fernöstlicher Religionen begann das Wort Meditation einen passiven und „gedanken-losen" Beigeschmack zu bekommen und zunehmend ein „Versinken in sich selbst" zu bedeuten. Während Descartes noch mit all seinen geistigen Fähigkeiten um eine Sicht seiner selbst gerungen hat, die er als vernunftbegabtes Wesen akzeptieren konnte, ist das Selbst heute billiger zu haben: angeblich braucht man nur innerlich völlig leer wer-

* Vgl. auch die Arbeit von Steve Patrick und Dave Williams im „International Forum of Logotherapy", in der die Autoren die Selbst-Transzendenz als nachgerade *das* Antidot im Zeitalter des Narzißmus (Lasch) empfehlen!

den, um „zu sich selbst zu finden“. Und um innerlich leer zu werden, genügt es, beispielsweise sinnlose Silben wieder- und wiederzukauen, wie es die „Transzendentale Meditation“ proklamiert.

Die logotherapeutische Meditation knüpft nun an der alten Meditationstradition an und reaktiviert das „Gedankenspiel mit philosophischen Denkinhalten“, allerdings aus einer therapeutischen Zielsetzung heraus. Es geht ihr darum, den Patienten zu einer psychohygienisch gesunden „Lebensphilosophie“ hinzuführen, ohne dazu religiöse Leitlinien geben zu müssen oder seinen persönlichen Glauben in irgendeiner Form anzutasten. Selbstverständlich könnte man dagegen einwenden, daß es dem Berater gleichgültig zu sein hat, welche Lebensphilosophie der Ratsuchende vertritt; aber dem ist eben doch nicht so, wenn ihm das Wohl des Ratsuchenden am Herzen liegt. Denn die Lebensphilosophie eines Menschen ist sein Rückgrat und Rückhalt, besonders in sorgenvollen Zeiten und unter unvorhergesehenen Schicksalsschlägen, die ihn zu beugen und zu brechen drohen. Ein starkes „philosophisches Rückgrat“ hält viele Schläge aus und beugt sich nicht so schnell, ein philosophisches Vakuum hingegen läßt die Wucht der Schläge ins Volle treffen …

Somit gibt es nur einen Weg für den Psychotherapeuten, sinnvolle Prophylaxe zu betreiben, und dieser führt über die Vertiefung einer positiven und lebensbejahenden philosophischen Haltung bei seinen Patienten. Diesbezüglich aber hat es der Logotherapeut unendlich leichter als seine Kollegen, denn kaum eine andere psychotherapeutische Schule enthält soviele philosophische Elemente wie die Logotherapie, der manchmal

> *Es mag so aussehen, als ob wir mit alledem die Philosophie* hineintrügen *in die Psychotherapie, aber dem ist keineswegs so. Sondern es sind die Patienten, welche „die Philosophie“ jeweils an uns* herantragen – *„die Philosophie“: d. h. philosophische Fragen.* FRANKL

sogar vorgeworfen wird, mehr Philosophie denn Psychologie zu sein.

Ich halte es für wenig fruchtbar, darüber zu streiten, was „*noch* Psychologie“ und was „*schon* Philosophie“ ist; vernünftiger scheint es mir, die „philosophischen Edelsteine“ der Logotherapie einzusammeln und daraus ein Schmuckstück zu formen, das einen „psychologischen Erfolg“ zu krönen vermag. Und genau dieses Schmuckstück soll die logotherapeutische Meditation sein: die Sammlung und Verwertung von philosophischen Betrachtungsweisen, welche Halt geben können im weiteren Leben des einzelnen.

Dabei ist nicht gesagt, daß es nicht auch außer-logotherapeutische „Edelsteine“ gibt, die in die Meditation mithineinverschmolzen werden können und dem zu entstehenden „Schmuckstück“ Glanzlichter aufsetzen. Aussprüche wie die folgenden regen unwillkürlich zum Nachdenken an und enthalten Lebensweisheiten, die einen durch so manche dunkle Stunde begleiten mögen, wobei es ganz gleichgültig ist, ob sie mehr philosophischer oder psychologischer Natur sind. Auf jeden Fall ist es nutzbringender, solche Gedankensplitter zu „memorieren“ als sinnlose Silben wiederzukauen.

Es gibt keinen schöneren,
aber auch keinen schicklicheren
Rahmen um einen großen Schmerz
als eine Kette von kleinen Freuden,
die man anderen bereitet.
(Friedrich Schleiermacher)

Ich weinte, weil ich keine Schuhe hatte,
bis ich einen Mann traf,
welcher keine Füße hatte.
(Helen Keller)

Die Menschen, denen wir eine Stütze sind,
die geben uns Halt.
(Marie v. Ebner-Eschenbach)

Auch aus Steinen, die einem in den Weg
gelegt werden, kann man Schönes bauen.
(Johann Wolfgang v. Goethe)

Leuchtende Tage …
weine nicht,
daß sie vorüber,
sondern lächle,
daß sie gewesen.
(Immanuel Kant)

Wir sagten, die logotherapeutische Meditation hat prophylaktische Aufgaben zu erfüllen, was im Klartext heißt: sie soll vor Krankheitsrückfällen und seelischen Zusammenbrüchen bewahren. Das kann sie aber nur, wenn sie sich mit einer Tatsache auseinandersetzt, die aus dem menschlichen Leben nicht wegzudenken ist, und die oftmals etwas mit Rückfällen und Zusammenbrüchen zu tun hat: mit dem *Leiden*. Frankl hat bereits im Wintersemester 1949/50 an der Universität Wien Vorlesungen unter dem Titel „Ontologie des leidenden Menschen“ gehalten, die später im Buch „Homo patiens“ veröffentlicht wurden, und hat dabei eine in der Geschichte der Psychologie bisher einmalige Behauptung gewagt, nämlich die These, daß sogar das unausweichliche Leiden noch seinen Sinn hat, und daß der leidende Mensch auch in seinem Leiden Werte, sogenannte „Einstellungswerte“, verwirklichen kann, die sein Leben eben wert-reicher und wert-voller gestalten.

> *Sofern es um Einstellungswerte geht, gründet das Ethos im Pathos. Die Verwirklichung von Einstellungswerten erweist sich als die Erfüllung des möglichen Sinns von notwendigem Leid.*
>
> FRANKL

Das Leiden, und zwar das unabänderliche Leiden, ist in jedem menschlichen Leben zugegen, es ist nicht annullierbar oder hinwegtherapierbar, und es ist schon gar nicht ein persönliches Versagen, als das es heutzutage gerne psychologisch interpretiert wird. Besonders die „humanistische Psychologie" und Encounter-Bewegung in den USA hat ihren Teil dazu beigetragen, seelisches Leid auf jeden Fall als eine „Fehlanpassung" oder „psycho-vegetative Dysfunktion" aufzufassen, also als etwas, das auf falschen Schienen läuft und umdirigiert werden muß. Unter ähnlichen Vorzeichen ist auch jede Gruppentherapie daraufhin orientiert, die Wurzeln eines Leides aufzudecken, das Leiden selber auszuleben und es damit zu eliminieren; was an Leid zurückbleibt, ist „neurotischer Widerstand". Dabei jedoch schleicht sich ein Kunstfehler ein, der vor der Wirklichkeit nicht Bestand hat, denn schicksalhaftes Leid ist nicht bloß eine irrationale persönliche Fehleinstellung, sondern ein *objektiver Sachverhalt*, der eine *subjektive Resonanz* auslöst, und sofern dieser objektive Sachverhalt schmerzlich ist, wird und muß seelischer Schmerz die subjektive Antwort darauf sein. Wer einen geliebten Angehörigen verloren hat, *muß* trauern, und diese Trauer sollte weder mit medikamentösen noch mit psychologischen Mitteln gedämpft, sondern wahrhaft „geleistet" werden; oder wer an einer schweren Schuld trägt, *muß* sie bereuen, und auch diese Reue darf nicht als „erhobener Zeigefinger des Eltern-Ichs" oder als „gesellschaftsbedingte Fehlkonditionierung" entwertet werden, sondern soll wachsen und reifen lassen.

> *Leiden heißt leisten und heißt wachsen. Aber es heißt auch reifen. Denn der Mensch, der über sich hinauswächst, reift zu sich selbst heran. Ja, die eigentliche Leistung des Leidens ist nichts anderes als ein Reifungsprozeß. Die Reifung jedoch beruht darauf, daß der Mensch zur inneren Freiheit gelangt – trotz äußerer Abhängigkeit.*
>
> FRANKL

Ebenso wäre es völlig unnatürlich, wenn jemand, der soeben erfahren hat, daß er unheilbar krank ist, nicht erschrecken würde, oder jemand, dessen Kinder auf die schiefe Bahn geraten, keine Sorgen litte. Die leidvolle Wirklichkeit muß innerlich angenommen werden, und das geschieht nur mit offenen Augen und ohne Illusionen, aber mit der festen Überzeugung, daß nichts umsonst ist und alles seinen tieferen Sinn hat.

Cynthia Gordon, Professor für Philosophie an der La Verne University in Kalifornien, nennt die Logotherapie die „einzige Stimme im Stimmengewirr der zeitgenössischen Psychotherapien", die die zentrale Bedeutung des Leidens als notwendigen Bestandteil eines sinnvollen Lebens erkannt hat*, und die dementsprechend den „leidenden Menschen" rehabilitiert; nicht jeder, der weint, ist gemütskrank, nicht jeder, der sich in die Einsamkeit zurückzieht, ist autistisch, und nicht jeder, der sich vor der Zukunft fürchtet, ist reif für die Couch des Psychiaters. Es gibt *objektives Leid* in dieser Welt, und der davon Betroffene muß dieses Leid *an*nehmen – kein Psychotherapeut kann es ihm *ab*nehmen. Genauso entscheidet der Betroffene allein, *wie* er sein Leiden trägt, ob mit Kraft und Würde oder in unglücklicher Selbstaufgabe; der Psychotherapeut kann ihm nur gedankliche Stützen dazu anbieten und das tapfere und aufrechte Annehmen des Leides als menschlich hochwertige Leistung anerkennen, was er auch tun wird, wenn er Logotherapeut ist. Während nämlich fast alle Psychotherapeuten den „leidenden Menschen" als ein emotional gestörtes, therapiebedürftiges Wesen betrachten, das nach einer bestimmten Methode kuriert werden muß, achtet der Logotherapeut den „leidenden Menschen" als ein geistiges Wesen, das im Ringen mit einem unabänderlichen Schicksal an die Grenzen seiner Freiheit gelangt, und dort noch beweist, wessen der Mensch fähig ist.

Aus diesem in der Psychologie einzigartigen Blickwinkel heraus werden im logotherapeutischen Meditationskreis Leid- und Grenzsituationen gemeinsam durchbesprochen und in eine sinnzentrierte Lebensphilosophie eingeordnet, die, einem Rettungsring gleich, auch dann noch „über Wasser hält", wenn die vertrauten Planken des Lebensschiffes aus den Händen zu

---

* Analecta Frankliana, Band I, herausgegeben von Prof. Dr. Sandra Wawrytko, Institute of Logotherapy Press, Berkeley, California, 1982.

gleiten beginnen. Die Teilnehmer lernen zu unterscheiden zwischen vermeidbarem und unvermeidbarem Leid, was soviel bedeutet wie: entscheiden, was aktiv geändert, und was tapfer hingenommen werden muß, und sie werden allmählich zu der Erkenntnis geleitet, daß „avoidable suffering is overcome by precisely that encounter with meaning that, in another form, reconciles us to the inevitable distress“ (vermeidbares Leiden genau durch dieselbe Begegnung mit Sinn überwunden wird, die uns, in anderer Form, aussöhnt mit unvermeidbarem Leiden), wie Cynthia Gordon schreibt. Die Sinnfrage, die ja aus der angewandten Logotherapie nicht wegzudenken ist, durchzieht den Meditationskreis von Anfang bis zum Ende und wird auch nicht „auf leise gedreht“, wenn von so ernsten Themen wie Schuld, Leid und Tod die Rede ist.

> *Das Leiden macht die Menschen hellsichtig und die Welt durchsichtig.* FRANKL

Neben der Vorbeugung gegen seelische Krisen in leid- und schicksalsschweren Stunden erfüllt die logotherapeutische Meditation noch eine weitere prophylaktische Aufgabe, mit deren Weiterentwicklung ich mich in jüngster Zeit befasse, und in deren Wahrnehmung gewiß noch ungeahnte Möglichkeiten verborgen liegen. Dabei gehe ich von den zahlreichen Detailergebnissen der modernen Wissenschaft der Psychosomatik aus, die nachgewiesen hat, daß eine Reihe von körperlichen Krankheiten mit psychischen Belastungs- und Auslösemomenten in ursächlichem Zusammenhang steht. Wo es jedoch Ursachen für Krankheiten gibt, muß es auch Ursachen fürs *Gesundbleiben* geben, und das zu klären ist eines der aktuellen logotherapeutischen Forschungsprojekte.

> *Die psychosomatische Medizin läßt uns weniger verstehen, warum da einer krank wird, als vielmehr, warum da einer gesund bleibt.* FRANKL

Die Psychosomatik lehrt uns folgende Gleichung:

Vorschädigung im körperlichen Bereich (Zellschaden, Organschwäche)	+	psychischer Auslöser (Leid, Schock, lange Perioden der Niedergeschlagenheit)	=	psychosomatische Erkrankung

Der Krankheitsausbruch basiert dabei einerseits auf Zell- und Organbeeinträchtigungen, denen andererseits ein geschwächtes Immunsystem gegenübertritt, das der Krankheit nicht genug Widerstand leisten kann. Und da, was Frankl schon vor Jahren erkannte und in wissenschaftlichen Messungen längst bestätigt worden ist, die Immunlage nicht unerheblich von der Affektlage abhängt, so darf angenommen werden, daß die psychischen Auslöser über eine unglückliche Affektlage die Immunlage des Körpers schwächen und auf diese Weise der Krankheit „freie Bahn" geben.

Wenn wir nun den logotherapeutischen Lehrsatz: „Wo es eine *Auslösung* vom Seelischen her gibt, muß es auch eine *Verhütung* von dort her geben!" berücksichtigen, dann wird eine Umkehrung der psychosomatischen Gleichung denkbar:

Vorschädigung im körperlichen Bereich (Zellschaden, Organschwäche)	+	psychische Verhütung (Freude, Glück, lange Perioden der Sinnerfüllung)	=	psychosomatische Gesundheit

Wir dürfen in dem Fall annehmen, daß eine stabile Affektlage zu einer starken Immunlage beiträgt, und diese wiederum ausreichenden Widerstand gegen die Krankheitsanfälligkeit von vorgeschädigten Zellschichten und Organen zu leisten vermag. Wenn wir allerdings unter „psychischer Verhütung" Erlebnisse von Freude und Glück aufzählen, dann müssen wir uns in Erinnerung rufen, daß beides nach logotherapeutischer Auffassung Nebenprodukte einer inneren Sinnerfüllung sind, insofern, als Glück immer ein „dazugeschenktes" Glück ist, eines, das nicht intendiert werden kann, sondern eben „dazugeschenkt" wird, wenn etwas ganz anderes, etwas Sinnerfüllendes intendiert wird. Und an dieser Stelle kommt der *noetische*

Faktor in unser Rechenexempel, nämlich die geistige Orientierung eines Menschen, die auf seine Affektlage zurückstrahlt; auf jene Affektlage, die wiederum das leibliche Immunsystem beeinflußt.

Ja, ich wage es sogar, von einem „noetischen Schutzschild" zu sprechen, welches das Ingangkommen psychosomatischer Erkrankungen verhindern kann, weil es über eine Stabilisierung der Affektlage den immunbiologischen Schutz intensiviert. In meinem letzten Buch* habe ich zur Darstellung psychosomatischer Erkrankungen das Gleichnis vom Dachziegel gebracht, der von einem haarfeinen Riß durchzogen ist. Ich schrieb dazu: „Solange schönes Wetter herrscht, erfüllt er seine Aufgabe wie jeder andere Dachziegel, aber im Sturm ist er es, der zerbricht, und kein anderer. Der Sturm ist demnach nicht Ursache, sondern nur Auslöser für das Zerbrechen des Ziegels, denn wäre der Sturm Ursache, würden *alle* Dachziegel zerbrechen." Mit dem „vorgeschädigten" Dachziegel sind natürlich jene Körperstrukturen gemeint, die auf Grund erblicher oder erworbener Belastungen krankheitsanfällig sind, und der Sturm symbolisiert die „affektiven Stürme" des Emotionallebens, die auf den Organismus einwirken.

Dieses Gleichnis möchte ich nun zur Erklärung von *psychosomatischer Gesundheit* um das Symbol des „noetischen Schutzschildes" erweitern. Nehmen wir an, der gefährdete Ziegel kann nicht durch einen völlig intakten ersetzt werden, wie es beim Organismus der Fall ist. Gehen wir außerdem davon aus, daß auch die Stürme nicht „abgestellt" werden können, wie es das Affektivum mit sich bringt. Wie wäre es, wenn wir ein gläsernes Überdach über dem vorgeschädigten Dachziegel errichten, ein Schutzschild, das zwar die Sonnenstrahlen durchdringen läßt, aber die Gewitterstürme abhält? Bestünde dann nicht eine gute Chance, das Dach noch lange unversehrt und funktionsfähig zu erhalten? Wenn das Dach für unseren Leib steht, und die jeweilige Wetterlage unsere psychische Gestimmtheit widerspiegelt, etwa mit der Sonne als dem Kennzeichen der Freude, dem Regen als dem Kennzeichen der Trauer,

---

* „Auch dein Leiden hat Sinn", Herderbücherei Nr. 905, 1981.

und dem Sturm als dem Kennzeichen des Zornes, woraus besteht dann jenes Schutzschild, das in seiner „transzendentalen“ Durchlässigkeit Sonnenstrahlen einsickern läßt, aber Regen und Wind abzuweisen vermag? Doch wohl in der geistigen Sphäre des Menschen, in seinem „Willen zum Sinn“, in seinem selbst-transzendentalen Hingerichtet-sein auf die Außenwelt und die Aufgaben, die dort seiner harren. Wie könnte jemand von Trauer hinweggespült, vom Zorn hinweggerissen werden, wenn er um einen Sinn dieser Trauer und dieses Zornes weiß und sich dazu bekennt? Wie könnte jemand an seinen unglücklichen Gefühlen zerbrechen, wenn er eine Aufgabe vor Augen hat, die es zu erfüllen gilt? Das geistige Interesse am Leben reguliert die Affektlage, indem es positive Affekte in „Erlebniswerte“ und negative Affekte in „Einstellungswerte“ umwandelt und beidem seinen schöpferischen Stempel aufdrückt, der das Positive akzentuiert und das Negative relativiert; die solcherart regulierte Affektlage wiederum stärkt die körpereigene Immunlage; und eine gestärkte Immunlage hilft ihrerseits mit, einen sich latent anbahnenden Krankheitsausbruch hinauszuzögern oder gar zu verhindern – *das* ist die Kettenreaktion psychosomatischer Gesundheit, oder besser: „noopsychosomatischer Gesundheit“.

> *Es ist keineswegs so, als ob die Logotherapie das Biologische oder das Emotionale übersähe; sie möchte nur eines: daß nämlich über dem Physiologischen und dem Psychologischen nicht das Noologische vergessen wird. Wenn ein Haus gebaut wird und zum Schluß der Dachdecker an die Arbeit geht, wird ihm niemand den Vorwurf machen, daß er sich nicht um den Keller kümmert.*
>
> FRANKL

Zum Stellenwert der logotherapeutischen Meditation im geistig/seelischen Heilungsprozeß zurückkehrend möchte ich hiermit festhalten, daß es neben der Krisenprophylaxe der zweite Schwerpunkt ihrer Präventivarbeit ist, den ratsuchenden Menschen die Existenz eines solchen „noetischen Schutzschildes“ bewußt zu machen und sie zu ermutigen, ihre eigenen geistigen Kräfte, die unter anderem eben auch Stabilisator der körperlich/seelischen Gesundheit sind, nach Möglichkeit zu entfalten. Statt dem allerorts zu hörenden psychologischen Ratschlag, Affekte bloß nicht zu unterdrükken und am besten laut in die Welt hinauszubrüllen, empfiehlt die Logotherapie den sinngemäßen Umgang mit Affekten, nämlich ihr gesamtes positives Potential in einer fruchtbaren Kreativität zu vertiefen, und ihr gesamtes negatives Potential in einem vorbildhaften Heroismus zu überhöhen.

Das „noetische Schutzschild“ bietet gewiß keine Garantie gegen Krankheit und Siechtum, aber es könnte Garantie gewährleisten gegen „überflüssige“ Krankheit und „untragbares“ Siechtum; es ist Mittler zwischen zwei Realitäten: der affektiven und der zellulären, und transzendiert doch selbst jede Realität. Kein Wunder, daß es in seiner „Durchsichtigkeit“ so lange übersehen worden ist in den Humanwissenschaften ... Im logotherapeutischen Meditationskreis jedenfalls lernen die Teilnehmer, ihre geistigen Interessen in Beziehung zu ihren Gefühlen zu setzen, und sich im Schutz dieser gesundheitsstabilisierenden Beziehung dem Leben mitsamt seinen Höhen und Tiefen anzuvertrauen.

Ich habe dieses Kapitel mit einer Kritik an der Gruppenpsychotherapie begonnen, und ich möchte es mit dem Aufzeigen von Alternativen beenden. Die Kritik bezog sich auf die Überbetonung des „Ichs und seines Konflikts“ in nahezu allen therapeutischen Gruppen. Eine Alternative ist zum Beispiel die Dereflexionsgruppe, in welcher die Überbewertung des Ichs zurückweicht vor der Entdeckung und Förderung der menschlichen Fähigkeit zur Selbst-Transzendenz. Eine andere Alternative ist der logotherapeutische Meditationskreis, in welchem die Überbeachtung jedweder Konflikte zurücktritt vor dem Respektieren menschlichen Leidens und seiner geistigen Überwindbarkeit.

Der Leser mag versichert sein, daß ich nicht kritisieren würde, wenn es keine Alternative gäbe, denn eine Kritik, die nicht den Keim zu einer Verbesserung in sich trägt, ist unfruchtbar. Hier aber gibt es ein Samenkorn, das, in den Schoß der Wissenschaft gelegt, segensreiche Früchte bringen könnte: die „höhenpsychologische“ Alternative, die seit langem theoretisch vorbereitet und seit kurzem auch im praktischen Einsatz ist. Und so besteht denn die Hoffnung, daß nach dem 200 Jahre alten Drama einer menschenunwürdigen Gruppenpsychotherapie demnächst einmal der Vorhang fällt.

10. Kapitel

Des Menschen Eintritt in die Selbstverantwortlichkeit

Viktor Frankl bezeichnet seine Logotherapie als offen in zwei Dimensionen: sie sei bereit zur Kooperation mit anderen Richtungen und zur Evolution ihrer selbst.

Was die *Kooperation mit anderen Richtungen* betrifft, so mag gelegentlich der Eindruck entstanden sein, daß sich die Logotherapie auf Grund ihrer kritischen Haltung von den anderen psychotherapeutischen Schulen distanziert. Das ist aber nicht wirklich der Fall, wenngleich sie sich zu ihrer Eigenständigkeit bekennt. Vielmehr ist richtig, daß die Logotherapie in Bezug auf andere Schulen verschiedene Aufgaben erfüllt, vor allem ergänzende und weiterführende Aufgaben, aber auch – wie wir im letzten Kapitel gesehen haben – Alternativaufgaben. Je nach dem Gütegrad und dem Kenntnisstand einer psychologischen Richtung bleibt es der „Höhenpsychologie" vorbehalten, deren Gütegrad um den Faktor der Menschlichkeit, und deren Kenntnisstand um ein reichhaltiges Methodenrepertoire zu erweitern, oder aber auch iatrogenen Schäden vorzubeugen und „falschen Kenntnissen" zu widersprechen, damit die Psychotherapie als Gesamtwissenschaft gute Fortschritte macht und nicht etwa abdriftet von ihrem eingeschlagenen Kurs Richtung Heilung und Tröstung der Menschheit.

> *Solange uns eine absolute Wahrheit nicht zugänglich ist, müssen wir uns damit begnügen, daß die relativen Wahrheiten einander korrigieren.*
> FRANKL

Der praktische Logotherapeut sollte deswegen keineswegs in Logotherapie allein ausgebildet sein, was ihn zur Einseitigkeit verleiten könnte; im Gegenteil wird er umso fähiger sein, die Logotherapie sinnvoll anzuwenden, wenn er um die andersartigen Konzepte weiß und das Beste von ihnen in seine eigene Arbeit integrieren kann. Gewiß läßt sich darüber streiten, was das jeweils Beste einer Therapierichtung ist, aber ein Blick auf die Patienten lehrt uns diesbezüglich mehr als tausend Blicke in die Fachbücher. Wenn Menschen, die nicht unter einer Geisteskrankheit oder einer schweren Gemütskrankheit, sondern „nur" unter seelischer Labilität leiden, nach jahrelangen therapeutischen Bemühungen nicht in der Lage sind, ihr Leben selbst in die Hand zu nehmen und aus eigener Kraft zu meistern, dann haben sie das Beste in der Therapie nicht bekommen. Wenn sie aber nach einer gewissen Zeitspanne, während der sie therapeutische Hilfe erhielten, innerlich gestärkt und gefestigt ins Leben eintreten, ohne auf weitere „Nachhilfe" angewiesen zu sein, dann ist das ein beachtenswerter Erfolg, ganz gleich, mit welchen therapeutischen Mitteln er erreicht worden ist, und der Logotherapeut wird der letzte sein, der dies nicht anerkennt.

Das genannte Kontrollkriterium bietet uns eine ideale Ausgangsbasis für Überlegungen, die ich am „2. Weltkongreß für Logotherapie" im April 1982 in Hartford/Connecticut vorgetragen habe; Überlegungen, die aufmerksame Zuhörer fanden, weil sie sie sozusagen „in Neuland führten", in die Gedankenwelt der *logotherapeutischen Evolution*. Und dorthin möchte ich nun auch den Leser mitnehmen, der mir im Buch von der Tiefen- zur Höhenpsychologie gefolgt ist und am Ende erkennen soll, daß mit der Einführung des menschlichen Geistes in die Psychologie ein entscheidender Wendepunkt erreicht worden ist, dessen Konsequenzen für diese Wissenschaftslehre noch gar nicht abzusehen sind.

Die Logotherapie ist nämlich nicht nur eine von vielen psychotherapeutischen Schulen, gleichsam ein einzelnes Glied in einer ellenlangen Kette psychologischer Theorien, sondern sie ist auch eine *Startbahn der menschlichen Reifeentwicklung*. Sie besitzt die anthropologischen Grundlagen, um das Reifeniveau eines Menschen anzuheben, und das unterscheidet sie von allen anderen psychotherapeutischen Konzepten, die nur die Werkzeuge dazu besitzen, den Menschen in ein Stadium emotionaler Stabilität zu bringen. Verfolgt man diesen Gedanken weiter, dann erkennt man bald, daß auch die therapeutische Zielsetzung der Logotherapie über den üblichen Wunsch zu heilen hinausgeht: Logotherapie will in ihrem tiefsten Anliegen nicht nur heilen, sie will „heilen ein für allemal". Denn jeglicher Zuwachs an geistiger Reife birgt logischerweise die Chance in sich, weitere psychotherapeutische Betreuung künftig überflüssig zu machen, da die Patienten durch die neu gewonnene Reife befähigt werden, mit ihren Emotionen selber sinnvoll umzugehen.

Das bedeutet konkret, daß die Logotherapie heute die einzige psychologische Idee ist, die dem unheimlichen Aufschaukelungsmechanismus von immer größeren Bevölkerungsanteilen an psychischen Kranken und immer reichhaltigeren Therapieangeboten – was beides in wechselseitiger Beziehung zueinander stehen mag – entgegenwirken kann. Sie allein wäre befähigt, die entsetzliche Notwendigkeit von „immer mehr" Psychotherapie zu stoppen und die Rückfallquote nach erfolgter Behandlung drastisch zu senken, was einer wahren Revolution am Psychomarkt gleichkäme.

Um die Tragweite meiner Aussage zu verstehen, muß man bedenken, daß die psychologischen und nervenärztlichen Praxen gegenwärtig *hauptsächlich* von „Dauerpatienten" leben, also von Personen, die mehr oder weniger regelmäßig zur Beratung kommen und sogar dann, wenn ihre Behandlung längst abgeschlossen worden ist, nach Jahren noch rat- und hilfesuchend wieder auftauchen. Das erklärt sich damit, daß bei aller Hilfe, die gewährt werden kann, zwangsläufig auch eine *Abhängigkeit* von dieser Hilfe entsteht. Der Patient meint schließlich, er könne seine Probleme am einfachsten dadurch lösen, daß er sich bei der Problemlösung helfen lasse. Dazu kommt die risikoreiche aber unvermeidbare Hyperreflexion über sich selbst, die mit den erfolgten therapeutischen Gesprächen über vergangene oder aktuelle Lebenskrisen automatisch verbunden ist und den Patienten in einer unreifen Egozentrierung verankert. Auch „gelöste" Probleme sind und bleiben zumindest „gewesene" Probleme und hinterlassen stets den bitteren Nachgeschmack der Angst, sie könnten wiederkehren.

Neben solchen „inneren Dispositionen", die im Patienten selbst liegen und ihn dem Rückfall in die Arme treiben, gibt es eine Reihe äußerer Auslösemomente, die gerade für psychisch labile Menschen, wie es ehemalige Patienten psychotherapeutischer Praxen meistens sind, Fußangeln gleichen, von denen sie leicht zu Fall gebracht werden. Ein Unglück, ein Schicksalsschlag, ein ernster Verlust oder simpel die Tatsache, älter und schwächer zu werden, können neurotische oder depressive Persönlichkeiten in Neurose und Depression zurückwerfen, auch wenn sie sich jahrelang kostspieligen Behandlungen unterzogen hatten. Das Tragische dabei ist, daß sowohl die Patienten im Grunde froh sind, sich in jeder Not wieder an denjenigen Berater wenden zu können, der ihnen vielleicht schon mehrmals geholfen hat, als auch die Therapeuten im allgemeinen nichts dagegen haben, ihre Kundschaft zu behalten, weil ihnen dadurch letzten Endes ein gutes Einkommen gesichert ist.

Dennoch geschieht dies alles nicht im Interesse einer geistig mündigen Gesellschaft, denn es hält die Krankheit im Fluß und nicht die Gesundheit. Eine gesunde Gesellschaft setzt sich aus selbstverantwortlichen Individuen zusammen, die die Belange ihres eigenen und gemeinsamen Lebens selbst entscheiden und die Folgen ihrer Handlungsweisen auch selbst tragen können. Steigt der Prozentsatz unmündiger, hilfloser und seelisch kranker Menschen in einem Volk zunehmend an, so gerät das ganze Volk in Gefahr, und zwar in größere Gefahr, als würde es durch einen Feind von außen bedroht. Was dann noch helfen kann, das ist kein Heer von Psychotherapeuten und keine Flut von Psychotechniken, sondern einzig und allein das Ingangkommen eines geistigen Reifungsprozesses, wie ihn zum Beispiel die Logotherapie einzuleiten vermag.

Das folgende 4stufige Programm, das ich als einen Weg in die Selbstverantwortlichkeit bezeichnen möchte, deutet eine solche Möglichkeit an, Patienten „ein für allemal" zu heilen und damit den kritischen Prozentsatz seelisch Kranker in der

Bevölkerung erheblich zu reduzieren. Mit diesem Programm werden wir Berater nicht reich werden, aber wir werden den Ratsuchenden optimal helfen; mit diesem Programm werden wir uns bei den geschäftstüchtigen Kollegen unbeliebt machen, aber wir werden die Logotherapie in ihrem ureigensten Sinne weiterentwickeln und sie in den Dienst einer Menschheit stellen, deren Überlebenskampf vielleicht schon begonnen hat.

Die *1. Stufe* meines Programms ist die *Stufe der Symptomreduzierung und Problemlösung,* die selbstverständlich Vorrang hat vor allem anderen: die akute Not des Patienten muß gelindert werden. Ich selbst arbeite auf dieser Stufe nur mit Einzelgesprächen, denn der Patient soll sich vertrauensvoll öffnen und auch seine intimsten Sorgen oder Sehnsüchte ausbreiten können, welche nicht für fremde Ohren bestimmt sind. Meines Erachtens ist es wenig nutzvoll, die Ratsuchenden auf dieser Stufe zu zwingen, innerhalb einer Gruppe über ihre Schwierigkeiten zu diskutieren, denn noch ist jeder mit seinen eigenen Problemen aufs engste verhaftet und würde die Darlegungen der anderen Gruppenmitglieder allzu leicht im negativen Sinne auf sich selbst beziehen. Der „Trost", zu hören, daß andere Menschen auch ihre Probleme haben, ist gering, und die Erkenntnis, wieviel Kummer und Leid es ringsum gibt, fördert nur eine pessimistische Grundeinstellung, die dem Heilungsprozeß nicht dienlich ist. Patienten auf der 1. Stufe, die noch selbst mit ihren Schwächen und Nöten ringen, haben außerdem viel zu wenig Distanz zu sich und ihrer Situation, um von Gruppengesprächen zu profitieren. Sie lassen sich von den Aussagen der Gruppe verunsichern und erleben ihre eigenen „Offenbarungen" mitunter als entwürdigend, was in der Psychotherapie niemals geschehen darf. Die Würde des Menschen muß unangetastet bleiben.

In den Einzelbehandlungen können nun auf dieser Stufe alle *spezifisch logotherapeutischen Methoden* zur Anwendung kommen, die dem Symptombild entsprechen. Hierher gehört der Einsatz der Paradoxen Intention bei diversen Formen von Ängsten und Zwangsvorstellungen, der Einsatz gezielter Dereflexion bei vegetativen und psychosomatischen Störungen oder der Einsatz von Einstellungsmodulationen bei depressiven und negativistischen Tendenzen. Wichtig ist dabei vor allem, so viel innere Distanz zwischen den geistig intakten Bereich eines Patienten und seinen emotionalen Über- und Fehlreaktionen zu schaffen, wie nur möglich, denn allein aus einer solchen Distanz heraus kann der Patient auch seinen ungünstigsten Bedingungen Widerstand leisten. Und zum gesunden Widerstand muß er in jeder Weise ermutigt werden, soll er den Klauen seiner Krankheit entrissen und dem normalen, gesunden Leben zurückgegeben werden.

> *Die Spielregeln des Lebens verlangen von uns nicht, daß wir um jeden Preis siegen, wohl aber, daß wir den Kampf niemals aufgeben.* FRANKL

Neben den spezifisch logotherapeutischen Methoden kommen auf 1. Stufe alle *Mischformen* von logotherapeutischen und nicht-logotherapeutischen Techniken zum Tragen, wie zum Beispiel Kombinationen mit gestalt- und verhaltenstherapeutischen Maßnahmen, suggestiven Hilfen oder Entspannungstechniken, nicht zuletzt unter Zuziehung einer sinnvoll dosierten Unterstützung durch Psychopharmaka. Hier wird die logotherapeutische Bereitschaft zur Kooperation mit anderen Richtungen sichtbar, allerdings in der Ebene der Symptomreduzierung, derer wir uns aber durchaus nicht zu schämen brauchen, denn es ist oft viel schwieriger, ein Symptom tatsächlich zum Erlöschen zu bringen, als kühne Hypothesen über seine Entstehungsgeschichte zu entwerfen, ungeachtet der Tatsache, daß der Patient nach wie vor am Symptom leidet.

Die 1. Stufe wird gewöhnlich beendet mit einem Teilerfolg, insofern nämlich, als diejenigen Probleme gemildert oder gelöst worden sind, die veränderbar waren, während jener Rest an Problematik bestehen bleibt, der (vorläufig) unveränderbar ist. Was außerdem noch bestehen bleibt, ist die bereits erwähnte unumgängliche Hyperreflexion über das erlebte Leid und über die Restproblematik; eine Hyperreflexion, die den

Patienten, wenn er zu diesem Zeitpunkt als geheilt entlassen würde, stets wieder dazu verführen würde, seine innersten Empfindungen und seine individuellen Umstände aufs Genaueste zu beobachten aus der Angst heraus, mit dem Leben doch nicht ganz fertig zu werden. Angst aber produziert, was sie fürchtet, das hat uns die Logotherapie oft genug gelehrt, und deshalb wissen wir, daß es gefährlich ist, einen Patienten mit einer bestehenden Hyperreflexion ins Leben hinaus zu entlassen. Selbst dann, wenn er sich sehr wohl fühlt und symptomfrei zu sein scheint, dürfen wir nie vergessen, daß eine Heilung auf dieser Stufe rückfallpotent ist. Und das ist auch der Grund, warum ich seit einiger Zeit dazu überging, eine *2. therapeutische Stufe* aufzubauen: die *Stufe der generellen Dereflexion.*

Während die Logotherapie bisher durch ihre ganz spezifische Taktik und Neurosenlehre Orientierungshilfe geboten hat, hilft sie auf dieser 2. Stufe durch ihr Menschenbild. Wie wir wissen, kann der gesundheitsgefährdenden Konstellation von verbliebener Unsicherheit und gedanklicher Hyperreflexion nur mit einer massiven Stärkung der Selbst-Transzendenz entgegengetreten werden, und dazu ist ein Menschenbild nötig, das den Menschen eben als ein selbst-transzendentales Wesen offenbart und seinen „Willen zum Sinn" wieder in den Mittelpunkt seines „Kraftfeldes" rückt, aus dem er während der vorhergegangenen seelischen Krankheit verschoben worden ist.

> *Die Idee eines „Willens zum Sinn" darf nicht im Sinne eines Appells an den Willen mißdeutet werden. An den „Willen zum Sinn" appellieren heißt vielmehr, den Sinn selbst aufleuchten lassen – und es dem Willen überlassen, ihn zu wollen.*
> FRANKL

Ein solches „Zurechtrücken des existentiellen Mittelpunktes", ein solches „Appellieren an den ‚Willen zum Sinn'" geschieht nirgends besser als in der generellen Dereflexion, die nicht verwechselt werden darf mit der gezielten Dereflexionsmethode zur Behebung von Schlaf- oder Sexualstörungen auf 1. Stufe. Die generelle Dereflexion auf 2. Stufe dient keineswegs einer Symptomreduzierung, sondern vielmehr einem Desinteresse an allen Symptomen, indem die Patienten veranlaßt werden, von vorhandenen oder gewesenen Problemen bewußt wegzusehen und sich stattdessen den positiven und sinnerfüllenden Bereichen ihres Lebens zuzuwenden.

Wie im vorigen Kapitel dargelegt, führe ich die generelle Dereflexion stets in einer Gruppe durch, um die große Wahrscheinlichkeit auszunützen, mit der sich die Gruppenteilnehmer bei der Bemühung, ihre Aufmerksamkeit nunmehr auf das Positive zu richten, gegenseitig unterstützen. Wir beginnen die Gruppe, in die ich selbstverständlich nur Personen aufnehme, welche die 1. Stufe weitgehend abgeschlossen haben, mit der Definition jener Klausel, die besagt, daß über alles gesprochen werden darf, was die Teilnehmer wünschen, nur nicht über etwas Negatives, das sie selbst betrifft. Es handelt sich dabei um ein willentliches Ausklammern von Problemen oder Restproblemen, um eben das unfruchtbare Grübeln darüber zu unterbinden und der Hyperreflexion entgegenzusteuern. Das ist keinerlei „Verdrängung" von Problematik, denn zusätzlich besteht ja immer noch das Angebot, eine auftauchende Krisensituation im Einzelgespräch mit dem Therapeuten zu klären. Außerdem haben die Teilnehmer der Dereflexionsgruppe die Problemklärung eigentlich hinter sich, zumindest soweit dies möglich war, und stehen jetzt vor der Aufgabe, ihr zukünftiges Leben angesichts der früheren Erkrankung und angesichts eventuell bleibender Schicksalskomponenten neu aufzubauen. Ziel der Dereflexionsgruppe ist es vielmehr, dem *logotherapeutischen Imperativ* zu folgen, der da lautet, daß der Psychotherapeut Unbewußtes nur bewußt zu machen habe, um es schließlich wieder unbewußt werden zu lassen, daß er also stets die Selbstverständlichkeit unbewußter Vollzüge wieder herzustellen hat*. All das, was auf 1. Stufe zum Zwecke der Therapie ins Bewußtsein gehoben werden mußte, und all die

* Viktor Frankl: „Der unbewußte Gott", Kösel Verlag, München 1979, S. 32.

Schwierigkeiten, die den Patienten früher so große Sorgen bereitet haben, sollen nun allmählich unwichtig, vergessen oder zumindest nebensächlich werden, weil ein positives Gegengewicht existiert, welches sie relativiert.

Ich habe wiederholt erfahren, daß die Gruppenteilnehmer, sobald sie mit der Klausel vertraut gemacht werden, aufrichtig und spontan zustimmen, das Negative aus dem Zentrum ihrer Gespräche verbannen zu wollen, daß sie aber dann stumm und starr dasitzen, weil ihnen etwas anderes als Negatives gar nicht mehr einfällt. An dieser Starre ist die enorme Hyperreflexion abzulesen, in der sie gefangen sind, und es bedarf einigen therapeutischen Geschicks, um die anfängliche Einfallslosigkeit der Teilnehmer zu überbrücken. Ich verwende dazu verschiedene Medien wie z. B. das Vorlesen eines besinnlichen Gedichtes, die Betrachtung eines hübsch geformten Blumenstraußes oder das Vorspielen einer beeindruckenden Musikaufnahme, woran sich Gespräche mit positivem Akzent anschließen können. Auch gibt es nette kleine Übungen zur besseren Wahrnehmung von Werten, z.B. Stichwortübungen, bei denen alle Teilnehmer die Augen schließen und einige Minuten lang zu einem vorgegebenen Stichwort positive Erlebnisse oder Begegnungen aus ihrem Leben gedanklich assoziieren, um sie später in Worte zu fassen*. Nach einigen Gruppenabenden ist die Anfangsstarre im allgemeinen überwunden, und die Leute bringen zunehmend positive Beiträge in die Gruppe, weil sie gelernt haben, auch in ihrem Alltag eher auf das Positive zu achten. Sie führen „Tagebücher der schönen Stunden“, in die sie die kleinen Höhepunkte ihres Lebens vermerken, oder sie gewöhnen sich an, an jedem Sonntag beim Frühstückstisch gedanklich zu rekapitulieren, was sich Erfreuliches während der Woche ereignet hat. Da auch zugelassen ist, etwas Negatives zu erzählen, wenn es einem gelungen ist, dieses Negative in etwas Positives zu transformieren, geben sie sich gegenseitig ermutigende Vorbilder in der Kunst der Lebensbewältigung und formulieren mitunter rührend tapfere Einstellungen, wie sie der Therapeut nicht besser auszudrücken vermöchte.

---

* Vgl. dazu den Kommentar zum 8. Kapitel von Teil I des Buches!

Sollte ein Gruppenteilnehmer die Klausel ignorieren und ins Jammern oder Selbstbemitleiden verfallen, wird die Diskussion über seine Thematik abgebrochen und er bekommt einen „Sonderauftrag“, den er bis zum nächsten Mal zu erfüllen hat, und der üblicherweise darauf hinausläuft, daß er sich überlegen soll, wie er gerade seine Thematik aus einer optimistischeren Perspektive betrachten könnte. Dabei geschehen manchmal wahre Wunder, insofern, als auch notorische Pessimisten plötzlich die guten Seiten des Lebens anerkennen, und ständig unzufriedene Geister sich in großzügigem Verzeihen üben.

> *Hält uns ein Patient vor, er wisse nicht um den Sinn seines Lebens, dann können wir nur erwidern, daß seine erste, nächstliegende Aufgabe eben darin besteht, zu der eigentlichen Aufgabe hinzufinden und zum Sinn des Lebens vorzustoßen.* FRANKL

Bei einer gut verlaufenen Dereflexionsgruppe wird die Klausel allerdings selten ignoriert, denn bald achten die Teilnehmer selbst streng auf die Einhaltung der Grundvereinbarung und stützen sich gegenseitig beim Ringen um die Wahrnehmung des Wertvollen. Einer sagt dem anderen, wo dessen Stärken liegen, und motiviert ihn, diese seine Stärken zu gebrauchen und fürs weitere Leben fruchtbar zu machen, wobei automatisch die Hyperreflexion der eigenen Schwächen in den Hintergrund tritt und verblaßt. Am Ende der Dereflexionsgruppe ist die Indentifikation mit sich selbst als einem seelisch kranken Menschen vorbei; keiner der Gruppenteilnehmer sieht mehr einen Berg voller Probleme vor sich, im Gegenteil, jeder hat eher das befreiende Gefühl, selber hoch oben auf einer Bergspitze zu stehen und unter sich alle Wege zu überblicken, die zu positiven Zielen führen könnten. Die Patienten auf dieser 2. Stufe geben sich trotzdem keinen Illusionen hin, sie wissen, daß Hindernisse auf ihren Wegen liegen, und daß sich so mancher Weg als eine Sackgasse entpuppen mag, aber sie wissen zugleich, daß gesunde Kräfte in ihnen sind, mit denen sie Hindernisse überklettern können, und daß es in der Umwelt Orientierungstafeln gibt, die den Weg aus der Sackgasse weisen. Wenn sie auf 1. Stufe gelernt haben, einigermaßen mit dem Leben zurechtzukommen, dann haben sie auf 2. Stufe gelernt, das Leben als positiv und sinnerfüllt zu begreifen.

> *Schon an der Größe eines Augenblicks läßt sich die Größe eines Lebens ermessen: die Höhe einer Bergkette wird ja auch nicht nach der Höhe irgendeiner Talsohle angegeben, sondern ausschließlich nach der Höhe des höchsten Berggipfels. So entscheiden auch im Leben über dessen Sinnhaftigkeit die Gipfelpunkte, und ein einziger Augenblick kann rückwirkend dem ganzen Leben Sinn geben.* FRANKL

Sollte die Zeit drängen, kann es verantwortet werden, einen geheilten Patienten nach dieser 2. Stufe ins Leben hinaus zu entlassen. Will man aber die Rückfallgefahr auf ein absolutes Minimum herabdrücken, sollte man auf die *3. Stufe* nicht verzichten. Die 3. Stufe hat nämlich eine sehr zukunftszugewandte Funktion: sie dient *ausschließlich der Prophylaxe.*

Ich sagte anfangs, daß es vor allem zwei Gefahrenmomente für Rückfälle gibt, und zwar zum einen unglückliche „innere Dispositionen" im zu entlassenden Patienten selbst, und zum anderen äußere Auslösefaktoren, die schicksalhaft über ihn hereinbrechen und ihn in die Krankheit zurückwerfen können. Nun glaube ich, daß die „inneren Dispositionen" wie etwa die gefährliche Hyperreflexion, Erwartungsängste oder pessimistische Grundhaltungen in der Dereflexionsgruppe weitgehend abzuschwächen sind, aber die Gefahr äußerer Schicksalsschläge kann kein Therapeut von seinem Patienten fernhalten. Es wird berufliche Komplikationen und familiäre Unstimmigkeiten geben, es wird materielle Einschränkungen und ideelle Verluste geben, und schließlich wird es im weiteren

Leben eines jeden Patienten auch Krankheiten und Todesfälle geben. Wie wird er darauf reagieren? Wird er die Stürme des Lebens heil überstehen oder wird er wieder der Verzweiflung anheimfallen, der ihn der Therapeut gerade erst in mühevoller Arbeit entrissen hat? Um letzterem vorzubeugen, lade ich die geheilten Patienten auf 3. Stufe zur Teilnahme an einem *logotherapeutischen Meditationskreis* ein, der, wie bereits erläutert, eine andere Zielrichtung verfolgt als die Dereflexionsgruppe.

Hält die Logotherapie auf 1. Stufe spezielle Methoden und therapeutische Techniken für uns bereit, und unterstützt sie uns auf 2. Stufe durch ihr positives Menschenbild, so stellt sie uns jetzt ihre philosophischen Aussagen zur Verfügung; Aussagen, die genau dann den Rücken stärken, wenn das Schicksal zum Frontalangriff übergeht. Wir heutigen Fachleute kennen die Logotherapie als eine effiziente Psychotherapie, die sich in der täglichen Praxis bewährt, aber wir sollten darüber nicht vergessen, daß sich ihr philosophischer Unterbau schon einmal ganz woanders bewährt hat, nämlich im Chaos der Konzentrationslager des Krieges, und daß ihr daher die optimale Auseinandersetzung mit dem Schicksal als eine ganz besondere Gabe bereits in die Wiege gelegt worden ist. Wenn eine Psychotherapie trösten kann, dann ist es die Logotherapie; und wenn es einer Psychotherapie gelingen kann, ihre Patienten prophylaktisch gegen jedwede Verzweiflung bei Schicksalsschlägen zu immunisieren, dann ist es ebenfalls die Logotherapie.

Diese besondere Gabe der Logotherapie wird nun auf 3. Stufe ausgenützt, um in Form von anschaulichen Gleichnissen und Bild-Meditationen Einstellungen der Patienten zu wecken, die es ihnen späterhin ermöglichen sollen, mit allen Situationen des Lebens zurechtzukommen. An jedem Gruppenabend wird vom Therapeuten ein Bild oder ein Gleichnis aus dem logotherapeutischen Gedankengut vorgestellt, und danach wird gemeinsam darüber gesprochen, wobei selbstverständlich auch Kritik geäußert werden darf, aber nur konstruktive. Im allgemeinen jedoch bin ich noch nie auf heftige Ablehnung gestoßen, im Gegenteil, die rege Diskussionsfreudigkeit und das intensive Nachdenken der Teilnehmer über die angebotenen Symbole und Bewältigungshilfen beweisen ihre tiefe Dankbarkeit.

Als eines der ersten zu besprechenden Bilder des Meditationskreises eignet sich die Darstellung der *Dreidimensionalität* menschlicher Existenz und der Überlegenheit der „Trotzmacht des Geistes“ gegenüber dem Druck der emotionalen Bedürfnisse. Das Gleichnis vom Flugzeug, das einem Auto ähnlich imstande ist, sich am Boden fortzubewegen, das aber nur dann zu einem wahren Flugzeug wird, wenn es sich in die Lüfte erhebt*, veranschaulicht sehr schön, daß auch der Mensch nur dann ganz und wahrhaftig Mensch ist, wenn er sich in die Höhen der geistigen Dimension aufschwingt.

> *Das Wesen des Menschen geht weder im Leiblichen noch im Seelischen auf.* FRANKL

Daran anschließen läßt sich die logotherapeutische Erkenntnis, daß Glück oder Lust nicht direkt angestrebt werden kann, sondern als *Nebeneffekt* erfolgt, wenn ein geistiges Hauptziel im Mittelpunkt der Aufmerksamkeit steht. Bei der Besprechung dieses Phänomens lassen sich viele praktische Beispiele anführen, etwa zum Thema Sexualität und Liebe, zum Thema Berufserfolg und Macht oder zum Thema Selbstverwirklichung. Das Gleichnis vom Auge, das krank ist, wenn es sich selbst sieht, etwa bei einer Linsentrübung, und gesund ist, wenn es alles andere als sich selbst sieht**, fügt sich nahtlos ein.

Nach diesen Erläuterungen können wir im Meditationskreis allmählich zur Schilderung der logotherapeutischen *Werttriade* übergehen und die Teilnehmer ermuntern, eigene Ideen für schöpferische Werte, Erlebnis- und Einstellungswerte zu produzieren. Dabei kristallisiert sich bald die Sonderstellung der Einstellungswerte heraus, nämlich ihr Heldentum und ihre

---

* Viktor Frankl: „Der Wille zum Sinn“, Huber Verlag Bern 1982, S. 147.
** Viktor Frankl: „Die Sinnfrage in der Psychotherapie“, Piper Verlag München 1981, S. 38.

unsagbar positive Ausstrahlung. Wer Einstellungswerte im logotherapeutischen Sinne realisiert, setzt ja ein heldenhaftes, positives Vorbild in die Welt, etwas Gutes, das sich fortpflanzt. Neben der Qualität der Werte muß aber auch ihre Quantität zur Sprache kommen, denn wir wissen: jeder Verzweiflung liegt letztlich eine Vergötzung zu Grunde*. Es ist gefährlich, sich an einen einzigen Wert im Leben zu klammern und ihn sozusagen auf die Spitze einer Wertpyramide zu stellen, denn allzu leicht bricht die Spitze ab und hinterläßt einen Trümmerhaufen. Psychohygienisch viel gesünder ist daher ein reichhaltiges persönliches Wertsystem mit mehreren gleichrangigen Lebensinhalten**. Sollte der Wertgehalt des Lebens einmal ganz in Frage gestellt werden, mag das Bild von den Depressionen helfen, die man am besten dunklen Wolken am Himmel gleichsetzt, welche man geduldig vorüberziehen lassen muß im sicheren Bewußtsein, daß die Sonne über ihnen scheint, genauso, wie man sicher sein kann, daß der Sinn- und Wertehorizont des Lebens niemals verschwindet, auch dann nicht, wenn man ihn vorübergehend nicht sieht***.

Das Stichwort „Depression“ zieht nach sich die Erörterung ernsterer Lebensfragen wie die Fragen nach dem Sinn von *Schicksal, Schuld, Leid und Tod.* Was die Zufälle des Schicksals betrifft, denen wir mehr oder weniger ausgeliefert sind, so ist der logotherapeutische Hinweis, daß wir „nicht die Fragenden, sondern die Antwortenden sind“****, eine wichtige Entdeckung für die Gruppenteilnehmer. Sie lernen, in ihren Klagen und Anklagen an das Schicksal zu verstummen und ihre eigenen Wahlmöglichkeiten zu erkunden, die ihnen in jedem Fall noch offenstehen, um auf die Herausforderungen des Schicksals zu reagieren. Dadurch erleben sie sich eher als aktive Mitgestalter des Schicksals, denn als dessen passive Opfer.

---

* Viktor Frankl: „Der Mensch vor der Frage nach dem Sinn“, Piper Verlag, München 1982, S. 104.

** Stanislav Kratochvil, unveröffentlichtes Manuskript.

*** Viktor Frankl: „Theorie und Therapie der Neurosen“, Reinhard Verlag UTB 457, München 1975, S. 74–75.

**** Viktor Frankl: „Ärztliche Seelsorge“, Deuticke Verlag, Wien 1979, S. 72.

> *Insofern, als wir auf die Tatsachen des Lebens erst zu antworten haben, stehen wir stets vor unvollendeten Tatsachen.* FRANKL

Daß der Sinn von Schuld und Leid oft und oft darin liegt, in der Feuerglut des Schmerzes zu einer neuen und besseren Form seiner selbst geschmiedet zu werden, mögen manche der Teilnehmer schon am eigenen Leib erfahren haben. Aber auch die Frage, ob der Tod das Leben nicht sinnlos mache, kommt jedem irgendwann auf die Lippen. Deswegen ist es von großer prophylaktischer Bedeutung, die logotherapeutische Argumentation, daß der Tod in umgekehrter Weise das Leben erst sinnvoll mache, indem er uns zwinge, jetzt und hier zu handeln, weil sich eben nichts ins Unendliche hinausschieben läßt*, sorgfältig zu entwickeln. Das Bild von den vollen Scheunen der Vergangenheit, in welchen die Ernte unseres Lebens unverlierbar geborgen ist, auch wenn uns der Anblick der abgeernteten Stoppelfelder am Ende des Lebens erschreckt**, kann den Gedankengang gut unterstützen.

Im Zuge solch ernster Erwägungen ist es unvermeidlich, daß sich das Gespräch früher oder später dem *religiösen Bereich* nähert.

> *Wie oft sind es erst die Ruinen, die den Blick freigeben auf den Himmel!* FRANKL

Selbstverständlich darf der logotherapeutische Meditationskreis niemals dazu mißbraucht werden, irgendeine bestimmte religiöse Ansicht zu vertreten oder für gut zu befinden. Er ist und bleibt ein therapeutisches Angebot, aber als ein solches kann er den drängenden Anliegen seiner Teilnehmer auch nicht ausweichen. Im Zusammenhang damit ist es günstig, das Gleichnis von den verschiedenen Religionen zu bringen, die

---

* Viktor Frankl: „Ärztliche Seelsorge", Deuticke Verlag, Wien 1979, S. 83.
** Viktor Frankl: „Der Mensch vor der Frage nach dem Sinn", Piper Verlag, München 1982, S. 259–260.

ähnlich wie die verschiedenen Sprachen der Menschheit fungieren: keine ist der anderen übergeordnet, und in jeder Sprache kann der Mensch an die Wahrheit herankommen*. Da es natürlich denkbar ist, daß sich auch überzeugte Atheisten im Meditationskreis befinden, die sozusagen in keiner Sprache zu Gott sprechen, ist es sinnvoll, die Franklsche Definition Gottes als „dem Partner unserer intimsten Selbstgespräche" weiterzugeben, denn diese Definition ist für Menschen jeglicher Weltanschauung akzeptabel: wer an Gott glaubt, betet, wer nicht an Gott glaubt, spricht mit sich selbst oder seinem Gewissen.

> *Der Glaube ist nicht ein Denken, vermindert um die Realität des Gedachten, sondern ein Denken, vermehrt um die Existentialität des Denkenden.* FRANKL

Beendet wird der Meditationskreis schließlich mit dem Hinweis, daß eine *gesunde Noodynamik,* also eine gesunde Spannung zwischen Sein und Sollen, unabdingbar notwendig ist, und daß man nicht versuchen soll, sich dieser zu entziehen. Ein Leben ohne Höhen *und* Tiefen ist ein leeres Leben, und ein Leben, das nur dazu dient, die eigenen Bedürfnisse zu befriedigen, ist ein sinnentleertes Leben. Die Teilnehmer mögen nicht von ihrem Leben erwarten, daß es immer angenehm und bequem sein werde, aber sie dürfen mit Recht erwarten, daß es immer und überall Sinnmöglichkeiten für sie bereithalten werde, und daß es an ihnen und an niemandem sonst liegt, diese Sinnmöglichkeiten zu erkennen und zu erfüllen.

Die 3. Stufe des therapeutischen Programms klingt also aus mit der festen Überzeugung, daß das Leben gemeistert werden muß und kann, und daß es keine Situation gibt, für die es nicht auch eine innere Einstellung gäbe, die geeignet wäre, mit ihr fertig zu werden. Haben die Patienten auf 1. Stufe gelernt, ihre Schwächen zu beherrschen, und haben die auf 2. Stufe gelernt,

---

* Viktor Frankl: „Das Leiden am sinnlosen Leben", Herderbücherei, Freiburg 1981, S. 97.

ihre Stärken auszubauen, dann haben sie auf 3. Stufe gelernt, das Leben unabhängig von Schwächen und Stärken, Höhen und Tiefen anzunehmen und zu bejahen. Mit dem logotherapeutisch/philosophischen Gedankengut, das sie beliebig mit ihrer eigenen Weltanschauung kombinieren können, haben sie einen inneren Halt gewonnen, der sie auch in Krisenzeiten nicht so schnell verlassen wird.

Was jetzt noch zu tun übrig bleibt, ist wenig, es ist fast nur mehr ein symbolischer Akt, aber, wie ich meine, ein wichtiger, demonstrativer Schlußstrich unter die Krankengeschichte des Patienten: er tritt endgültig ein in die *Selbstverantwortlichkeit*. Die menschliche Gesellschaft liebt gewisse Symbole, um einen Wandel in den Lebensumständen eines Menschen zu markieren, z.B. die Volljährigkeitsgrenze, Reifezeugnisse, Familienstandsanzeigen usw. Einen ähnlichen Zweck verfolgen die kurzen Einzelgespräche, die ich auf *4. Stufe* mit dem zu entlassenden Patienten führe; es sind Gespräche, die ihm verdeutlichen sollen, daß das Therapeuten-Patienten-Verhältnis aufgehoben worden ist, weil er eben aufgehört hat, Patient zu sein. Um der „Ein-für-allemal-Heilung" einen besonderen Nachdruck zu verleihen, biete ich auf 4. Stufe bewußt keinerlei Ratschläge mehr an, sondern verhalte mich wie ein gleichwertiger Gesprächspartner, der über dies oder jenes plaudert ohne die geringste Absicht, auf das Leben eines anderen Menschen Einfluß zu nehmen. Diese „Plaudereien" mögen auf den ersten Blick überflüssig erscheinen, aber ich bin überzeugt, daß ihnen indirekt großes Gewicht zukommt, denn sie lassen den ehemaligen Patienten verstehen, daß nunmehr die volle Verantwortung für sein Tun und Handeln tatsächlich an ihn delegiert ist, und auch der Therapeut ihm keinerlei Entscheidung mehr erleichtert. Es ist die klare und unmißverständliche Erkenntnis, seelisch wieder gesund zu sein, aber auch wieder allein verantwortlich für sein Leben zu sein; zwei Betrachtungsweisen, die unauflösbar zusammengehören, soll dem nächsten Rückfall ein Riegel vorgeschoben werden. Nur wenn der ehemalige Patient praktisch erlebt, daß sich der Therapeut um sein Befinden überhaupt nicht mehr kümmert und auch keinesfalls gewillt ist, wieder Patentlösungen aus seinen Schubladen zu ziehen, daß er aber nach wie vor bereit ist, als Freund und Mensch mit ihm Kontakt zu halten, kann er sich vollends aus jeglicher Therapieabhängigkeit lösen.

> *Der Logotherapie genügt und muß genügen die Führung des Kranken bis zum radikalen Erlebnis seiner Verantwortung.* FRANKL

Bis zum Ende der 3. Stufe, also auch noch während der Teilnahme an den beiden Gruppen, biete ich stets die Möglichkeit zur zusätzlichen Einzelbesprechung mit dem Therapeuten bei auftretenden Problemen an, aber auf 4. Stufe tue ich dies nicht mehr. Der Patient ist entweder geheilt, oder wir müssen von vorne nochmals anfangen, weil etwas schief gelaufen ist, aber dann stellt sich die Frage, ob die Krankheit nicht therapieresistent ist, und eher darauf hingearbeitet werden muß, dem Patienten ein lebenswertes Leben mit und trotz seiner Symptomatik zu ermöglichen, was ja auch manchesmal erwogen wird*.

Jedenfalls führe ich auf 4. Stufe harmlos freundschaftliche Einzelgespräche über interessante Tagesthemen mit der deutlichen Akzentuierung, daß zwei gesunde und vernünftige Menschen miteinander sprechen, und überdecke damit die Erinnerung an die Stilistik der Einzelgespräche der 1. Stufe, die durch Hilflosigkeit und teilweise Unfähigkeit des Patienten und durch meine überlegene Position als zugezogener Fachmann gekennzeichnet gewesen waren. Der zu entlassende Patient soll in Zukunft nicht wegen jeder Kleinigkeit auf die Idee kommen, wieder zu seinem Berater zu laufen, und deshalb muß er diesen auch anders kennengelernt haben, als immer nur verständnisvoll, zugewandt und hilfsbereit. So merkwürdig es klingt, der Therapeut darf am Ende seiner Therapie nicht mehr dieselbe Hilfsbereitschaft signalisieren wie am Anfang, will er seinen Patienten nicht in fortdauernder Hilflosigkeit an sich binden; der Prozeß der Abnabelung wird

---

* Hiroshi Takashima: „Psychosomatic Medicine and Logotherapy", New York 1977.

nur durch ein völlig „atypisches" Therapeutenverhalten eingeleitet und spielt doch eine wesentliche Rolle hinsichtlich der Beständigkeit des Therapieerfolges.

Das heißt nicht, daß man sich abweisend verhalten oder den geheilten Patienten vor den Kopf stoßen sollte, aber wie eine gute Mutter ihre erwachsenen Kinder selbständig sein läßt und sich davor hütet, ihnen gutgemeinte Vorschriften zu machen, jedoch auch davon Abstand nimmt, ihnen bei ihren Alltagssorgen andauernd unter die Arme zu greifen, so läßt auch der gute Therapeut seinen Patienten auf 4. Stufe gehen – er läßt ihn gehen und ruft ihm nichts mehr nach, auf daß sich dieser nicht umdrehe und zurückkehre. Und sollte sich einer umdrehen mit letzten Zweifeln im Herzen, dann darf ihm nur mehr jener Ratschlag nachgerufen werden, der gleichermaßen für uns alle gilt, nämlich daß er der Stimme seiner eigenen Vernunft und seines eigenen Gewissens folgen möge.

> *Jede Situation ist ein Ruf, auf den wir zu horchen, dem wir zu gehorchen haben.* FRANKL

Nach menschlichem Ermessen lebt der geheilte Patient jetzt „selbstvergessen", also ohne über sich und seine Situation ununterbrochen nachzugrübeln, er lebt „glücklich", insofern, als er sinnorientiert lebt, und er lebt „sein" Leben ohne Hilfe oder therapeutischen Eingriff von außen. Erst wenn er sich darüber ernsthaft klar geworden ist, ist er wirklich in das geistige Reifeniveau der Selbstverantwortlichkeit eingetreten und kann ohne Bedenken dem Leben überantwortet werden. Der Abschied nach der 4. Stufe ist einfach und komplikationslos: Die Wege zweier Menschen haben sich eine Zeitlang berührt und gabeln sich wieder, und beide ziehen weiter im Vertrauen darauf, daß ihre Begegnung nicht umsonst gewesen ist.

Vielleicht mag das gesamte, hier kurz vorgestellte Programm zur Reduzierung der Rückfallgefahr in der Psychotherapie etwas willkürlich erscheinen, so als könnte man es genauso gut auch aus anderen Stufen zusammenstellen, doch steht immerhin ein Jahrzehnt logotherapeutischer Forschungsarbeit dahinter. Wer wie ich den Reichtum und die Vielseitigkeit der Logotherapie Stück für Stück abgetastet hat, um all ihre Potentialität im Dienste des ratsuchenden und seelisch kranken Menschen auszuloten, muß zu dem Ergebnis kommen, daß ihr tiefstes Geheimnis und ihr größter Segen im *Konzept der Selbst-Transzendenz* und in der *Offenheit gegenüber geistigen Wachstumsmöglichkeiten* verborgen liegt. Die Logotherapie ist und war niemals eine Symptombehandlung allein; sie führt zwar ihre Patienten nicht zurück in die dunkle, unbewußte Vergangenheit, aber sie führt sie weiter in eine helle, klar bewußte Zukunft. Und um die Patienten in diese Zukunft führen zu können, bedarf es solcher therapeutischer Aufbaustufen, wie die von mir entworfenen, die man selbstverständlich abwandeln kann, die sich jedoch grundsätzlich auf den beiden Schienen der Stärkung der Selbst-Transzendenz und der Förderung geistigen Wachstums bewegen müssen.

Ein Gleichnis soll lebendiger veranschaulichen, was sich in wissenschaftlichen Worten nur nüchtern ausdrücken läßt. Nehmen wir an, ein Patient, der psychotherapeutische Behandlung benötigt, sei definiert als ein Mensch, der über die Hindernisse und Unebenheiten seines Lebens gestolpert und gefallen sei – er könne aus eigener Kraft nicht mehr aufstehen. In der 1. Stufe logotherapeutischen Vorgehens wird er nun auf die Beine gestellt und mit Krücken versehen, an denen er sich festklammern kann. Solche Krücken sind Methoden wie die Paradoxe Intention, die gezielte Dereflexion, Einstellungsmodulationen und alle anderen Verfahren auch aus dem nichtlogotherapeutischen Raum, die in ihrer Kombination zusammenwirken, um die aktuelle Krise zu überwinden. Nach abgeschlossener psychotherapeutischer Behandlung kann der Patient auf seinen Krücken die ersten zaghaften Schritte im Alleingang wagen, aber er geht noch langsam und humpelnd, den Kopf gesenkt und jeden seiner Schritte krampfhaft beobachtend. Die Angst, er könnte wieder stürzen, sitzt ihm im Nacken und läßt ihn sich schwer auf seine Krücken stützen, sie macht seine Beine zittrig und unsicher. Durch den gesenkten Blick sieht der Patient nichts von seiner Umwelt, er tappt wie blind voran, froh, überhaupt von der Stelle zu kommen.

Das ist der Punkt, an dem viele Therapien aufhören, denn der Patient kann ja wieder gehen, und der Rest mag Übung sein. Doch ist dieser Zeitpunkt verfrüht für die Entlassung des Patienten, denn die Hyperreflexion über die durchlittene Krise, die gegenwärtige Labilität und die Einschränkung des Gesichtsfeldes, durch welche die Wahrnehmung zukünftiger Zielperspektiven blockiert ist, rufen schnell einen neuerlichen Sturz herbei. Erst auf 2. Stufe, in der Dereflexionsgruppe lernt der Patient, den Kopf zu heben, die krampfhafte Beobachtung seiner Schritte aufzugeben und sich mit seinen Krücken vertrauensvoll weiterzubewegen, während sein Auge die Umwelt ringsum erfaßt. Dereflexion gleicht immer einem *sanften Anheben des Kinns* eines Rekonvaleszenten, auf daß sich sein Blick vom Boden löse und in die Ferne schweife, auf daß sich auch sein geistiger Horizont erweitere und er sich der sinnreichen Aufgaben und kostbaren Werte des Lebens bewußt werde. Auf 2. Stufe geht der Patient also zwar immer noch mit Krücken, aber er geht hoch aufgerichtet und zielstrebig voran, denn er kann sich in seiner Außenwelt umschauen und persönliche, positive Orientierungspunkte ins Auge fassen.

Was jetzt noch einen Rückfall verursachen könnte, das wäre ein Straucheln über die Rauhheiten des Bodens, in denen sich seine Füße verfangen, erzeugt durch neu auftauchende Probleme, die ihn wiederum ins Taumeln bringen. Deswegen muß der Patient auf 3. Stufe, im logotherapeutischen Meditationskreis, lernen, auf *jedem* Gelände gehen zu können. Bildlich gesprochen lernt er, über Felsbrocken zu steigen und auf Glatteis zu balancieren, er lernt, Sümpfe zu überbrücken und sich seinen Weg durch die Dornen zu bahnen. Die Meditationen aus dem logotherapeutischen Gedankengut zeigen ihm Szenerien des Lebens, mit denen er irgendwann konfrontiert werden wird, und er findet Einstellungen zu ihnen, die es ihm ermöglichen, an der Konfrontation sogar noch geistig zu wachsen. Um welches Problem es sich auch handeln wird, ob um seelische Frustration oder um körperliche Krankheit, ob um äußere Not oder um innere Todesangst, der Patient wird eine Bildvorstellung zur Hand haben, an der er sich wie an einem Seil hochziehen kann, wenn ihm die Knie schwach zu werden drohen, und ein Schwindelanfall ihn übermannt. Nach der 3. Stufe kann der Patient nicht nur hoch erhobenen Hauptes gehen, jetzt kann er *überall* gehen, in jede Richtung, die er sich aussuchen mag, auf jeder Straße, die ihn das Schicksal führen mag.

Jetzt ist der Zeitpunkt gekommen, ihn auf Grund seiner neu gewonnenen Stabilität und vor allem in Anerkennung seiner ebenso neu gewonnenen Selbstverantwortlichkeit ohne Hilfsmittel auf die Reise zu schicken. Auf 4. Stufe ist ein geistiges Reifestadium erreicht, das es dem ehemaligen Patienten erlaubt, seine Krücken feierlich in die Ecke zu werfen und allein auf seinen eigenen zwei Beinen jenes Weges zu wandern, den er zielbewußt und willentlich einschlägt, und auf dem er durchhalten wird, auch wenn große Schatten darauf fallen sollten. Und sollte der Weg in Nacht und Grauen führen, ja sollte er eines Tages ungangbar werden, auch dann noch wird die Erinnerung an die logotherapeutischen Gespräche so etwas wie einen Silberstreifen am Horizont bedeuten, der den Wanderer davor bewahren mag, in die bodenlosen Abgründe der Verzweiflung zu sinken.

> *Der Sinn ist Schrittmacher des Seins.* FRANKL

Die nachstehende Tabelle faßt die wichtigsten Charakteristika des besprochenen Programms zur Senkung der Rückfallquote in der Psychotherapie überschaubar zusammen:

Schema eines 4stufigen logotherapeutischen Programms zur Senkung der Rückfallquote in der Psychotherapie

	Durchführungsempfehlung:	Oberbegriff:	Betrachtungsakzent liegt:	Logotherapeutischer Beitrag:	Mobilisierung der menschlichen Fähigkeit:	Gleichnis der einzelnen Heilungsschritte:
1. Stufe	in Einzelgesprächen	Problemlösung und Symptomreduzierung	im Negativen (Thema: Problem) und Positiven (Lösung)	Spezielle logotherapeutische Techniken (Paradoxe Intention, Dereflexion, Einstellungsmodulation) und Kombinationsmethoden zur Wiederherstellung der *Freiheit des Willens*	zur Selbstdistanzierung	Der Kranke vermag mit Hilfe von Krücken notdürftig zu gehen.
2. Stufe	in der Gruppe	Dereflexionsgruppe (zur generellen Dereflexion)	nur im Positiven (Klausel!)	Menschenbild der Logotherapie, wonach der Mensch ausgestattet ist mit einem *Willen zum Sinn* (noetische Dimension)	zur Selbst-Transzendenz	Der Kranke beobachtet nicht mehr krampfhaft seine Schritte, sondern blickt vom Boden auf und betrachtet seine Umwelt.
3. Stufe	in der Gruppe	Logotherapeutischer Meditationskreis (zur Prophylaxe)	im Negativen (Thema: Leid) und Positiven (geistige Bewältigung)	Philosophische Aussage der Logotherapie, wonach das *Leben einen Sinn hat* und diesen unter allen Umständen behält	ein Leiden in eine menschliche Leistung zu verwandeln	Der Kranke lernt, auf jedem Gelände zu gehen, und sei es noch so schwierig.
4. Stufe	in Einzelgesprächen	Entlassung in die Selbstverantwortlichkeit	nur im Positiven (Aufhebung des Therapeuten-Patienten-Verhältnisses)	Logotherapeutisches Verständnis menschlichen Seins als Verantwortlichseins – und Verantwortunghabens für die *Erfüllung des* (entdeckten) *Lebenssinns*	geistig zu wachsen und zu reifen	Der Kranke legt seine Krücken ab und geht als Gesunder ins Leben hinaus.

Ich bin mir bewußt, daß der geschilderte Programmablauf den Idealfall darstellt, und daß gerade die Einmaligkeit und Einzigartigkeit des Menschen, zu der wir Logotherapeuten uns bekennen, die Möglichkeit beinhaltet, daß ein Therapieansatz bei einem Patienten scheitert. Weder sind wir Psychomechaniker, noch haben wir es mit automatenhaften Mechanismen zu tun, die sich nach einem gewissen Schema in ihre Bestandteile zerlegen und wieder zusammensetzen ließen. Aber selbst wenn wir wissen, daß wir gelegentlich bei unseren Bemühungen scheitern werden, haben wir Berater dennoch die Verpflichtung, uns die höchsten therapeutischen Ziele zu stecken, die wir kennen, denn es handelt sich bei unseren „Arbeitsobjekten“ auch um die höchsten irdischen Werte, die wir kennen: um menschliche Existenz. Wer wirklich heilen will, muß ein für allemal heilen wollen, und wer seine Patienten wirklich liebt, muß sie schließlich in die Selbstverantwortlichkeit eintreten lassen – *das* ist die Zielintention einer evolutionären „Höhenpsychologie“.

> *Am 7. Tage legte Gott die Hände in den Schoß, und seither liegt es am Menschen, was er aus sich macht – selber macht.* FRANKL

Auswahl aus dem Schrifttum über Logotherapie und Existenzanalyse

I.
Bücher

Böckmann, Walter: Sinn-orientierte Leistungsmotivation und Mitarbeiterführung. Ein Beitrag der Humanistischen Psychologie, insbesondere der Logotherapie nach Viktor E. Frankl, zum Sinn-Problem der Arbeit. Enke, Stuttgart 1980.

– Heilen zwischen Magie und Maschinenzeitalter. Ein Beitrag der Humanistischen Psychologie, insbesondere der Logotherapie nach Viktor E. Frankl, zum Phänomen des Heilens. littera produktion bielefeld 1981.

Bösch, Detmar: Friedenspädagogik im Unterricht. Theorie und Praxis der Logotherapie Viktor E. Frankls und ihre Bedeutung für unterrichtliches Planen und Handeln. Universität Oldenburg (Zentrum für psychologische Berufspraxis), Oldenburg 1982.

Böschemeyer, Uwe: Die Sinnfrage in Psychotherapie und Theologie. Die Existenzanalyse und Logotherapie Viktor E. Frankls aus theologischer Sicht. Walter de Gruyter, Berlin-New York 1977.

Bulka, Reuven P.: The Quest for Ultimate Meaning. Principles and Applications of Logotherapy. With a Foreword by Viktor E. Frankl. Philosophical Library, New York 1979.

–, Joseph B. Fabry und William S. Sahakian: Logotherapy in Action. Foreword by Viktor E. Frankl. Aronson, New York 1979.

Crumbaugh, James C.: Everything to Gain. A Guide to Self-fulfillment Through Logoanalysis. Nelson-Hall, Chicago 1973.

–, James C., William M. Wood and W. Chadwick Wood: Logotherapy. New Help for Problem Drinkers. Preface by Viktor E. Frankl. Nelson-Hall, Chicago 1980.

Dienelt, Karl: Erziehung zur Verantwortlichkeit. Die Existenzanalyse Viktor E. Frankls und ihre Bedeutung für die Erziehung. Österreichischer Bundesverlag, Wien 1955.

– Von Freud zu Frankl. Österreichischer Bundesverlag, Wien 1967.

– Von der Psychoanalyse zur Logotherapie. Uni-Taschenbücher 227, Ernst Reinhardt, München-Basel 1973.

Doering, Dieter: Die Logotherapie Viktor Emil Frankls. Forschungsstelle des Instituts für Geschichte der Medizin der Universität, Köln, 1981.

Fabry, Joseph B.: Das Ringen um Sinn. Eine Einführung in die Logotherapie. Herder, Freiburg im Breisgau, 3 Auflagen, 1973–1980.
– The Pursuit of Meaning. Viktor E. Frankl, Logotherapy and Life. Preface by Viktor E. Frankl. Harper & Row, New York, 6 Auflagen, 1968–1980.
Frankl, Viktor E.: Ärztliche Seelsorge. Grundlagen der Logotherapie und Existenzanalyse. Franz Deuticke, Wien, und Kindler, München, 11 Auflagen, 1946–1982.
– Die Psychotherapie in der Praxis. Eine kasuistische Einführung für Ärzte, Franz Deuticke, 4 Auflagen, Wien 1947–1982.
– Der unbewußte Gott, Psychotherapie und Religion. Kösel-Verlag, München, 5 Auflagen 1948–1979.
– Theorie and Therapie der Neurosen. Einführung in Logotherapie und Existenzanalyse. Uni-Taschenbücher 457, Ernst Reinhardt, München-Basel, 5 Auflagen, 1956–1983.
– Psychotherapie für den Laien. Rundfunkvorträge über Seelenheilkunde. Herder, Freiburg im Breisgau. 10 Auflagen, 1971–1983 (Psychotherapie für jedermann).
– Der Wille zum Sinn. Ausgewählte Vorträge über Logotherapie. Hans Huber, Bern-Stuttgart-Wien, 3 Auflagen, 1972–1982.
– Der Mensch auf der Suche nach Sinn. Zur Rehumanisierung der Psychotherapie. Herder, Freiburg im Breisgau, 8 Auflagen, 1972–1977 (vergriffen).
– Anthropologische Grundlagen der Psychotherapie. Hans Huber, Bern-Stuttgart-Wien 1975.
– Das Leiden am sinnlosen Leben. Psychotherapie für heute. Herder, Freiburg im Breisgau, 7 Auflagen, 1977–1983.
– ... trotzdem Ja zum Leben sagen. Ein Psychologe erlebt das Konzentrationslager. Kösel-Verlag und dtv 10023, München, 7 Auflagen.
– Der Mensch vor der Frage nach dem Sinn. Eine Auswahl aus dem Gesamtwerk. Vorwort von Konrad Lorenz. Piper, München, 3 Auflagen, 1979–1982.
– Die Sinnfrage in der Psychotherapie. Vorwort von Franz Kreuzer. Serie Piper 214, München 1981.
– The Doctor and the Soul. From Psychotherapy to Logotherapy. Alfred A. Knopf, New York, und Souvenir Press, London, 17 Auflagen, 1955–1978.
– From Death-Camp to Existentialism. A Psychiatrist's Path to a New Therapy. Beacon Press, Boston, 4 Auflagen, 1959–1962 (vergriffen).
– Man's Search für Meaning. An Introduction to Logotherapy. Simon and Schuster, New York, Hodder and Stoughton, London, Caves Book Co., Taipei Taiwan China, und Allahabad Saint Paul Society, India, 65 Auflagen, 1963 bis 1980.
– Psychotherapy and Existentialism. Selected Papers on Logotherapy.

Simon and Schuster, New York, und Souvenir Press, London, 11 Auflagen, 1967–1978.
– The Will to Meaning. Foundations and Applications of Logotherapy. New American Library, New York, London und Scarborough, 7 Auflagen, 1969–1981.
– The Unconscious God. Psychotherapy and Theology. Simon and Schuster, New York, und Hodder and Stoughton, London, 8 Auflagen, 1975–1978.
– The Unheard Cry for Meaning. Psychotherapy and Humanism. Simon and Schuster, New York, und Hodder and Stoughton, London, 6 Auflagen, 1978 bis 1979.
–, Josef Pieper und Helmut Schoeck: Altes Ethos – neues Tabu. Adamas, Köln 1974.
–, Paul Tournier, Harry Levinson, Helmut Thielicke, Paul Lehmann und Samuel H. Miller: Are You Nobody? John Knox Press, Richmond, Virginia, 4 Auflagen, 1966–1971.
Kreuzer, Franz: Im Anfang war der Sinn. Von der Psychoanalyse zur Logotherapie. Franz Deuticke, Wien 1982.
Leslie, Robert C.: Jesus and Logotherapy. The Ministry of Jesus as Interpreted Through the Psychotherapy of Viktor Frankl. Abingdon Press, New York-Nashville, 2 Auflagen, 1965–1968.
Lukas, Elisabeth: Auch dein Leben hat Sinn. Logotherapeutische Wege zur Gesundung. Herder, Freiburg im Breisgau 1980.
– Auch deine Familie braucht Sinn. Logotherapeutische Hilfen in Ehe und Erziehung. Herder, Freiburg im Breisgau 1981.
– Auch dein Leiden hat Sinn. Logotherapeutischer Trost in der Krise. Herder, Freiburg im Breisgau 1981.
Polak, Paul: Frankls Existenzanalyse in ihrer Bedeutung für Anthropologie und Psychotherapie. Tyrolia-Verlag, Innsbruck-Wien 1949 (vergriffen).
Takashima, Hiroshi: Psychosomatic Medicine and Logotherapy. Foreword by Viktor E. Frankl. Dabor Science Publications, Oceanside, New York 1977.
Tweedie, Donald F.: Logotherapy and the Christian Faith. An Evaluation of Frankl's Existential Approach to Psychotherapy. Preface by Viktor E. Frankl. Baker Book House, Grand Rapids, Michigan, 3 Auflagen, 1961–1972.
– The Christian and the Couch. An Introduction to Christian Logotherapy. Baker Book House, Grand Rapids, Michigan 1963.
Ungersma, Aaron J.: The Search for Meaning. Foreword by Viktor E. Frankl. Westminster Press, Philadelphia, 2 Auflagen, 1961–1968.
Wawrytko, Sandra A., ed.: Analecta Frankliana. The Proceedings of the First World Congress of Logotherapy (1980). Berkeley, Institute of Logotherapy Press, 1982.

II.
Buchkapitel

Ascher, L. Michael: Paradoxical Intention. An Experimental Investigation, in: Handbook of Behavioral Interventions. Hrsg. von A. Goldstein und E. B. Foa. John Wiley, New York 1980.

Crumbaugh, James C., und Leonard T. Maholick: Eine experimentelle Untersuchung im Bereich der Existenzanalyse. Ein psychometrischer Ansatz zu Viktor Frankls Konzept der „noogenen Neurose", in: Die Sinnfrage in der Psychotherapie. Hrsg. von Nikolaus Petrilowitsch. Wissenschaftliche Buchgesellschaft, Darmstadt 1972.

Frankl, Viktor E.: Der Pluralismus der Wissenschaften und das Menschliche im Menschen, in: Das neue Menschenbild. Die Revolutionierung der Wissenschaften vom Leben. Ein internationales Symposium, hrsg. von Arthur Köstler und J. R. Smythies. Fritz Molden, Wien-München-Zürich 1970.

– Paradoxien des Glücks. Am Modell der Sexualneurose, in: Was ist Glück? Ein Symposion. dtv-Taschenbücher 1134, dtv-Verlag, München 1976.

– Der Mensch vor der Frage nach dem Sinn. Empirische und klinische Befunde, in: Glaube und Wissen. Symposion unter der Patronanz der Bayerischen Akademie der Wissenschaften. Hrsg. von Hans Huber und Oskar Schatz. Herder, Wien-Freiburg-Basel 1980.

– Die Frage nach dem Sinn, in: Glauben als Bedürfnis: Beiträge zum menschlichen Selbstverständnis. Hrsg. von Johannes Schlemmer. Ullstein, Frankfurt-Berlin-Wien 1980.

– In: Es liegt an uns. Gespräche auf der Suche nach Sinn. Hrsg. von Ulrich Hommes. Herder, Freiburg-Basel-Wien 1980.

– Opening Address to the First World Congress of Logotherapy. Logotherapy on Its Way to Degurufication, in: Analecta Frankliana. The Proceedings of the First World Congress of Logotherapy (1980), Sandra A. Wawrytko, ed., Berkeley, Institute of Logotherapy Press, 1982.

Kocourek, Kurt, Eva Niebauer und Paul Polak: Ergebnisse der klinischen Anwendung der Logotherapie, in: Handbuch der Neurosenlehre und Psychotherapie. Hrsg. von Viktor E. Frankl, Victor E. v. Gebsattel und J. H. Schultz, Band III. Urban & Schwarzenberg, München-Berlin 1959.

Korger, Matthias E., und Paul Polak: Der geistesgeschichtliche Ort der Existenzanalyse, in: Handbuch der Neurosenlehre und Psychotherapie. Hrsg. von Viktor E. Frankl, Victor E. v. Gebsattel und J. H. Schultz, Band III. Urban & Schwarzenberg. München-Berlin 1959.

Misiak, Henry, und Virginia Staudt Sexton: Phenomenological, Existential, and Humanistic Psychologies. A Historical Survey. Grune & Stratton, New York 1973 (Kapitel „Logotherapy").

Polak, Paul: Zum Problem der noogenen Neurose, in: Handbuch der

Neurosenlehre und Psychotherapie. Hrsg. von Victor E. Frankl, Victor E. v. Gebsattel und J. H. Schultz, Band II. Urban & Schwarzenberg, München-Berlin 1959.
Sahakian, William S.: History of Psychology. Peacock, Itasca 1968 (Kapitel „Victor Frankl").
– History and Systems of Psychology. John Wiley & Sons, Inc., New York 1975 (Kapitel „Logotherapy: The Will to Meaning").
Spiegelberg, Herbert: Phenomenology in Psychology and Psychiatry. Northwestern University Press, Evanston 1972 (Kapitel „Viktor E. Frankl: Phenomenology in Logotherapy and Existenzanalyse").
Thielicke, Helmut: Mensch sein – Mensch werden. Entwurf einer christlichen Anthropologie. Piper, München 1976 (Kapitel „Der Mensch in Auseinandersetzung mit dem Unbewußten [Freud, Frankl]").
Weeks, Gerald R., und Luciano L'Abate: Research on Paradoxical Intention, in: Paradoxical Psychotherapy. Brunner/Mazel, New York 1982.
Yalom, Irvin D.: Existential Psychotherapy. Basic Book, New York 1980 (Kapitel „The Contributions of Viktor Frankl" and „Dereflection").

III.
Dissertationen

Ballard, Rex Eugene: „An Empirical Investigation of Viktor Frankl's Concept of the Search for Meaning: A Pilot Study with a Sample of Tuberculosis Patients." Doctoral Dissertation, Michigan State University, 1965.
Benedikt, Friedrich M.: Zur Therapie angst- und zwangsneurotischer Symptome mit Hilfe der „Paradoxen Intention" und „Dereflexion" nach V. E. Frankl. München 1968.
Bordeleau, Louis-Gabriel: La relation entre les valeurs du choix vocationnel et les valeurs créatrices chez V. E. Frankl. Doctoral Thesis Presented to the Faculty of Psychology of the University of Ottawa, Canada 1971.
Böschemeyer, Uwe: Die Sinnfrage in der Existenzanalyse und Logotherapie Viktor E. Frankls. Eine Darstellung aus theologischer Sicht. Dissertation, Hamburg 1974.
Brune, Karl-Heinz: „Viktor E. Frankls Mission (Voraussetzungen und Konsequenzen des existenzanalytisch-logotherapeutischen Konzepts in kritischer Betrachtung)". Dissertation. Westfälische Wilhelms-Universität (Medizinische Fakultät). München 1978.
Bucci, Felice: „Viktor Emil Frankl e la logoterapia (La riposta della psicologia al vuoto esistenziale)". Dissertation, Università di Bari 1978.
Bulka, Reuven P.: An Analysis fo the Viability of Frankl's Logother-

apeutic System as a Secular Theory. Thesis presented to the Department of Religious Studies of the University of Ottawa, 1969.
– Denominational Implications of the Religious Nature of Logotherapy. Thesis presented to the Department of Religious Studies of the Universtity of Ottawa as partial fulfillment of requirements for the degree of Doctor of Philosophy. Ottawa, Canada, 1971.
Burck, James Lester: The Relevance of Viktor Frankl's „Will to Meaning“ for Preaching to Juvenile Delinquents, Thesis. Southern Baptist Theological Seminary, Louisville, Kentucky, 1966.
Calabrese, Edward James: The Evolutionary Basis of Logotherapy. Dissertation, University of Massachusetts, 1974.
Carelli, Rocco: Il processo di decodificazione del messaggio in rapporto alla struttura della personalità con particolare riferimento alla concezione personologica di Viktor E. Frankl. Dissertation, Università di Roma, Facoltà di Psicologia, 1975.
Carrigan, Thomas Edward: The Meaning of Meaning in the Logotherapy of Dr. Viktor E. Frankl. Thesis, University of Ottawa, Canada, 1973.
Cavanagh, Michael E.: The Relationship between Frankl's „Will to Meaning“ and the Discrepancy between the Actual Self and the Ideal Self. Doctoral Dissertation, University of Ottawa, Canada, 1966.
Chastain, Mils Kent: „The Unfinished Revolution: Logotherapy as Applied to Primary Grades 1–4 Values Clarification in the Social Studies Curriculum in Thailand.“ Thesis, Monterey Institute of International Studies, 1979.
Collex, Charles Sanford: An Examination of Five Major Movements in Counseling Theory in Terms of How Representative Theorists (Freud, Williamson, Wolpe, Rogers, and Frankl) View the Nature of Man. Dissertation, University of Alabama, 1970.
Dansart, Bernhard: Development of a Scale to Measure Attitudinal Values as Defined by Viktor Frankl. Dissertation, Northern Illinois University, 1974.
Dassa, Carmello: La concezione personologica dell'uomo nella logoterapia di Viktor Frankl. Università di Roma 1979.
Distelkamp, Christel: „Die Existenzanalyse und Logotherapie V. E. Frankls. Ihre Möglichkeiten für Theologie und Seelsorge.“ Diplomarbeit, Albert-Ludwigs-Universität, Freiburg 1982.
Doering, Dieter: Die Logotherapie Viktor Emil Frankls. Dissertation, Köln 1981.
Duncan, Franklin Davis: Logotherapy and the Pastoral Care of Physically Disabled Persons. Thesis. Southern Baptist Theological Seminary, Louisville, Kentucky, 1968.
Dymala, Czeslaw: Zagadnienie sensu zycia u Viktora E. Frankla. Praca magisterska pisana na seminarium z filozofii pod kierunkiem, Papieski Fakultet Teologiczny, Wroclaw 1976.

– Viktora E. Frankla analityczno-egzystencjalna teoria sensu zycia. Praca licencjacka pisana na seminarium z filozofii pod kierunkiem, Papieski Fakultet Teologiczny, Wroclaw 1979.
Eisenberg, Mignon G.: „The Logotherapeutic Intergenerational Encounter Group: A Phenomenological Approach.“ Dissertation, Southeastern University, New Orleans 1980.
Eisenmann, Manfred: Zur Ätiologie und Therapie des Stotterns. Unter besonderer Berücksichtigung der paradoxen Intentionsmethode nach V. E. Frankl. Freiburg im Breisgau 1960.
Fizzotti, Eugenio: Il significato dell'esistenza. La concezione psichiatrica di Viktor E. Frankl. Tesi di laurea, Università Salesiana, Roma 1970.
Forstmeyer, Annemarie v.: The Will to Meaning as a prerequisite for Self-Actualization. Thesis Presented to the Faculty of California Western University, 1968.
Galeone, Francesco: „La logoterapia di V. E. Frankl (Per una riumanizzazione della psichiatria).“ Dissertation, Università di Napoli, 1979.
Gill, Ajaipal Singh: An Appraisal of Viktor E. Frankl's Theory of Logotherapy as a Philosophical Base of Education. Dissertation, The American University, 1970.
Graziosi, Maria Teresa: La logoterapia di V. E. Frankl. Tesi di laurea, Università del C. Cuore di Milano, 1971–1972.
Green, Hermann H.: „The ‚Existential Vacuum' and the Pastoral Care of Elderly Widows in a Nursing Home.“ Master's Thesis, Southern Baptist Theological Seminary, Louisville, Kentucky, 1970.
Guldbrandsen, Francis Aloysius: „Some of the Pedagogical Implications in the Theoretical Work of Viktor Frankl in Existential Psychology: A Study in the Philosophic Foundation of Education.“ Doctoral Dissertation, Michigan State University, 1972.
Havenga, Anna Aletta: „Antropologiese onderbou van Logoterapie.“ Dissertation, Pretoria 1974.
Henderson, J. P.: The Will to Meaning of Viktor Frankl as a Meaningful Factor of Personality. Thesis, The University of Maryland, 1970.
Holmes, R. M.: „Meaning and Responsibility: A Comparative Analysis of the Concept of the Responsible Self in Search of Meaning in the Thought of Viktor Frankl and H. Richard Niebuhr with Certain Implications for the Church's Ministry to the University.“ Doctoral Dissertation. Pacific School of Religion, 1965.
Jones, Elbert Whaley: Nietzsche and Existential-Analysis, Dissertation, New York 1967.
Jucha, Zygfryd: Koncepcja nerwicy noogennej wedlug Viktora Emila Frankla. Lublin 1968.
Kankel, Eva: „Die Bedeutung der Logotherapie Frankls für das therapeutische Gespräch in einer psychologischen Beratungsstelle.“ Diplomarbeit, Stiftungshochschule München, Benediktbeuern 1981.

Klapper, Naomi: „On Being Human: A Comparative Study of Abraham J. Heschel and Viktor Frankl.“ Doctoral Dissertation, Jewish Theological Seminary of America, 1973.
Kovacic, Gerald: Leidensfähigkeit, Sinnfrustration und Angst. Ein empirischer Beitrag zur Logotherapie. Dissertation, Wien 1977.
Lance, Ricky L.: „An Investigation of Logotherapy for a Possibility Theory of Personality.“ Dissertation, New Orleans Baptist Theological Seminary, 1978.
Levinson, Jay Irwin: „An Investigation of Existential Vacuum in Grief via Widowhood.“ Dissertation, United States International University, San Diego, California, 1979.
Liva, Virginia: „Contributi della logoterapia di Viktor E. Frankl alla psicoterapia.“ Dissertation, Pontificio Facoltà di Scienze dell'Educazione della Figlie di Maria Ausiliatrica, Roma 1978.
Lukas, Elisabeth S.: Logotherapie als Persönlichkeitstheorie. Dissertation, Wien 1971.
Magnus, Joris: De Existenzanalyse en Logotherapie van V. E. Frankl. Katholieke Universiteit Te Leuven, 1964.
Manekofsky, Alan M.: „Viktor E. Frankl: A Philosphical Anthropological Study.“ Dissertation. Vrije Universiteit van Amsterdam (Centre Interfaculteit), 1977.
Marcheselli, Gianni: La teoria-terapia di Viktor Frankl come tentativo di revisione critica dell'approccio psicanalitico per una nuova concezione psicologica dell'uomo. Dissertation. Università degli Studi di Bologna, Facultà di Scienze Politiche, 1975–1976.
Marrer, Robert E.: „Existential-Phenomenological Foundations in Logotherapy Applicable to Counseling.“ Dissertation, Ohio University, 1972.
Mascolo, Franco: „Analisi esistenziale e logoterapia.“ Dissertation, Università di Napoli, 1972.
Meier, Augustine: Frankl's „Will to Meaning“ as Measured by the Purpose in Life Test in Relation to Age and Sex Differences. Dissertation presented to the University of Ottawa, Canada, 1973.
Meriläinen, Alpo: Värdeproblemet i psykoterapeutisk och theologisk antropologi. Jämförelse mellan värdraspekten Viktor E. Frankls logoterapeutiska existensanalyse och i romerskkatolsk tradition. Abo 1969.
Minton, Gary: „A Comparative Study of the Concept of Conscience in the Writings of Sigmund Freud and Viktor Frankl.“ Dissertation, New Orleans Baptist Theological Seminary, 1967.
Mostert, William Cornelius: „'n Literaturstudie oor die logoterapie van Viktor E. Frankl en'n empiriese ondersoek na die toepasbaarheid daarvan in die behandeling van die alkoholis.“ Dissertation, Universiteit van die Oranje-Vrystaat (Fakulteit van Sosiale Wetenskappe) 1978.

Muilenberg, Don T.: Meaning in Life: Its Significance in Psychotherapy. Dissertation, University of Missouri, 1968.

Murphy, Leonard: Extent of Purpose-in-Life and Four Frankl-Proposed Life Objectives. Doctoral Thesis Presented to the Faculty of Psychology and Education of the University of Ottawa, Canada, 1966.

Neudert, Gerold: Eine Darstellung der Existenzanalyse und Logotherapie Viktor E. Frankls im Hinblick auf Fragen an die Theologie und auf Impulse für die Seelsorge. Diplomarbeit, Julius-Maximilians-Universität, Würzburg 1977.

Offut, Berch Randall: Logotherapy, Actualization Therapy or Contextual Self-Realization? Dissertation, United States International University, 1975.

Pacciolla, Aureliano: Etica logoterapica (Frankl e la morale). Dissertation, Pontifica Universitas Lateranensis, Roma 1978.

Panteghini, Pedon: „Sessualità in Frankl." Dissertation. Università di Padova, 1978.

Raskob, Hedwig: „Logotherapie: Versuch einer systematischen und kritischen Darstellung der Logotherapie und Existenzanalyse Viktor E. Frankls." Dissertation, Eberhard-Karls-Universität, Tübingen 1978.

Sargent, George Andrew: Job Satisfaction, Job Involvement and Purpose in Life: A Study of Work and Frankl's Will to Meaning. Thesis Presented to the faculty of the United States International University, 1971.

– „Motivation and Meaning: Frankl's Logotherapy in the Work Situation." Dissertation, United States International University, 1973.

Schiller, Karl Erwin: Psychotherapie, Logotherapie und der Logos des Evangeliums. Wien 1959.

Schlederer, Franz: Erziehung zu personaler Existenz. Viktor E. Frankls Existenzanalyse und Logotherapie als Beitrag zu einer anthropologisch fundierten Pädagogik. München 1964.

Schoeman, Stefanus Johannes: Die antropologies-personologiese denkbleede van die Derde Weense Skool an die betekenis hiervan vir die opvoeding in sedelike verband. Dissertation, Pretoria 1958.

Serrano, Rehus Maria Luisa: El pensamiento antropologico de Viktor Frankl. Tesis de licentiatura, Valencia o. J.

Siwiak, Malgorzata: Analiza problemow noogennych w nerwicach. Lublin 1969.

Sonnhammer, Erik: Existenzanalyse und Logotherapie V. E. Frankls in kritischer Betrachtung. Graz 1951.

Souza, Aias de: „Logotherapy and Pastoral Counseling: An Analysis of Selected Factors in Viktor E. Frankl's Concept of Logotherapy as they Relate to Pastoral Counseling." Dissertation, Heed University, Hollywood, Florida, 1980.

Stropko, Andrew John: Logoanalysis and Guided Imagery as Group Treatments for Existential Vacuum. Dissertation, Texas Tech University, 1975.
Taylor, Charles P.: „Meaning in life: Its relation to the ‚will-to-pleasure' and preoccupation with death." Master's thesis, The University of Pittsburgh, 1974.
Weber, Thomas: „Die Frage nach dem Sinn des Lebens in der Logotherapie Viktor E. Frankls. Eine Darstellung aus theologischer Sicht." Diplomarbeit, Universität Innsbruck, 1980.
Wicki, Beda: „Die Theorie von Viktor E. Frankl als Beitrag zu einer anthropologisch fundierten Pädagogik." Pädagogisches Seminar der Universität Bern, 1981.
Wilson, Robert A.: „Logotherapy: An Educational Approach for the Classroom Teacher." Laurence University, 1979.
Yeates, J. W.: „The Educational Implications of the Logotherpy of Viktor E. Frankl." Doctoral Dissertation, University of Mississippi, 1968.

IV.
Zeitschriftenartikel

Ansbacher, Rowena R.: The Third Viennese School of Psychotherapy. Journal of Individual Psychology 15, 236, 1959.
Ascher, L. Michael: Employing Paradoxical Intention in the Behavior Treatment. Scandinavian Journal of Behavior Therapy 6, 28, 1977.
– Paradoxical Intention Viewed by a Behavior Therapist. The International Forum for Logotherapy 3, 13–16, 1980.
–, and Jay S. Efran: Use of Paradoxical Intention in a Behavior Program. Journal of Consulting and Clinical Psychology 46, 547, 1978.
–, and Ralph M. Turner: Paradoxical intention and insomnia: an experimental investigation. Behav. Res. and Therapy 17, 408, 1979.
Crumbaugh, James C.: Cross Validation of Purpose-in-Life Test Based on Frankl's Concepts. Journal of Individual Psychology 24, 74, 1968.
Fabry, Joseph: Aspects and Prospects of Logotherapy: A Dialogue with Viktor Frankl. The International Forum for Logotherapy 1, 3, 1978.
Frankl, Viktor E.: Zur mimischen Bejahung und Verneinung. International Zeitschrift für Psychoanalyse 10, 437, 1924.
– Psychotherapie und Weltanschauung. Internationale Zeitschrift für Individualpsychologie 3, 250, 1925.
– Zur geistigen Problematik der Psychotherapie. Zentralblatt für Psychotherapie 10, 33, 1938.
– Philosophie und Psychotherapie. Zur Grundlegung einer Existenzanalyse. Schweizerische medizinische Wochenschrift 69, 707, 1939.

- Self-Transcendence as a Human Phenomenon. Journal of Humanistic Psychology 6, 97, 1966.
- The Feeling of Meaninglessness: A Challenge to Psychotherapy. The American Journal of Psychoanalysis 32, Nr. 1, 85, 1972.
- Encounter: The Concept and Its Vulgarization. The Journal of the American Academy of Psychoanalysis 1, Nr. 1, 73, 1973.
- Leiden am sinnlosen Leben: Zur Phänomenologie des existentiellen Vakuums. Schweizerische Akademiker- und Studenten-Zeitung 7, Nr. 50, 7–9, Juli 1976.
- „Der junge Mensch auf der Suche nach Sinn." Schweizerische Akademiker- und Studenten-Zeitung Nr. 76, 11. Jahrgang, S. 5, 7. April 1980.
- Psychotherapy on Its Way to Rehumanization. The International Forum for Logotherapy 3, 3–9, 1980.
- Psychologisierung oder Humanisierung der Medizin? Zeitschrift für Allgemeinmedizin 58, 70–76, 1982.

Gerz, Hans O.: Zur Behandlung phobischer und zwangsneurotischer Syndrome mit der „paradoxen Intention" nach Frankl. Zeitschrift für Psychotherapie und medizinische Psychologie 12, 145, 1962.
- Über 7jährige klinische Erfahrungen mit der logotherapeutischen Technik der paradoxen Intention. Zeitschrift für Psychotherapie und medizinische Psychologie 16, 25, 1966.

Giorgi, Bruno: The Belfast Test: A New Psychometric Approach to Logotherapy. The International Forum for Logotherapy 5, 31–37, 1982.

Krisch, K.: Paradoxe Intention, Dereflexion und die logotherapeutische Theorie der Neurosen. Psychother. med. Psychol. 31, 162–165, 1981.

Lukas, Elisabeth: Menschenbild und Methoden der Frankl'schen Logotherapie. Fortschritte der Neurologie und Psychiatrie 49, 113, 1981.

Maslow, A. H.: Comments on Dr. Frankl's Paper. Journal of Humanistic Psychology 6, 107, 1966.

Popielski, Kazimierz: Karol Wojtyla and Logotherapy. The International Forum for Logotherapy 3, 36–37, 1980.

Relinger, Helmut, Philip H. Bornstein, and Dan M. Mungas: Treatment of Insomnia by Paradoxical Intention: A Time-Series Analysis. Behavior Therapy 9, 955, 1978.

Solyom, L., J. Garza-Perez, B. L. Ledwidge, and C. Solyom: Paradoxical Intention in the Treatment of Obsessive Thoughts: A Pilot Study. Comprehensive Psychiatry 13, 291, 1972.

Soucek, W.: Die Existenzanalyse Frankls, die dritte Richtung der Wiener Psychotherapeutischen Schule. Deutsche Medizinische Wochenschrift 73, 594, 1948.

Timms, M. W. H.: Treatment of blushing chronic by paradoxical intention. Behavioral Psychotherapy 8, 59, 1980.
Turner, Ralph M., and Michael L. Ascher: Controlled Comparison of Progressive Relaxation, Stimulus Control, and Paradoxical Intention Therapies. Journal of Consulting and Clinical Psychology 47, 500, 1979.

V.
Filme, Langspielplatten und Tonbänder

Frankl, Viktor E.: „Logotherapy", a film produced by the Department of Psychiatry, Neurology, and Behavioral Sciences, University of Oklahoma Medical School.
– „Frankl and the Search for Meaning", a film produced by Psychological Films, 110 North Wheeler Street, Orange, CA 92669.
– „Auf dem Weg zum Sinn: Ein Gespräch mit Viktor E. Frankl." Eine Farbtonfilmdokumentation. Littera Produktion Walter Böckmann im Auftrag und aus Anlaß des 10. MMM-Kongresses. Verleih durch den MMM-Club, Schumannstraße 27, D-6 Frankfurt/M.
– „Das Leiden am sinnlosen Leben: Zur Phänomenologie des existentiellen Vakuums." (Vortrag in der Aula der Universität Zürich am 4. Dezember 1975.) Videotapes und Audiotapes sind erhältlich durch die Limmat-Stiftung, Rosenbühlstraße 32, CH-9044 Zürich.
– „A panel of experts from the fields of medicine, anthropology, psychiatry, religion, social work, philosophy, and clinical psychology, discussing topics of interest with Dr. Frankl at the First World Congress of Logotherapy, San Diego, 1980." A 51-minute videotape. $ 53.00. Make check payable to the Institute of Logotherapy, 1 Lawson Road, Berkeley, CA 94707. When ordering, state kind of tape wanted (Beta, VHS, or ¾"U-matic).
– „Der leidende Mensch auf der Suche nach Sinn." (Festvortrag auf dem Österreichischen Gesundheitstag in Baden am 10. Oktober 1981.) Eine Videokassette. Erhältlich durch die Medimail-Videozentrale, Postfach 2202, D-6078 Neu Isenburg 2.
– „Three Lectures on Logotherapy", given at the Brandeis Institute, Brandeis, California 93064. Long-playing records.
– „Das Leiden am sinnlos gewordenen Leben: Zur Phänomenologie der existentiellen Frustration in der Industriegesellschaft." Kassette NC 1001 der Noricum-Tonproduktion, Webgasse 2a, A-1060 Wien (öS 150.-).
– „Therapy Through Meaning", Psychotherapy Tape Library (T 656), Post Graduate Center, 124 East 8th Street, New York, N.Y.10016.$15.00.
– „Existential Psychotherapy", two cassettes. The Center for Cassette Studies, 8110 Webb Avenue, North Hollywood, CA 91605.

– „The Defiant Power of the Human Spirit: A Message of Meaning in a Chaotic World." Address at the Berkeley Community Theater, November 2, 1979. A 90-minute cassette tape, $ 6.00. Available at the Institute of Logotherapy, One Lawson Road, Berkeley, California 94707.
– „The Meaning of Suffering for the Terminally Ill" (International Seminar on Terminal Care, Montreal, October 8, 1980). Audio Transcripts, Ltd. (Code 25-107-80 A and B), P.O.Box 487, Times Square Station, New York, N.Y. 10036.
– „The Rehumanization of Psychotherapy", lecture on occasion of the inauguration of the Logotherapy Counseling Center of Atlanta and Athens on November 14, 1980. An audiocassette (1/404/542–4766) available from the Center for Continuing Education, the University of Georgia, Athens, GA 30602.
– „Unsere Zeit und ihre Ängste." (Vortrag im Club Confrontation in Vöcklabruck am 8. April 1981). Kassette erhältlich durch Frau Erika Heinisch, Prinz-Eugen-Straße 4, A-4840 Vöcklabruck (öS 150,-).
–, and Huston Smith: „Value Dimensions in Teaching", a color television film produced by Hollywood Animators, Inc., for the California Junior College Association. Rental or purchase through Dr. Rex Wignall, Director, Chaffey College, Alta Loma, CA 91701.
Gale, Raymond F., Joseph Fabry, Mary Ann Finch, and Robert C. Leslie: „A Conversation with Viktor E. Frankl on Occasion of the Inauguration of the ‚Frankl Library and Memorabilia' at the Graduate Theological Union on February 12, 1977". Copies of the videotape may be obtained from Professor Robert C. Leslie, 1798 Scenic Avenue, Berkeley, California 94709.
„The Humanistic Revolution: Pioneers in Perspective", interviews with leading humanistic psychologists: Abraham Maslow, Gardner Murphy, Carl Rogers, Rollo May, Paul Tillich, Frederick Perls, Viktor Frankl and Alan Watts. Psychological Films, 110 North Wheeler St., Orange, California 92669. Sale $ 250; rental $ 20.

Elisabeth Lukas

Auch dein Leben hat Sinn
Logotherapeutische Wege zur Gesundung
Mit einem Vorwort von Viktor E. Frankl
Band 825, 256 Seiten

Auch deine Familie braucht Sinn
Logotherapeutische Hilfe in der Erziehung
Mit einem Vorwort von Joseph B. Fabry
Band 864, 224 Seiten

Auch dein Leiden hat Sinn
Logotherapeutischer Trost in der Krise
Mit einem Vorwort von Kazimierz Popielski
Band 905, 272 Seiten

in der Herderbücherei

Logotherapie

Joseph B. Fabry
Das Ringen um Sinn
Eine Einführung in die Logotherapie
Band 657, 192 Seiten, 2. Aufl.

Viktor E. Frankl
Das Leiden am sinnlosen Leben
Psychotherapie für heute
Band 615, 128 Seiten, 7. Aufl.

Viktor E. Frankl
Psychotherapie für den Laien
Rundfunkvorträge über Seelenheilkunde
Band 387, 176 Seiten, 10. Aufl.

Walter Böckmann
Psychologie des Heilens
Arbeit – Konflikt – Kranksein in der Industriegesellschaft
Band 996, 160 Seiten

in der Herderbücherei